**一問一答**シリーズ

# 一問一答

●

# 平成28年
# 刑事訴訟法等改正

東京地方検察庁検事
（前法務省刑事局参事官）
## 吉田雅之
● 著

**商事法務**

## ●はしがき

　平成28年5月24日、第190回国会（通常国会）において、「刑事訴訟法等の一部を改正する法律」（平成28年法律第54号。以下「改正法」といいます。）が成立し、同年6月3日に公布されました。

　改正法は、現在の捜査・公判が取調べ及び供述調書に過度に依存した状況にあるとの指摘を踏まえ、このような状況を改めて、刑事手続を時代に即したより機能的なものとし、国民からの信頼を確保するため、刑事訴訟法、刑法、犯罪捜査のための通信傍受に関する法律等を改正して、刑事手続における証拠の収集方法の適正化・多様化及び公判審理の充実化を図るものです。その内容は、取調べの録音・録画制度の導入、証拠収集等への協力及び訴追に関する合意制度及び刑事免責制度の導入、通信傍受の合理化・効率化、弁護人による援助の充実化、証拠開示制度の拡充、犯罪被害者等及び証人を保護するための措置の導入など、多岐にわたるものであり、今後の刑事司法手続に大きな影響を与えるものと思われます。

　本書は、刑事司法手続に関係する多くの方々に改正法の趣旨や内容等を御理解いただき、改正後の刑事司法手続を適正・円滑に運用していただくことに資するという観点から、改正法の趣旨や内容等について、一問一答の形式による解説を試みるものです。もとより、本書中、意見にわたる部分は、筆者の個人的見解です。

　本書の刊行に当たっては、株式会社商事法務の岩佐智樹氏と下稲葉かすみ氏に大変お世話になりました。心から感謝申し上げます。

　本書が刑事司法手続に関係する多くの方々に幅広く利用され、改正法の理解の一助となれば、幸いです。


2018年4月
　　　　　　　東京地方検察庁検事（前法務省刑事局参事官）　吉田　雅之

●凡　例

1　本書中において法令の条項番号を引用する際は、特に断らない限り、改正法が全て施行された後のものを記すこととします。

2　本書中においては、以下のとおり、法律又は法律案の名称について略称を用いることとします。

改正法　　　　　　　刑事訴訟法等の一部を改正する法律（平成 28 年法律第 54 号）

改正法案　　　　　　刑事訴訟法等の一部を改正する法律案（平成 27 年 3 月 13 日国会提出）

組織的犯罪処罰法　　組織的な犯罪の処罰及び犯罪収益の規制等に関する法律（平成 11 年法律第 136 号）

通信傍受法　　　　　犯罪捜査のための通信傍受に関する法律（平成 11 年法律第 137 号）

裁判員法　　　　　　裁判員の参加する刑事裁判に関する法律（平成 16 年法律第 63 号）

iv　　もくじ

一問一答　平成 28 年刑事訴訟法等改正

もくじ

## 第 1 章　総論

Q1　今回の法改正は、なぜ行われたのですか。　　1

Q2　改正法では、どのような法整備が行われたのですか。　　2

Q3　改正法案が国会に提出されるまでの経緯は、どのようなものでしたか。　　3

Q4　国会における改正法案の審議状況は、どのようなものでしたか。　　7

Q5　国会における改正法案の修正は、どのようなものでしたか。　　8

Q6　改正法の施行時期は、どのようになっていますか。　　10

Q7　改正法附則第 9 条（検討）では、どのようなことが規定されていますか。　　11

## 第 2 章　録音・録画制度の導入

### 第 1 節　総論

Q8　録音・録画制度の趣旨及び概要は、どのようなものですか。　　14

Q9　録音・録画制度に関する規定は、なぜ、刑事訴訟法の「公判」の章にまとめて置かれているのですか。　　16

Q10　録音・録画制度が導入されたことにより、録音・録画記録の実質証拠としての使用が制限されることになるのですか。　　17

### 第 2 節　録音・録画記録の証拠調べ請求義務

［1　概　要］

Q11　検察官に録音・録画記録の証拠調べ請求義務が生じるのは、どのような場合ですか。また、その義務の概要は、どのようなものですか。　　18

［2　対象事件］

Q12　録音・録画記録の証拠調べ請求義務の対象事件は、どのようなものですか。　　20

Q13　録音・録画記録の証拠調べ請求義務の対象事件は、どのような考え方に基づいて規定されているのですか。　　22

［3　検察官による自白調書等の請求］

Q14　裁判所が職権で被告人の自白調書の証拠調べを決定した場合等においても、検察官は、録音・録画記録の証拠調べ請求義務を負うのですか。　　24

もくじ　　v

**Q15**　検察官に録音・録画記録の証拠調べ請求義務が生じるのは、検察官が証拠調べ請求をした書面がどのようなものである場合ですか。　25

[４　対象となる取調べ等]

**Q16**　検察官に録音・録画記録の証拠調べ請求義務が生じるのは、検察官が証拠調べ請求をした被告人の供述調書等がどのような取調べ等に際して作成されたものである場合ですか。　27

**Q17**　いわゆる起訴後勾留中の被告人を取り調べた際に作成された供述調書等も、録音・録画記録の証拠調べ請求義務の対象となるのですか。　29

[５　任意性の争い]

**Q18**　検察官に録音・録画記録の証拠調べ請求義務が生じるのは、検察官が証拠調べ請求をした被告人の供述調書等の任意性が争われた場合に限られるのですか。　30

[６　例外事由]

**Q19**　録音・録画記録の証拠調べ請求義務の例外事由は、どのようなものですか。　31

[７　義務の内容等]

**Q20**　録音・録画記録の証拠調べ請求義務の内容は、どのようなものですか。　32

**Q21**　録音・録画記録の証拠調べ請求義務について、被告人の全ての取調べ等に係る録音・録画記録ではなく、任意性が争われた被告人の供述調書等が作成された取調べ等に係る録音・録画記録がその対象とされているのは、なぜですか。　33

**Q22**　検察官が刑事訴訟法第301条の２第１項により録音・録画記録の証拠調べ請求をした場合、裁判所は、その証拠調べをしなければならないのですか。　35

[８　義務違反の効果]

**Q23**　検察官が録音・録画記録の証拠調べ請求義務に違反した場合、任意性が争われた被告人の供述調書等はどうなるのですか。　36

第３節　取調べ等の録音・録画義務

[１　概　要]

**Q24**　捜査機関に取調べ等の録音・録画義務が生じるのは、どのような場合ですか。また、その義務の概要は、どのようなものですか。　37

[２　対象事件]

**Q25**　取調べ等の録音・録画義務の対象事件は、どのようなものですか。　39

**Q26** 取調べ等の録音・録画義務の対象事件について、いわゆる検察官独自捜査事件のうち「関連する事件が送致され又は送付されているものであつて、司法警察員が現に捜査していることその他の事情に照らして司法警察員が送致し又は送付することが見込まれるもの」が除かれているのは、なぜですか。また、これに該当するのは、どのような場合ですか。　40

**Q27** 逮捕・勾留中の被疑者を、取調べ等の録音・録画義務の対象事件である余罪について取り調べる場合、その録音・録画義務はどうなるのですか。　43

［3　対象となる取調べ等］

**Q28** 取調べ等の録音・録画義務の対象となる取調べとは、どのようなものですか。　44

［4　例外事由］

**Q29** 取調べ等の録音・録画義務の例外事由は、どのようなものですか。また、それに該当するか否かは、どのように判断するのですか。　45

**Q30** 刑事訴訟法第301条の2第4項第1号において「記録に必要な機器の故障その他のやむを得ない事情により、記録をすることができないとき」が取調べ等の録音・録画義務の例外事由とされているのは、なぜですか。また、これに該当するのは、どのような場合ですか。　47

**Q31** 刑事訴訟法第301条の2第4項第2号において「被疑者が記録を拒んだことその他の被疑者の言動により、記録をしたならば被疑者が十分な供述をすることができないと認めるとき」が取調べ等の録音・録画義務の例外事由とされているのは、なぜですか。また、これに該当するのは、どのような場合ですか。　49

**Q32** 刑事訴訟法第301条の2第4項第3号において「当該事件が暴力団員による不当な行為の防止等に関する法律（平成3年法律第77号）第3条の規定により都道府県公安委員会の指定を受けた暴力団の構成員による犯罪に係るものであると認めるとき」が取調べ等の録音・録画義務の例外事由とされているのは、なぜですか。また、これに該当するのは、どのような場合ですか。　51

**Q33** 刑事訴訟法第301条の2第4項第4号において「犯罪の性質、関係者の言動、被疑者がその構成員である団体の性格その他の事情に照らし、被疑者の供述及びその状況が明らかにされた場合には被疑者若しくはその親族の身体若しくは財産に害を加え又はこれらの者を畏怖させ若しくは困惑させる行為がなされるおそれがあることにより、記録をしたならば被疑者が十分な供述をすることができないと認めるとき」が取調べ等の録音・録画義務の例外事由とさ

れているのは、なぜですか。また、これに該当するのは、どのような場合ですか。　53

［5　義務の内容等］

**Q34**　取調べ等の録音・録画義務の内容は、どのようなものですか。　55

## 第3章　合意制度及び刑事免責制度の導入

第1節　合意制度の導入

［1　総　論］

**Q35**　合意制度の趣旨及び概要は、どのようなものですか。　56

**Q36**　合意制度の理論的根拠は何ですか。　58

**Q37**　合意制度は、刑事訴訟法が採用する実体的真実主義に反しないのですか。　60

**Q38**　合意制度は、いわゆる巻込みの危険を伴うものではありませんか。　61

**Q39**　合意制度は、いわゆる約束による自白に関する最高裁判例と矛盾しないのですか。　63

**Q40**　いわゆる自己負罪型の制度は導入しないのですか。　65

［2　合意の主体・要件等］

**Q41**　合意の主体は誰ですか。また、会社等の法人も合意をすることができるのですか。　67

**Q42**　合意をするための要件及び考慮事情は、どのようなものですか。　68

［3　合意の内容］

**Q43**　合意の内容とすることができるのは、どのような事項ですか。　70

**Q44**　被疑者・被告人による協力行為として合意の内容とすることができるのは、どのような事項ですか。　71

**Q45**　刑事訴訟法第350条の2第1項第1号イの協力行為は、具体的にどのようなものですか。　72

**Q46**　刑事訴訟法第350条の2第1項第1号ロの協力行為は、具体的にどのようなものですか。　73

**Q47**　刑事訴訟法第350条の2第1項第1号ハの協力行為は、具体的にどのようなものですか。　74

**Q48**　検察官による処分の軽減等として合意の内容とすることができるのは、どのような事項ですか。　75

**Q49**　合意の内容とすることができる検察官による処分の軽減等とは、具体的に

viii　もくじ

どのようなものですか。　76

**Q50**　合意には、その目的を達するため必要な事項として、どのような事項を含めることができるのですか。　79

［4　対象犯罪］

**Q51**　合意制度の対象犯罪は、どのようなものですか。　81

**Q52**　合意制度の対象犯罪に該当するか否かは、どのように判断するのですか。　84

**Q53**　合意制度の対象となる財政経済犯罪は、どのようなものですか。　86

**Q54**　合意制度の対象となる薬物銃器犯罪は、どのようなものですか。　88

［5　弁護人の同意］

**Q55**　合意をするために弁護人の同意が必要とされているのは、なぜですか。また、弁護人がいなければ、合意をすることはできないのですか。　89

［6　合意の方式］

**Q56**　合意について、書面でしなければならないこととされているのは、なぜですか。また、その書面にはどのようなことを記載することになるのですか。　90

［7　協議の手続］

**Q57**　協議の主体は誰ですか。また、弁護人は、常に協議に関与しなければならないのですか。　91

**Q58**　協議の手続は、具体的にどのように行うことになるのですか。　92

［8　協議における供述の求め］

**Q59**　協議において検察官が被疑者・被告人に他人の刑事事件について供述を求めることができることとされているのは、なぜですか。　93

**Q60**　協議における被疑者・被告人に対する供述の求めは、どのような性質のものですか。　94

**Q61**　合意が成立しなかった場合、協議における被疑者・被告人の供述を証拠とすることはできるのですか。　96

**Q62**　合意が成立しなかった場合における証拠能力の制限の内容は、どのようなものですか。　97

**Q63**　合意が成立しなかった場合における証拠能力の制限に例外はありますか。　99

［9　検察官と司法警察員の関係］

**Q64**　司法警察員が送致した事件等について、検察官がその被疑者との間で協議を開始するに当たり、司法警察員との間で事前に協議をしなければならない

もくじ　ix

　　　こととされているのは、なぜですか。　100

Q65　検察官が被疑者との間で協議を開始するに当たり、司法警察員との事前協
　　　議が義務付けられるのは、どのような場合ですか。　101

Q66　検察官が被疑者との間で協議を開始するに当たり司法警察員との間で行う
　　　事前協議においては、どのような事項が協議の対象となるのですか。　102

Q67　検察官が協議における必要な行為を司法警察員にさせることができること
　　　とされているのは、なぜですか。　103

Q68　検察官が協議において司法警察員にさせることができる行為は、どのよう
　　　なものですか。　104

Q69　検察官は、協議において、司法警察員に、検察官の提案する処分の軽減等の
　　　内容の提示もさせることができるのですか。　105

[10　合意がある被告人の事件における検察官の合意内容書面等の取調べ請求義務]

Q70　検察官が、合意がある被告人の事件において、合意内容書面の取調べを請求
　　　しなければならないこととされているのは、なぜですか。　106

Q71　検察官が、合意がある被告人の事件において、合意内容書面の取調べを請求
　　　しなければならないこととなるのは、どのような場合ですか。　107

Q72　検察官が、合意がある被告人の事件において、合意内容書面の取調べ請求義
　　　務を負う場合、その取調べ請求はいつしなければならないのですか。　109

Q73　検察官が、合意がある被告人の事件において、合意内容書面の取調べ請求義
　　　務に基づいてその取調べ請求をした場合、裁判所は、その取調べをしなけれ
　　　ばならないのですか。　110

Q74　検察官は、合意がある被告人の事件において、合意内容書面の取調べ請求義
　　　務に基づいてその取調べ請求をする場合、その取調べ請求の時までに合意か
　　　らの離脱があったときは、その離脱に関する書面の取調べも請求するのです
　　　か。　111

Q75　検察官は、合意がある被告人の事件において、合意内容書面の取調べ請求義
　　　務に基づいてその取調べ請求をした場合、その後、合意からの離脱があったと
　　　きは、その離脱に関する書面の取調べも請求するのですか。　112

[11　合意に基づく供述録取書等が証拠として用いられる他人の刑事被告事件における検
察官の合意内容書面等の取調べ請求義務]

Q76　検察官が、合意に基づく供述録取書等が証拠として用いられる他人の刑事
　　　被告事件において、合意内容書面の取調べを請求しなければならないことと
　　　されているのは、なぜですか。　113

**Q77** 検察官が、合意に基づく供述録取書等が証拠として用いられる他人の刑事被告事件において、合意内容書面の取調べを請求しなければならないこととなるのは、どのような場合ですか。　114

**Q78** 検察官が、合意に基づく供述録取書等が証拠として用いられる他人の刑事被告事件において、合意内容書面の取調べ請求義務を負う場合、その取調べ請求はいつしなければならないのですか。　116

**Q79** 検察官が、合意に基づく供述録取書等が証拠として用いられる他人の刑事被告事件において、合意内容書面の取調べ請求義務に基づいてその取調べ請求をした場合、裁判所は、その取調べをしなければならないのですか。　117

**Q80** 検察官は、合意に基づく供述録取書等が証拠として用いられる他人の刑事被告事件において、合意内容書面の取調べ請求義務に基づいてその取調べ請求をする場合、その取調べ請求の時までに合意からの離脱があったときは、その離脱に関する書面の取調べも請求するのですか。また、合意内容書面の取調べ請求義務に基づいてその取調べ請求をした後に、合意からの離脱があったときは、どうですか。　118

［12 合意に基づいて証言がなされる他人の刑事被告事件における合意内容書面等の取調べ請求義務］

**Q81** 検察官が、合意に基づいて証言がなされる他人の刑事被告事件において、合意内容書面の取調べを請求しなければならないこととされているのは、なぜですか。　119

**Q82** 検察官が、合意に基づいて証言がなされる他人の刑事被告事件において、合意内容書面の取調べを請求しなければならないこととなるのは、どのような場合ですか。　120

**Q83** 検察官が、合意に基づいて証言がなされる他人の刑事被告事件において、合意内容書面の取調べ請求義務を負う場合、その取調べ請求はいつしなければならないのですか。　121

**Q84** 検察官が、合意に基づいて証言がなされる他人の刑事被告事件において、合意内容書面の取調べ請求義務に基づいてその取調べ請求をした場合、裁判所は、その取調べをしなければならないのですか。　122

**Q85** 検察官は、合意に基づいて証言がなされる他人の刑事被告事件において、合意内容書面の取調べ請求義務に基づいてその取調べ請求をする時までに合意からの離脱があったときは、その離脱に関する書面の取調べも請求するのですか。また、合意内容書面の取調べ請求義務に基づいてその取調べ請求をした

後に、合意からの離脱があったときは、どうですか。　123

[13　合意からの離脱等]

**Q86**　一定の場合に合意からの離脱が認められているのは、なぜですか。　125

**Q87**　合意からの離脱事由のうち、検察官と被疑者・被告人に共通して認められているのは、どのようなものですか。　126

**Q88**　合意からの離脱事由のうち、被告人にのみ認められているのは、どのようなものですか。　127

**Q89**　合意からの離脱事由のうち、検察官にのみ認められているのは、どのようなものですか。　129

**Q90**　合意からの離脱は、どのような効果を生じるのですか。　131

**Q91**　合意からの離脱事由がある場合に、合意から離脱するか否かについて、合意の当事者間で意見交換等をすることもできるのですか。　132

**Q92**　合意からの離脱は、どのようにして行うのですか。　133

**Q93**　合意の当事者がその意思の合致により合意の内容を変更したり、合意を終了させたりすることは、可能ですか。　134

[14　検察審査会の議決による不起訴合意の失効]

**Q94**　検察官が不起訴合意に基づいて不起訴処分をした事件について、検察審査会が不起訴不当の議決等をした場合に、当該不起訴合意が失効することとされているのは、なぜですか。　135

**Q95**　検察審査会の議決により不起訴合意が失効した場合、協議における被疑者・被告人の供述等を証拠とすることはできるのですか。　136

**Q96**　検察審査会の議決により不起訴合意が失効した場合における証拠能力の制限の内容は、どのようなものですか。　137

**Q97**　検察審査会の議決により不起訴合意が失効した場合における証拠能力の制限に例外はありますか。　139

[15　検察官による合意違反]

**Q98**　検察官が合意に違反して公訴を提起・維持したときは、どうなるのですか。　142

**Q99**　検察官が合意に違反して訴因変更請求等をしたときは、どうなるのですか。　144

**Q100**　検察官が合意に違反した場合、協議における被疑者・被告人の供述等を証拠とすることはできるのですか。　145

**Q101**　検察官が合意に違反した場合における証拠能力の制限の内容は、どのよう

xii　もくじ

なものですか。　146

Q102　検察官が合意に違反した場合における証拠能力の制限に例外はありますか。　148

[16　合意をした被疑者・被告人の虚偽供述等の罪]

Q103　合意をした被疑者・被告人の虚偽供述等の罪が新設されたのは、なぜですか。　150

Q104　合意をした被疑者・被告人の虚偽供述等の罪の構成要件は、どのようなものですか。　151

Q105　合意をした被疑者・被告人の虚偽供述等の罪の法定刑は、どのようなものですか。　152

Q106　合意をした被疑者・被告人の虚偽供述等の罪について、裁判確定前の自白による任意的減免が規定されているのは、なぜですか。　153

[17　合意がある被告人の事件について略式命令の請求をする場合における検察官の合意内容書面等の差出し義務]

Q107　検察官が、合意がある被告人の事件について略式命令の請求をする場合に、裁判所に合意内容書面を差し出さなければならないこととされているのは、なぜですか。　154

Q108　検察官が、略式命令の請求をする際に、裁判所に合意内容書面を差し出さなければならないこととなるのは、どのような場合ですか。　155

Q109　検察官は、略式命令の請求をする際に、合意内容書面の差出し義務に基づいてこれを裁判所に差し出した場合、その後、合意からの離脱があったときは、その離脱に関する書面も差し出すのですか。　156

[18　検察審査会が審査を行う場合における検察官の合意内容書面等の提出義務]

Q110　検察官が、合意がある被疑者の事件について検察審査会が審査を行う場合に、検察審査会に合意内容書面を提出しなければならないこととされているのは、なぜですか。　157

Q111　検察官が検察審査会に合意内容書面を提出しなければならないこととなるのは、どのような場合ですか。　158

Q112　検察官は、合意内容書面の提出義務に基づいてこれを検察審査会に提出した場合、その後、合意からの離脱があったときは、その離脱に関する書面も差し出すのですか。　159

もくじ　xiii

### 第 2 節　刑事免責制度の導入

［1　総　論］

**Q113**　刑事免責制度の趣旨及び概要は、どのようなものですか。　160

**Q114**　刑事免責制度の理論的根拠は何ですか。　162

**Q115**　刑事免責制度における免責の内容は、どのようなものですか。　164

**Q116**　刑事免責制度の基本構造は、どのようなものですか。刑事免責制度には、取引的な要素があるのですか。　166

**Q117**　刑事免責制度の対象犯罪は限定されていないのですか。　168

**Q118**　刑事免責制度は、いわゆるロッキード事件についての最高裁判決とどのような関係に立つのですか。　169

**Q119**　刑事免責制度は、第 1 回公判期日前の証人尋問においても利用できるのですか。　171

［2　刑事免責の請求の主体等］

**Q120**　刑事免責の請求をすることができるのは誰ですか。また、裁判所は、職権で刑事免責の決定をすることができるのですか。　172

［3　証人尋問の開始前における刑事免責の請求及び決定］

**Q121**　証人尋問の開始前に刑事免責の請求をすることができることとされているのは、なぜですか。　173

**Q122**　検察官が証人尋問の開始前に刑事免責の請求をするための要件は、どのようなものですか。　174

**Q123**　検察官が証人尋問の開始前に刑事免責の請求をする必要があるか否かを判断するに当たっては、どのような事情を考慮することになるのですか。　176

**Q124**　裁判所が証人尋問の開始前に刑事免責の決定をするための要件は、どのようなものですか。　177

［4　証人尋問の開始後における刑事免責の請求及び決定］

**Q125**　証人尋問の開始後に刑事免責の請求をすることができることとされているのは、なぜですか。　178

**Q126**　検察官が証人尋問の開始後に刑事免責の請求をするための要件は、どのようなものですか。　179

**Q127**　裁判所が証人尋問の開始後に刑事免責の決定をするための要件は、どのようなものですか。　181

［5　刑事免責の決定に関する手続］

**Q128**　刑事免責の決定に関する手続は、どのようなものですか。　182

xiv　もくじ

[6　刑事免責の内容・効果]

**Q129**　刑事免責の内容は、どのように規定されていますか。　183

**Q130**　刑事免責の対象となる証拠は、どのようなものですか。　185

**Q131**　刑事免責の決定は、証人の刑事事件について、どのような効果を生じるのですか。　186

**Q132**　刑事免責の決定がなされると、尋問に応じてした供述及びこれに基づいて得られた証拠は、例外なく、証人の刑事事件において、これらを証人に不利益な証拠とすることができないことになるのですか。　187

**Q133**　刑事免責の決定は、証人が証言を求められる被告事件において、どのような効果を生じるのですか。　188

## 第4章　通信傍受の合理化・効率化

第1節　通信傍受の対象犯罪の拡大

**Q134**　通信傍受の対象犯罪の拡大の趣旨及び概要は、どのようなものですか。　189

**Q135**　通信傍受の対象犯罪を追加しても、憲法に反しないのですか。　191

**Q136**　今回の改正で通信傍受の対象犯罪に追加されたのは、どのような罪ですか。　193

**Q137**　今回の改正で追加された通信傍受の対象犯罪については、従来の対象犯罪の場合と同じ要件の下で通信傍受を行うことができるのですか。　194

**Q138**　今回の改正で追加された通信傍受の対象犯罪についての加重要件は、どのような内容のものですか。　195

第2節　通信傍受の手続の合理化・効率化

[1　総　論]

**Q139**　通信傍受の手続の合理化・効率化の趣旨及び概要は、どのようなものですか。　197

**Q140**　今回の改正で導入される「一時的保存を命じて行う通信傍受の実施の手続」の概要は、どのようなものですか。　199

**Q141**　今回の改正で導入される「特定電子計算機を用いる通信傍受の実施の手続」の概要は、どのようなものですか。　201

**Q142**　「一時的保存を命じて行う通信傍受の実施の手続」と「特定電子計算機を用いる通信傍受の実施の手続」は、通信の秘密を保障する憲法第21条第2項後段に反しないのですか。　203

もくじ　xv

**Q143**「一時的保存を命じて行う通信傍受の実施の手続」がとられる場合や、「特定
電子計算機を用いる通信傍受の実施の手続」において通信の一時的保存がな
される場合においては、一定の期間内に行われる全ての通信について「傍受」
がなされるため、通信の秘密に対する過剰な制約となるのではありません
か。　205

**Q144**「一時的保存を命じて行う通信傍受の実施の手続」と「特定電子計算機を用
いる通信傍受の実施の手続」は、捜索・押収に関する令状主義を定める憲法第
35条第1項に反しないのですか。　207

**Q145**　今回の改正で新たに用いられることとなった「暗号化」、「復号」、「一時的保
存」及び「再生」の語は、それぞれどのような意味ですか。　208

［2　新たに導入される二つの手続についての裁判官の許可］

**Q146**「一時的保存を命じて行う通信傍受の実施の手続」又は「特定電子計算機を
用いる通信傍受の実施の手続」によるためには、裁判官の許可を受けなければ
ならないこととされているのは、なぜですか。　211

**Q147**「一時的保存を命じて行う通信傍受の実施の手続」又は「特定電子計算機を
用いる通信傍受の実施の手続」についての裁判官の許可を受けるための手続
は、どのようなものですか。　212

**Q148**　裁判官は、「一時的保存を命じて行う通信傍受の実施の手続」又は「特定電
子計算機を用いる通信傍受の実施の手続」についての許可の請求を受けた場
合、その相当性をどのように判断するのですか。　214

**Q149**　裁判官が「一時的保存を命じて行う通信傍受の実施の手続」又は「特定電子
計算機を用いる通信傍受の実施の手続」についての許可をする場合、その旨は
傍受令状に記載されるのですか。　216

［3　新たに導入される二つの手続のための暗号鍵・復号鍵の作成等］

**Q150**「一時的保存を命じて行う通信傍受の実施の手続」又は「特定電子計算機を
用いる通信傍受の実施の手続」に用いられる変換符号及び対応変換符号の作
成等は、誰が行うのですか。　217

**Q151**　傍受令状に通信傍受法第20条第1項の許可をする旨の記載がある場合、裁
判所の職員は、裁判官の命を受けて、どのような措置を執ることになるのです
か。　218

**Q152**　傍受令状に通信傍受法第23条第1項の許可をする旨の記載がある場合、裁
判所の職員は、裁判官の命を受けて、どのような措置を執ることになるのです
か。　219

[4 一時的保存を命じて行う通信傍受の実施の手続]

Q153 「一時的保存を命じて行う通信傍受の実施の手続」における通信の傍受は、どのようにするのですか。　221

Q154 「一時的保存を命じて行う通信傍受の実施の手続」における傍受の対象となるのは、どのような通信ですか。　223

Q155 「一時的保存を命じて行う通信傍受の実施の手続」における傍受の実施は、どのようにするのですか。　225

Q156 「一時的保存を命じて行う通信傍受の実施の手続」において、通信管理者等に命じて、指定期間内における通話の開始及び終了の年月日時に関する情報を暗号化させて一時的に保存させておくことが必要とされているのは、なぜですか。　227

Q157 「一時的保存を命じて行う通信傍受の実施の手続」における暗号化信号の復号や復元された通信の再生は、どのようにするのですか。　228

Q158 「一時的保存を命じて行う通信傍受の実施の手続」における再生の実施は、どのようにするのですか。　231

Q159 「一時的保存を命じて行う通信傍受の実施の手続」において、通信管理者等に対する通信の相手方の電話番号等の情報の保存の求めやその開示等の手続が規定されているのは、なぜですか。　235

Q160 通信傍受法第21条第1項又は第2項による復号が終了した場合、一時的保存をした暗号化信号は、どうなるのですか。　237

Q161 「一時的保存を命じて行う通信傍受の実施の手続」の下で再生の実施を終了する場合等において、いまだ復号されていない暗号化信号は、どうなるのですか。　238

Q162 「一時的保存を命じて行う通信傍受の実施の手続」をとった場合における再生をした通信の記録媒体に対する記録や当該記録媒体の封印等は、どのようにするのですか。　239

[5 特定電子計算機を用いる通信傍受の実施の手続]

Q163 「特定電子計算機を用いる通信傍受の実施の手続」において、通信管理者等の立会いが不要とされているのは、なぜですか。立会人がいないと、手続の適正を担保することができないのではありませんか。　240

Q164 「特定電子計算機を用いる通信傍受の実施の手続」における通信の傍受等は、どのようにするのですか。　242

Q165 「特定電子計算機」とは、どのようなものですか。　245

もくじ　xvii

**Q166** 特定電子計算機の機能は、どのような観点から規定されているのですか。　247

**Q167** 「特定電子計算機を用いる通信傍受の実施の手続」のうち一時的保存を伴う方法により傍受をした場合における通信の再生等は、どのようにするのですか。　250

**Q168** 「特定電子計算機を用いる通信傍受の実施の手続」の下で再生の実施を終了する場合等において、いまだ復号されていない暗号化信号は、どうなるのですか。　252

**Q169** 「特定電子計算機を用いる通信傍受の実施の手続」をとった場合における傍受又は再生をした通信の記録媒体に対する記録や当該記録媒体の裁判官への提出等は、どうなるのですか。　253

[6　その他の規定の整備]

**Q170** 通信傍受の手続の合理化・効率化については、他にどのような改正が行われたのですか。　256

## 第5章　裁量保釈の判断に当たっての考慮事情の明確化

**Q171** 裁量保釈の判断に当たっての考慮事情の明確化の趣旨及び概要は、どのようなものですか。　258

**Q172** 裁量保釈の判断に当たり、「保釈された場合に被告人が逃亡し又は罪証を隠滅するおそれの程度のほか、身体の拘束の継続により被告人が受ける健康上、経済上、社会生活上又は防御の準備上の不利益の程度その他の事情を考慮」するというのは、どのような趣旨ですか。　259

## 第6章　弁護人による援助の充実化

第1節　被疑者国選弁護制度の対象事件の拡大

**Q173** 被疑者国選弁護制度の対象事件の拡大の趣旨及び概要は、どのようなものですか。　261

**Q174** 今回の改正で新たに被疑者国選弁護制度の対象となるのは、どのような事件ですか。　263

**Q175** 被疑者に対する国選弁護人の選任手続については、どのような法整備が行われたのですか。　264

第2節　弁護人の選任に係る事項の教示の拡充

**Q176** 弁護人の選任に係る事項の教示の拡充の趣旨及び概要は、どのようなもの

ですか。 265

**Q177** 身体を拘束された被疑者・被告人に対し、「弁護士、弁護士法人又は弁護士会を指定して弁護人の選任を申し出ることができる旨及びその申出先」が教示されるのは、具体的にどの場面ですか。 266

## 第7章 証拠開示制度の拡充

### 第1節 証拠の一覧表の交付手続の導入

**Q178** 証拠の一覧表の交付手続の趣旨及び概要は、どのようなものですか。 267

**Q179** 証拠の一覧表は、どのようなときに交付されるのですか。 268

**Q180** 証拠の一覧表には、どの範囲の証拠が記載されるのですか。 269

**Q181** 証拠の一覧表には、どのような事項が記載されるのですか。 271

**Q182** 証拠の一覧表の記載事項を記載しなくてもよい場合があるのですか。また、それはどのような場合ですか。 273

**Q183** 証拠の一覧表に記載することにより「人の身体若しくは財産に害を加え又は人を畏怖させ若しくは困惑させる行為がなされるおそれ」があると認める事項とは、どのようなものですか。 274

**Q184** 証拠の一覧表に記載することにより「人の名誉又は社会生活の平穏が著しく害されるおそれ」があると認める事項とは、どのようなものですか。 276

**Q185** 証拠の一覧表に記載することにより「犯罪の証明又は犯罪の捜査に支障を生ずるおそれ」があると認める事項とは、どのようなものですか。 277

**Q186** 検察官が証拠の一覧表の交付後に新たに保管するに至った証拠についても、一覧表が作成・交付されるのですか。 278

**Q187** 証拠の一覧表の交付手続について、被告人側が不服申立てをすることは可能ですか。 279

### 第2節 公判前整理手続等の請求権の付与

**Q188** 公判前整理手続等の請求権の付与の趣旨及び概要は、どのようなものですか。 280

**Q189** 訴訟当事者が、事件を公判前整理手続に付することの請求又は期日間整理手続に付することの請求をした場合、裁判所は、どのような決定をすることになるのですか。また、その決定に対して不服申立てをすることはできますか。 281

**Q190** 訴訟当事者に公判前整理手続及び期日間整理手続の請求権が付与されたことにより、事件を公判前整理手続又は期日間整理手続に付するか否かについ

もくじ　xix

ての裁判所の判断の基準は変わるのですか。　282

### 第3節　類型証拠開示の対象の拡大

**Q191**　類型証拠開示の対象の拡大の趣旨及び概要は、どのようなものですか。　283

**Q192**　類型証拠開示の対象として追加された一定の共犯者に係る取調状況記録書面とは、どのようなものですか。また、それが類型証拠開示の対象として追加されたのは、なぜですか。　284

**Q193**　類型証拠開示の対象として追加された証拠物の押収手続記録書面とは、どのようなものですか。また、それが類型証拠開示の対象として追加されたのは、なぜですか。　286

## 第8章　犯罪被害者等及び証人を保護するための措置の導入

### 第1節　証人等の氏名及び住居の開示に係る措置の導入

［1　総　論］

**Q194**　証人等の氏名及び住居の開示に係る措置の趣旨及び概要は、どのようなものですか。　287

**Q195**　検察官が証人等の氏名及び住居の開示に係る措置をとり得ることとしても、被告人の防御権の侵害とならないのですか。　290

**Q196**　証人等の氏名及び開示に係る措置は、公判前整理手続や期日間整理手続においてもとることができるのですか。　291

［2　検察官による措置］

**Q197**　検察官による証人等の氏名及び住居の開示に係る措置は、どのような者についてとることができるのですか。　292

**Q198**　検察官による条件付与等の措置は、どのような場合にとることができるのですか。　294

**Q199**　検察官による条件付与等の措置の内容は、どのようなものですか。　296

**Q200**　検察官による代替的呼称等の開示措置は、どのような場合にとることができるのですか。　297

**Q201**　検察官による代替的呼称等の開示措置の内容は、どのようなものですか。　298

**Q202**　検察官が、証人等の氏名及び住居の開示に係る措置をとった場合に、速やかに裁判所にその旨を通知しなければならないこととされているのは、なぜですか。　299

xx もくじ

［3 裁判所による裁定］

Q203 被告人又は弁護人は、検察官がとった証人等の氏名及び住居の開示に係る措置の取消しを求めることはできるのですか。 300

Q204 裁判所が、検察官のとった証人等の氏名及び住居の開示に係る措置を取り消すための要件は、どのようなものですか。 301

Q205 裁判所による、検察官がとった証人等の氏名及び住居の開示に係る措置の一部の取消しとは、どのようなものですか。 302

Q206 裁判所は、検察官のとった証人等の氏名及び住居の開示に係る措置を取り消す場合に、加害行為等を防止するための措置をとることはできるのですか。 303

Q207 裁判所が、検察官のとった証人等の氏名及び住居の開示に係る措置を取り消すに当たって、条件付与等の措置をとることができるのは、どのような場合ですか。 304

Q208 裁判所が被告人又は弁護人からの裁定請求についてした決定に対し、不服申立てをすることはできるのですか。 306

［4 裁判所による訴訟書類等についての措置］

Q209 検察官が証人等の氏名及び住居の開示に係る措置をとった場合等において、裁判所は、弁護人による訴訟書類等の閲覧・謄写の機会に、当該措置に係る者の氏名又は住居について何らかの措置をとることはできるのですか。 307

Q210 裁判所が弁護人による訴訟書類等の閲覧・謄写等の機会にとった措置に対し、不服申立てをすることはできるのですか。 308

Q211 検察官が条件付与等の措置をとった場合及び裁判所が検察官のとった証人等の氏名及び住居の開示に係る措置を取り消すに当たって条件付与等の措置をとった場合、裁判所は、その後の弁護人による訴訟書類等の閲覧・謄写の際、どのような要件の下で、どのような措置をとることができるのですか。 309

Q212 検察官が代替的呼称等の開示措置をとった場合、裁判所は、その後の弁護人による訴訟書類等の閲覧・謄写の際、どのような要件の下で、どのような措置をとることができるのですか。 311

Q213 検察官が証人等の氏名及び住居の開示に係る措置をとった場合及び裁判所が当該措置を取り消すに当たって条件付与等の措置をとった場合、裁判所は、その後の被告人による公判調書の閲覧等の際、どのような要件の下で、どのような措置をとることができるのですか。 312

もくじ　xxi

［5　弁護士会等に対する処置請求］

**Q214** 弁護人が検察官又は裁判所の付した条件に違反するなどした場合、検察官又は裁判所は、何らかの措置をとることができるのですか。　313

**Q215** 検察官又は裁判所から処置請求を受けた者は、どのような義務を負うのですか。　314

第2節　公開の法廷における証人等の氏名等の秘匿措置の導入

**Q216** 公開の法廷における証人等の氏名等の秘匿措置の趣旨及び概要は、どのようなものですか。　315

**Q217** 公開の法廷における証人等の氏名等の秘匿措置は、公開裁判を受ける権利について規定する憲法第37条第1項に反しないのですか。　317

**Q218** 公開の法廷における証人等の氏名等の秘匿措置の対象者は誰ですか。また、その対象となる事項は何ですか。　318

**Q219** 裁判所が公開の法廷における証人等の氏名等の秘匿措置をとる場合、証人等や訴訟当事者から意見を聴くのですか。　320

**Q220** 公開の法廷における証人等の氏名等の秘匿措置は、どのような場合にとることができるのですか。　321

**Q221** 証人等特定事項の秘匿決定等に対して不服申立てをすることはできますか。　322

**Q222** 公開の法廷における証人等の氏名等の秘匿措置は、控訴審や上告審においてもとることができるのですか。　323

**Q223** 一旦なされた証人等特定事項の秘匿決定が取り消されることもあるのですか。　324

**Q224** 起訴状の朗読のように、証人等特定事項が明らかにされる可能性がある訴訟手続は、証人等特定事項の秘匿決定がなされた場合、どのように行われることになるのですか。　325

第3節　ビデオリンク方式による証人尋問の拡充

**Q225** ビデオリンク方式による証人尋問の拡充の趣旨及び概要は、どのようなものですか。　326

**Q226** 証人を同一構内以外の場所に出頭させた上で、当該場所と裁判官等の在席場所との間を回線でつないでビデオリンク方式により証人尋問を行うことは、裁判の公開について規定する憲法第82条第1項や、被告人の公開裁判を受ける権利について規定する同法第37条第1項、被告人の証人審問権について規定する同条第2項前段に反しないのですか。　327

xxii　もくじ

**Q227** 構外ビデオリンク方式による証人尋問を行うための要件は、どのようなものですか。　328

**Q228** 裁判所が構外ビデオリンク方式による証人尋問を行うに当たっては、訴訟当事者から意見を聴くのですか。また、訴訟当事者は、構外ビデオリンク方式による証人尋問を行うよう裁判所に請求することができるのですか。　329

**Q229** 構外ビデオリンク方式による証人尋問における証人の在席場所は、具体的にどこになるのですか。　330

**Q230** 刑事訴訟法第157条の6第2項第1号は、構外ビデオリンク方式による証人尋問の要件として、どのようなことを規定しているのですか。　331

**Q231** 刑事訴訟法第157条の6第2項第2号及び第3号は、構外ビデオリンク方式による証人尋問の要件として、どのようなことを規定しているのですか。　332

**Q232** 刑事訴訟法第157条の6第2項第4号は、構外ビデオリンク方式による証人尋問の要件として、どのようなことを規定しているのですか。　334

**Q233** 構外ビデオリンク方式による証人尋問を行う場合、証人の同意を得ることにより、当該証人尋問の状況を記録媒体に記録することができますか。　336

**Q234** 裁判員法第65条第1項は、一定の場合には、証人尋問の状況等を、映像及び音声を同時に記録することができる記録媒体に記録することを認めていますが、構外ビデオリンク方式による証人尋問を行う場合も、そのような記録をすることができるのですか。　337

## 第9章　証拠隠滅等の罪等の法定刑の引上げ等

### 第1節　証拠隠滅等の罪等の法定刑の引上げ

**Q235** 証拠隠滅等の罪等の法定刑の引上げの趣旨及び概要は、どのようなものですか。　338

**Q236** 証人不出頭及び証人の宣誓・証言拒絶の罪の法定刑の引上げの内容は、どのようなものですか。また、なぜそのように法定刑が引き上げられたのですか。　339

**Q237** 犯人蔵匿等、証拠隠滅等及び証人等威迫並びに組織的な犯罪に係る犯人蔵匿等の罪の法定刑の引上げの内容は、どのようなものですか。また、なぜそのように法定刑が引き上げられたのですか。　340

### 第2節　証人の勾引要件の緩和等

**Q238** 証人の勾引要件の緩和等の趣旨及び概要は、どのようなものですか。　342

もくじ xxiii

**Q239** 刑事訴訟法第 152 条に規定する「召喚に……応じないおそれがあるとき」とは、どのような意味ですか。　343

## 第 10 章　自白事件の簡易迅速な処理のための措置の導入

**Q240** 自白事件の簡易迅速な処理のための措置の趣旨及び概要は、どのようなものですか。　344

**Q241** 即決裁判手続の申立てがあった事件について、公訴の取消しがなされ、これによる公訴棄却の決定が確定した後に、刑事訴訟法第 350 条の 26 により再起訴することができるのは、どのような場合ですか。　346

巻末資料 1　時代に即した新たな刑事司法制度の基本構想　349
巻末資料 2　新たな刑事司法制度の構築についての調査審議の結果　387
巻末資料 3　国会附帯決議　427

事項索引　431

# 第1章 総　論

## Q1　今回の法改正は、なぜ行われたのですか。

**A**　刑事手続については、近時、捜査・公判が取調べ及び供述調書に過度に依存している状況にあるとの指摘がなされています。このような状況を改めて、刑事手続を時代に即したより機能的なものとし、国民からの信頼を確保するため、

・　証拠の収集手続の適正をより一層担保するとともに、取調べ以外の証拠収集方法を整備する

・　犯罪被害者を含む刑事手続に関与する国民の負担の軽減や被告人の防御活動への配慮等を通じ、公判審理をより充実したものとする

ことが喫緊の課題となっています。

また、国民が安全で安心して暮らせる国であることを実感できる「世界一安全な国、日本」を創るという観点からも、その基盤となる刑事手続の機能の強化が求められています。

そこで、刑事手続における証拠の収集方法の適正化・多様化及び公判審理の充実化を図るため、刑事訴訟法、刑法、通信傍受法等が改正され、所要の法整備が行われたものです。

2　第1章　総　論

## Q2　改正法では、どのような法整備が行われたのですか。

**A**　改正法では、刑事手続における証拠の収集方法の適正化・多様化及び公判審理の充実化を図るため、以下の法整備が行われました。

(1)　取調べの録音・録画制度（以下単に「録音・録画制度」といいます。）の導入（Q8以下参照）

(2)　証拠収集等への協力及び訴追に関する合意制度（以下単に「合意制度」といいます。Q35以下参照）及び刑事免責制度（Q113以下参照）の導入

(3)　通信傍受の合理化・効率化

　①　通信傍受の対象犯罪の拡大（Q134以下参照）

　②　通信傍受の手続の合理化・効率化（Q139以下参照）

(4)　裁量保釈の判断に当たっての考慮事情の明確化（Q171以下参照）

(5)　弁護人による援助の充実化

　①　被疑者国選弁護制度の対象事件の拡大（Q173以下参照）

　②　弁護人の選任に係る事項の教示の拡充（Q176以下参照）

(6)　証拠開示制度の拡充

　①　証拠の一覧表の交付手続の導入（Q178以下参照）

　②　公判前整理手続等の請求権の付与（Q188以下参照）

　③　類型証拠開示の対象の拡大（Q191以下参照）

(7)　犯罪被害者等及び証人を保護するための措置の導入

　①　証人等の氏名及び住居の開示に係る措置の導入（Q194以下参照）

　②　公開の法廷における証人等の氏名等の秘匿措置の導入（Q216以下参照）

　③　ビデオリンク方式による証人尋問の拡充（Q225以下参照）

(8)　証拠隠滅等の罪等の法定刑の引上げ等

　①　証拠隠滅等の罪等の法定刑の引上げ（Q235以下参照）

　②　証人の勾引要件の緩和等（Q238以下参照）

(9)　自白事件の簡易迅速な処理のための措置の導入（Q240以下参照）

## Q3 改正法案が国会に提出されるまでの経緯は、どのようなものでしたか。

**A** 1 平成22年10月、大阪地検特捜部における厚生労働省元局長無罪事件等の一連の事態を受けて、法務大臣の下に、検察の信頼回復を図るため、検察の在り方について幅広い観点から抜本的な検討を行い、その改革策を同大臣に提言し、その実施に寄与するとの目的で、「検察の在り方検討会議」が設けられました。

同会議では、約半年にわたって議論が行われ、平成23年3月、「検察の再生に向けて」と題する提言が取りまとめられました。その中で、検察の信頼回復を図るための様々な改革策が示されましたが、同時に、上記の事態に至った原因について、「極端な取調べ・供述調書偏重の風潮があったことがうかがえ、この点に本質的・根源的な問題がある」、「抜本的・構造的な改革として、追及的な取調べによらずに供述や客観的証拠を収集できる仕組みを早急に整備し、取調べや供述調書に過度に依存した捜査・公判から脱却するよう、その在り方を改めていかなければならない」、「今般の事態を踏まえて同様の事態を二度と引き起こさないようにするためには、現在の刑事司法制度が抱える問題点に正面から取り組み、多岐にわたる諸課題を検討して新たな刑事司法制度を構築していく必要があ」るとの指摘がなされ、「取調べ及び供述調書に過度に依存した捜査・公判の在り方を抜本的に見直し、制度としての取調べの可視化を含む新たな刑事司法制度を構築するため、直ちに、国民の声と関係機関を含む専門家の知見とを反映しつつ十分な検討を行う場を設け、検討を開始するべきである。」とされました。

2 これを受け、平成23年5月、法務大臣から、法制審議会に対し、「近年の刑事手続をめぐる諸事情に鑑み、時代に即した新たな刑事司法制度を構築するため、取調べ及び供述調書に過度に依存した捜査・公判の在り方の見直しや、被疑者の取調べ状況を録音・録画の方法により記録する制度の導入など、刑事の実体法及び手続法の整備の在り方について、御意見を承りたい。」との諮問第92号が発せられました。

同審議会では、時代に即した新たな刑事司法制度を構築するための法整備の在り方について調査審議を行うため、同年6月に開催された第165回会議

において、同審議会の下に「新時代の刑事司法制度特別部会」（以下「特別部会」といいます。）を設置することが決定されました。特別部会の委員・幹事には、刑事法の研究者や刑事実務家のほか、被害者団体、経済界、労働団体、マスメディア界等の各界の有識者が任命されました。

　3　特別部会では、まず、各委員から、運用を含めた我が国の刑事司法制度の現状についての認識及びそれを踏まえた制度改正の在り方について見解が示されました。その上で、刑事司法制度の現状についての認識を可能な限り共有するため、国内の刑事司法関連施設等（警察署、科学警察研究所、検察庁、拘置所、刑務所、自立更生促進センター、法律事務所、日本司法支援センター地方事務所等）の視察調査、裁判員裁判等の公判傍聴、刑事司法関係者等（警察官、弁護士、検察官、犯罪被害者の遺族及び無罪確定者）のヒアリング等が行われました。その後、その結果も踏まえつつ、論点整理を行いながら調査審議が進められ、その中で、諸外国において導入されている制度を参考とした意見も数多く示され、諸外国における諸制度の内容や運用実態等についても認識を深めることが必要とされたことから、欧州、米国及び韓国における海外調査が行われました。

　その結果、我が国の刑事司法制度の現状を踏まえた今後の検討の方向性や重点的に検討すべき事項について、一定程度認識が共有されましたが、なお個々の事項の内容や採否については、各委員・幹事の意見に相当の隔たりがありました。そこで、その後の調査審議を効率的かつ実質的なものとするためには、それまでの議論を一旦整理した上で、今後検討を進めるべき事項とそれ以外の事項を明確に区別し、前者については具体的な制度の「たたき台」を作成し、採否を含めてより一層詰めた議論を行っていくことが合理的であると判断され、平成25年1月の第19回会議において、委員・幹事の総意により、今後の検討指針と検討事項を中間的に取りまとめた「時代に即した新たな刑事司法制度の基本構想」（以下「基本構想」といいます。）が策定されました（**巻末資料1**）。

　基本構想では、新たな刑事司法制度のあるべき姿として、「適正手続の下での事案の解明と刑罰法令の適正かつ迅速な適用更にはそれと一体をなすものとしての誤判の防止という役割を十全に果たし、被疑者・被告人、被害者を始めとする事件関係者及び国民一般がそれぞれの立場からも納得し得る、国

民の健全な社会常識に立脚したもの」、「できる限り制度の内容等が明確化され、国民にも分かりやすいもの」という方向性が示され、これを実現するための制度構築に当たっての検討指針として、

・　被疑者取調べの録音・録画制度の導入を始め、取調べへの過度の依存を改めて適正な手続の下で供述証拠及び客観的証拠をより広範囲に収集することができるようにするため、証拠収集手段を適正化・多様化する

・　供述調書への過度の依存を改め、被害者及び事件関係者を含む国民への負担にも配意しつつ、真正な証拠が顕出され、被告人側においても、必要かつ十分な防御活動ができる活発で充実した公判審理を実現する

との二つの理念が示された上で、これを実現するために今後具体的な検討を進めるべき事項が掲げられました。

4　基本構想が策定された際、これらの事項について具体的な制度の「たたき台」を作成する場として、特別部会の下に二つの作業分科会が設置されました。各作業分科会は、具体的な検討を進めるべき事項を分担し、その採否をめぐる議論はひとまず措きつつ、それまでの特別部会における議論を踏まえた上で、専門的・技術的な観点から、最も合理的と考えられる具体的な制度の「たたき台」の検討・作成を行うこととされました。

各作業分科会では、平成 25 年 3 月から平成 26 年 1 月までの間、合計 10 回ずつの会議が行われ、具体的な制度の「たたき台」の検討が進められました。その間、その検討状況が特別部会の会議において報告され、各作業分科会では、その際の特別部会における意見等も踏まえつつ、具体的な制度の「たたき台」が作成され、それが、同年 2 月の特別部会の第 23 回会議において報告されました。

5　その後、特別部会では、この「たたき台」に基づいて、各制度が全体として刑事司法制度において機能するか否かをも勘案しつつ、各制度の内容及び採否についての調査審議が行われ、平成 26 年 4 月の第 26 回会議からは、特別部会の指示に基づき事務当局が「たたき台」及びそれまでの調査審議を踏まえて作成した「事務当局試案」に基づいて、更に調査審議が進められました。その結果、同年 7 月の第 30 回会議において、全会一致で答申案が取りまとめられました。

そして、同年 9 月に開催された法制審議会（総会）の第 173 回会議において

も、同じく全会一致で、答申案の内容をもって答申すべきものと決せられ、法務大臣に対し、「新たな刑事司法制度の構築についての調査審議の結果」として答申がなされました（**巻末資料 2**）。

　この答申では、時代に即した新たな刑事司法制度を構築するための法整備の内容が「要綱（骨子）」として示された上で、「『要綱（骨子）』に掲げる制度は多岐にわたるが、……それらが一体として現行制度に組み込まれ、一つの総体としての制度を形成することによって、時代に即した新たな刑事司法制度が構築されていくものである。」とされました。

　6　法務省では、この答申に基づいて法案の立案作業を行い、平成 27 年 3 月 13 日、政府は、改正法案を閣議決定の上、第 189 回国会（通常国会）に提出しました。

## Q4 国会における改正法案の審議状況は、どのようなものでしたか。

**A** 1 改正法案は、平成27年3月13日に第189回国会（通常国会）に提出され、同年5月19日、衆議院本会議で趣旨説明及び質疑が行われ、その審議が開始されました。

その後、衆議院法務委員会で改正法案の審議が行われ、同年8月5日、改正法案に対し、自由民主党、民主党・無所属クラブ（当時）、維新の党（当時）及び公明党の四会派共同提案による修正案（**Q5**参照）が提出されました。

同日、同委員会において、上記修正案についても審議が行われた上で、上記修正案及び修正部分を除く原案が、自由民主党、民主党・無所属クラブ（当時）、維新の党（当時）、公明党等の賛成を得て可決され、同月7日、衆議院本会議で可決されました。

この間、同委員会では、参考人質疑4回を含む合計19回にわたる審議が行われ（他に視察も2回行われました。）、その審議時間は69時間を超えました。

2 参議院においては、平成27年8月21日、参議院本会議で趣旨説明及び質疑が行われ、同年9月10日、参議院法務委員会で趣旨説明が行われましたが、同月27日に会期終了となったことに伴い、継続審査となりました。

その後、第190回国会（通常国会）において審議が行われ、平成28年5月19日、参議院法務委員会で、自由民主党、民進党、公明党等の賛成を得て可決され、同月20日、参議院本会議で可決されました。

この間、同委員会では、参考人質疑3回を含む合計9回にわたる審議が行われ（他に視察も2回行われました。）、その審議時間は27時間を超えました。

3 その後、上記修正案及び修正部分を除く原案は、再度衆議院に送付され、平成28年5月20日、衆議院法務委員会で可決された後、同月24日、衆議院本会議で可決され、改正法が成立しました。

改正法案についての審議時間は、衆議院本会議及び参議院本会議における審議時間を含めると、約100時間に及びました。

なお、改正法案については、衆議院法務委員会及び参議院法務委員会で、それぞれ附帯決議がなされています（**巻末資料3**）。

8 第1章 総 論

## Q5 国会における改正法案の修正は、どのようなものでしたか。

**A** 改正法案については、国会審議の過程で修正が行われました。その概要は、以下のとおりです。なお、この修正案は、衆議院法務委員会において、自由民主党、民主党・無所属クラブ（当時）、維新の党（当時）及び公明党の四会派共同提案によるものとして提出されたものです。

(1) 合意制度について

　① 検察官が合意をするか否かを判断するに当たって考慮すべき事情（刑事訴訟法第350条の2第1項）として、「関係する犯罪の関連性の程度」を明記する。

　② 合意をするため必要な協議（同法第350条の4）について、政府原案では、被疑者・被告人及び弁護人に異議がないときは、検察官は、協議の一部を被疑者・被告人又は弁護人のいずれか一方のみとの間で行うことができることとしていたが、これを修正して、被疑者・被告人及び弁護人に異議がないときは、検察官は、協議の一部を弁護人のみとの間で行うことはできるものの、被疑者・被告人のみとの間で行うことはできないこととする。

(2) 通信傍受の合理化・効率化について

　① 通信当事者に対する通知（通信傍受法第30条第1項）の際に、

　　・ 傍受記録の聴取等（同法第31条）ができること

　　・ 傍受の原記録の聴取等の許可の請求（同法第32条第1項）ができること

　　・ 不服申立て（同法第33条第1項・第2項）ができること

　　を併せて通知することとする。

　② 通信傍受についての国会報告等（同法第36条）について、改正法により新たに導入する方式（一時的保存を命じて行う通信傍受の実施の手続及び特定電子計算機を用いる通信傍受の実施の手続）により傍受の実施をしたときはその旨の報告等もしなければならないこととする。

(3) 検討条項について

　① 改正法案附則第9条を同条第1項とし、その内容を「政府は、取調

べの録音・録画等……が、被疑者の供述の任意性その他の事項についての的確な立証を担保するものであるとともに、取調べの適正な実施に資することを踏まえ、この法律の施行後3年を経過した場合において、取調べの録音・録画等の実施状況を勘案し、取調べの録音・録画等に伴って捜査上の支障その他の弊害が生じる場合があること等に留意しつつ、取調べの録音・録画等に関する制度の在り方について検討を加え、必要があると認めるときは、その結果に基づいて所要の措置を講ずるものとする。」に改める（修正前においては、前半部分が「政府は、取調べの録音・録画等……が、被疑者の供述の任意性その他の事項についての的確な立証を担保するものであるとともに、取調べの適正な実施に資すること、取調べの録音・録画等に伴って捜査上の支障その他の弊害が生じる場合があること等を踏まえ、この法律の施行後3年を経過した場合において、取調べの録音・録画等の実施状況を勘案し、取調べの録音・録画等に関する制度の在り方について検討を加え」とされていた。）。

② 改正法案附則第9条に第2項を追加して、政府は、改正法の施行後3年を経過した場合において、改正後の規定（録音・録画制度に関するものを除く。）の施行状況について検討を加え、必要があると認めるときは、その結果に基づいて所要の措置を講ずるものとする。

③ 改正法案附則第9条に第3項を追加して、政府は、改正法の公布後、必要に応じ、速やかに、再審請求審における証拠の開示、起訴状等における被害者の氏名の秘匿に係る措置、証人等の刑事手続外における保護に係る措置（いわゆる証人保護プログラム）等の改正法に盛り込まれていない制度について検討を行うものとする。

第1章 総 論

## Q6 改正法の施行時期は、どのようになっていますか。

**A** 改正法には、多岐にわたる改正項目が盛り込まれているところ（Q2参照）、それらは、以下の一覧表のとおり、段階的に施行することとされています。

なお、改正法附則第9条の検討条項（Q5及びQ7参照）のうち、

- 同条第3項（改正法に盛り込まれなかった事項についての検討条項）については、改正法の公布日（平成28年6月3日）から
- 同条第1項及び第2項（いずれも、改正法に盛り込まれた事項についての検討条項）については、改正法の施行日（改正法の公布日から起算して3年以内の政令で定める日）から

それぞれ施行することとされています。

| 施行期日 | 施行内容 |
|---|---|
| 改正法の公布日から起算して20日（平成28年6月23日） | ・ 裁量保釈の判断に当たっての考慮事情の明確化<br>・ 証拠隠滅等の罪等の法定刑の引上げ |
| 改正法の公布日から起算して6月以内の政令で定める日（平成28年12月1日） | ・ 弁護人の選任に係る事項の教示の拡充<br>・ 証拠の一覧表の交付手続の導入<br>・ 公判前整理手続等の請求権の付与<br>・ 類型証拠開示の対象の拡大<br>・ 証人等の氏名及び住居の開示に係る措置の導入<br>・ 公開の法廷における証人等の氏名等の秘匿措置の導入<br>・ 証人の勾引要件の緩和等<br>・ 自白事件の簡易迅速な処理のための措置の導入<br>・ 通信傍受の対象犯罪の拡大 |
| 改正法の公布日から起算して2年以内の政令で定める日（平成30年6月1日） | ・ 合意制度の導入<br>・ 刑事免責制度の導入<br>・ 被疑者国選弁護制度の対象事件の拡大<br>・ ビデオリンク方式による証人尋問の拡充 |
| 改正法の公布日から起算して3年以内の政令で定める日（平成31年6月2日まで） | ・ 録音・録画制度の導入<br>・ 通信傍受の手続の合理化・効率化 |

## Q7 改正法附則第9条（検討）では、どのようなことが規定されていますか。

**A** 1 改正法附則第9条には、3つの項が設けられており、各項がそれぞれ異なる事項についての検討を政府に義務付けています。

2 改正法附則第9条第1項は、録音・録画制度についての検討条項であり、「政府は、取調べの録音・録画等（取調べにおける被疑者の供述及びその状況を録音及び録画の方法により記録媒体に記録し、並びにこれを立証の用に供することをいう。以下この条において同じ。）が、被疑者の供述の任意性その他の事項についての的確な立証を担保するものであるとともに、取調べの適正な実施に資することを踏まえ、この法律の施行後3年を経過した場合において、取調べの録音・録画等の実施状況を勘案し、取調べの録音・録画等に伴って捜査上の支障その他の弊害が生じる場合があること等に留意しつつ、取調べの録音・録画等に関する制度の在り方について検討を加え、必要があると認めるときは、その結果に基づいて所要の措置を講ずるものとする。」と規定しています。

同項に相当する規定は、政府原案の段階から附則第9条として置かれていましたが、衆議院における修正によりその表現が改められ（Q5参照）、録音・録画制度の在り方についての検討は、①「取調べの録音・録画等……が、被疑者の供述の任意性その他の事項についての的確な立証を担保するものであるとともに、取調べの適正な実施に資することを踏まえ」、②「取調べの録音・録画等の実施状況を勘案し」、③「取調べの録音・録画等に伴って捜査上の支障その他の弊害が生じる場合があること等に留意しつつ」、行うこととされました。これらのうち、上記①は録音・録画制度の趣旨を踏まえることを、また、上記③は「取調べの録音・録画等」に伴う弊害等に留意することをそれぞれ要することとするものです。上記②は、検討の際の資料に関し、「取調べの録音・録画等の実施状況」を勘案することを要することとするものであり、ここにいう「取調べの録音・録画等」については、刑事訴訟法第301条の2によるものに限られていませんので、捜査機関の運用によるものも含まれることとなります。

同項による検討は、改正法の施行（その施行日は、公布日（平成28年6月3

日）から起算して３年以内の政令で定める日です。）後３年を経過した場合に行うこととなります。政府は、「取調べの録音・録画等に関する制度の在り方について検討を加え、必要があると認めるときは、その結果に基づいて所要の措置を講ずる」こととなりますが、「所要の措置」としてどのような措置を講ずるべきかは、その検討の結果に基づいて判断されます。

　なお、録音・録画制度に関する検討については、「組織的な犯罪の処罰及び犯罪収益の規制等に関する法律等の一部を改正する法律」（平成29年法律第67号）附則第12条第１項において、「政府は、刑事訴訟法等の一部を改正する法律附則第９条第１項の規定により同項に規定する取調べの録音・録画等に関する制度の在り方について検討を行うに当たっては、新組織的犯罪処罰法〔筆者注：平成29年法律第67号による改正後の組織的犯罪処罰法〕第６条の２第１項及び第２項の規定の適用状況並びにこれらの規定の罪に係る事件の捜査及び公判の状況等を踏まえ、特に、当該罪に係る事件における証拠の収集の方法として刑事訴訟法第198条第１項の規定による取調べが重要な意義を有するとの指摘があることにも留意して、可及的速やかに、当該罪に係る事件に関する当該制度の在り方について検討を加えるものとする。」と規定されています。

　3　改正法附則第９条第２項は、録音・録画制度以外の改正法に盛り込まれた改正項目についての検討条項であり、「前項に定めるもののほか、政府は、この法律の施行後３年を経過した場合において、この法律による改正後の規定の施行の状況について検討を加え、必要があると認めるときは、その結果に基づいて所要の措置を講ずるものとする。」と規定しています。

　同項は、衆議院における修正により追加されたものです（Q5参照）。同項による検討が、改正法の施行後３年を経過した場合に行うこととなるものであることや、「所要の措置」としてどのような措置を講ずるべきかは、その検討の結果に基づいて判断されることなどは、同条第１項による検討の場合と同じです。

　4　改正法附則第９条第３項は、改正法に盛り込まれなかった事項についての検討条項であり、「政府は、この法律の公布後、必要に応じ、速やかに、再審請求審における証拠の開示、起訴状等における被害者の氏名の秘匿に係る措置、証人等の刑事手続外における保護に係る措置等について検討を行う

ものとする。」と規定しています。

　同項も、同条第2項と同様、衆議院における修正により追加されたものです（Q5参照）。同条第3項による検討については、同条第1項及び第2項の場合とは異なり、改正法の公布後、必要に応じ、速やかに行うこととされています。

# 第2章 録音・録画制度の導入

## 第1節 総 論

**Q8** 録音・録画制度の趣旨及び概要は、どのようなものですか。

**A** 録音・録画制度は、裁判員制度対象事件及びいわゆる検察官独自捜査事件を対象として（厳密には、裁判員制度対象事件ではない内乱事件の一部も録音・録画制度の対象事件となりますが（Q12参照）、以下においては、特に必要がない限り、単に「裁判員制度対象事件」といいます。）、

① 公判において、逮捕又は勾留されている被疑者の取調べ又は弁解録取手続（以下「取調べ等」といいます。）の際に作成された供述調書又は供述書の任意性が争われたときは、検察官は、その取調べ等を録音・録画した記録媒体の証拠調べ請求をしなければならず（刑事訴訟法第301条の2第1項）、この義務に違反したときは、当該供述調書又は供述書の証拠調べ請求が却下されることとした上で（同条第2項）、

② 検察官、検察事務官又は司法警察職員は、逮捕又は勾留されている被疑者の取調べ等を行うときは、一定の例外事由に該当する場合を除き、その全過程を録音・録画しておかなければならないこととする（同条第4項）

ものです。

録音・録画制度は、被疑者の供述の任意性等の的確な立証を担保するとともにその取調べ等の適正な実施に資すること（改正法附則第9条第1項参照）を通じて、より適正、円滑かつ迅速な刑事裁判の実現に資するため、政策的見地から導入されるものです。供述の任意性等の的確な立証又は取調べ等の適正な実施のいずれか一方に重きを置くものではなく、その両者が取調べ等の録音・録画の効果として期待されることを前提に、これらをいずれも刑事

司法制度に取り込むことによって、より適正、円滑かつ迅速な刑事裁判の実現に資することを目的としています。

16　第2章　録音・録画制度の導入

## Q9 録音・録画制度に関する規定は、なぜ、刑事訴訟法の「公判」の章にまとめて置かれているのですか。

**A**　刑事訴訟法第301条の2においては、まず、公判段階における検察官の義務である、取調べ等を録音・録画した記録媒体の証拠調べ請求について規定した上で、捜査段階における捜査機関の義務である、取調べ等の録音・録画義務について規定するという構成がとられており、規定の位置についても、「公判」の章（同法第2編第3章）にまとめて置かれています。

　取調べ等の録音・録画には、供述の任意性等の的確な立証と取調べ等の適正な実施という効果が期待されますが（Q8参照）、これらは、いずれも、事後的にその録音・録画された内容が吟味されるという、取調べ等を録音・録画した記録媒体（以下「録音・録画記録」といいます。）の利用又はその可能性により生じるものであるといえます。このことに鑑みると、法制的な観点からは、まずは、事実認定者である裁判所が録音・録画記録を利用できるようにする仕組みとして、検察官に公判段階における録音・録画記録の証拠調べ請求を義務付けた上で、その履行を確保するための措置として、捜査機関に取調べ等の録音・録画を義務付けることとするのが合理的であると考えられます。

　そこで、同法第301条の2では、第1項において、公判段階における検察官の義務である録音・録画記録の証拠調べ請求義務について規定した上で、第4項において、捜査段階における捜査機関の義務である録音・録画義務について規定しているものであり、このようなことから、規定の位置についても、「捜査」の章（同法第2編第1章）ではなく、「公判」の章にまとめて置くこととされたものです。

　このように、同条が、まず、公判段階における検察官の義務である録音・録画記録の証拠調べ請求義務について規定していることや、「公判」の章にまとめて置かれていることは、法制的な理由によるものであり、このような規定の構成や位置は、制度趣旨の理解に影響を及ぼすものではありません。

第 1 節　総　論　Q10　17

## Q10 録音・録画制度が導入されたことにより、録音・録画記録の実質証拠としての使用が制限されることになるのですか。

**A**　録音・録画記録は、取調べ等における供述人の供述及びその状況をありのままに記録したものであり、供述人の署名押印はなくても、撮影、保存等の記録の過程が機械的操作によってなされることにより、記録の正確性が担保されます。したがって、録音・録画記録は、供述調書に準じて実質証拠（犯罪事実や情状を立証するための証拠）として用いることができると考えられます。

　そして、録音・録画制度の導入は、この点に何ら影響を及ぼすものではありません。すなわち、刑事訴訟法第301条の2第1項は、このように、録音・録画記録について明文の規定がなくともその証拠調べ請求が可能であることを前提とした上で、一定の場合について、検察官に供述の任意性の立証のために録音・録画記録の証拠調べ請求を義務付けることにその意義があるのであって、同項に規定する場合に限ってその証拠調べ請求を許容するというような趣旨のものでないことは明らかであり、録音・録画記録を実質証拠として用いることにつき、何ら制約を加えるものではありません。したがって、録音・録画制度の導入後においても、録音・録画記録を実質証拠として用いることは可能です。

18 第2章 録音・録画制度の導入

## 第2節 録音・録画記録の証拠調べ請求義務

### 1 概 要

**Q11** 検察官に録音・録画記録の証拠調べ請求義務が生じるのは、どのような場合ですか。また、その義務の概要は、どのようなものですか。

**A** 検察官に録音・録画記録の証拠調べ請求義務が生じるための要件は、

(1) 被告事件が刑事訴訟法第301条の2第1項各号に掲げる事件であること

(2) 検察官が次の要件を満たす書面の証拠調べ請求をしたこと

① 同法「第322条第1項の規定により証拠とすることができる書面」であること

② 「当該事件についての第198条第1項の規定による取調べ(逮捕又は勾留されている被疑者の取調べに限る。……)又は第203条第1項、第204条第1項若しくは第205条第1項(第211条及び第216条においてこれらの規定を準用する場合を含む。……)の弁解の機会に際して作成され」たものであること

③ 「被告人に不利益な事実の承認を内容とするもの」であること

(3) 「被告人又は弁護人が、その取調べの請求に関し、その承認が任意にされたものでない疑いがあることを理由として異議を述べたとき」であること

(4) 同法第301条の2第4項「各号のいずれかに該当することにより同項の規定による記録が行われなかつたことその他やむを得ない事情によつて当該記録媒体が存在しないとき」でないこと

です(同条第1項)。

これらのうち、上記(1)は対象事件に関するもの、上記(2)①及び③は書面の類型に関するもの、上記(2)②は対象となる取調べ等に関するものです。また、上記(3)は任意性が争われたことを、上記(4)は録音・録画記録の証拠調べ請求

義務の例外事由に該当しないことをそれぞれ必要とするものです。

　上記(1)から(4)までの要件を満たす場合、検察官は、「その承認が任意にされたものであることを証明するため、当該書面が作成された取調べ又は弁解の機会の開始から終了に至るまでの間における被告人の供述及びその状況を第4項〔筆者注：刑事訴訟法第301条の2第4項〕の規定により記録した記録媒体の取調べを請求しなければならない」こととされています（同条第1項）。

20　第 2 章　録音・録画制度の導入

## 2　対象事件

**Q12** 録音・録画記録の証拠調べ請求義務の対象事件は、どのようなものですか。

**A**　1　録音・録画記録の証拠調べ請求義務の対象事件は、

① 死刑又は無期の懲役若しくは禁錮に当たる罪に係る事件（刑事訴訟法第 301 条の 2 第 1 項第 1 号）

② 短期 1 年以上の有期の懲役又は禁錮に当たる罪であって故意の犯罪行為により被害者を死亡させたものに係る事件（同項第 2 号）

③ 司法警察員が送致し又は送付した事件以外の事件（上記①及び②に掲げるものを除きます。）（同項第 3 号）

です。

　同項は、公判に関する規定であり、ここにいう対象事件に該当するか否かは、被告事件について問題となるものであって、被告事件が上記①から③までのいずれかに該当するものであることが必要です。例えば、被告人が、殺人未遂の被疑事実で逮捕・勾留されたものの、傷害の公訴事実で起訴された場合（いわゆる検察官独自捜査事件ではないものとします。）には、被告事件が傷害であって、上記①及び②に該当しない以上、仮に、その公判において、逮捕・勾留中に作成された殺人未遂についての供述調書の任意性が争われたとしても、録音・録画記録の証拠調べ請求義務は生じません（これとは逆に、例えば、傷害の事実で逮捕・勾留・起訴された後に被害者が死亡して訴因・罰条が変更され、公訴事実が傷害致死とされた場合（いわゆる検察官独自捜査事件ではないものとします。）に、逮捕・勾留中に作成された傷害についての供述調書の任意性が争われたとしても、録音・録画記録の証拠調べ請求義務が生じないことについては、Q16 を参照。）。

　2　上記 1 ①及び②は、基本的には裁判員制度対象事件ですが、裁判員制度対象事件ではない内乱事件の一部も含まれます。すなわち、内乱首謀は死刑に（刑法第 77 条第 1 項第 1 号）、また、内乱謀議参与は無期禁錮に（同項第 2 号前段）それぞれ当たる罪であるところ、これらは、いずれも、裁判員法第 2 条第 1 項第 1 号に該当するものの、その第一審管轄権が高等裁判所に属するため（裁判所法第 16 条第 4 号）、裁判員制度対象事件には該当しませんが、上

記1①には該当することから、録音・録画制度の対象事件となります。

　3　上記1③は、いわゆる検察官独自捜査事件を指すものであり、司法警察員による送致（刑事訴訟法第203条第1項、第246条等）及び送付（同法第242条）を経ずに、検察官が直接告訴・告発等を受け又は自ら認知して捜査を行う事件です。

　ある事件について司法警察員による送致又は送付があったといえるか否かは、事件の同一性の有無を踏まえて判断すべきものと考えられます。事件の同一性については、一般的に、公訴事実の同一性（同法第312条第1項）と同様の考え方により判断されていると考えられるところ、これを前提とすると、例えば、検察官が司法警察員から窃盗事件の送致を受けた場合において、当該窃盗の事実と牽連犯（刑法第54条第1項）の関係にある住居侵入の事実を追加して、住居侵入・窃盗被告事件として公訴を提起したときは、当該住居侵入の事実については、当該窃盗の事実との間で公訴事実の同一性が認められる以上、事件としては既に司法警察員から送致されたものということになり、上記1③には該当しません。実質的に見ても、このように事件の同一性が認められる場合には、送致の際に被疑事実として記載されていなかった事実についても、司法警察職員により併せて取調べが行われることとなりますので、いわゆる検察官独自捜査事件を録音・録画制度の対象事件とした趣旨（Q13参照）は妥当しないと考えられます。

22　第2章　録音・録画制度の導入

**Q13** 録音・録画記録の証拠調べ請求義務の対象事件は、どのような考え方に基づいて規定されているのですか。

**A** 録音・録画記録の証拠調べ請求義務の対象事件は、

① 死刑又は無期の懲役若しくは禁錮に当たる罪に係る事件（刑事訴訟法第301条の2第1項第1号）

② 短期1年以上の有期の懲役又は禁錮に当たる罪であって故意の犯罪行為により被害者を死亡させたものに係る事件（同項第2号）

③ 司法警察員が送致し又は送付した事件以外の事件（上記①及び②に掲げるものを除きます。）（同項第3号）

とされているところ、これは、次の理由によるものです。

　すなわち、録音・録画制度は、被疑者の供述の任意性等の的確な立証を担保することをその趣旨の一つとするものですが（Q8参照）、実際に公判において取調べ等の状況が争われる事件は極めて少ないことからすると、全ての事件を一律に録音・録画制度の対象とすることについては、その必要性・合理性に大きな疑問がある上、制度の運用に伴う人的・物的な負担も甚大なものとなります。また、録音・録画制度は、捜査機関にこれまでにない新たな義務を課すものであり、取調べの真相解明機能の低下など捜査への影響を懸念する意見も示されていたところです。これらの点を考慮すると、法律上の制度としての録音・録画制度の対象事件は、録音・録画の必要性が最も高い類型の事件とすることが適当であると考えられます。

　この点、上記①及び②の事件については、いずれも重い刑が定められている重大な事件であって、公判において取調べ等の状況をめぐる争いが比較的生じやすい上、裁判員の参加する審理においては、取調べ等の状況について裁判員にも分かりやすい立証が求められることから、録音・録画の必要性が最も高い類型の事件であるといえます。また、上記③の事件については、被疑者の取調べ等が専ら検察官によって行われるため、被疑者の供述が異なる捜査機関による別個の立場からの多角的な質問等を通じて吟味される機会に欠けることとなり、取調べ等の状況をめぐる争いが生じた場合、裁判所は、その判断に当たり、異なる捜査機関に対する供述状況を踏まえることができず、司法警察員が送致し又は送付した事件と比較して判断資料が制約される

こととなる上、この種の事件においては、取調べ等の状況をめぐる争いが比較的生じやすいことから、取調べ等の録音・録画の必要性が最も高い類型の事件であるといえます。

　もとより、それ以外の事件の中にも、取調べ等の録音・録画の必要性が高い事件は存在すると考えられますが、個別の事案の内容や証拠関係等によることから、そのような事件の範囲を法律上の義務の対象範囲として厳密かつ明確な形で定めることは困難です。他方、平成 26 年 10 月から、検察の運用による取調べの録音・録画が拡大され、事案の内容や証拠関係等に照らして被疑者の取調べを録音・録画することが必要であると考えられる事件は、罪名を限定することなく、新たに録音・録画の試行の対象とされるなど、積極的な取組が行われている状況にあります。

　そこで、刑事訴訟法第 301 条の 2 第 1 項においては、このような検察における運用等も考慮して、法律上の制度としては、上記①から③までの事件が対象事件とされたものです。

24　第 2 章　録音・録画制度の導入

## 3　検察官による自白調書等の請求

**Q14**　裁判所が職権で被告人の自白調書の証拠調べを決定した場合等においても、検察官は、録音・録画記録の証拠調べ請求義務を負うのですか。

**A**　検察官に録音・録画記録の証拠調べ請求義務が生じるためには、検察官が刑事訴訟法第 301 条の 2 第 1 項に規定する書面の証拠調べ請求をすることが必要です（同項）。

　したがって、裁判所が職権で当該書面の証拠調べを行うこととした場合や弁護人が当該書面の証拠調べ請求をした場合には、録音・録画記録の証拠調べ請求義務は生じません。

第2節　録音・録画記録の証拠調べ請求義務　Q15　25

## Q15 検察官に録音・録画記録の証拠調べ請求義務が生じるのは、検察官が証拠調べ請求をした書面がどのようなものである場合ですか。

**A**　1　検察官に録音・録画記録の証拠調べ請求義務が生じるためには、検察官が証拠調べ請求をした書面が

⑴　刑事訴訟法「第322条第1項の規定により証拠とすることができる書面」であること

⑵　「被告人に不利益な事実の承認を内容とするもの」であること

が必要です（同法第301条の2第1項）。

　2　刑事訴訟法第322条第1項においては、「被告人が作成した供述書又は被告人の供述を録取した書面で被告人の署名若しくは押印のあるもの」（以下「被告人の供述調書等」といいます。）は、

①　「その供述が被告人に不利益な事実の承認を内容とするもの」であり、かつ、「任意にされたものでない疑があると認めるとき」でないとき、又は

②　「特に信用すべき情況の下にされたものであるとき」

に限り、証拠とすることができることとされており、上記1⑴は、検察官が証拠調べ請求をした書面が、被告人の供述調書等であって、上記①又は②の要件を満たし得るものであることを要することとするものです。

　なお、同法第301条の2第1項は、裁判所が証拠能力を判断する前の検察官による証拠調べ請求の段階において適用される規定であり、同法「第322条第1項の規定により証拠とすることができる書面」とは、検察官において同法「第322条第1項の規定により証拠とすることができる書面」に該当すると判断した書面であることを意味します。これは、例えば、いわゆる検察官面前調書についての検察官の証拠調べ請求義務について規定する同法第300条が「……の規定により証拠とすることができる書面」と規定しているのと同様です。

　3　上記1⑵は、上記1⑴がこのように理解されることを前提として、その書面の中でも任意性が問題とされ得るものに限定するため、上記2①に対応するものとして、検察官が証拠調べ請求をした被告人の供述調書等が「被

26 第2章 録音・録画制度の導入

告人に不利益な事実の承認を内容とするもの」であることを要することとするものです。

## 4 対象となる取調べ等

**Q16** 検察官に録音・録画記録の証拠調べ請求義務が生じるのは、検察官が証拠調べ請求をした被告人の供述調書等がどのような取調べ等に際して作成されたものである場合ですか。

**A** 1 検察官に録音・録画記録の証拠調べ請求義務が生じるためには、検察官が証拠調べ請求をした被告人の供述調書等が

(1) 「当該事件についての第198条第1項〔筆者注：刑事訴訟法第198条第1項〕の規定による取調べ（逮捕又は勾留されている被疑者の取調べに限る。……）」又は

(2) 当該事件についての同法「第203条第1項、第204条第1項若しくは第205条第1項（第211条及び第216条においてこれらの規定を準用する場合を含む。……）の弁解の機会」

に際して作成されたものであることが必要です（同法第301条の2第1項）。

　これらのうち、上記(1)においては、対象となる取調べが、①「当該事件についての」、②同法「第198条第1項の規定による」、③「逮捕又は勾留されている被疑者の」取調べに限定されています。

　上記(2)は、弁解録取手続を指すものであり、上記(1)と同様、その対象は、「当該事件についての」弁解録取手続に限定されています。

　2 このように、対象となる取調べ等は、「当該事件についての」ものに限定されています。

　ここにいう「当該事件」とは、刑事訴訟法第301条の2第1項の冒頭に規定されている「次に掲げる事件」（同項各号に掲げる事件を指すものであり、裁判員制度対象事件及びいわゆる検察官独自捜査事件を意味します。）を受けたものであり、「当該事件についての」に該当するためには、その被告事件と同一性を有するだけでなく、取調べ等が対象事件についてのものであることが必要です。このように、取調べ等が対象事件についてのものであることが必要とされているのは、対象事件についての取調べ等でなければ、同条第4項による録音・録画義務の対象とならず、録音・録画記録が存在するとは限らないためです。したがって、例えば、傷害の事実で逮捕・勾留・起訴された後に被害者が死亡して訴因・罰条が変更され、公訴事実が傷害致死とされた場合

（いわゆる検察官独自捜査事件ではないものとします。）には、逮捕・勾留中に作成された傷害についての供述調書の任意性が争われたとしても、傷害が対象事件に該当しない以上、録音・録画記録の証拠調べ請求義務は生じません。

　他方、ここでは、逮捕・勾留の理由とされていた被疑事実（逮捕状・勾留状に記載されていた被疑事実の要旨）が対象事件であったことは必要とされていませんので、当該被疑事実が対象事件ではなかったとしても、取調べが対象事件についてのものである場合には、「当該事件についての」取調べに該当することとなります。したがって、例えば、死体遺棄の被疑事実で逮捕・勾留されている間に、殺人についても被疑者として取調べが行われて供述調書が作成された場合に、その後、検察官がその殺人被告事件において当該供述調書の証拠調べ請求をし、その任意性が争われたときは、録音・録画記録の証拠調べ請求義務が生じ得ることとなります。

　3　対象となる取調べは、刑事訴訟法「第198条第1項の規定による」もの、すなわち、被疑者として行われるものに限定されています。同法第223条第1項によるいわゆる参考人としての取調べは含まれません。被疑者について、その被疑事実とは別個の第三者の事件につきいわゆる参考人として取調べを行うこともあり得ますが、その場合の取調べは、同項によるものであって、同法第198条第1項によるものではありませんので、録音・録画記録の証拠調べ請求義務は生じません。

　4　対象となる取調べは、「逮捕又は勾留されている被疑者の」取調べです。逮捕も勾留もされていない、いわゆる在宅の被疑者の取調べは含まれません。このように、逮捕又は勾留されている被疑者の取調べに限定されているのは、そうでない被疑者の場合には、取調べのための出頭・滞留義務（刑事訴訟法第198条第1項ただし書）を負わず、退去の自由を有しており、退去後直ちに弁護人と相談することもできるなど、逮捕又は勾留されている被疑者とは異なり、一般的に、その取調べの適正をめぐる争いが生じにくい立場にあり、実際にも、その取調べ状況が争われることはほとんどないためです。

第2節　録音・録画記録の証拠調べ請求義務　　Q17　　29

**Q17**
いわゆる起訴後勾留中の被告人を取り調べた際に作成された供述調書等も、録音・録画記録の証拠調べ請求義務の対象となるのですか。

**A**
録音・録画記録の証拠調べ請求義務について規定する刑事訴訟法第301条の2第1項の「逮捕又は勾留されている被疑者の取調べ」とは、被疑者として逮捕又は勾留されている間に行われた取調べを意味するものであり、いわゆる起訴後勾留中の被告人の取調べは含まれません。

いわゆる起訴後勾留中の被告人を余罪について取り調べる場合、被告人は、飽くまで起訴された事件の被告人として勾留されているものであって、当該余罪の被疑者として勾留されているものではないところ、いわゆる起訴後勾留は、捜査の目的ではなく、公判の遂行を確保する目的で身柄を拘束するものであり、いわゆる起訴後勾留中の余罪についての取調べは、少なくとも取調べのための出頭・滞留義務を負わないという点でいわゆる在宅被疑者の取調べと異なるものではない上、実際にも、いわゆる起訴後勾留中の取調べにおいて得られた供述の任意性が争われることは、ほとんどありません。そこで、いわゆる起訴後勾留中の被告人の取調べは、対象としないこととされたものです。

同項の基になった法制審議会の答申（Q3参照）の「要綱（骨子）」の「1　取調べの録音・録画制度の導入」の「一1」においては、「刑事訴訟法第322条第1項本文に規定する書面であって被告人に不利益な事実の承認を内容とするもの（<u>被疑者として逮捕若しくは勾留されている間に</u>当該事件について同法第198条第1項の規定により行われた取調べ……に際して作成されたものに限る。）」とされており（下線は筆者が付したものです。）、この点がより明確に記載されていました（以上の点について、平成28年5月18日衆議院法務委員会及び同月19日参議院法務委員会における林眞琴法務省刑事局長の答弁を参照。）。

## 5 任意性の争い

**Q18** 検察官に録音・録画記録の証拠調べ請求義務が生じるのは、検察官が証拠調べ請求をした被告人の供述調書等の任意性が争われた場合に限られるのですか。

**A** 検察官に録音・録画記録の証拠調べ請求義務が生じるためには、検察官が被告人の供述調書等の証拠調べ請求をしたのに対して、被告人又は弁護人が「その承認〔筆者注：被告人に不利益な事実の承認〕が任意にされたものでない疑いがあることを理由として異議を述べた」ことが必要です（刑事訴訟法第301条の2第1項）。

これは、被告人又は弁護人が、被告人の供述調書等を証拠とすることについて、同意（同法第326条第1項）をせず、いわゆる任意性を争う旨の主張をすることを意味します。

## 6 例外事由

**Q19** 録音・録画記録の証拠調べ請求義務の例外事由は、どのようなものですか。

**A** 録音・録画記録の証拠調べ請求義務については、

① 刑事訴訟法第301条の2第4項「各号のいずれかに該当することにより同項の規定による記録が行われなかつたこと」によって当該記録媒体が存在しないとき

② 「その他やむを得ない事情によつて当該記録媒体が存在しないとき」

が例外事由とされており（同条第1項ただし書）、これらの場合には、録音・録画記録の証拠調べ請求義務は生じません。

上記①は、そもそも、取調べ等の時点において、同条第4項各号の事由、すなわち、録音・録画義務の例外事由のいずれかに該当することにより、録音・録画が行われなかったため、任意性が争われた被告人の供述調書等が作成された取調べ等に係る録音・録画記録が存在しない場合を指すものです。

他方、上記②は、捜査段階において録音・録画記録が一旦は作成されたことを前提として、当該録音・録画記録がその証拠調べ請求の時までに存在しなくなったことについて「やむを得ない事情」がある場合を指すものです。例えば、捜査段階において作成された録音・録画記録が、災害等により滅失したような場合には、「その他やむを得ない事情」に該当し得ると考えられます。これに対し、機器の操作ミスにより、録音・録画記録が作成されなかった場合には、そもそも録音・録画記録が作成されていない以上、これに該当しません（この場合には、録音・録画義務の例外事由にも該当しないため、上記①にも当たりません。）。

## 7 義務の内容等

**Q20** 録音・録画記録の証拠調べ請求義務の内容は、どのようなものですか。

**A** 録音・録画記録の証拠調べ請求義務の内容は、不利益事実の「承認が任意にされたものであることを証明するため、当該書面が作成された取調べ又は弁解の機会の開始から終了に至るまでの間における被告人の供述及びその状況を第4項〔筆者注：刑事訴訟法第301条の2第4項〕の規定により記録した記録媒体の取調べを請求」することです（同条第1項）。

録音・録画記録の証拠調べ請求義務の対象となるのは、任意性が争われた被告人の供述調書等が「作成された取調べ又は弁解の機会の開始から終了に至るまでの間における被告人の供述及びその状況を第4項の規定により記録した記録媒体」です。

任意性が争われた被告人の供述調書等が「作成された取調べ又は弁解の機会」とは、当該被告人の供述調書等を作成する場面を含む取調べ又は弁解録取手続のことを指します。例えば、被疑者がある供述を最初にした際の取調べでは供述調書が作成されず、後日、被疑者が別の取調べで同じ供述をし、その際これを内容とする供述調書が作成されたという場合には、後者の取調べのみがこれに該当します。

取調べ等の「開始から終了に至るまでの間」とは、実質的に見て取調べ等を開始した時から終了した時までの間を意味するものであり、取調べ等の「開始から終了に至るまでの間における被告人の供述及びその状況を……記録した記録媒体」とは、取調べ等の全過程を録音・録画した記録媒体を指します。このように、取調べ等の「開始から終了に至るまでの間」については、実質的に判断されますので、例えば、被疑者が取調室に入室する場面から録音・録画していなくとも、入室後、直ちに、録音・録画を開始する旨を告げて録音・録画を開始し、取調べを行う場合など、実質的に見て取調べ等を開始した時から録音・録画していれば、取調べ等の「開始から」録音・録画したことになります。

第2節　録音・録画記録の証拠調べ請求義務　　Q21　　33

## Q21

録音・録画記録の証拠調べ請求義務について、被告人の全ての取調べ等に係る録音・録画記録ではなく、任意性が争われた被告人の供述調書等が作成された取調べ等に係る録音・録画記録がその対象とされているのは、なぜですか。

**A**　被告人の供述調書等が作成される取調べ等においては、いわゆる読み聞かせ・閲覧（刑事訴訟法第198条第4項）や署名押印（同条第5項）の場面を含め、取調官と被疑者との間で当該被告人の供述調書等の内容に関して様々なやり取りがなされ得ることから、その際の一連の言動を記録した録音・録画記録は、被告人の供述調書等に記載された供述の任意性を判断する上で、類型的に有用性が高いと考えられます。その意味で、任意性が争われた被告人の供述調書等が作成された取調べ等の全過程に係る録音・録画記録は、その任意性の判断に当たっての基礎的な証拠として位置付けることができます。

　他方で、被告人の供述調書等の任意性を判断するに当たっては、当該供述調書等に記載された供述がなされた取調べ等を含め、その作成前後に行われた全ての取調べ等に係る録音・録画記録が当然に必要となるものではありません。

　むしろ、仮に、被告人の供述調書等の任意性が争われた場合について、その作成前後に行われた全ての取調べ等に係る録音・録画記録の証拠調べ請求を義務付けることとした場合には、実際には任意性の有無に全く関連しないごく一部の取調べ等に係る録音・録画記録が欠けているに過ぎない場合であっても、録音・録画記録の証拠調べ請求義務の例外事由に該当しない限り、その義務に違反することとなり、具体的事情を問わず、一律に被告人の供述調書等の証拠調べ請求が却下されることとなりますが（同法第301条の2第2項）、被告人が任意に真実の供述をしていた場合も含めて一律にこのような取扱いとすることは、不当な結論を招くおそれがあると考えられます。

　そこで、録音・録画記録の証拠調べ請求義務については、任意性が争われた被告人の供述調書等が作成された取調べ等に係る録音・録画記録が、その対象とされたものです（同条第1項）。

　もとより、これは、録音・録画記録の証拠調べ請求義務を履行することに

34    第2章　録音・録画制度の導入

より直ちに任意性が認められるということを意味するものではなく、当該被告人の供述調書等が作成された取調べ等に係る録音・録画記録の証拠調べ請求をすれば、同条第2項により当該被告人の供述調書等の証拠調べ請求が却下されることはない、ということを意味するにとどまりますので、争点に応じた立証として、例えば、それ以外の録音・録画記録の証拠調べ請求がなされ、その証拠調べが行われることも当然あり得ます。

第 2 節　録音・録画記録の証拠調べ請求義務　　Q22　　35

**Q22**　検察官が刑事訴訟法第 301 条の 2 第 1 項により録音・録画記録の証拠調べ請求をした場合、裁判所は、その証拠調べをしなければならないのですか。

**A**　刑事訴訟法第 301 条の 2 第 1 項は、検察官に録音・録画記録の証拠調べ請求を義務付けるものであって、裁判所にその証拠調べを義務付けるものではありません。

　したがって、検察官が同項により録音・録画記録の証拠調べ請求をした場合においても、裁判所としては、例えば、証拠調べの必要性がないと判断したときは、その証拠調べ請求を却下することも可能です。

　このように、裁判所に録音・録画記録の証拠調べを義務付けることとされなかったのは、実際の公判では、例えば、供述調書の任意性を争う被告人の主張・供述の内容を前提としても明らかに任意性が認められる場合や、他の証拠により任意性が認められる場合など、同項により請求された録音・録画記録の証拠調べを行わなくても、裁判所が被告人の供述調書等の任意性を的確に判断することができる事案もあり得るため、その証拠調べの要否は、裁判所の適切な判断に委ねるのが相当であると考えられることによるものです。

36　第2章　録音・録画制度の導入

## 8　義務違反の効果

**Q23** 検察官が録音・録画記録の証拠調べ請求義務に違反した場合、任意性が争われた被告人の供述調書等はどうなるのですか。

**A**　検察官が、刑事訴訟法第301条の2第1項の要件を満たす被告人の供述調書等の証拠調べ請求をし、その任意性が争われたにもかかわらず、同項に違反してその録音・録画記録の証拠調べ請求をしないときは、裁判所は、決定で、当該被告人の供述調書等の証拠調べ請求を却下しなければならないこととされています（同条第2項）。これは、録音・録画記録の証拠調べ請求義務の履行を確保するためです。

　他方で、その場合に当該被告人の供述調書等の証拠能力を否定することとはされていません。これは、録音・録画制度は、政策的見地から導入されるものであり（Q8参照）、録音・録画が行われないこと自体によって、直ちに被疑者の権利利益が侵害されたり、任意性を失わせるような不適正な取調べが行われることとなるものではないことから、その義務違反のみを理由として被告人の供述調書等の証拠能力を一律に否定するのは合理的でない上、その義務違反には様々なものがあり得るため、その具体的な態様や程度を問わず、一律に証拠能力を否定することとすると、不当な結論を招くおそれがあることによるものです。

　したがって、検察官が録音・録画記録の証拠調べ請求義務に違反した場合においても、裁判所が当該被告人の供述調書等を職権で採用して取り調べること（同法第298条第2項）は可能です。

第3節　取調べ等の録音・録画義務　Q24　37

## 第3節　取調べ等の録音・録画義務

### 1　概　要

**Q24** 捜査機関に取調べ等の録音・録画義務が生じるのは、どのような場合ですか。また、その義務の概要は、どのようなものですか。

**A** 　1　検察官及び検察事務官に取調べ等の録音・録画義務が生じるための要件は、次のとおりです。

すなわち、刑事訴訟法第301条の2第4項前段においては、「検察官又は検察事務官は、第1項各号に掲げる事件（同項第3号に掲げる事件のうち、関連する事件が送致され又は送付されているものであつて、司法警察員が現に捜査していることその他の事情に照らして司法警察員が送致し又は送付することが見込まれるものを除く。）について、逮捕若しくは勾留されている被疑者を第198条第1項の規定により取り調べるとき又は被疑者に対し第204条第1項若しくは第205条第1項（第211条及び第216条においてこれらの規定を準用する場合を含む。）の規定により弁解の機会を与えるときは、次の各号のいずれかに該当する場合を除き」、録音・録画義務を負うこととされており、

① 　検察官又は検察事務官が取調べを行い、又は弁解録取手続を行う（「被疑者に対し第204条第1項若しくは第205条第1項（第211条及び第216条においてこれらの規定を準用する場合を含む。）の規定により弁解の機会を与える」）場合であること

② 　上記①の取調べ又は弁解録取手続が同法第301条の2「第1項各号に掲げる事件（同項第3号に掲げる事件のうち、関連する事件が送致され又は送付されているものであつて、司法警察員が現に捜査していることその他の事情に照らして司法警察員が送致し又は送付することが見込まれるものを除く。）について」行われるものであること

③ 　上記①のうち、取調べを行う場合については、「逮捕若しくは勾留されている被疑者を第198条第1項の規定により取り調べるとき」であること

④　同法第301条の2第4項「各号のいずれかに該当する場合」でないこと

が要件となります。これらのうち、上記②は対象事件に関するもの、上記③は対象となる取調べに関するものであり、上記④は、取調べ等の録音・録画義務の例外事由に該当しないことを必要とするものです。

　2　司法警察職員に取調べ等の録音・録画義務が生じるための要件は、次のとおりです。

　すなわち、刑事訴訟法第301条の2第4項後段においては、「司法警察職員が、第1項第1号又は第2号に掲げる事件について、逮捕若しくは勾留されている被疑者を第198条第1項の規定により取り調べるとき又は被疑者に対し第203条第1項（第211条及び第216条において準用する場合を含む。）の規定により弁解の機会を与えるときも、同様とする。」と規定されており、

①　司法警察職員が取調べを行い、又は弁解録取手続を行う（「被疑者に対し第203条第1項（第211条及び第216条において準用する場合を含む。）の規定により弁解の機会を与える」）場合であること

②　上記①の取調べ又は弁解録取手続が同法第301条の2「第1項第1号又は第2号に掲げる事件について」行われるものであること

③　上記①のうち、取調べを行う場合については、「逮捕若しくは勾留されている被疑者を第198条第1項の規定により取り調べるとき」であること

④　同法第301条の2第4項「各号のいずれかに該当する場合」でないこと

が要件となります。上記②から④までの要件の位置付けは、上記1と同様です。

　3　検察官、検察事務官又は司法警察職員は、刑事訴訟法第301条の2第4項の要件を満たす場合には、「被疑者の供述及びその状況を録音及び録画を同時に行う方法により記録媒体に記録しておかなければならない」こととされています。

## 2 対象事件

**Q25** 取調べ等の録音・録画義務の対象事件は、どのようなものですか。

**A** 取調べ等の録音・録画義務の対象事件は、

・ 検察官及び検察事務官については、刑事訴訟法第301条の2「第1項各号に掲げる事件（同項第3号に掲げる事件のうち、関連する事件が送致され又は送付されているものであつて、司法警察員が現に捜査していることその他の事情に照らして司法警察員が送致し又は送付することが見込まれるものを除く。）」

・ 司法警察職員については、同「項第1号又は第2号に掲げる事件」です。

検察官及び検察事務官については、裁判員制度対象事件（同項第1号・第2号）といわゆる検察官独自捜査事件（同項第3号）の双方が対象事件とされていますが（それらの意義等については、Q12を参照。）、後者については、そのうち「関連する事件が送致され又は送付されているものであつて、司法警察員が現に捜査していることその他の事情に照らして司法警察員が送致し又は送付することが見込まれるもの」が除かれています。その趣旨等については、Q26を参照。

他方、司法警察職員については、いわゆる検察官独自捜査事件について被疑者の取調べ等を行うことは想定されないため、その対象事件が裁判員制度対象事件に限定されています。

40　第2章　録音・録画制度の導入

> **Q26**　取調べ等の録音・録画義務の対象事件について、いわゆる検察官独自捜査事件のうち「関連する事件が送致され又は送付されているものであつて、司法警察員が現に捜査していることその他の事情に照らして司法警察員が送致し又は送付することが見込まれるもの」が除かれているのは、なぜですか。また、これに該当するのは、どのような場合ですか。

**A**　1　検察官及び検察事務官については、いわゆる検察官独自捜査事件、すなわち、「司法警察員が送致し又は送付した事件以外の事件」（刑事訴訟法第301条の2第1項第3号）も取調べ等の録音・録画義務の対象事件とされていますが、そのうち、「関連する事件が送致され又は送付されているものであつて、司法警察員が現に捜査していることその他の事情に照らして司法警察員が送致し又は送付することが見込まれるもの」は除かれています（同条第4項）。

　捜査においては、例えば、検察官が、司法警察員から送致された事件で勾留されている被疑者を、その時点では送致されていないものの、今後送致されることが見込まれる同種余罪の事件についても取り調べる場合等があり得るところ、その場合における当該余罪の事件は、その時点では、「司法警察員が送致し又は送付した事件以外の事件」であることから、同条第1項第3号に掲げる事件に該当することとなります。しかし、このような事件は、いずれ司法警察員から送致又は送付されることが見込まれる以上、実質的には、いわゆる検察官独自捜査事件とはいい難いものであって、被疑者の取調べ等が専ら検察官によって行われるため、被疑者の供述が異なる捜査機関による別個の立場からの多角的な質問等を通じて吟味される機会に欠けることとなるという、いわゆる検察官独自捜査事件を録音・録画制度の対象事件とした趣旨（Q13参照）は妥当しません。

　そこで、このような事件を除外する趣旨で、同号に掲げる事件から、「関連する事件が送致され又は送付されているものであつて、司法警察員が現に捜査していることその他の事情に照らして司法警察員が送致し又は送付することが見込まれるもの」が除かれたものです。

　2　これに該当するためには、

① 「関連する事件が送致され又は送付されているもの」であること
② 「司法警察員が現に捜査していることその他の事情に照らして司法警察員が送致し又は送付することが見込まれるもの」であること
の双方を満たすことが必要です。

これらのうち、上記①は、検察官又は検察事務官による取調べの対象となる事件から見て、これと「関連する事件」が既に送致され又は送付されていることを意味します。例えば、検察官が、司法警察員から送致されたA事件で勾留されている被疑者を、その時点では送致されていないものの、今後送致されることが見込まれる同種余罪のB事件についても取り調べる場合には、既に送致されているA事件が、刑事訴訟法第301条の2第4項にいう「関連する事件」に該当し、同種余罪のB事件が、「関連する事件が送致され又は送付されているものであつて、……司法警察員が送致し又は送付することが見込まれるもの」に該当することになります。

同法第9条第1項においては、「一人が数罪を犯したとき」（同項第1号）は、それら数個の事件は、関連するものとされているところ、同法第301条の2第4項にいう「関連する」も、基本的にこれと同様に解されます。

上記②は、検察官又は検察事務官による取調べの対象となる事件が、司法警察員から送致され又は送付されることが見込まれるものであることを意味します。当該事件が送致され又は送付される見込みについては、「司法警察員が現に捜査していることその他の事情に照らして」判断することとなります。ここにいう「その他の事情」としては、例えば、

・　司法警察員が捜査に着手することが予定されていること
・　その性質上、司法警察員が第一次的に捜査を行うことが適当な事件であること

などが考えられます。

上記①及び②に該当するか否かは、第一次的には、検察官又は検察事務官が、その取調べの時点を基準として判断することとなります。

3　なお、上記2①及び②に該当するときは、取調べ等の録音・録画義務は負わないこととなりますが、これは、録音・録画記録の証拠調べ請求義務（刑事訴訟法第301条の2第1項）の履行を不要とするものではありません。

したがって、仮に、検察官が、上記①及び②に該当すると判断して取調べ

の録音・録画を行わなかったものの、結局、その後、当該事件について司法警察員から送致及び送付を受けずに公訴を提起し、公判において、勾留中に行われた当該事件についての取調べの際に作成された供述調書の任意性が争われるようなことがあれば、録音・録画記録の証拠調べ請求義務を負うこととなります。

　もっとも、検察官と司法警察員が協力関係にあることに鑑みれば（同法第192条）、そのような事態が生じることは現実的には想定されないところです。

第3節　取調べ等の録音・録画義務　Q27　43

**Q27** 逮捕・勾留中の被疑者を、取調べ等の録音・録画義務の対象事件である余罪について取り調べる場合、その録音・録画義務はどうなるのですか。

**A** 　刑事訴訟法第301条の2第4項においては、逮捕又は勾留されている被疑者を対象事件について取り調べる場合には、その取調べは、録音・録画義務の対象となり得ることとされており、逮捕・勾留の理由とされている被疑事実（逮捕状・勾留状に記載されている被疑事実の要旨）が対象事件であることは必要とされていません。

　したがって、例えば、死体遺棄の被疑事実で勾留されている被疑者を、殺人についても被疑者として取り調べる場合（検察官独自捜査事件ではないものとします。）、その取調べは、録音・録画義務の対象となります。

44　第2章　録音・録画制度の導入

## 3　対象となる取調べ等

**Q28** 取調べ等の録音・録画義務の対象となる取調べとは、どのようなものですか。

**A** 取調べ等の録音・録画義務の対象となる取調べについては、「逮捕若しくは勾留されている被疑者を第198条第1項〔筆者注：刑事訴訟法第198条第1項〕の規定により取り調べるとき」と規定されています（同法第301条の2第4項）。

　対象となるのは、「逮捕若しくは勾留されている被疑者」の取調べです。いわゆる在宅の被疑者の取調べは含まれません。その理由については、Q16を参照。また、「逮捕若しくは勾留されている被疑者」の取調べとは、被疑者として逮捕又は勾留されている間に行われる取調べを意味し、いわゆる起訴後勾留中の被告人の取調べは含まれません。その理由については、Q17を参照。

　対象となる取調べは、刑事訴訟法「第198条第1項の規定によ」るもの、すなわち、被疑者として行われるものに限定されています。同法第223条第1項によるいわゆる参考人としての取調べは含まれません。この点については、Q16を参照。

　なお、同法第198条第1項による取調べとは、被疑者に供述を求める行為をいうと解されますので、例えば、

- ・　被疑者に対し、押収中の証拠物の処分についての意思を確認し、所有権放棄書を徴する場合
- ・　被疑者に対し、略式手続を理解させるために必要な事項を説明し、通常の規定に従い審判を受けることができる旨を告げた上、略式手続によることについて異議がないかどうかを確かめ（同法第461条の2第1項）、被疑者に異議がないときに、その旨の書面を徴する場合（同条第2項）
- ・　被疑者に対して処分予定を告知し、訓戒する場合

等であって、被疑者に供述を求めないときは、同法第198条第1項による取調べには当たらず、録音・録画義務は生じません。

## 4 例外事由

**Q29**

取調べ等の録音・録画義務の例外事由は、どのようなものですか。また、それに該当するか否かは、どのように判断するのですか。

**A** 1 取調べ等の録音・録画義務については、次の4つの例外事由が定められています（刑事訴訟法第301条の2第4項）。

① 記録に必要な機器の故障その他のやむを得ない事情により、記録をすることができないとき（同項第1号）。

② 被疑者が記録を拒んだことその他の被疑者の言動により、記録をしたならば被疑者が十分な供述をすることができないと認めるとき（同項第2号）。

③ 当該事件が暴力団員による不当な行為の防止等に関する法律第3条の規定により都道府県公安委員会の指定を受けた暴力団の構成員による犯罪に係るものであると認めるとき（同項第3号）。

④ 上記②及び③に掲げるもののほか、犯罪の性質、関係者の言動、被疑者がその構成員である団体の性格その他の事情に照らし、被疑者の供述及びその状況が明らかにされた場合には被疑者若しくはその親族の身体若しくは財産に害を加え又はこれらの者を畏怖させ若しくは困惑させる行為がなされるおそれがあることにより、記録をしたならば被疑者が十分な供述をすることができないと認めるとき（同項第4号）。

上記①から④までのいずれかに該当する場合には、取調べ等の録音・録画義務を負わないこととなります。もっとも、これは、取調べ等の録音・録画を行ってはならないことを意味するものではありませんので、それらの場合であっても、捜査機関の判断により取調べ等の録音・録画を行うことは法律上可能です（ただし、上記①に該当するときは、記録に必要な機器の故障等により、記録をすることが物理的に不可能である以上、取調べ等の録音・録画が行われることは考えられません。）。

2 上記1の例外事由に該当するか否かは、第一次的には、捜査機関が、その取調べ等の時点を基準として、それまでに収集した証拠や把握した事実関係、更には当該取調べ等における被疑者の供述態度を含む取調べ等の状況

等に基づいて判断することとなります。

　もっとも、例えば、捜査機関が、勾留中の被疑者を対象事件について取り調べるに当たり、上記1の例外事由に該当すると判断して録音・録画を行わなかった場合において、不利益事実の承認を内容とする供述調書を作成し、その後、その被疑者が起訴されて、対象事件に該当する被告事件において、当該供述調書の証拠調べ請求がなされ、その任意性が争われたときは、検察官としては、当該供述調書が作成された取調べについて録音・録画記録が存在しない以上、その取調べについて、上記1の例外事由に該当するものであったことを立証しなければならないこととなり、裁判所としては、上記1の例外事由に該当しないと認めるときは、検察官が刑事訴訟法第301条の2第1項の義務に反しているとして、当該供述調書の証拠調べ請求を却下しなければならないこととなります（同条第2項）。その意味で、上記1の例外事由に該当するという捜査機関の判断は、公判において裁判所による審査の対象となり得ることとなります。その場合、裁判所は、当該供述調書が作成された取調べ等の時点を基準として判断すべきであり、その後の裁判の時点を基準として、当該取調べ等の後に生じた事情を考慮して事後的に判断すべきものではありません。

第3節　取調べ等の録音・録画義務　Q30　47

**Q30**　刑事訴訟法第301条の2第4項第1号において「記録に必要な機器の故障その他のやむを得ない事情により、記録をすることができないとき」が取調べ等の録音・録画義務の例外事由とされているのは、なぜですか。また、これに該当するのは、どのような場合ですか。

**A**　「記録に必要な機器の故障その他のやむを得ない事情により、記録をすることができないとき」（刑事訴訟法第301条の2第4項第1号）は、機器の故障等の外部的・物理的要因によって取調べ等の録音・録画を行うことができないような場合にまで、なお録音・録画を義務付けるとすると、捜査機関に不可能を強いることになることから、取調べ等の録音・録画義務の例外事由とされたものです。

　これに該当するためには、「記録に必要な機器の故障その他のやむを得ない事情」があるために、現実的・客観的に見て「記録をすることができない」ことが必要です。

　ここにいう「記録」とは、同項柱書きに規定するとおり、「被疑者の供述及びその状況」についての「録音及び録画を同時に行う方法」によるものを意味し、「記録に必要な機器」とは、このような意味での記録を適切に行うために必要な機能を備えたものであることを要します。この点について、録音・録画制度の立案に当たっては、記録の正確性や改ざんの防止を十分に担保し得る機能を備えた機器を用いることが前提とされていたところです（この点については、平成27年6月16日衆議院法務委員会における林眞琴法務省刑事局長の答弁を参照。）。

　「記録に必要な機器の故障……により、記録をすることができないとき」に該当し得る場合としては、例えば、

・　警察署の取調室で被疑者の取調べを行う場合において、その取調室に配備されている録音・録画機器が故障し、かつ、その警察署には他に使用できる録音・録画機器がない場合

等が考えられます。

　また、「その他のやむを得ない事情により、記録をすることができないとき」に該当し得る場合としては、例えば、

48 第2章 録音・録画制度の導入

- ・ 停電により、録音・録画機器が使用できないとき
- ・ 警察署の取調室で被疑者の取調べを行う場合において、その警察署に配備されている録音・録画機器が全て使用中であるとき

などが考えられます。

第3節　取調べ等の録音・録画義務　　Q31　　49

**Q31** 刑事訴訟法第301条の2第4項第2号において「被疑者が記録を拒んだことその他の被疑者の言動により、記録をしたならば被疑者が十分な供述をすることができないと認めるとき」が取調べ等の録音・録画義務の例外事由とされているのは、なぜですか。また、これに該当するのは、どのような場合ですか。

**A** 「被疑者が記録を拒んだことその他の被疑者の言動により、記録をしたならば被疑者が十分な供述をすることができないと認めるとき」（刑事訴訟法第301条の2第4項第2号）は、録音・録画を拒否するなどの被疑者の言動から、取調べ等の録音・録画を行うと被疑者が十分な供述をすることができないと認められる場合にまで、なお録音・録画を義務付けるとすると、得られるはずの供述を得ることを断念することとなり、捜査による事案の解明に大きな支障が生じることから、録音・録画義務の例外事由とされたものです。

　これに該当するためには、「被疑者が記録を拒んだことその他の被疑者の言動」があるために、「記録をしたならば被疑者が十分な供述をすることができない」と認められることが必要です。

　「記録をしたならば被疑者が十分な供述をすることができない」とは、「記録」、すなわち、録音・録画を行うと、内容を問わず、録音・録画を行わなければできるであろう供述を十分にすることができないことを意味します。特定の内容の供述を前提として、そのような供述ができるか否かを問題とするものではありません。

　また、「被疑者が記録を拒んだことその他の被疑者の言動により」とは、「記録をしたならば被疑者が十分な供述をすることができない」か否かを判断・認定するための根拠となる事情を、外部的に現れた被疑者の言動に限定するものです。例えば、被疑者が、録音・録画が行われている取調べにおいて、その取調べの対象とされている犯罪事実について自己の関与を否認した上で、詳細について黙秘しているとしても、それだけで直ちに「その他の被疑者の言動により、記録をしたならば被疑者が十分な供述をすることができない」と認められるわけではなく、これに該当するためには、録音・録画が行

われていることにより被疑者が十分な供述をすることができないと被疑者の言動から認められることが必要となります。他方で、被疑者が、録音・録画が行われている取調べにおいて、その取調べの対象とされている犯罪事実について自己の関与を否認した上で、詳細について黙秘しつつ、その黙秘の理由として、「自己の供述が全て録音されると、それが後でどのように使われるか分からないため、供述できない」などと述べている場合には、刑事訴訟法第301条の2第4項第2号に該当し得ると考えられます。

第3節　取調べ等の録音・録画義務　　Q32　　51

**Q32**

刑事訴訟法第301条の2第4項第3号において「当該事件が
暴力団員による不当な行為の防止等に関する法律（平成3年
法律第77号）第3条の規定により都道府県公安委員会の指
定を受けた暴力団の構成員による犯罪に係るものであると認
めるとき」が取調べ等の録音・録画義務の例外事由とされて
いるのは、なぜですか。また、これに該当するのは、どのよう
な場合ですか。

**A**　　1　「当該事件が暴力団員による不当な行為の防止等に関する法
律（平成3年法律第77号）第3条の規定により都道府県公安委員会
の指定を受けた暴力団の構成員による犯罪に係るものであると認めるとき」
（刑事訴訟法第301条の2第4項第3号）は、指定暴力団の構成員による事件の
実情を踏まえ、取調べ等の録音・録画によって捜査に支障が生じることを避
け、暴力団犯罪に実効的に対処できるようにするため、指定暴力団の構成員
による事件であることが、それ自体として録音・録画義務の例外事由とされ
たものです。

　同項第2号については、被疑者が録音・録画の下では十分な供述をするこ
とができないと認められるか否かを、捜査機関が個々の取調べ等ごとに判断
することになるところ、捜査機関がそのように認めて録音・録画を行わなかっ
た場合には、録音・録画を行わなければ被疑者が十分な供述をするとの判断
が捜査機関によってなされたことを意味することになります。しかし、指定
暴力団の構成員による事件については、その実情に照らすと、捜査機関がそ
のような判断を行って録音・録画を行わないこととしたこと自体から、被疑
者が組織を裏切って捜査に協力したのではないかとの疑念を当該組織に抱か
れるおそれが大きく、被疑者の心理的負担等を十分に払拭することができな
いため、被疑者から十分な供述が得られるようにするための例外事由として
十分に機能しないと考えられます。そこで、同項第3号においては、指定暴
力団の構成員による事件について、一律に録音・録画義務が生じないように
するため、そのような事件であること自体が例外事由とされたものです。

　2　刑事訴訟法第301条の2第4項第3号は、「当該事件が」指定暴力団の

「構成員による犯罪に係るものである」場合を例外事由とするものです。

指定暴力団の「構成員による犯罪」とは、単独犯の場合においてはその者が、共犯の場合においてはそのうちの一名が、指定暴力団の構成員であることを意味します。例えば、被疑者自身は指定暴力団の構成員でない場合であっても、その犯罪の他の共犯者が指定暴力団の構成員であれば、指定暴力団の「構成員による犯罪に係るもの」に該当することとなります。これは、同号の例外事由は、取調べの対象となる「事件」の性質・内容に着目したものであり、被疑者自身が指定暴力団の構成員でないとしても、当該事件の取調べにおいては、共犯者との関係や共犯者の関与状況等のほか、組織の構成や活動実態等についても幅広く聴取することとなるため、上記の趣旨が妥当することによるものです。

第3節　取調べ等の録音・録画義務　Q33　53

**Q33**
刑事訴訟法第301条の2第4項第4号において「犯罪の性質、関係者の言動、被疑者がその構成員である団体の性格その他の事情に照らし、被疑者の供述及びその状況が明らかにされた場合には被疑者若しくはその親族の身体若しくは財産に害を加え又はこれらの者を畏怖させ若しくは困惑させる行為がなされるおそれがあることにより、記録をしたならば被疑者が十分な供述をすることができないと認めるとき」が取調べ等の録音・録画義務の例外事由とされているのは、なぜですか。また、これに該当するのは、どのような場合ですか。

**A**　1　「犯罪の性質、関係者の言動、被疑者がその構成員である団体の性格その他の事情に照らし、被疑者の供述及びその状況が明らかにされた場合には被疑者若しくはその親族の身体若しくは財産に害を加え又はこれらの者を畏怖させ若しくは困惑させる行為がなされるおそれがあることにより、記録をしたならば被疑者が十分な供述をすることができないと認めるとき」（刑事訴訟法第301条の2第4項第4号）は、組織的な犯罪等においては、被疑者の供述及びその状況が明らかにされると加害行為等がなされるおそれがあるために、録音・録画の下では被疑者が十分な供述をすることができない場合があり得るところ、そのような場合にまで、なお録音・録画を義務付けるとすると、得られるはずの供述を得ることを断念することとなり、捜査による事案の解明に大きな支障が生じることから、録音・録画義務の例外事由とされたものです。

　同項第2号においては、「被疑者が記録を拒んだことその他の被疑者の言動により、記録をしたならば被疑者が十分な供述をすることができないと認めるとき」が取調べ等の録音・録画義務の例外事由とされていますが、組織的な犯罪等においては、被疑者が、録音・録画が行われない取調べで真実の供述をしたいと考えたとしても、被疑者が、録音・録画を拒否したり、録音・録画の下では十分な供述をすることができないことを示す言動をし、その結果、録音・録画が行われなかった場合には、そのこと自体から、被疑者が組織を裏切って捜査に協力したのではないかとの疑いを当該組織に抱かれ、報

復を受けるおそれがあるため、そのような言動をすることが実際上困難な場合があります。そこで、同項第4号においては、加害行為等がなされるおそれがあるために録音・録画の下では被疑者が十分な供述をすることができないことが、同項第2号とは別に例外事由とされています。

2　刑事訴訟法第301条の2第4項第4号に該当するためには、「被疑者の供述及びその状況が明らかにされた場合には被疑者若しくはその親族の身体若しくは財産に害を加え又はこれらの者を畏怖させ若しくは困惑させる行為がなされるおそれがあることにより、記録をしたならば被疑者が十分な供述をすることができない」と認められることが必要です。

同号における加害行為等の対象は「被疑者若しくはその親族」とされています。「記録をしたならば被疑者が十分な供述をすることができない」の意義については、Q31を参照。

また、同号においては、「被疑者の供述及びその状況が明らかにされた場合には被疑者若しくはその親族の身体若しくは財産に害を加え又はこれらの者を畏怖させ若しくは困惑させる行為がなされるおそれがあることにより、記録をしたならば被疑者が十分な供述をすることができない」と認められるか否かは、「犯罪の性質、関係者の言動、被疑者がその構成員である団体の性格その他の事情に照らし」て判断することとされています。ここに例示されている考慮事情については、例えば、

- 　「犯罪の性質」としては、組織的に行われた犯罪であること、構成要件に被害者の身体・財産に対する加害行為等を含むものであることなどが、
- 　「関係者の言動」としては、被疑者に対し他の共犯者が威迫を伴う口止めをしていることなどが、
- 　「被疑者がその構成員である団体の性格」としては、被疑者が所属する犯罪集団が、捜査機関には一切協力せず、これに反する者には苛烈な制裁を加えることを掟としていることなどが、

それぞれ考えられます。また、「その他の事情」としては、例えば、組織内における被疑者の立場、被疑者と他の共犯者との関係、被疑者の生活状況等が考えられます。

## 5　義務の内容等

### Q34　取調べ等の録音・録画義務の内容は、どのようなものですか。

**A**　取調べ等の録音・録画義務の内容は、「被疑者の供述及びその状況を録音及び録画を同時に行う方法により記録媒体に記録してお」くことです（刑事訴訟法第301条の2第4項）。

「被疑者の供述及びその状況」とは、取調べにおける被疑者の供述の内容及び状況を意味します。被疑者がどのような質問等に対して供述したかは、「供述の状況」にほかなりませんので、取調官による質問や発言も「供述の状況」に含まれ、録音・録画義務の対象となります。また、被疑者が黙秘している場合も、供述をしていないという意味において「供述の状況」に含まれます。

同項において、検察官、検察事務官又は司法警察職員は、「被疑者を……取り調べるとき又は被疑者に対し……弁解の機会を与えるとき」は、被疑者の供述及びその状況を録音・録画しておかなければならないこととされていますので、「被疑者を……取り調べる」間又は「被疑者に対し……弁解の機会を与える」間、つまり、取調べ又は弁解録取手続の開始から終了に至るまでの間の全過程の録音・録画を行わなければなりません（必ずしも入室時から録音・録画を行わなければならないわけではないことについては、Q20を参照。）。録音・録画記録の証拠調べ請求義務の対象となるのは、任意性が争われた被告人の供述調書等が作成された取調べ等に係る録音・録画記録ですが（同条第1項）、取調べ等を行う時点では、当該取調べ等において供述調書等を作成するか否か、当該供述調書等の任意性が将来の公判において争われるか否かは、必ずしも予測できるものではありません。そこで、同条第4項においては、将来の公判において供述調書等の任意性が争われた場合には同条第1項の義務を確実に履行することができるようにするため、同項の要件を満たす取調べ等については、その全過程を録音・録画しておくこととされたものです。

# 第3章 合意制度及び刑事免責制度の導入

## 第1節 合意制度の導入

### 1 総論

**Q35** 合意制度の趣旨及び概要は、どのようなものですか。

**A** 合意制度は、特定の財政経済犯罪及び薬物銃器犯罪を対象として、検察官と被疑者・被告人が、弁護人の同意がある場合に、

・ 被疑者・被告人が、他人の刑事事件について、供述をしたり、証拠物を提出するなどの協力行為をすること

・ 検察官が、被疑者・被告人の事件について、不起訴にしたり、軽い訴因で起訴したり、軽い求刑をするなどの有利な取扱いをすること

を内容とする合意をすることができるものです（刑事訴訟法第350条の2以下）。

　組織的な犯罪等においては、首謀者の関与状況等を含めた事案の解明が求められるところ、その解明は、犯罪の実行者など組織内部の者から供述等を得なければ困難である場合が多いのが実情です。しかし、これまで、そのような供述等を得るための主な手法は取調べのみであって、他に有効な手法が存しなかったことから、首謀者の関与状況等を含めた事案の解明を図るためには、取調べに依存せざるを得ない面がありました。さらに、近時、特に組織的な犯罪等において、取調べによって事案の解明に資する供述等を得ることが困難になってきているところ、上記のとおり、そのような供述等を得るための有効な手法が他に存しなかったことから、取調べによってそのような供述等を得ることが困難な場合にも、なお取調べによって対処しようとする状況が生じていました。

　このようなことに鑑みると、取調べ及び供述調書に過度に依存した捜査・

公判の在り方を抜本的に見直し、新たな刑事司法制度を構築するためには、組織的な犯罪等において手続の適正を担保しつつ事案の解明に資する供述等を得ることを可能にする、取調べ以外の方法を導入することが、必要であると考えられます。合意制度は、このような観点から、証拠収集に占める取調べの比重を低下させるための手法として導入されるものであり、主として証拠の収集方法の適正化・多様化に資するための方策として位置付けられます。

58 第3章 合意制度及び刑事免責制度の導入

## Q36 合意制度の理論的根拠は何ですか。

**A** 刑事訴訟法上、検察官には広範な訴追裁量権が認められています。すなわち、まず、同法第248条においては、「犯人の性格、年齢及び境遇、犯罪の軽重及び情状並びに犯罪後の情況により訴追を必要としないときは、公訴を提起しないことができる。」と規定されており、証拠上犯罪が認定できる場合であっても、検察官の訴追裁量権により公訴を提起しないことが認められています。この訴追裁量権に関し、最高裁昭和55年12月17日決定（刑集34巻7号672頁）は、公訴提起が公訴権の濫用であるとして争われた事案において、「検察官は、現行法制の下では、公訴の提起をするかしないかについて広範な裁量権を認められているのであつて、公訴の提起が検察官の裁量権の逸脱によるものであつたからといつて直ちに無効となるものでないことは明らかである。」と判示しているところです。

また、審判対象である訴因の設定は、検察官の専権であると解されています。例えば、最高裁昭和59年1月27日決定（刑集38巻1号136頁）は、公職選挙法違反事件について、「選挙運動者たる乙に対し、甲が公職選挙法221条1項1号所定の目的をもつて金銭等を交付したと認められるときは、たとえ、甲乙間で右金銭等を第三者に供与することの共謀があり乙が右共謀の趣旨に従いこれを第三者に供与した疑いがあつたとしても、検察官は、立証の難易等諸般の事情を考慮して、甲を交付罪のみで起訴することが許される」と判示しているほか、最高裁平成15年4月23日判決（刑集57巻4号467頁）は、同一の土地を対象として、横領罪を構成し得る抵当権設定行為及び所有権移転行為が順次なされた場合について、「所有権移転行為について横領罪が成立する以上、先行する抵当権設定行為について横領罪が成立する場合における同罪と後行の所有権移転による横領罪との罪数評価のいかんにかかわらず、検察官は、事案の軽重、立証の難易等諸般の事情を考慮し、先行の抵当権設定行為ではなく、後行の所有権移転行為をとらえて公訴を提起することができるものと解される。」と判示しています。

このように、刑事訴訟法上、検察官には広範な訴追裁量権が認められており、証拠上認定できる犯罪について、公訴を提起しないことも、また、諸般

の事情を考慮してその一部のみを訴因として設定して公訴を提起すること
も、基本的にはその訴追裁量権の範囲内の行為として許容されるものです。

合意制度は、このような検察官の広範な訴追裁量権を背景に、検察官が被疑
者・被告人による他人の刑事事件の捜査・公判への協力行為を同法第248条
に規定されている「犯罪後の情況」として被疑者・被告人の事件について考
慮し、これをその訴追裁量権の行使に反映させることができることを根拠と
するものです。

60　第 3 章　合意制度及び刑事免責制度の導入

## Q37　合意制度は、刑事訴訟法が採用する実体的真実主義に反しないのですか。

**A**　刑事訴訟法第 1 条においては、「事案の真相を明らかに」することが目的の一つとして掲げられており、実体的真実主義が採用されています。

　合意制度は、組織的な犯罪等において首謀者の関与状況等を含めた事案の解明に資する供述等を得ることを可能にするものであり、その点において、正に実体的真実主義に沿うものであると考えられます。

　他方、合意の相手方となる被疑者・被告人の事件については、証拠上犯罪が認定できる場合であっても公訴を提起せず、あるいは、証拠上認定し得る訴因よりも縮小ないし軽減された訴因により公訴を提起することとなり得ますが、元々、刑事訴訟法においては、検察官は、証拠上認定できる犯罪について、公訴を提起しないことも、また、諸般の事情を考慮してその一部のみを訴因として設定して公訴を提起することも、基本的にはその訴追裁量権の範囲内の行為としてすることができる上（Q36 参照）、裁判所は、審判の請求を受けない事件について判決をすることができず（同法第 378 条第 3 号）、また、訴因変更命令（同法第 312 条第 2 項）に形成力は認められていない（最高裁昭和 40 年 4 月 28 日判決（刑集 19 巻 3 号 270 頁））など、検察官による公訴権の行使を前提として審判を行うこととされています。

　このようなことに鑑みると、合意制度は、刑事訴訟法の下における実体的真実主義と整合するものと考えられます。

第1節　合意制度の導入　Q38　61

## Q38　合意制度は、いわゆる巻込みの危険を伴うものではありませんか。

**A**　1　合意制度については、「被疑者・被告人が虚偽の供述をして第三者を巻き込むおそれがある」との指摘があります。もとより、そのような事態が生じることは避けなければならず、そのような観点から、次のような制度的手当てが講じられています。

① 合意に基づく供述が他人の公判で用いられるときは、合意内容が記載された書面が、当該他人にも裁判所にも明らかにされる仕組みとされています（刑事訴訟法第350条の8、第350条の9）。

② 合意に向けた協議については、その開始から終了に至るまで常に弁護人が関与することとされ（同法第350条の4）、合意が成立する場合には、その合意自体にも弁護人が必ず関与することとされています（同法第350条の3）。

③ 合意に違反して捜査機関に対し虚偽の供述等をする行為が新たに処罰の対象とされるとともに（同法第350条の15第1項）、合意に係る被疑者・被告人の事件及び他人の刑事事件の各裁判が確定する前に自白したときは、その刑を減免し得ることとされています（同条第2項）。

2　上記1①は、合意に基づく供述の信用性について慎重な吟味が必要となることを踏まえたものです。すなわち、合意に基づく供述は、自己の刑事事件についての有利な取扱いを約束された上で、これを期待してなされるものであり、そのような供述の契機・理由に鑑みると、それが他人の公判で立証に用いられる場合には、供述の契機・理由が公判手続上明らかになるようにして、供述の信用性について慎重な吟味がなされるようにする必要があることから、その機会を確保しようとするものです。

これにより、当該他人やその弁護人としては、その供述が一定の有利な取扱いを受けるという合意を契機としてなされるものであることや具体的にどのような取扱いが合意されているかといった事情を十分に把握した上で、反対尋問を行うなどの防御活動を行うことが可能となり、また、裁判所としても、そのような事情を十分に把握した上で、信用性を慎重に吟味することが可能となります。そして、そうである以上、検察官としても、合意に基づ

て供述が得られた場合には、その供述が他人の公判において慎重な信用性の吟味に耐え得るものであるか否かを判断するため、所要の裏付捜査を尽くすことになると考えられます。

3　上記1②は、弁護人が協議・合意の手続に常に関与することが、合意をした被疑者・被告人による虚偽の供述等の防止に資することに着目したものです。協議・合意の手続に関与する弁護人は、被疑者・被告人の弁護人であって、他人の権利利益を擁護するために関与するものではありませんが、弁護人という第三者が常に関与すること自体、協議・合意の適正確保に資する上、弁護人としては、合意をするまでの間に被疑者・被告人と十分な打合せを行うこととなると考えられ、その過程において、合意をした場合にどのような供述をすることができるか等についても十分に確認することになると考えられるところ、仮にその内容に不審を抱いた場合には、弁護人としての職業倫理上、当然、それを指摘して被疑者・被告人に確認することになると考えられます（例えば、日本弁護士連合会「弁護士職務基本規程（平成16年11月10日会規第70号）」においては、弁護士は、「裁判の公正及び適正手続の実現に努め」（同規程第74条）、「偽証若しくは虚偽の陳述をそそのかし、又は虚偽と知りながらその証拠を提出してはならない」（同規程第75条）こととされています。）。したがって、協議・合意の手続に被疑者・被告人の弁護人が関与することは、いわゆる巻込みの防止に資すると考えられます。

4　上記1③は、合意をした被疑者・被告人による虚偽の供述等について、その抑止を図るため、相応に重い罰則を設けるとともに、この罪に当たる行為がなされた場合にはその事実を明らかにするよう行為者に動機付けるとの政策的な観点から、自白による刑の任意的な減免の規定を設けるものです。

5　このように、合意制度については、いわゆる巻込みを防止する観点から制度的手当てが適切に講じられているところであり、いわゆる巻込みの危険には、これらを通じて適切に対処することが可能です。

第1節 合意制度の導入 Q39 63

## Q39 合意制度は、いわゆる約束による自白に関する最高裁判例と矛盾しないのですか。

A 最高裁昭和41年7月1日判決（刑集20巻6号537頁）は、いわゆる約束による自白について、「本件のように、被疑者が、起訴不起訴の決定権をもつ検察官の、自白をすれば起訴猶予にする旨のことばを信じ、起訴猶予になることを期待してした自白は、任意性に疑いがあるものとして、証拠能力を欠くものと解するのが相当である。」と判示しています。合意に基づく供述は、自己の刑事事件についての有利な取扱いを約束された上で、これを期待してなされるものであり、その意味でいわゆる約束による自白と共通する面があることから、その任意性については、上記最高裁判例との関係が問題となり得ます。

上記最高裁判例が上記のとおり自白の任意性を否定した趣旨については、類型的に虚偽供述のおそれが高いことを中心に理解する見解が通説的であると思われます。そして、このような見解に立った場合、合意に基づく供述の任意性を認めることが上記最高裁判例と整合するといえるか否かは、当該供述が類型的に虚偽供述のおそれの高いものであると評価されるか否かによることとなります。

しかし、合意制度においては、協議の開始から終了に至るまで弁護人が常に関与することとされており（刑事訴訟法第350条の3、第350条の4）、被疑者・被告人としては、合意に応じるか否か、すなわち、自己に有利な取扱いを受けることと引換えに供述をするか否かについて、検察官と一対一で対峙する形ではなく、弁護人の同席の下で、その援助を十分に得ながら、任意に判断することが可能です。しかも、合意制度においては、被疑者・被告人は、飽くまで、「真実の供述」、すなわち、自己の記憶に従った供述をすることを約束することになるのであって（同法第350条の2第1項第1号イ・ロ）、自白のような特定の内容の供述をすることを約束するわけではありません。

さらに、検察官としては、合意に基づいて供述が得られた場合には、その供述が他人の公判において慎重な信用性の吟味に耐え得るものであるか否かを判断するため、所要の裏付捜査を行うことになるところ（Q38参照）、仮にその供述が虚偽であることが明らかになれば、検察官は合意から離脱するこ

とが可能であり（同法第 350 条の 10 第 1 項第 1 号・第 3 号ロ）、被疑者・被告人は、合意に基づく有利な取扱いを受けられないことになる上、合意をした被疑者・被告人が捜査機関に対して虚偽の供述をすれば、虚偽の自白が必ずしも処罰の対象とならないのとは異なり、処罰の対象となることとなります（同法第 350 条の 15 第 1 項）。

　そして、合意に基づく供述が他人の公判で用いられる場合には、自白が反対尋問にさらされないのとは異なり、徹底した反対尋問にさらされて、その信用性が厳しく問われることとなります（同法第 350 条の 8、第 350 条の 9）。

　したがって、合意に基づく供述については、たとえ虚偽であっても特定の供述をしようとの誘引が強く働くとはいえず、むしろ、真実を供述することに向けた誘引が働くと考えられ、類型的に虚偽供述のおそれが高いとはいえないと考えられます。その意味で、合意に基づく供述は、上記最高裁判例の事案における自白とは異なっており、その任意性を認めることは、上記最高裁判例と抵触するものではありません。

第1節　合意制度の導入　　Q40　　65

## Q40　いわゆる自己負罪型の制度は導入しないのですか。

**A**　検察官と被疑者・被告人との間における刑事事件の処分等に関する協議・合意を要素とする制度としては、合意制度のように、被疑者・被告人が他人の刑事事件の捜査・公判に協力することに合意する捜査・公判協力型の制度のほかに、被疑者・被告人が自己の犯罪を認めることに合意する自己負罪型の制度も考えられます。

　特別部会においては、この両者が検討の対象とされましたが、後者については、基本構想において、「検察官と弁護人との間で、被疑者又は被告人が自己の犯罪を認め又は有罪の陳述をすることと引換えに、軽減した求刑等の恩典を付与することに合意できるとする自己負罪型の協議・合意制度の導入がまず検討されるべきであるとする意見もあったが、……真に刑事責任を問うべき上位者の検挙・処罰に資するものではなく、およそ一般的に自己の犯罪を認めるかどうかを協議・合意の対象とすることについては、『ごね得』を招き、結果として被疑者に大きく譲歩せざるを得なくなり、事案の解明や真犯人の適正な処罰を困難にするとの意見も強かったことから、まずは、捜査・公判協力型の協議・合意制度についての具体的検討が進められるべきであり、自己負罪型の制度については、捜査・公判協力型の制度に係る具体的な検討結果を踏まえ、必要に応じて更に当部会で検討を加えることとする。」とされ、その後の検討においても、自己負罪型の制度を導入すべきであるとはされなかったところであり、結局、法制審議会の答申には盛り込まれず、改正法にも盛り込まれませんでした。

　この自己負罪型の制度については、例えば、平成28年4月21日の参議院法務委員会において、林眞琴法務省刑事局長から、「合意制度でございますけれども、大別すると二つの類型がございます。一つは、被疑者、被告人が他人の刑事事件についての協力行為を行うことに合意する捜査・公判協力型、もう一つが、被疑者、被告人が……自己の犯罪を認めることについて合意する自己負罪型、こういった二つの類型が世界的に見ましてもあると言われております。……前者の捜査・公判協力型というものは、主としては組織的な犯罪等の解明、これを目的とした制度でございます。他方で、自己負罪型に

つきましては、これは米国の例が顕著かと思いますけれども、主として事件処理の効率化というものを目的としていると考えられております。……法制審議会新時代の刑事司法制度特別部会におきましては、当初この二つの類型の合意制度を併せて検討していたわけでございますが、我が国の刑事司法制度にこういった協議、合意という要素を有する手法というものを取り入れるのは今回が初めてであったということに鑑みますと、まずは証拠収集方法として特に必要性が高いと考えられる捜査・公判協力型の制度を導入するのが相当であろうと考え、一方で自己負罪型の制度につきましては、この捜査・公判協力型の制度を導入した上で、その運用状況等も踏まえながら、必要に応じて、こうした自己負罪型の制度というものが我が国の刑事司法制度にどういった影響を与え得るのかということも見極めながら検討を行っていくのが適当であろうと、このように考えて、今回、捜査・公判協力型の制度をまず導入するということになった経緯でございます。」との答弁がなされているところです。

## 2　合意の主体・要件等

**Q41**　合意の主体は誰ですか。また、会社等の法人も合意をすることができるのですか。

**A**　刑事訴訟法第 350 条の 2 第 1 項においては、「検察官は、……被疑者又は被告人との間で」合意をすることができることとされており、合意の主体となり得るのは、検察官及び被疑者・被告人です。合意をするためには、弁護人の同意が必要ですが（同法第 350 条の 3 第 1 項）、弁護人がするのは、飽くまで「同意」であって、弁護人が合意の主体となるものではありません。

　合意の主体となり得る者が検察官及び被疑者・被告人とされたのは、合意制度は、捜査・公判への協力を得ようとする者がこれを提供し得る者に対して刑事手続上の有利な取扱いを約束することによりその協力を得ることを可能にするものであるところ、検察官は、それを可能とする広範な訴追裁量権を有しており、また、被疑者・被告人は、犯罪に関与したことなどを通じて捜査・公判への協力を提供し得る立場にあるとともに、自己の事件が刑事手続の対象となっていることから、刑事手続上の有利な取扱いが協力の動機付けとなり得ることによるものです。

　会社等の法人も、両罰規定により処罰され得るところ、その場合には、それらの法人も被疑者・被告人となり得ることなどから、法人も合意の主体となり得ます。その場合、合意に係る手続は、被疑者・被告人たる法人の代表者が行うこととなります（同法第 27 条第 1 項）。

68 第3章 合意制度及び刑事免責制度の導入

## Q42 合意をするための要件及び考慮事情は、どのようなものですか。

**A** 1 検察官が被疑者・被告人との間で合意をすることができるのは、「特定犯罪に係る事件の被疑者又は被告人が特定犯罪に係る他人の刑事事件……について一又は二以上の第1号に掲げる行為をすることにより得られる証拠の重要性、関係する犯罪の軽重及び情状、当該関係する犯罪の関連性の程度その他の事情を考慮して、必要と認めるとき」です（刑事訴訟法第350条の2第1項）。

2 合意制度は、飽くまで、証拠の収集方法の一つとして導入されるものである上、合意をするか否かの判断は、検察官の訴追裁量権に基づくものであることから、合意をするための要件についても、検察官において、合意をすることを「必要と認める」ことが要件とされています。この必要性の判断は、合意の内容とすることができる事項に鑑みると、「合意の相手方となる被疑者・被告人の事件について処分の軽減等を行うこととしてもなお、他人の刑事事件についてその協力を得ることが必要か」という観点から行うことになるものと考えられます。

3 合意をするか否かの判断に当たっての考慮事情については、このように、合意制度が証拠の収集方法の一つとして導入されるものである上、その理論的根拠が検察官の有する訴追裁量権にある（Q36参照）ことを踏まえ、

① 「特定犯罪に係る事件の被疑者又は被告人が特定犯罪に係る他人の刑事事件……について一又は二以上の第1号に掲げる行為をすることにより得られる証拠の重要性」

② 「関係する犯罪の軽重及び情状」

③ 「当該関係する犯罪の関連性の程度」

④ 「その他の事情」

と規定されています。

これらのうち、上記①は、合意の相手方となる被疑者・被告人が協力行為をすることにより得られる証拠が、他人の刑事事件を解明する上でどの程度の証拠価値を持ち得るかという観点からの考慮を要することとするものです。具体的には、当該証拠がどのような内容のものとなる見込みであるか、

それがどの程度の信用性を持ち得るか、要証事実との関係でどの程度の証明力を持ち得るか、当該要証事実が当該他人の刑事事件を解明する上でどのような意義を持ち得るかなどを考慮することとなり、その際には、当該他人の刑事事件の証拠関係や仮に合意によらないとすると当該事件についてどのような証拠が収集され得るかなども踏まえることになると考えられます。

　上記②は、「関係する犯罪」、すなわち、合意の相手方となる被疑者・被告人の事件に係る犯罪と他人の刑事事件に係る犯罪の双方の「軽重及び情状」を考慮することを要することとするものです。上記のとおり、合意をするか否かの判断は、「合意の相手方となる被疑者・被告人の事件について処分の軽減等を行うこととしてもなお、他人の刑事事件についてその協力を得ることが必要か」という観点から行うことになると考えられ、被疑者・被告人の事件に係る犯罪と他人の刑事事件に係る犯罪のそれぞれについて、それ自体としてどの程度の重大性を有するかが問題となるとともに、それら二つの犯罪を念頭に置きつつ比較衡量的な判断を行うことも必要となることから、両者の「軽重及び情状」が考慮事情とされたものです。

　上記③は、合意の相手方となる被疑者・被告人の事件に係る犯罪と他人の刑事事件に係る犯罪との間の関連性の程度を考慮することを要することとするものです。これは、衆議院における修正により追加されたものであり、両犯罪の間にどの程度の関連性があるかは、信用性のある証拠が得られる見込みの程度と関連し得ることなどから、考慮事情とされたものです。上記③は、飽くまで考慮事情の一つにとどまるものであって、両犯罪の間に関連性があることが合意の要件となるものではありませんが（仮に両犯罪の間に関連性がない場合には、そのことを前提として合意の必要性が判断されることとなります。）、上記③が明記されたことにより、合意制度が利用される場合として基本的に想定されるのは、共犯事件など両犯罪の間に関連性が認められる場合であると理解されることとなります。

　上記④としては、例えば、合意の相手方となる被疑者・被告人に余罪がある場合におけるその捜査・公判の状況等がこれに当たり得ます。

70 第3章 合意制度及び刑事免責制度の導入

## 3 合意の内容

**Q43** 合意の内容とすることができるのは、どのような事項ですか。

**A** 合意については、「被疑者又は被告人が当該他人の刑事事件について一又は二以上の同号〔筆者注：刑事訴訟法第350条の2第1項第1号〕に掲げる行為をし、かつ、検察官が被疑者又は被告人の当該事件について一又は二以上の第2号〔筆者注：同項第2号〕に掲げる行為をすること」（同項）、すなわち、

① 被疑者・被告人が他人の刑事事件について一又は二以上の同項第1号に掲げる行為をすること、及び

② 検察官が被疑者・被告人の事件について一又は二以上の同項第2号に掲げる行為をすること

を内容とする必要があります。

このほか、合意には、被疑者・被告人がする同項第1号に掲げる行為又は検察官がする同項第2号に掲げる行為に付随する事項その他の合意の目的を達するため必要な事項をその内容として含めることができます（同条第3項）。

被疑者・被告人の事件及び他人の刑事事件は、いずれも、「特定犯罪」に係るものであることが必要ですが（その内容等については、Q51、Q53及びQ54を参照。）、両者が共犯関係にあることなど相互に関連性を有することは、法律上、合意の要件とされていません（Q42参照）。

第1節　合意制度の導入　Q44　71

**Q44** 被疑者・被告人による協力行為として合意の内容とすることができるのは、どのような事項ですか。

**A** 　被疑者・被告人による協力行為として合意の内容とすることができるのは、他人の刑事事件について次の①から③までの一又は二以上の行為をすることです（刑事訴訟法第350条の2第1項第1号）。

①　同法第198条第1項又は第223条第1項による検察官、検察事務官又は司法警察職員の取調べに際して真実の供述をすること（同号イ）

②　証人として尋問を受ける場合において真実の供述をすること（同号ロ）

③　検察官、検察事務官又は司法警察職員による証拠の収集に関し、証拠の提出その他の必要な協力をすること（上記①及び②に掲げるものを除きます。）（同号ハ）

　上記①から③までの行為は、いずれも、「他人の刑事事件について」なされるものであることが必要です。ここにいう「他人」とは、合意の相手方となる被疑者・被告人以外の被疑者・被告人を指します。法人も被疑者・被告人となり得ることから、法人も「他人」に含まれ得ます。

　また、上記①から③までの行為は、「他人の刑事事件について」なされるものであれば、それが同時に合意の主体である被疑者・被告人自身の事件の解明に資するものであっても差し支えありません。

第3章　合意制度及び刑事免責制度の導入

## Q45
刑事訴訟法第350条の2第1項第1号イの協力行為は、具体的にどのようなものですか。

**A**　刑事訴訟法第350条の2第1項第1号イの協力行為、すなわち、「第198条第1項又は第223条第1項の規定による検察官、検察事務官又は司法警察職員の取調べに際して真実の供述をすること」は、取調べにおいて供述することを内容とするものです。

被疑者・被告人が取調べにおいて供述する場合としては、被疑者・被告人として取調べを受ける中で他人の刑事事件についても供述する場合と、参考人として取調べを受ける中で他人の刑事事件について供述する場合とがあり得るところであり、前者の場合には刑事訴訟法第198条第1項により、後者の場合には同法第223条第1項により、それぞれ取調べが行われることになることから、取調べの根拠規定としてこれらの規定が挙げられています。

「真実の供述」とは、自己の記憶に従ってする供述をいいます。ここにいう「真実」は、偽証罪（刑法第169条）において、「虚偽の陳述」が自己の記憶に反する陳述という意味で用いられていること（大審院大正3年4月29日判決（刑録20輯654頁））を踏まえ、この「虚偽」と対置される語として用いられています。刑事手続上、供述を証拠として提供する場合には、各自が自己の記憶に従った供述をすることが適正な事実認定に寄与するゆえんであると考えられ、偽証罪においてもそのように考えられていること、他方、仮に、客観的に正しい供述をする義務を課すとすると、履行困難なことを義務付けることとなりかねないことから、合意の内容としては、自己の記憶に従った供述をすることを定めることとされたものです。したがって、特定の内容の供述を義務付けるような合意をすることはできません。

他方、他人の刑事事件についての真実の供述であれば、その内容は問いません。犯行に至る経緯や犯行状況に関する供述だけでなく、証拠物の隠匿場所や犯人の所在等に関する供述も含まれ得ます。

上記のとおり、「真実の供述をすること」とは、自己の記憶に従った供述をすることを意味するものであり、それ自体としては、その供述が録取された供述調書に署名押印することは含みません。これを合意の内容に含めることについては、Q50を参照。

第1節　合意制度の導入　　Q46　　73

## Q46 刑事訴訟法第350条の2第1項第1号ロの協力行為は、具体的にどのようなものですか。

**A**　刑事訴訟法第350条の2第1項第1号ロの協力行為、すなわち、「証人として尋問を受ける場合において真実の供述をすること」は、刑事手続の証人尋問において証言することを内容とするものです。

　証人は、一般に出頭義務（同法第150条第1項、第151条）や宣誓・証言義務（同法第160条第1項、第161条、刑法第169条）を負いますが、自己が刑事訴追を受け又は有罪判決を受けるおそれのある事項等については、証言を拒むことができることとされています（刑事訴訟法第146条〜第149条）。そのため、例えば、共犯事件において他の共犯者の関与状況等について証人尋問を受けた場合には、自己が刑事訴追を受け又は有罪判決を受けるおそれがあることを理由として証言を拒むことも可能となり得、その結果、共犯者等の他人の刑事事件の立証に必要な証言が得られないこととなり得ます。また、一般に、証言の真実性は、偽証罪等により担保されているといえますが、なお、真実の証言をしない者が存在することは否定し難いところです。これに対し、検察官が、被疑者・被告人との間で、他人の刑事事件について真実の証言をすることを内容とする合意をすることができるとすれば、当該被疑者・被告人は、証言拒絶権を行使することがなくなり、より積極的に真実の証言をすることが期待できると考えられます。そこで、合意の内容とすることができる事項として、「証人として尋問を受ける場合において真実の供述をすること」が掲げられたものです。

　「真実の供述」の意義は、同法第350条の2第1項第1号イと同じであり、自己の記憶に従った供述を意味します。特定の内容の供述を義務付けるような合意をすることができないことは、同号イの場合と同じです。

**Q47** 刑事訴訟法第 350 条の 2 第 1 項第 1 号ハの協力行為は、具体的にどのようなものですか。

**A** 刑事訴訟法第 350 条の 2 第 1 項第 1 号ハの協力行為、すなわち、「検察官、検察事務官又は司法警察職員による証拠の収集に関し、証拠の提出その他の必要な協力をすること（イ及びロに掲げるものを除く。）」は、取調べ又は証人尋問において供述をすること以外の協力行為を内容とするものです。

これに該当するものとしては、例示されている「証拠の提出」のほか、例えば、

・　犯行再現見分等の実況見分や検証に立ち会い、指示説明をすること
・　犯行現場等の関係場所への引き当たりに際し、それらの場所に案内すること
・　その操作に専門的な知識を有するコンピュータ・システムを操作して、データ等の解析作業を行うこと

などが考えられます。

また、法人も合意の主体となり得るところ（Q41 参照）、その場合における「証拠の提出その他の必要な協力」としては、例えば、

・　法人が所有・管理する取引記録等の証拠物を提出すること
・　法人が設置したいわゆる第三者委員会において作成された、従業員等の関係者から聴取した結果等をまとめた報告書等を提出すること

などが考えられます。

第1節　合意制度の導入　Q48　75

## Q48　検察官による処分の軽減等として合意の内容とすることができるのは、どのような事項ですか。

**A**　検察官による処分の軽減等として合意の内容とすることができるのは、被疑者・被告人の事件について次の①から⑦までの一又は二以上の行為をすることです（刑事訴訟法第350条の2第1項第2号）。

① 公訴を提起しないこと（同号イ）

② 公訴を取り消すこと（同号ロ）

③ 特定の訴因及び罰条により公訴を提起し、又はこれを維持すること（同号ハ）

④ 特定の訴因若しくは罰条の追加若しくは撤回又は特定の訴因若しくは罰条への変更を請求すること（同号ニ）

⑤ 同法第293条第1項による意見の陳述において、被告人に特定の刑を科すべき旨の意見を陳述すること（同号ホ）

⑥ 即決裁判手続の申立てをすること（同号ヘ）

⑦ 略式命令の請求をすること（同号ト）

これらのうち、上記①及び②は訴追自体を行わないこととすることを、上記③及び④は特定の訴因及び罰条により訴追することとすることを、上記⑤は特定の求刑をすることを、上記⑥及び⑦は公訴を提起すると同時に特定の手続によるべきことを求めることを、それぞれその内容とするものです。

76 第3章 合意制度及び刑事免責制度の導入

## Q49 合意の内容とすることができる検察官による処分の軽減等とは、具体的にどのようなものですか。

**A** 1 「公訴を提起しないこと」(刑事訴訟法第350条の2第1項第2号イ)は、それ自体としては不作為を意味しますが、もとより、合意においては、「公訴を提起しない処分」(同法第259条、第260条等)をすることを内容とすることも可能です。

「公訴を取り消すこと」(同号ロ)は、同法第257条により公訴を取り消すことを指します。

2 「特定の訴因及び罰条により公訴を提起し、又はこれを維持すること」(刑事訴訟法第350条の2第1項第2号ハ)は、公訴を提起し又は維持するに当たって、特定の訴因及び罰条(同法第256条第3項・第4項)によることを指します。

「特定の訴因若しくは罰条の追加若しくは撤回又は特定の訴因若しくは罰条への変更を請求すること」(同号ニ)は、現に特定の訴因及び罰条により公訴を維持している場合において、

① 他の特定の訴因又は罰条の追加を請求すること

② 現在の特定の訴因又は罰条の撤回を請求すること

③ 他の特定の訴因又は罰条への変更を請求すること

をその内容とするものです。これらの請求は、訴因及び罰条の両方について行うことも、また、訴因のみについて行うこともあり得ます。

3 「第293条第1項の規定による意見の陳述において、被告人に特定の刑を科すべき旨の意見を陳述すること」(刑事訴訟法第350条の2第1項第2号ホ)は、特定の求刑をすることを指します。

検察官の求刑は、飽くまで、量刑についての「意見」であり(同法第293条第1項)、被疑者・被告人との間でその内容について合意をしたからといって、裁判所の量刑判断を拘束する効果を持たせることはできませんが、求刑は、実務上、裁判所の量刑判断に当たって重要な判断資料となるものである上、実際にも、求刑より重い刑が言い渡されることはまれであることからすると、求刑合意(同法第350条の2第1項第2号ホに係る同項の合意をいいます。以下同じです。)は、被疑者・被告人に他人の刑事事件の捜査・公判への協力の動機

付けを与え得るものであり、十分実効性を持ち得ると考えられます（被疑者・被告人の中には、裁判所が求刑よりも重い刑を言い渡す可能性があるのであればそのような合意は望まないとする者も存在し得ますが、それは、そのような場合には求刑合意が成立しないことを意味するにとどまるものであって、求刑合意が一般的に機能しないこととなるわけではありません。）。

「被告人に特定の刑を科すべき旨の意見」には、主刑及び付加刑（刑法第9条）に関する意見のほか、執行猶予を付すべき旨の意見や保護観察に付すべき旨の意見、特定の価額を追徴すべき旨又は追徴すべきでない旨の意見等も含まれます。

求刑合意は、飽くまで、検察官の求刑を拘束するものであり、被告人の最終陳述又は弁護人の弁論（刑事訴訟法第293条第2項）を拘束するものではありませんので、被告人又は弁護人が、最終陳述又は弁論において、検察官の求刑合意に基づく求刑より軽い刑を求めることも可能です。

4　「即決裁判手続の申立てをすること」（刑事訴訟法第350条の2第1項第2号ヘ）は、公訴提起と同時に即決裁判手続の申立てをすること（同法第350条の16第1項）を指し、「略式命令の請求をすること」（同号ト）は、公訴提起と同時に略式命令の請求をすること（同法第461条、第462条第1項）を指します。

即決裁判手続及び略式手続は、いずれも簡易迅速な手続であり、被疑者としても、手続上の負担が小さい上、裁判所がその手続内で言い渡すことのできる刑の内容が法律上制限されているため（同法第350条の29、第461条）、自己に対して言い渡される可能性のある刑の内容をある程度予測することができると考えられます。もとより、これらの申立て及び請求は、審判の在り方についての裁判所の判断を拘束するものではありませんが、即決裁判手続及び略式手続は、検察官から申立て又は請求があって初めて利用することが可能になる上、実際にも、検察官から申立て又は請求があった場合に裁判所がそれらの手続によることを不相当と判断することはまれであることからすると、即決裁判申立て合意（同法第350条の2第1項第2号ヘに係る同項の合意をいいます。以下同じです。）及び略式命令請求合意（同号トに係る同項の合意をいいます。以下同じです。）は、いずれも、被疑者に他人の刑事事件の捜査・公判への協力の動機付けを与え得るものであり、十分実効性を持ち得ると考えら

れます（求刑合意の場合と同様、被疑者の中には、検察官が即決裁判手続の申立て又は略式命令の請求をしたとしても、裁判所が正式裁判手続によるべきであるとの判断をする可能性があるのであれば、そのような合意は望まないとする者も存在し得ますが、そうであるからといって、即決裁判申立て合意や略式命令請求合意が一般的に機能しないこととなるわけではありません。）。

第1節　合意制度の導入　Q50　79

**Q50** 合意には、その目的を達するため必要な事項として、どのような事項を含めることができるのですか。

**A** 　1　合意には、被疑者・被告人がする協力行為又は検察官が行う処分の軽減等に「付随する事項その他の合意の目的を達するため必要な事項」を含めることが可能です（刑事訴訟法第350条の2第3項）。

2　「付随する事項」としては、例えば、「被疑者・被告人が取調べに際して真実の供述をすること」が合意の内容とされる場合には、

・　取調べのために出頭を求められたときは、その指定された日時・場所に出頭すること

・　その真実の供述が録取された供述調書に署名押印すること

などが考えられ、また、「被疑者・被告人が証人尋問において真実の供述をすること」が合意の内容とされる場合には、

・　検察官が裁判所に対して遮蔽措置（刑事訴訟法第157条の5）を採るよう申し立てること

などが考えられます。

3　「その他の合意の目的を達するため必要な事項」としては、例えば、「検察官が特定の求刑をすること」が合意の内容とされる場合には、

・　検察官がその量刑を得るために必要な情状立証をし、又は予定していた情状立証の一部を撤回すること

などが考えられるほか、租税に関する法律の罪に係る事件など犯則調査の対象となる事件について、「検察官の取調べに際して真実の供述をすること」が合意の内容とされる場合には、検察官の取調べに先立ち、犯則調査機関が被疑者に対する質問調査を行った方が、供述内容のより正確な理解や信用性のより的確な吟味に資することもあり得ることから、「その他の合意の目的を達するため必要な事項」として、

・　収税官吏による質問調査に対して真実の供述をすること

・　公正取引委員会の職員による質問調査に対して真実の供述をすること

・　証券取引等監視委員会の職員による質問調査に対して真実の供述をすること

などを含めることも考えられます（このほか、例えば、検察官の取調べに先立ち、

80　　第3章　合意制度及び刑事免責制度の導入

犯則調査機関が証拠の提出を受けてこれを精査した方が、証拠の内容のより正確な理解とその後の的確な取調べに資することもあり得ることから、「その他の合意の目的を達するため必要な事項」として、犯則調査機関に対する証拠の提出を含めることも考えられます。）。

　以上のほか、「その他の合意の目的を達するため必要な事項」として、合意に基づく検察官及び被疑者・被告人のそれぞれの義務の履行の順序を定めることなども考えられます。

　4　なお、「被疑者・被告人を勾留しないこと」、あるいは、「勾留されている被疑者・被告人を釈放すること」については、そもそも、勾留は、罪証隠滅及び逃亡を防止するための措置であり、それらのおそれが認められるにもかかわらず、他人の刑事事件の捜査・公判への協力と引換えに釈放することは、勾留の目的と整合しないおそれがある上、勾留をするか否か又は継続するか否かは、他人の刑事事件の捜査・公判への協力と引換えとするというような裁量判断になじむものとはいい難いことなどから、「付随する事項その他の合意の目的を達するため必要な事項」には当たらないと考えられます。

## 4 対象犯罪

### Q51 合意制度の対象犯罪は、どのようなものですか。

**A** 1 合意制度の対象犯罪は、一定の財政経済犯罪及び薬物銃器犯罪のうち、死刑又は無期の懲役・禁錮に当たらないものです（刑事訴訟法第350条の2第2項）。

同項各号には、対象犯罪を掲げているところ、そのうち、

- 同項第1号から第3号までに掲げる罪及びこれらの罪を本犯の罪とする同項第5号に掲げる罪が財政経済犯罪に
- 同項第4号に掲げる罪及びその罪を本犯の罪とする同項第5号に掲げる罪が薬物銃器犯罪に

それぞれ該当します。

2 対象犯罪の選定についての基本的な考え方は、次のとおりです。すなわち、我が国の刑事司法制度に協議・合意の要素を有する証拠収集方法を導入するのは、今回が初めてであることからすると、合意制度の対象犯罪は、犯罪の性質や捜査・公判の実情等に照らし、

① 対象とすべき必要性が高く、その利用にも適しており、かつ、

② 被害者を始めとする国民の理解も得られやすい

と考えられる一定の類型の犯罪に政策的に限定することが相当であると考えられます。

このような観点から見た場合、まず、対象犯罪として掲げられている一定の財政経済犯罪については、

- 会社等がその舞台となる場合を始めとして、その遂行過程に多数の者が関与しつつ、組織的な背景を伴って行われることが少なくない
- 密行的に行われることも多い上、正当な経済活動との区別が問題となることも多い
- 関与者の中には、犯意のない者や希薄な者も介在し得るため、処罰の対象を適切に見極める上で困難を伴うことも少なくない

といった特徴がある一方で、

- そのように多数の者が関与し得るため、罪を犯した者から他人の犯罪

82　第3章　合意制度及び刑事免責制度の導入

についての証拠を得るという合意制度の仕組みになじみやすい

ということができ、上記①の基準を満たすと考えられます。

　また、対象犯罪として掲げられている一定の薬物銃器犯罪については、

・　禁制品の流通を伴うものであることなどから、犯罪組織が関与することが多く、多数の者が関与しつつ、組織的な背景を伴って行われることが多い

・　禁制品に係る犯罪であるため、密行的に行われることが通常である

・　基本的に被害者のない犯罪であるため、捜査機関に発覚する契機に乏しい上、断片的にしか把握できない場合も多い

といった特徴がある一方で、

・　そのように、禁制品の流通を伴うことや多数の者が関与し得ることなどから、罪を犯した者から他人の犯罪についての証拠を得るという合意制度の仕組みになじみやすい

ということができ、上記①の基準を満たすと考えられます。

　さらに、これらの財政経済犯罪及び薬物銃器犯罪のいずれについても、被害者がいないか、いたとしてもその被害が基本的に財産的・経済的なものにとどまることなどに鑑みると、合意制度の対象とすることについて国民の理解が得られやすいということができ、犯罪の性質として、上記②の基準も満たすと考えられます。

　こうしたことから、合意制度の対象犯罪については、一定の財政経済犯罪及び薬物銃器犯罪に限定されたものです（刑事訴訟法第350条の2第2項各号）。

　3　その上で、更に上記2②の観点から見た場合、死刑又は無期の懲役・禁錮に当たる罪は、被害者がいないものであるとしても、極めて犯情の重いものであり、そのような罪に係る事件の被疑者・被告人が他人の刑事事件の捜査・公判に協力するとしても、それを理由としてその処分等を軽減することについては、現時点では国民の理解が得られにくいのではないかと考えられます。

　そこで、合意制度の対象犯罪については、死刑又は無期の懲役・禁錮に当たる罪が除外されたものです（刑事訴訟法第350条の2第2項柱書き）。

　同項各号に掲げる罪のうち、死刑又は無期の懲役・禁錮に当たるものとし

ては、例えば、

- 爆発物の使用（爆発物取締罰則第1条）〔同項第4号イ関係〕
- 営利目的の覚醒剤の輸入（覚せい剤取締法第41条第2項）〔同号ハ関係〕
- 営利目的のジアセチルモルヒネ等の輸入（麻薬及び向精神薬取締法第64条第2項）〔同号ニ関係〕
- 営利目的の銃砲の無許可製造(武器等製造法第31条第2項)〔同号ホ関係〕
- 拳銃等の発射（銃砲刀剣類所持等取締法第31条第1項）〔同号ト関係〕
- 業として行う規制薬物の不法輸入（国際的な協力の下に規制薬物に係る不正行為を助長する行為等の防止を図るための麻薬及び向精神薬取締法等の特例等に関する法律第5条）〔同号チ関係〕

等があります。

84 第3章 合意制度及び刑事免責制度の導入

## Q52 合意制度の対象犯罪に該当するか否かは、どのように判断するのですか。

**A** 1 合意をするに当たっては、被疑者・被告人の事件と他人の刑事事件を当該合意において定める必要があるところ（刑事訴訟法第350条の2第1項）、これらは、いずれも同条第2項にいう「特定犯罪」に係るものであることが必要です。

これらのうち、前者の事件は検察官が行う処分の軽減等の対象となるもの、後者の事件は検察官が行う証拠収集等による解明の対象となるものであるところ、これらの事件の捜査・訴追の過程において、検察官は、

・ 証拠をどのように評価して、どのような事実を認定するか
・ その事実を前提として法的評価をどのように行い、どのような犯罪の嫌疑をもって捜査を進めていくか
・ どのような訴因で公訴を提起し、維持するか

といったことをその権限に基づいて決していくこととなります。

こうしたことに鑑みると、被疑者・被告人の事件と他人の刑事事件のいずれについても、検察官が、合意をする時点において、その時点での証拠関係等を踏まえた上で特定すべきものであって、これが合意内容書面（同法第350条の7第1項）に記載されることとなり、合意制度の対象犯罪に当たるか否かは、このようにして合意内容書面において特定された犯罪を基準として判断すべきものと考えられます。

なお、被疑者・被告人の事件についても、他人の刑事事件についても、合意後の捜査（合意に基づくものであると否とを問いません。）により証拠関係が変わるなどした結果、合意内容書面において特定された罪名とは異なる罪に該当することが判明することがあり得ますが（特に、他人の刑事事件については、合意により解明しようとするものであり、合意に基づく捜査等を進めた結果、合意の時点で認定していた罪名とは異なる罪に該当することが判明することは、十分にあり得ます。）、それ自体は、制度上も想定されているところであり、それによって、一旦有効に成立した合意が効力を失うことはありません（このことは、同法第350条の2第2項各号に掲げる罪に該当しなくなる場合と、死刑又は無期の懲役・禁錮に当たる罪に該当することとなる場合のいずれにおいても同じで

す。）。

　2　合意制度の対象犯罪に当たるか否かの判断は、事件ごとに行うこととなります。したがって、例えば、合意の相手方となる被告人が併合罪関係にある複数の訴因により起訴されており、そのうちの一部が「特定犯罪」に係るものである場合には、合意の対象とすることができるのは、その訴因に係る事件に限られます。

86　第3章　合意制度及び刑事免責制度の導入

## Q53　合意制度の対象となる財政経済犯罪は、どのようなものですか。

**A**　1　合意制度の対象となる財政経済犯罪は、次のとおりです。

(1)　刑法の罪（刑事訴訟法第350条の2第2項第1号。以下この(1)においては、刑法の条文について法律名を省略します。）

①　強制執行妨害関係の罪

第96条から第96条の6までの罪

②　文書偽造の罪

第155条の罪、同条の例により処断すべき罪、第157条の罪、第158条の罪（第155条の罪、同条の例により処断すべき罪又は第157条第1項若しくは第2項の罪に係るものに限ります。）又は第159条から第161条の2までの罪

③　有価証券偽造の罪

第162条又は第163条の罪

④　支払用カード電磁的記録に関する罪

第163条の2から第163条の5までの罪

⑤　贈収賄関係の罪

第197条から第197条の4まで又は第198条の罪

⑥　詐欺及び恐喝の罪

第246条から第250条までの罪

⑦　横領の罪

第252条から第254条までの罪

(2)　組織的犯罪処罰法の罪（刑事訴訟法第350条の2第2項第2号。以下この(2)においては、組織的犯罪処罰法の条文について法律名を省略します。）

①　組織的な強制執行妨害関係の罪

第3条第1項第1号から第4号までに掲げる罪に係る同条の罪

②　組織的な詐欺及び恐喝の罪

第3条第1項第13号若しくは第14号に掲げる罪に係る同条の罪又はその未遂罪

③　犯罪収益等隠匿・収受関係の罪

第10条又は第11条の罪

(3) 上記(1)及び(2)に掲げるもののほか、租税に関する法律、私的独占の禁止及び公正取引の確保に関する法律又は金融商品取引法の罪その他の財政経済関係犯罪として政令で定めるもの（刑事訴訟法第350条の2第2項第3号）

(4) 上記(1)から(3)までに掲げる罪に係る司法妨害関係の罪（同項第5号）

① 刑法第103条（犯人蔵匿等）、第104条（証拠隠滅等）又は第105条の2（証人等威迫）の罪（いずれも上記(1)から(3)までに掲げる罪を本犯の罪とするものに限ります。）

② 組織的犯罪処罰法第7条第1項第1号から第3号までに掲げる者に係る同条の罪（組織的な犯罪に係る犯人蔵匿等、証拠隠滅等又は証人等威迫。いずれも上記(1)から(3)までに掲げる罪を本犯の罪とするものに限ります。）

③ 組織的犯罪処罰法第7条の2（証人等買収）の罪（上記(1)から(3)までに掲げる罪を本犯の罪とするものに限ります。なお、同条の罪は、「組織的な犯罪の処罰及び犯罪収益の規制等に関する法律等の一部を改正する法律」（平成29年法律第67号）附則第9条により合意制度の対象犯罪に追加されました。）

2 上記(3)については、「租税に関する法律」、「私的独占の禁止及び公正取引の確保に関する法律」及び「金融商品取引法」の罪を例示しつつ、「財政経済関係犯罪として政令で定めるもの」が掲げられており、その具体的な内容は政令に委任されています（この委任を受けて、「刑事訴訟法第350条の2第2項第3号の罪を定める政令」（平成30年政令第51号）が定められました。）。

財政経済犯罪は、正当な経済活動に伴って、あるいは、これを装って行われる場合が多いため、その態様は、経済活動の多様化や経済状況の変動に伴い、多様で流動的なものとなり得る上、経済活動に関する規律は極めて多岐にわたっており、関連する法令の制定や改正も多い実情にあります。そこで、このような情勢の変化に機動的に対応し、合意制度の利用に適する財政経済犯罪をその対象とすることができるようにするため、その範囲を政令に委任することとされたものです。

「租税に関する法律」としては、例えば、所得税法、法人税法、相続税法、消費税法、関税法、地方税法等がこれに当たります。

88 第3章 合意制度及び刑事免責制度の導入

## Q54 合意制度の対象となる薬物銃器犯罪は、どのようなものですか。

**A** 　合意制度の対象となる薬物銃器犯罪は、次のとおりです。このうち、下記(1)については、法律単位で対象犯罪となりますが、死刑又は無期の懲役・禁錮に当たる罪は除かれます（Q51 参照）。

(1) 次に掲げる法律の罪（刑事訴訟法第 350 条の 2 第 2 項第 4 号）

① 爆発物取締罰則（同号イ）

② 大麻取締法（同号ロ）

③ 覚せい剤取締法（同号ハ）

④ 麻薬及び向精神薬取締法（同号ニ）

⑤ 武器等製造法（同号ホ）

⑥ あへん法（同号ヘ）

⑦ 銃砲刀剣類所持等取締法（同号ト）

⑧ 国際的な協力の下に規制薬物に係る不正行為を助長する行為等の防止を図るための麻薬及び向精神薬取締法等の特例等に関する法律（同号チ）

(2) 上記(1)に掲げる罪に係る司法妨害関係の罪（同項第 5 号）

① 刑法第 103 条（犯人蔵匿等）、第 104 条（証拠隠滅等）又は第 105 条の 2（証人等威迫）の罪（いずれも上記(1)に掲げる罪を本犯の罪とするものに限ります。）

② 組織的犯罪処罰法第 7 条第 1 項第 1 号から第 3 号までに掲げる者に係る同条の罪（組織的な犯罪に係る犯人蔵匿等、証拠隠滅等又は証人等威迫。いずれも上記(1)に掲げる罪を本犯の罪とするものに限ります。）

③ 組織的犯罪処罰法第 7 条の 2（証人等買収）の罪（上記(1)に掲げる罪を本犯の罪とするものに限ります。なお、同条の罪は、「組織的な犯罪の処罰及び犯罪収益の規制等に関する法律等の一部を改正する法律」（平成 29 年法律第 67 号）附則第 9 条により合意制度の対象犯罪に追加されました。）

## 5　弁護人の同意

**Q55**　合意をするために弁護人の同意が必要とされているのは、なぜですか。また、弁護人がいなければ、合意をすることはできないのですか。

**A**　1　合意の主体は、検察官及び被疑者・被告人ですが（刑事訴訟法第350条の2第1項）、被疑者・被告人にとって、合意をするか否かや合意の内容等は、その利害に深く関係します。

そこで、合意が適正・公平に行われることを確保して被疑者・被告人の利益を保護するため、弁護人の同意がある場合に限り、合意をすることができることとされたものです（同法第350条の3第1項）。

このことと、合意に向けた協議に弁護人が関与しなければならないこと（同法第350条の4）とが相まって、協議・合意の過程に弁護人が終始関与することとなり、一連の手続の適正性・公平性が確保されることとなります。

そして、このように協議・合意の手続に被疑者・被告人の弁護人が常に関与することは、いわゆる巻込みの防止に資すると考えられます（Q38参照）。

2　上記1のとおり、合意をするためには、弁護人の同意が必要ですので、被疑者・被告人に弁護人がないときは、合意をすることはできません。

90　第3章　合意制度及び刑事免責制度の導入

## 6　合意の方式

**Q56**　合意について、書面でしなければならないこととされているのは、なぜですか。また、その書面にはどのようなことを記載することになるのですか。

**A**　1　合意が成立すると、検察官及び被疑者・被告人は、それぞれその合意に従って特定の行為をする義務を負うこととなり、合意違反があったときは、その相手方は、合意から離脱することができるほか（刑事訴訟法第350条の10第1項第1号）、検察官が合意に違反したときは、公訴棄却の判決等がなされ得る（同法第350条の13）など、合意が成立したか否かや合意の内容は、その当事者の利害に深く関係することから、手続上明確にしておくべき必要性が高いと考えられます。

　そこで、合意は、検察官、被疑者・被告人及び弁護人が連署した書面により、その内容を明らかにしてすることとされています（同法第350条の3第2項）。

　2　刑事訴訟法第350条の3第2項の書面は、同法第350条の7第1項において、「合意内容書面」と呼称されています。

　合意内容書面においては、被疑者・被告人の事件及び他人の刑事事件を特定した上で、被疑者・被告人がするべき協力行為及び検察官が行うべき処分の軽減等の内容を特定することとなります。

　被疑者・被告人の事件の特定については検察官が行う処分の軽減等の対象となるのはどの事件であるかを、また、他人の刑事事件の特定については被疑者・被告人がする協力行為による解明の対象となるのはどの事件であるかを、それぞれ書面上把握できるように行う必要があり、かつ、それをもって足ります。

　合意が成立するためには、検察官、被疑者・被告人及び弁護人の三者が合意内容書面に連署することが必要です。

## 7 協議の手続

**Q57** 協議の主体は誰ですか。また、弁護人は、常に協議に関与しなければならないのですか。

**A** 協議は、合意をするか否かや合意の内容等について意見交換等を行う手続ですので、合意の主体である検察官と被疑者・被告人を協議の主体とするのが適当であると考えられますが、さらに、協議・合意が適正・公平に行われることを確保して被疑者・被告人の利益を保護するためには、弁護人も協議の主体として関与することとするのが適当であると考えられます。そこで、協議は、検察官、被疑者・被告人及び弁護人の三者間で行うこととされています（刑事訴訟法第350条の4本文）。

もっとも、協議の過程では、例えば、検察官と弁護人が主として法律的な観点から意見交換を行う場合など、必ずしも被疑者・被告人が同席する必要がない場合もあり得るところ、被疑者・被告人と弁護人の双方に異議がないのであれば、そのような双方に異議のない部分について、検察官と弁護人の間で行い得ることとしても問題はないと考えられます。そこで、被疑者・被告人及び弁護人に異議がないときは、検察官は、協議の一部を弁護人のみとの間で行い得ることとされています（同条ただし書）。

この点は、衆議院において修正がなされたものであり、政府案においては、「被疑者又は被告人及び弁護人に異議がないときは、協議の一部を被疑者若しくは被告人又は弁護人のいずれか一方のみとの間で行うことができる」と規定して、被疑者・被告人と弁護人の双方に異議がないときは、検察官は、協議の一部を弁護人のみとの間で行い得るだけでなく、被疑者・被告人のみとの間でも行い得ることとしていましたが、衆議院における修正により、協議の一部を被疑者・被告人のみとの間で行うことはできないこととされたものです。これは、協議・合意の手続に被疑者・被告人の弁護人が関与することがいわゆる巻込みの防止に資すると考えられること（**Q38**参照）に鑑み、その趣旨をより一層徹底しようとしたものです。

92　第3章　合意制度及び刑事免責制度の導入

## Q58　協議の手続は、具体的にどのように行うことになるのですか。

**A**　1　協議を「検察官と被疑者又は被告人及び弁護人との間で行う」
（刑事訴訟法第350条の4本文）とは、協議における意思疎通は、これ
らの三者間で同時に行われることが必要であるとする趣旨です。法律上は、
必ずしも、これらの三者が一堂に会することを必要とするものではなく、例
えば、検察官が在席する場所と被疑者・被告人及び弁護人が同席する場所と
の間で、電話等により行うことも可能です。
　2　協議は、これらの三者間で行われるものであることから、協議が開始
されるためには、これらの三者間において、協議を開始することについて意
思が合致することが必要となります。もっとも、協議開始の申入れ（三者間で
協議を開始したい旨の意思表示）は、協議そのものではありませんので、その
申入れ自体は、これらの三者が一堂に会した場等で行われる必要はありませ
ん。また、協議開始の申入れは、いずれの側から行っても差し支えありませ
ん。検察官としては、被疑者・被告人又は弁護人のいずれに対して申入れを
行ってもよく、また、被疑者・被告人側としては、被疑者・被告人又は弁護
人のいずれから検察官に対して申入れを行ってもよいものです。
　3　協議において、どのようなやり取りがどのような順序で行われるかに
ついては、事案ごとに異なり得ますが、一般的には、
- 　弁護人による、被疑者・被告人がなし得る協力行為の内容の提示
- 　検察官による、被疑者・被告人に対する供述の求め（刑事訴訟法第350
条の5第1項）
- 　検察官による、被疑者・被告人に対する処分の軽減等の内容の提示
- 　検察官と弁護人による、合意の内容等についての意見交換

等が複層的に行われることが考えられます。
　4　刑事訴訟法第350条の4ただし書にいう「協議の一部」とは、協議の
うち、検察官及び弁護人の二者間で行うことにつき被疑者・被告人と弁護人
の双方に異議がない部分を指します。

## 8 協議における供述の求め

**Q59** 協議において検察官が被疑者・被告人に他人の刑事事件について供述を求めることができることとされているのは、なぜですか。

**A** 検察官が合意をするか否かや合意の内容等について判断するに当たっては、

- 被疑者・被告人は、合意を真摯に履行する意思を有しているか
- 合意をした場合に被疑者・被告人から提供される証拠は、どのような内容のものか
- その証拠は、どの程度信用できるか

といった点を見極めるため、被疑者・被告人の供述を直接聴取することが必要となると考えられます。

そこで、検察官は、協議において、被疑者・被告人に対し、他人の刑事事件について供述を求めることができることとされたものです（刑事訴訟法第350条の5第1項前段）。

94　第3章　合意制度及び刑事免責制度の導入

## Q60 協議における被疑者・被告人に対する供述の求めは、どのような性質のものですか。

**A**　1　協議における供述の求め（刑事訴訟法第350条の5第1項）は、Q59で述べた趣旨による、被疑者・被告人の取調べ（同法第198条第1項）とは別個のものとして認められており、供述拒否権の告知義務についても、下記2のとおり、同条第2項の適用ではなく準用によるものとされているなど、取調べとは異なる規律が定められています。

　このように、協議における供述の求めは、取調べとは別の、協議の一部をなすものとして位置付けられています。協議の一部である以上、弁護人の同席が必要となります（同法第350条の4）。

　なお、協議の進行期間中においても、例えば、その対象となる事件とは別個の事件について被疑者の取調べを行わなければならない場合等があり得ることなどから、協議の進行期間中に別途取調べを行うことは、制度上は禁止されていません。

　2　共犯事件において他の共犯者の関与状況等について供述する場合等においては、自己の犯行に関する供述も含まれ得るところ、Q59で述べた点を見極めるためには、被疑者・被告人自身の事件についても供述を求め得ることとすることが必要かつ相当であると考えられます。

　そこで、これを前提として、検察官が刑事訴訟法第350条の5第1項前段により被疑者・被告人に供述を求める場合については、「前項の取調に際しては、被疑者に対し、あらかじめ、自己の意思に反して供述をする必要がない旨を告げなければならない。」と規定する同法第198条第2項が準用されています（同法第350条の5第1項後段）。これにより、検察官は、協議において被疑者・被告人に供述を求める場合には、被疑者・被告人に対し、あらかじめ、自己の意思に反して供述をする必要がない旨を告げなければならないこととなります。

　3　なお、協議における供述の求めがQ59で述べた趣旨によるものであることに照らすと、その際に聴取した内容を供述調書に録取することは、基本的に想定されないことなどから、供述調書の作成に関する刑事訴訟法第198条第3項から第5項までの規定は準用されていません。

もっとも、これは、協議における供述について裏付捜査を行うために、当該供述の内容を捜査報告書等の形で記録しておくことを否定するものではありません。

96 第3章 合意制度及び刑事免責制度の導入

## Q61 合意が成立しなかった場合、協議における被疑者・被告人の供述を証拠とすることはできるのですか。

**A** 協議において、検察官は、合意をするか否かや合意の内容等について判断する前提として、被疑者・被告人に対し、供述を求めることが可能ですが（Q59参照）、仮に、合意が成立しなかった場合にも検察官がその供述を自由に証拠として用いることができるとすると、被疑者・被告人としては、合意が成立に至らないかもしれないことを念頭に置いて、協議における供述を躊躇することとなりかねず、ひいては合意制度の利用自体を躊躇することとなりかねません。

そこで、協議における被疑者・被告人の供述を促進し、ひいては合意制度の機能を高めるという政策的な観点から、合意が成立しなかった場合には、被疑者・被告人が協議においてした供述は、当該被疑者・被告人との関係でも、また、第三者との関係でも、証拠とすることができないこととされています（刑事訴訟法第350条の5第2項）。

第1節　合意制度の導入　Q62　97

## Q62 合意が成立しなかった場合における証拠能力の制限の内容は、どのようなものですか。

**A** 　1　合意が成立しなかった場合における証拠能力の制限の対象とされているのは、被疑者・被告人が協議においてした供述であり、それ以外のものは対象とされていません（刑事訴訟法第350条の5第2項）。これは、協議の段階において被疑者・被告人が検察官に証拠物等を提出することは通常想定されないことなどが考慮されたものです。

　仮に、被疑者・被告人が協議において検察官に証拠物等を提出していた場合には、合意が成立しなかった場合における証拠能力の制限の対象とならないため、これを証拠とすることができることとなります。

　2　被疑者・被告人が協議において供述した場合には、これに基づき更に証拠収集が行われ得るところ、そのようないわゆる派生証拠は、合意が成立しなかった場合における証拠能力の制限の対象とはされていません。

　仮にいわゆる派生証拠を証拠能力の制限の対象とすると、検察官としては、合意が不成立に終わった場合、協議の開始後に収集された証拠を使用するためには、当該証拠が協議における供述から独立して収集されたものであることを立証することが必要となりますが、その立証は通常困難であり、結局、協議の開始後に収集した証拠は、被疑者・被告人の事件においても、第三者の刑事事件においても、事実上使用できないこととなりかねません。その結果、被疑者・被告人が協議において幅広く供述すればするほど、合意が成立しなかった場合に使用できなくなる証拠の範囲が拡大していくこととなり、例えば、組織的な犯罪等において被疑者が他の共犯者の検挙を阻止しようと考えれば、協議において共犯者の関与状況について詳細な供述をした上で、あえて合意を不成立とすることにより、裏付捜査によって得られることとなる共犯者の関与状況に関する様々な証拠を使用できないこととし、その捜査や訴追を妨げることが可能となります。そのため、検察官としては、一たび協議を開始したときは、事実上、合意をせざるを得ないこととなり、合意制度の機能が著しく損なわれることとなります。

　他方、被疑者・被告人としては、いわゆる派生証拠が証拠能力の制限の対象に含まれないとしても、協議においては、そのことを踏まえた上で、弁護

人とも相談しつつ、どこまで供述するかを考えながら供述するとの対応をとることが可能であるため、その利益が不当に害されるおそれはありません。

そこで、いわゆる派生証拠は、合意が成立しなかった場合における証拠能力の制限の対象とされていないものです。

3　刑事訴訟法第350条の5第2項においては、被疑者・被告人が協議においてした供述は、「合意が成立しなかつたときは、これを証拠とすることができない」とされており、証拠能力の制限が生じる事件の範囲は限定されていません。

したがって、合意が成立しなかった場合には、被疑者・被告人が協議においてした供述は、当該被疑者・被告人の事件においても、また、第三者の刑事事件においても、証拠とすることができないこととなります。

4　合意が成立しなかった場合における証拠能力の制限は、合意が成立しないことが確定した時点、すなわち、合意が成立しないまま協議が終了した時点から、将来に向かって生じることとなります。

例えば、検察官が、協議における被疑者・被告人の供述内容を記載した捜査報告書を疎明資料として捜索差押許可状の発付を受け、これに基づいて証拠物を差し押さえた後に、合意が成立しないことが確定した場合、捜索差押許可状の発付手続の適法性に影響が及ぶ余地はなく、これに基づいて差し押さえられた証拠物の証拠能力は否定されません。

第1節　合意制度の導入　Q63　99

## Q63 合意が成立しなかった場合における証拠能力の制限に例外はありますか。

**A** 合意が成立しなかった場合における証拠能力の制限は、Q61で述べた趣旨によるものですが、協議における被疑者・被告人の供述を促進するところにその趣旨があるとはいえ、協議の過程で虚偽の供述をして罪を犯すことまでを許容するものではない上、協議における被疑者・被告人の行為が刑法第103条（犯人蔵匿等）の罪等に当たる場合にその供述をその罪の立証に用いたとしても、それは、飽くまで、その供述をしたこと自体を証拠とするものであって、合意が成立しなかった場合における証拠能力の制限の趣旨に反するものではありません。

そこで、協議における被疑者・被告人の行為が同条の罪等に当たる場合において、これらの罪に係る事件においてその供述を用いるときは、刑事訴訟法第350条の5第2項による証拠能力の制限は生じないこととされています（同条第3項）。

この例外に該当する場合としては、例えば、

・　被疑者・被告人が、協議において、他人の身代わりとなる内容の虚偽の供述をしたことにより、刑法第103条（犯人蔵匿等）の罪に当たる場合

・　被疑者・被告人が、協議において、検察官に対し、虚偽の内容の上申書を提出したことにより、同法第104条（証拠隠滅等）の罪に当たる場合

・　被疑者・被告人が、協議において、他人に刑事処分を受けさせる目的で、虚偽の申告をしたことにより、同法第172条（虚偽告訴等）の罪に当たる場合

等が考えられます。

なお、訴訟当事者に異議がないことは、例外事由とされていないため、協議における被疑者・被告人の供述は、これを証拠とすることについて訴訟当事者に異議がない場合であっても、証拠とすることができません。これは、協議における供述の求めは、Q59で述べた趣旨によるものであり、合意が成立しなかった場合には、そもそも証拠とすることが予定されない性質のものであるためです。

## 9 検察官と司法警察員の関係

**Q64**
司法警察員が送致した事件等について、検察官がその被疑者との間で協議を開始するに当たり、司法警察員との間で事前に協議をしなければならないこととされているのは、なぜですか。

**A**　検察官が合意制度を利用するに当たり、司法警察員との間で連携を欠くようなことがあると、例えば、司法警察員が被疑者の事件について十分な捜査を遂げてその全容を解明しようとしているにもかかわらず、その解明がなされる前に検察官が不起訴合意（刑事訴訟法第350条の2第1項第2号イに係る同項の合意をいいます。以下同じです。）等をすることにより、事実上、司法警察員による捜査を遮断することとなるなど、その捜査に支障が生じることとなりかねません。

　そこで、検察官と司法警察員との連携・協調を十分なものにするという観点から、検察官は、司法警察員が送致した事件等についてその被疑者との間で協議をしようとするときは、あらかじめ、司法警察員との間で協議を行わなければならないこととされたものです（同法第350条の6第1項）。

**Q65** 検察官が被疑者との間で協議を開始するに当たり、司法警察員との事前協議が義務付けられるのは、どのような場合ですか。

　1　司法警察員との事前協議の義務付けの対象となる事件は、
① 　司法警察員が送致した事件（刑事訴訟法第246条等）
② 　司法警察員が送付した事件（同法第242条）
③ 　司法警察員が現に捜査していると検察官において認める事件
です（同法第350条の6第1項）。

　上記③にいう「司法警察員が現に捜査している」とは、検察官が被疑者との間で協議を開始しようと考えた時点において、その事件について司法警察員が実際に捜査を行っていることをいいます。検察官においてこれに当たると認める方法は、事案によって様々であると考えられますが、例えば、警察から事前に相談を受けている場合、取調べを行う被疑者や参考人から聞知する場合、報道等を契機とする場合等があり得ると考えられます。

　2　司法警察員との事前協議が義務付けられるのは、上記1①から③までの事件について、その「被疑者」との間で協議を行おうとする場合であり、その「被告人」との間で協議を行おうとする場合、すなわち、当該事件について公訴が提起された後に協議を行おうとする場合には、司法警察員との事前協議は義務付けられていません。

　これは、司法警察員との事前協議が義務付けられているのは、Q64で述べた趣旨によるものであるところ、司法警察員が送致・送付した事件等について、検察官が公訴を提起した後は、捜査機関としては、必要な証拠収集を終えているのが通常であり、当該事件について検察官が被告人との間で協議を行ったとしても、司法警察員による捜査に支障を生じることはなく、したがって、検察官と司法警察員との連携・協調に問題を生じることはないと考えられるためです。

102 第3章 合意制度及び刑事免責制度の導入

**Q66** 検察官が被疑者との間で協議を開始するに当たり司法警察員との間で行う事前協議においては、どのような事項が協議の対象となるのですか。

**A** 司法警察員との事前協議の義務付けが Q64 で述べた趣旨によるものであることからすると、この事前協議においては、それまでの捜査状況やその後の捜査の予定等を踏まえつつ、

・ 協議を開始した場合、司法警察員による捜査にどのような影響があるか
・ 合意をすることにより得ようとしている証拠について、合意をせずに捜査を進めた場合に得られる見込みがどの程度あるか
・ 協議を開始した場合、信用性のある供述が得られる見込みがどの程度あるか

といった点について協議することになると考えられます。

第1節　合意制度の導入　　Q67　　103

## Q67 検察官が協議における必要な行為を司法警察員にさせることができることとされているのは、なぜですか。

**A** 合意は、その内容として、検察官がその訴追裁量権に基づいて刑事訴訟法上の権限をどのように行使するかを定めるものであり、合意及びそれに向けた協議の権限は、検察官が有しています（同法第350条の2第1項、第350条の4）。

　もっとも、合意制度を利用して他人の刑事事件について捜査を行う場合、例えば、司法警察員が検察官に先行して当該他人の刑事事件について捜査を進めているときや、当該他人の刑事事件の規模や性質等に照らし、まずは司法警察員において捜査を行うことが適当であると考えられるときなどには、協議において被疑者・被告人に供述を求める行為等を司法警察員にさせる方が、より的確な捜査に資する場合があり得ます。

　そこで、合意制度を他人の刑事事件についての捜査に有効・的確に利用することができるようにするため、検察官は、必要と認めるときは、協議における必要な行為を司法警察員にさせることができることとされたものです（同法第350条の6第2項前段）。

第3章　合意制度及び刑事免責制度の導入

## Q68　検察官が協議において司法警察員にさせることができる行為は、どのようなものですか。

**A**　検察官が司法警察員にさせることができるのは、「協議における必要な行為」です（刑事訴訟法第350条の6第2項前段）。協議の主体は、検察官、被疑者・被告人及び弁護人の三者であるところ（同法第350条の4）、仮に、検察官が司法警察員に「協議」をさせることができる旨を規定した場合には、制度上、検察官は、協議の全てを司法警察員にさせることもできることとなり、実質的に司法警察員が協議の主体となるのと変わらないこととなるため、そのような趣旨でないことを明確にする観点から、「協議における必要な行為」をさせることができることとされたものです。

ここにいう「協議における必要な行為」としては、例示されている「前条第1項の規定により供述を求めること」のほか、例えば、

① 弁護人から、被疑者・被告人がすることのできる協力行為の内容の提示を受けること

② 被疑者・被告人に対し、検察官が提案する処分の軽減等の内容を提示すること

などが考えられます（上記②については、更にQ69を参照）。司法警察員がこれらの行為をする際、検察官は、同席してもしなくても、どちらでも構いません。

他方、合意と協議は、全く別の行為であり、ここにいう「協議における必要な行為」に合意をすることは含まれませんので、検察官は、司法警察員に合意をさせることはできません。

## Q69 検察官は、協議において、司法警察員に、検察官の提案する処分の軽減等の内容の提示もさせることができるのですか。

**A** 「協議における必要な行為」には、検察官が提案する処分の軽減等の内容を提示することも含まれますが（Q68 参照）、検察官が提案する処分の軽減等は、検察官による公訴権の行使に関連するものであり、その内容の決定を司法警察員の判断に委ねる仕組みとすることは、「公訴は、検察官がこれを行う。」と規定している刑事訴訟法第 247 条の趣旨に反することになると考えられます。

そこで、司法警察員が検察官の提案する処分の軽減等の内容を被疑者・被告人側に提示する行為については、飽くまで、検察官の権限に基づいて行うものであることを明確にするため、「検察官の個別の授権」を要することとされています（同法第 350 条の 6 第 2 項後段）。

ここにいう「個別の授権」とは、検察官が提案する処分の軽減等の内容ごとに、検察官から明示的に権限が付与されることを要するという意味であり、例えば、

- 公訴を提起しない旨を提案する場合には、その旨の提示をすることができることを
- 執行猶予付きの懲役 2 年を求刑する旨を提案する場合には、その旨の提示をすることができることを

それぞれ、検察官が司法警察員に対して明示的に授権する必要があることとなります。

なお、授権を受けた司法警察員は、協議の相手方である被疑者・被告人及び弁護人との間で、当該授権に係る行為をすることとなり得ますが、これについて被疑者・被告人又は弁護人の同意は不要であり、検察官による授権があれば足ります。

106　第3章　合意制度及び刑事免責制度の導入

## 10　合意がある被告人の事件における検察官の合意内容書面等の取調べ請求義務

**Q70**　検察官が、合意がある被告人の事件において、合意内容書面の取調べを請求しなければならないこととされているのは、なぜですか。

**A**　被告事件について検察官とその被告人との間に合意がある場合においては、

・　仮に検察官の訴訟行為が合意違反に当たる場合には、公訴棄却の判決等が必要となる一方で（刑事訴訟法第350条の13）、

・　仮に被告人が合意に違反した場合には、検察官がこれを理由として合意から離脱した上（同法第350条の10第1項第1号）、訴因変更請求等をすることがあり得る

など、合意の存在及び内容は、その被告事件の訴訟手続の進行等に関連し得るものです。

　また、そのように合意がある場合には、被告人が合意に基づいてする他人の刑事事件についての協力行為を、被告人に有利な事情として考慮することが必要となり得るところ、合意の存在及び内容は、それ自体として情状に関連し得るものであるとともに、そのような情状立証がなされ得ることを示すことにより裁判所が適切な審理計画を立てることに資するものであると考えられます。

　このように、合意の存在及び内容は、訴訟手続の進行等に関連し得るものであるとともに、情状にも関連し得るほか、裁判所による適切な審理計画の策定に資するものであって、裁判所が、合意がある被告人の事件の審判を行うに当たって十分に把握すべきものであることから、検察官に対し、合意内容書面の取調べ請求が義務付けられたものです（同法第350条の7第1項）。

第1節　合意制度の導入　Q71　107

## Q71
検察官が、合意がある被告人の事件において、合意内容書面の取調べを請求しなければならないこととなるのは、どのような場合ですか。

## A
1　刑事訴訟法第350条の7第1項により検察官に合意内容書面の取調べ請求義務が生じるのは、

① 被疑者との間でした合意がある場合において、当該合意に係る被疑者の事件について公訴を提起したとき（同項前段）、又は

② 被告事件について、公訴提起後に被告人との間で合意をしたとき（同項後段）

です。

「合意がある」（同項前段）とは、合意が存続していること、すなわち、合意が成立し、かつ、その当事者がいずれも離脱していないことを意味します。したがって、公訴提起前に合意からの離脱がなされている場合（検察官と被疑者との間で合意がなされ、いずれか一方が合意から離脱した後、公訴が提起された場合）には、検察官に合意内容書面の取調べ請求義務は生じません。

2　このように、公訴提起前に合意からの離脱がなされている場合に検察官に合意内容書面の取調べ請求義務が生じないこととされているのは、次の理由によるものです。

すなわち、検察官に合意内容書面の取調べ請求義務が課されているのは、Q70で述べた趣旨によるものですが、公訴提起前に合意からの離脱がなされた場合には、検察官は、公訴提起の段階から合意の存在を前提としないで訴訟行為をすることとなります。その結果、

・　基本的には、離脱をしたのが検察官でその離脱の適否が争われる場合を除くと、検察官の訴訟行為が合意に違反するか否かは問題とならず、合意の内容を強制的に実現するものとしての公訴棄却の判決等は必要とならない上、検察官による離脱の適否自体が問題となる場合は多くないものと考えられ、仮に被告人がこれを争うのであれば、被告人自身、合意の当事者であることから、その主張・立証を待つこととすれば足りる

・　本来の訴因で公訴が提起されることとなるため、被告人が合意に違反したことを理由として、検察官が本来の訴因に変更するために訴因変更

108 第3章 合意制度及び刑事免責制度の導入

　　請求をするといった事態は生じない
・　　検察官の設定した訴因が、合意の存在ゆえに、証拠上認められるもの
　　よりも軽減されたものとなっているという事態は生じない
と考えられます。そのため、裁判所としても、その訴訟手続の進行等に関連
して、そのような合意が存在したことやその内容を把握すべき必要性は乏し
く、少なくとも、検察官に合意内容書面の取調べの請求を義務付けて、裁判
所が常にそれを把握し得るようにするまでの必要性はないと考えられます。

　　また、同様の理由から、裁判所としては、被告人の情状に関連して、合意
が存在したこと及びその内容を把握すべき必要性もないものと考えられま
す。

　　そこで、公訴提起前に合意からの離脱がなされている場合には、検察官に
合意内容書面の取調べ請求義務が生じないこととされたものです。

第1節 合意制度の導入 Q72 109

## Q72

検察官が、合意がある被告人の事件において、合意内容書面の取調べ請求義務を負う場合、その取調べ請求はいつしなければならないのですか。

## A

合意内容書面は、「証拠として」その取調べを請求しなければならないものであり、その請求時期については、

① 被疑者との間でした合意がある場合において、当該合意に係る被疑者の事件について公訴を提起したとき（刑事訴訟法第350条の7第1項前段）、又は

② 被告事件について、公訴提起後に被告人との間で合意をしたとき（同項後段）

のいずれの場合においても、

・ 冒頭手続（同法第291条）の終了後、遅滞なく

・ ただし、事件が公判前整理手続に付された場合にあっては、その時後、遅滞なく

とされています（同法第350条の7第1項）。

したがって、その取調べの請求は、事件が公判前整理手続に付されたか否かに応じ、冒頭手続の終了時又は事件が公判前整理手続に付された時を起算点として、合理的な理由のない遅れが生じていないと判断される範囲内で、行わなければならないと考えられます。

具体的には、事件が公判前整理手続に付されなかった場合には、検察官としては、冒頭陳述（同法第296条）の終了後、最初に行う証拠調べ請求の際に、他の証拠と併せて合意内容書面の取調べ請求をすれば足りると考えられます。

事件が公判前整理手続に付された場合には、まず、検察官による証明予定事実記載書面の提出等（同法第316条の13第1項）とその証明予定事実を立証するために用いる証拠の取調べ請求（同条第2項）がなされることになるところ、合意内容書面の取調べ請求は、基本的に、その証明予定事実を立証するために用いる証拠の取調べ請求と併せてすれば足りると考えられます。

証拠調べに入った後に合意が成立した場合には、実際上、合意の成立時を起算点として判断することとなります。

第3章　合意制度及び刑事免責制度の導入

**Q73**　検察官が、合意がある被告人の事件において、合意内容書面の取調べ請求義務に基づいてその取調べ請求をした場合、裁判所は、その取調べをしなければならないのですか。

**A**　刑事訴訟法第350条の7第1項は、検察官に合意内容書面の取調べ請求義務を課すものであって、裁判所にその取調べ義務を課すものではありません。

　したがって、検察官が同項に基づいて合意内容書面の取調べを請求した場合でも、裁判所は、これを証拠としなければならないこととなるものではありません。

第1節　合意制度の導入　Q74　111

**Q74**　検察官は、合意がある被告人の事件において、合意内容書面の取調べ請求義務に基づいてその取調べ請求をする場合、その取調べ請求の時までに合意からの離脱があったときは、その離脱に関する書面の取調べも請求するのですか。

**A**　合意の存在及び内容が、訴訟手続の進行等に関連し得るものであるとともに、情状にも関連し得るほか、裁判所による適切な審理計画の策定に資するものであることからすると（Q70参照）、その合意の失効をもたらす離脱の事実及びその理由もまた、訴訟手続の進行等と情状に関連し得るなどの意義を有するものであり、裁判所が、その被告人の事件の審判を行うに当たって十分に把握すべきものと考えられます。

　そして、合意内容書面の取調べ請求は証拠調べの請求ですので、例えば、

・　合意の成立後に公訴提起がなされ、証拠調べに入るまでの間に合意からの離脱がなされた場合や

・　公訴提起後間もなく合意が成立し、証拠調べに入るまでの間に合意からの離脱がなされた場合

など、合意内容書面の取調べ請求が可能になるまでの間に離脱がなされることがあり得ます。

　そこで、検察官は、刑事訴訟法第350条の7第1項により合意内容書面の取調べを請求する場合において、既に当事者が合意から離脱しているときは、同法第350条の10第2項の書面（以下「合意離脱書面」といいます。その内容等については、Q92を参照。）の取調べも併せて請求しなければならないこととされています（同法第350条の7第2項）。

第3章　合意制度及び刑事免責制度の導入

**Q75** 検察官は、合意がある被告人の事件において、合意内容書面の取調べ請求義務に基づいてその取調べ請求をした場合、その後、合意からの離脱があったときは、その離脱に関する書面の取調べも請求するのですか。

**A** Q74で述べたとおり、合意からの離脱の事実及びその理由は、裁判所が、その被告人の事件の審判を行うに当たって十分に把握すべきものと考えられます。

そこで、検察官は、刑事訴訟法第350条の7第1項により合意内容書面の取調べを請求した後に、当事者が合意から離脱したときは、遅滞なく合意離脱書面の取調べを請求しなければならないこととされています（同条第3項）。

第1節　合意制度の導入　Q76　113

## 11　合意に基づく供述録取書等が証拠として用いられる他人の刑事被告事件における検察官の合意内容書面等の取調べ請求義務

**Q76** 検察官が、合意に基づく供述録取書等が証拠として用いられる他人の刑事被告事件において、合意内容書面の取調べを請求しなければならないこととされているのは、なぜですか。

**A** 合意に基づく供述録取書等が他人の刑事被告事件において証拠とされる場合、その供述は、自己の刑事事件についての有利な取扱いを約束された上で、これを期待してなされるものであり、そのような供述の契機・理由は、当該供述の信用性と関連し得ることとなるため、いわゆる巻込みを防止する観点から（Q38 参照）、

- ・ 当該他人及びその弁護人において、合意の存在及び内容を把握した上で反対尋問を行うなどの防御活動を行い、
- ・ その事件の審判を行う裁判所においても、合意の存在及び内容を把握した上で信用性を慎重に吟味する

ことができるようにする必要があると考えられます。

　そこで、合意に基づく供述録取書等が他人の刑事被告事件において証拠とされる場合には、検察官に対し、合意内容書面の取調べ請求が義務付けられたものです（刑事訴訟法第 350 条の 8 前段）。

114 第3章 合意制度及び刑事免責制度の導入

**Q77** 検察官が、合意に基づく供述録取書等が証拠として用いられる他人の刑事被告事件において、合意内容書面の取調べを請求しなければならないこととなるのは、どのような場合ですか。

**A** 刑事訴訟法第350条の8前段により検察官に合意内容書面の取調べ請求義務が生じるのは、「被告人以外の者の供述録取書等であつて、その者が第350条の2第1項の合意に基づいて作成したもの又は同項の合意に基づいてされた供述を録取し若しくは記録したもの」について、

・　検察官、被告人若しくは弁護人が取調べを請求し、又は

・　裁判所が職権でこれを取り調べることとした

ときです。

「供述録取書等」とは、「供述書、供述を録取した書面で供述者の署名若しくは押印のあるもの又は映像若しくは音声を記録することができる記録媒体であつて供述を記録したもの」をいい（同法第290条の3第1項）、被告人以外の者の「供述録取書等」のうち、

① その者が合意に基づいて作成したもの（供述書の場合）

② 合意に基づいてされた供述を録取したもの（署名又は押印のある供述録取書の場合）

③ 合意に基づいてされた供述を記録したもの（映像又は音声を記録することができる記録媒体の場合）

について、訴訟当事者が取調べ請求をし、又は裁判所が職権で取り調べることとしたときに、検察官に合意内容書面の取調べ請求義務が生じることとなります。

これに対し、「供述録取書等」の作成、録取又は記録の前に合意からの離脱がなされていたときは、合意内容書面の取調べ請求義務は生じません。これは、検察官に合意内容書面の取調べ請求義務が課されているのは、Q76で述べた趣旨によるものであるところ、そのように「供述録取書等」の作成、録取又は記録の前に合意からの離脱がなされている場合には、その供述は、合意に基づくものでなく、したがって、合意に基づく有利な取扱いを期待してなされるものでもないため、合意の存在及び内容が供述の信用性と関連しな

いことによるものです。

　また、検察官に合意内容書面の取調べ請求義務が生じるのは、訴訟当事者による取調べ請求又は裁判所による職権での取調べ決定の対象となる証拠が「供述録取書等」である場合であり、その対象となる証拠が証拠物である場合には、合意内容書面の取調べ請求義務は生じません。これは、Q76で述べた趣旨により検察官に合意内容書面の取調べ請求義務が課されているのは、そもそも、供述証拠は、知覚・記憶・表現というプロセスをたどるため、供述をめぐる利害関係がその内容に影響を及ぼし得るものであることが前提となっているところ（合意に基づく供述については、合意の存在及び内容が供述をめぐる利害関係を示すものとして、その供述の信用性と関連することとなります。）、証拠物の場合には、被疑者・被告人が合意に基づいて提出したものであるとしても、そのような押収経過は、基本的に証拠物の証拠価値と関連しないと考えられることによるものです。

**Q78** 検察官が、合意に基づく供述録取書等が証拠として用いられる他人の刑事被告事件において、合意内容書面の取調べ請求義務を負う場合、その取調べ請求はいつしなければならないのですか。

**A** 刑事訴訟法第350条の8前段においては、合意内容書面の取調べ請求は、合意に基づく供述録取書等について、

① 検察官、被告人若しくは弁護人が取調べを請求し、又は
② 裁判所が職権でこれを取り調べることとした

ときに、遅滞なく行わなければならないこととされています。

したがって、上記①又は②の時を起算点として、合理的な理由のない遅れが生じていないと判断される範囲内で、行わなければならないものと考えられます。

第1節　合意制度の導入　　Q79　117

**Q79**
検察官が、合意に基づく供述録取書等が証拠として用いられる他人の刑事被告事件において、合意内容書面の取調べ請求義務に基づいてその取調べ請求をした場合、裁判所は、その取調べをしなければならないのですか。

**A** 　刑事訴訟法第350条の8前段は、検察官に合意内容書面の取調べ請求義務を課すものであって、裁判所にその取調べ義務を課すものではありません。

　したがって、検察官が同条前段に基づいて合意内容書面の取調べを請求した場合でも、裁判所は、これを証拠としなければならないこととなるものではありません。

**Q80**

検察官は、合意に基づく供述録取書等が証拠として用いられる他人の刑事被告事件において、合意内容書面の取調べ請求義務に基づいてその取調べ請求をする場合、その取調べ請求の時までに合意からの離脱があったときは、その離脱に関する書面の取調べも請求するのですか。また、合意内容書面の取調べ請求義務に基づいてその取調べ請求をした後に、合意からの離脱があったときは、どうですか。

**A** 　合意に基づいて「供述録取書等」の作成、録取又は記録がなされたとしても、

・　その後、刑事訴訟法第350条の8前段による合意内容書面の取調べ請求がなされるまでの間に合意からの離脱がなされ、あるいは、

・　同条前段による合意内容書面の取調べ請求がなされた後に、合意からの離脱がなされる

ことがあり得るところ、そのような離脱の事実及びその理由もまた、合意に基づく供述の信用性と関連し得るものであり、当該供述が証拠として用いられる他人の刑事被告事件において、当該他人及びその弁護人並びに裁判所が十分に把握し得るようにする必要があると考えられます。

　そこで、検察官は、

・　同条前段により合意内容書面の取調べを請求する場合において、既に当事者が合意から離脱しているときは、合意離脱書面の取調べも併せて請求しなければならず（同法第350条の7第2項の準用）、

・　同法第350条の8前段により合意内容書面の取調べを請求した後に、当事者が合意から離脱したときは、遅滞なく合意離脱書面の取調べを請求しなければならない（同法第350条の7第3項の準用）

こととされています（同法第350条の8後段）。

　なお、「供述録取書等」の作成、録取又は記録の前に合意からの離脱がなされていた場合に合意内容書面の取調べ請求義務が生じないことについては、Q77を参照。

第1節 合意制度の導入　Q81　119

## 12 合意に基づいて証言がなされる他人の刑事被告事件における合意内容書面等の取調べ請求義務

**Q81** 検察官が、合意に基づいて証言がなされる他人の刑事被告事件において、合意内容書面の取調べを請求しなければならないこととされているのは、なぜですか。

**A** 合意に基づいて証言がなされる他人の刑事被告事件において、検察官が合意内容書面の取調べを請求しなければならないこととされている趣旨は、基本的に、合意に基づく供述録取書等が他人の刑事被告事件において証拠とされる場合に合意内容書面の取調べを請求しなければならないこととされている趣旨（Q76参照）と同様です。

すなわち、合意に基づいて証言がなされる場合、そのような証言の契機・理由は、当該証言の信用性と関連し得ることとなるため、いわゆる巻込みを防止する観点から（Q38参照）、検察官に合意内容書面の取調べ請求が義務付けられたものです（刑事訴訟法第350条の9前段）。

120　第3章　合意制度及び刑事免責制度の導入

## Q82

検察官が、合意に基づいて証言がなされる他人の刑事被告事件において、合意内容書面の取調べを請求しなければならないこととなるのは、どのような場合ですか。

## A

刑事訴訟法第350条の9前段により検察官に合意内容書面の取調べ請求義務が生じるのは、

① 検察官、被告人若しくは弁護人が証人尋問を請求し、又は

② 裁判所が職権で証人尋問を行うこととした

場合において、その証人となるべき者との間で当該証人尋問についてした合意があるときです。

　上記①又は②の時点で「合意がある」ことが要件とされており、それらの時点で既に合意からの離脱がなされているときは、合意内容書面の取調べ請求義務は生じません。これは、検察官に合意内容書面の取調べ請求義務が課されているのは、Q81で述べた趣旨によるものであるところ、証人尋問開始前に既に合意からの離脱がなされているときは、その証言は、合意に基づかずに行われるものであり、合意の存在及び内容は、当該証言の信用性と関連しないためです。

第1節 合意制度の導入 Q83 121

**Q83** 検察官が、合意に基づいて証言がなされる他人の刑事被告事件において、合意内容書面の取調べ請求義務を負う場合、その取調べ請求はいつしなければならないのですか。

**A** 刑事訴訟法第350条の9前段においては、合意内容書面の取調べ請求は、

① 検察官、被告人若しくは弁護人が証人尋問を請求し、又は

② 裁判所が職権で証人尋問を行うこととした

ときに（その証人となるべき者との間で当該証人尋問についてした合意がある場合に限ります。）、遅滞なく行わなければならないこととされています。

したがって、上記①又は②の時を起算点として、合理的な理由のない遅れが生じていないと判断される範囲内で、行わなければならないものと考えられます。

第3章　合意制度及び刑事免責制度の導入

**Q84**
検察官が、合意に基づいて証言がなされる他人の刑事被告事件において、合意内容書面の取調べ請求義務に基づいてその取調べ請求をした場合、裁判所は、その取調べをしなければならないのですか。

**A**
刑事訴訟法第350条の9前段は、同法第350条の8前段と同様、裁判所に合意内容書面の取調べ義務を課すものではありませんので、検察官が同法第350条の9前段に基づいて合意内容書面の取調べを請求した場合でも、裁判所は、これを証拠としなければならないこととなるものではありません。

第1節 合意制度の導入 Q85 **123**

**Q85** 検察官は、合意に基づいて証言がなされる他人の刑事被告事件において、合意内容書面の取調べ請求義務に基づいてその取調べ請求をする時までに合意からの離脱があったときは、その離脱に関する書面の取調べも請求するのですか。また、合意内容書面の取調べ請求義務に基づいてその取調べ請求をした後に、合意からの離脱があったときは、どうですか。

**A** 1 刑事訴訟法第350条の9前段により検察官に合意内容書面の取調べ請求義務が生じるのは、

① 検察官、被告人若しくは弁護人が証人尋問を請求し、又は

② 裁判所が職権で証人尋問を行うこととした

場合において、その証人となるべき者との間で当該証人尋問についてした合意があるときであり、上記①又は②の時点で既に合意からの離脱がなされているときは、そもそも、合意内容書面の取調べ請求義務は生じません（Q82参照）。

　そのため、この場合には、合意離脱書面の取調べ請求義務も生じません（同条後段においては、同法第350条の7第2項が準用されていません。この点で、同法第350条の8後段と異なります。同条前段の場合には、合意に基づいて「供述録取書等」の作成等がなされた後、合意内容書面の取調べ請求がなされるまでの間に、合意からの離脱がなされることがあり得ることから、そのような場合、合意内容書面の取調べ請求と併せて合意離脱書面の取調べ請求がなされるようにする必要があるのに対し、同法第350条の9前段の場合には、上記のとおり、合意内容書面の取調べ請求の時までに合意からの離脱がなされているときは、そもそも合意内容書面の取調べ請求義務が生じないという違いがあります。）。

　2 他方、刑事訴訟法第350条の9前段により合意内容書面の取調べを請求した後に、当事者が合意から離脱したときは、検察官は、遅滞なく合意離脱書面の取調べを請求しなければならないこととされています（同条後段における同法第350条の7第3項の準用）。

　その趣旨は、検察官が、合意に基づく供述録取書等が証拠として用いられる他人の刑事被告事件において、同法第350条の8前段により合意内容書面の取調べを請求した場合、その後、合意からの離脱があったときは、合意離

124 第3章 合意制度及び刑事免責制度の導入

脱書面の取調べを請求しなければならないこととされている趣旨（Q80 参照）と基本的に同様であり、合意からの離脱の事実及びその理由は、合意に基づく証言の信用性と関連し得るものであって、当該証言がなされる他人の刑事被告事件において、当該他人及びその弁護人並びに裁判所が十分に把握し得るようにする必要があると考えられるためです。

## 13　合意からの離脱等

**Q86** 一定の場合に合意からの離脱が認められているのは、なぜですか。

**A** 合意は、検察官と被疑者・被告人が、それぞれ特定の行為をすることを相互に約するものですので、仮にその一方が合意に違反してその約した行為をしなかった場合等においては、その相手方は合意を履行することを要しないこととするのが公平かつ妥当であると考えられます。

そこで、合意の当事者が合意に違反した場合等においては、その相手方は、合意から離脱することができることとされたものです（刑事訴訟法第350条の10第1項）。

126 第3章 合意制度及び刑事免責制度の導入

## Q87 合意からの離脱事由のうち、検察官と被疑者・被告人に共通して認められているのは、どのようなものですか。

**A** 合意の当事者が当該合意に違反したときは、その相手方は、合意から離脱することができることとされています（刑事訴訟法第350条の10第1項第1号）。

したがって、被疑者・被告人が合意に違反したときは検察官が、検察官が合意に違反したときは被疑者・被告人が、それぞれ合意から離脱することが可能です。

例えば、被疑者・被告人による合意違反としては、

・ 被疑者・被告人が、「他人の刑事事件について証人尋問において真実の供述をする」旨の合意をしていたにもかかわらず、その後、当該他人の刑事事件の公判において証人として尋問を受けたときに、証言を拒絶した場合

等が考えられ、検察官による合意違反としては、

・ 検察官が、「被疑者・被告人が他人の刑事事件について証人尋問において真実の供述をしたときは、当該被疑者・被告人の事件について公訴を提起しない」旨の合意をし、その後、被疑者・被告人が合意を履行したにもかかわらず、検察官が当該被疑者・被告人の事件について公訴を提起した場合

等が考えられます。

第1節　合意制度の導入　　Q88　　127

**Q88** 合意からの離脱事由のうち、被告人にのみ認められているのは、どのようなものですか。

**A** 　1　検察官に合意違反がない場合であっても、次の①から④までのいずれかに当たる場合には、被告人は、合意から離脱することができることとされています（刑事訴訟法第350条の10第1項第2号）。

①　検察官が同法第350条の2第1項第2号ニに係る同項の合意に基づいて訴因又は罰条の追加、撤回又は変更を請求した場合において、裁判所がこれを許さなかったとき（同法第350条の10第1項第2号イ）。

②　検察官が求刑合意に基づいて同法第293条第1項による意見の陳述において被告人に特定の刑を科すべき旨の意見を陳述した事件について、裁判所がその刑より重い刑の言渡しをしたとき（同号ロ）。

③　検察官が即決裁判申立て合意に基づいて即決裁判手続の申立てをした事件について、裁判所がこれを却下する決定（同法第350条の22第3号又は第4号に掲げる場合に該当することを理由とするものに限ります。）をし、又は同法第350条の25第1項第3号若しくは第4号に該当すること（同号については、被告人が起訴状に記載された訴因について有罪である旨の陳述と相反するか又は実質的に異なった供述をしたことにより同号に該当する場合を除きます。）となったことを理由として同法第350条の22の決定を取り消したとき（同法第350条の10第1項第2号ハ）。

④　検察官が略式命令請求合意に基づいて略式命令の請求をした事件について、裁判所が同法第463条第1項若しくは第2項により通常の規定に従い審判をすることとし、又は検察官が同法第465条第1項により正式裁判の請求をしたとき（同号ニ）。

2　上記1①は、検察官が合意に基づいて訴因変更請求等を行ったものの、裁判所がこれを許さなかった場合です。裁判所が許さなかった理由は問いません。

上記1②は、裁判所が合意に基づく検察官の求刑よりも重い刑を言い渡した場合です。裁判所の言い渡した刑が検察官の求刑よりも重いか否かは、控訴審における不利益変更の禁止について規定する刑事訴訟法第402条と同様の考え方により判断すべきものと考えられます。

128　第3章　合意制度及び刑事免責制度の導入

　上記1③は、検察官が合意に基づいて即決裁判手続の申立てをしたものの、裁判所が、一定の理由によりこれを却下する決定をし、又は即決裁判手続により審判を行う旨の決定を一定の理由により取り消した場合です。却下決定については、同法第350条の22第3号又は第4号に掲げる場合、すなわち、

- 　同条第1号及び第2号に掲げるもののほか、当該事件が即決裁判手続によることができないものであると認めるとき（同条第3号）
- 　当該事件が即決裁判手続によることが相当でないものであると認めるとき（同条第4号）

に該当することを理由として却下決定がなされた場合に限られています。また、取消し決定については、同法第350条の25第1項第3号又は第4号に該当すること、すなわち、

- 　同項第1号及び第2号に掲げるもののほか、当該事件が即決裁判手続によることができないものであると認めるとき（同項第3号）。
- 　当該事件が即決裁判手続によることが相当でないものであると認めるとき（同項第4号）。

に該当すること（同号については、被告人が起訴状に記載された訴因について有罪である旨の陳述と相反するか又は実質的に異なった供述をしたことにより同号に該当する場合を除きます。）となったことを理由として取消し決定がなされた場合に限られています。

　上記1④は、検察官が合意に基づいて略式命令請求をした事件について、裁判所が通常の規定に従い審判をすることとし、又は検察官が正式裁判の請求をした場合です。裁判所が通常の規定に従い審判をすることとし、又は検察官が正式裁判の請求をした理由は問いません。

　上記1①から④までの場合には、実質的には、被告人が合意によって実現しようとしたところが実現されておらず、また、そのことについて、見込み違いが生じたという意味で検察官に一定の帰責性を認め得ることに鑑み、実質的な公平性の観点から、被告人に固有の離脱事由が認められたものです。

第1節　合意制度の導入　Q89　129

## Q89　合意からの離脱事由のうち、検察官にのみ認められているのは、どのようなものですか。

**A**　1　被疑者・被告人に合意違反がない場合であっても、次の①又は②に当たる場合には、検察官は、合意から離脱することができることとされています（刑事訴訟法第350条の10第1項第3号）。

①　被疑者・被告人が協議においてした他人の刑事事件についての供述の内容が真実でないことが明らかになったとき（同号イ）。

②　同項第1号に掲げるもののほか、被疑者・被告人が合意に基づいてした供述の内容が真実でないこと又は被疑者・被告人が合意に基づいて提出した証拠が偽造若しくは変造されたものであることが明らかになったとき（同項第3号ロ）。

2　上記1①は、協議における他人の刑事事件についての被疑者・被告人の供述内容が真実でないことが明らかになった場合です。また、上記1②は、合意に基づく被疑者・被告人の供述内容が真実でないこと又は合意に基づき被疑者・被告人が提出した証拠が偽造若しくは変造であることが明らかになった場合です。

上記1①及び②にいう「真実でない」とは、いずれも、客観的な事実に反することを意味します。刑事訴訟法第350条の10第1項第1号は、合意違反の場合について規定しており、被疑者・被告人が自己の記憶に反する供述をした場合には、同号に該当することになるところ、上記1②について規定する同項第3号ロは、その冒頭において「第1号に掲げるもののほか」と規定して、同号とは別の場合であることを明記していることから、上記1②における「真実でない」とは、供述内容が自己の記憶に従ったものであることが前提であり、客観的な事実に反することを意味します。上記1①についても、これと同じ意味で「真実でない」との文言が用いられているものであり、客観的な事実に反することを意味します。

なお、論理的には、合意をした被疑者・被告人が自己の記憶に反する供述をしたものの、その内容がたまたま客観的な事実と符合していたという場合があり得ますが、その場合、当該被疑者・被告人は、合意を履行していないのであって、そのような供述をしたことを被疑者・被告人に有利な事情とし

て考慮するのは相当でなく、検察官による処分の軽減等の合理的な根拠とはならないと考えられます。したがって、同項第3号ロの離脱事由が認められているからといって同項第1号の離脱事由を規定する意義が否定されるものではありません。

3　上記1①及び②の場合には、実質的には、検察官が合意によって実現しようとしたところが実現されておらず、また、そのことについて、客観的に真実と異なる証拠を提供したなどの意味において被疑者・被告人に一定の帰責性を認め得ることに鑑み、実質的な公平性の観点から、検察官に固有の離脱事由が認められたものです。

　上記1①の離脱事由が認められている理由について付言すると、被疑者・被告人が協議において客観的な事実に反する供述をした上で、これを前提として検察官との間で「取調べにおいて真実の供述をする」旨の合意がなされた場合、被疑者・被告人は、合意に基づき、その誤った供述を前提とした場合に認定され得る他人の刑事事件について、自己の記憶に従った供述をすべきこととなり得ますが、その場合に、合意後に至って、被疑者・被告人が従前の供述を撤回し、その時点における自己の記憶に従って新たな供述をしたときは、自己の記憶に従った供述である以上、合意違反とはならず、検察官としては、その内容が客観的な事実に反するものでない限り、上記1②により離脱することもできないこととなります。つまり、検察官としては、合意の前提となる協議における被疑者・被告人の供述が誤っていたために、合意に基づいて得ようとした供述が得られないにもかかわらず、合意に基づいて処分の軽減等を行わざるを得ないこととなるのであり、実質的な公平性の観点からは、検察官の離脱事由とすることが相当であると考えられます。そこで、上記1①において、協議における他人の刑事事件についての被疑者・被告人の供述内容が「真実でない」ことが明らかとなったときは、検察官は、合意から離脱できることとされたものです。

## Q90　合意からの離脱は、どのような効果を生じるのですか。

**A** 　1　合意からの離脱（刑事訴訟法第 350 条の 10 第 1 項）がなされることにより、離脱をした当事者も、また、その相手方も、以後、合意を履行することを要しないこととなり、離脱後に合意内容と異なる行為をしても、合意違反とはならないこととなります。

　例えば、被疑者・被告人が合意に違反したことを理由として、検察官が合意から離脱した場合（同項第 1 号）、仮に合意に基づく検察官の義務が未履行であれば、その履行義務を負わないこととなります。

　また、既に履行済みの部分についても、その処分等を変更することが可能となり得ます。例えば、検察官が不起訴合意に基づいて不起訴処分をしていた場合には、その合意から離脱することにより、事件を再起した上、起訴することができることとなり得ます。

　他方で、合意の当事者が、離脱事由が存しないにもかかわらず、離脱の告知をした上で合意の内容に反する行為をした場合には、その離脱は適法でなく、当該行為は合意違反となります。

　2　上記 1 のとおり、離脱は、将来に向かって効力を生じるものであり、離脱前になされた訴訟行為の効力等に影響を及ぼすものではありません。

　したがって、例えば、合意に基づいて供述調書の作成や証人尋問が行われた場合には、その後、合意からの離脱がなされたとしても、既に作成された供述調書やなされた証言の証拠能力には影響しません。

132　第3章　合意制度及び刑事免責制度の導入

**Q91**　合意からの離脱事由がある場合に、合意から離脱するか否かについて、合意の当事者間で意見交換等をすることもできるのですか。

**A**　合意の当事者は、離脱事由がある場合に離脱しなければならないものではなく、離脱しないことも可能であり、また、離脱するか否かについて、合意の当事者間で意見交換等を行うことも可能です。

　例えば、被告人の離脱事由（刑事訴訟法第350条の10第1項第2号）について見ると、

- 裁判所が合意に基づく検察官の求刑よりも重い刑を言い渡した場合、被告人は、合意から離脱することができるものの（同号ロ）、その量刑は、控訴をすれば変更される可能性がある
- 検察官が合意に基づき即決裁判手続の申立てをしたものの、裁判所が一定の理由によりこれを却下する決定をするなどした場合、被告人は、合意から離脱することができるものの（同号ハ）、正式裁判手続においても、なお、懲役・禁錮の言渡しがなされる際にその刑の全部の執行猶予の言渡しがなされる可能性がある

など、離脱事由がある場合においても、被告人が合意によって実現しようとしたところが実現される可能性はあるところ、そのことを踏まえて相互にどのような対応をするかについて意見交換等を行うことが否定されるものではありません。

第1節　合意制度の導入　Q92　133

## Q92　合意からの離脱は、どのようにして行うのですか。

**A** 　1　合意の当事者の一方が当該合意から離脱した場合には、それ以降、合意の当事者双方が合意の履行義務を負わないこととなるため（Q90参照）、合意からの離脱があったか否かは、手続上明確にしておく必要性が高いと考えられます。また、合意からの離脱は、相手方の合意違反等を理由とするものであり、その内容いかんによっては、相手方としてもこれを争うことを考える場合があり得ます。

　そこで、離脱の事実及びその理由を手続上明確にしておく観点から、合意からの離脱は、その理由を記載した書面により、相手方に対し、合意から離脱する旨の告知をして行うこととされています（刑事訴訟法第350条の10第2項）。

　2　この合意離脱書面における「理由」の記載としては、その離脱が、

- 　刑事訴訟法第350条の10第1項各号のいずれによるものであるか
- 　同項第2号によるものである場合には、同号イからニまでのいずれによるものであるか
- 　同項第3号によるものである場合には、同号イ又はロのいずれによるものであるか

を特定することが必要であり、かつ、それをもって足りると考えられます。

　離脱の告知の「相手方」とは、検察官が合意から離脱する場合には被疑者・被告人を、被疑者・被告人が合意から離脱する場合には検察官を、それぞれ意味します。

　弁護人は、合意の主体となるものではありませんので（Q41参照）、同条第2項にいう「相手方」に当たりませんが、被疑者・被告人が、同項の告知を受ける権限を弁護人に授権しているときは、検察官は、弁護人に対して同項の告知をすることができると考えられます。

　なお、合意からの離脱については、弁護人の同意は不要です。

134 第3章 合意制度及び刑事免責制度の導入

## Q93 合意の当事者がその意思の合致により合意の内容を変更したり、合意を終了させたりすることは、可能ですか。

**A** 合意の当事者がその意思の合致により当該合意の内容を変更することができるか否かについては、明文の規定は置かれていませんが、合意の当事者がいずれも合意の内容を変更することを望んでいる場合に、これを従前のまま存続させる実益はない上、刑事訴訟法第350条の10は、合意からの離脱という、合意の当事者の一方の意思表示のみにより合意を終了させる行為について規定するものであって、その双方の意思の合致により合意の内容を変更することを否定する趣旨を含むものではありませんので、合意の当事者は、その意思の合致により合意の内容を変更することができると考えられます。

合意の当事者の意思の合致による合意の終了についても、これと同様に可能であると考えられます。

## 14 検察審査会の議決による不起訴合意の失効

**Q94** 検察官が不起訴合意に基づいて不起訴処分をした事件について、検察審査会が不起訴不当の議決等をした場合に、当該不起訴合意が失効することとされているのは、なぜですか。

**A** 検察官が不起訴合意に基づいて不起訴処分をした場合でも、その後、検察審査会により、起訴相当議決（検察審査会法第39条の5第1項第1号）又は不起訴不当議決（同項第2号）がなされることがあり得ます。この場合、検察官としては、検察審査会の議決を参考にして、公訴を提起するか否かを判断すべき法律上の義務を負う一方で（同法第41条第1項・第2項）、合意に基づく義務として、引き続き、公訴を提起しない義務も負うこととなり、相反する義務を同時に負うこととなるところ、「公訴権の実行に関し民意を反映させてその適正を図る」という同法の趣旨（同法第1条）を全うするためには、検察官が、合意の履行義務から離れて、改めて、公訴を提起するか否かを判断できるようにする必要があると考えられます。

また、事案によっては、検察官が不起訴処分をした場合に、検察審査会により起訴相当議決がなされ、その後、検察官がその被疑者との間で不起訴合意をし、再度、不起訴処分をしたものの、起訴議決（同法第41条の6第1項）がなされることがあり得ます。この場合、指定弁護士は、検察官の職務を行うこととなり（同法第41条の9第3項）、検察官は、これに協力すべき立場に置かれることになりますが、仮に、指定弁護士が検察官のした不起訴合意に拘束されるとすると、同法によって求められている職務を果たすことができないこととなり、また、検察官としては、このように、公訴を提起する方向で行われる指定弁護士の職務に協力すべき立場に置かれる一方で、合意に基づく義務として、引き続き、公訴を提起しない義務も負うこととなるところ、同法の趣旨を全うするためには、指定弁護士も検察官も、合意の履行義務から離れて、同法の規定にのっとり判断することができるようにする必要があると考えられます。

そこで、検察審査会により起訴相当議決若しくは不起訴不当議決又は起訴議決がなされたときは、不起訴合意は当然に失効することとされたものです（刑事訴訟法第350条の11）。

136　第3章　合意制度及び刑事免責制度の導入

**Q95**
検察審査会の議決により不起訴合意が失効した場合、協議における被疑者・被告人の供述等を証拠とすることはできるのですか。

**A**
検察官が不起訴合意に基づいて不起訴処分をした事件について、検察審査会による起訴相当議決若しくは不起訴不当議決又は起訴議決（検察審査会法第39条の5第1項第1号・第2号、第41条の6第1項）がなされた場合には、当該不起訴合意は失効するため（刑事訴訟法第350条の11）、不起訴合意をしていた被疑者は、起訴され得ることとなります。

　しかし、当該被疑者としては、自己が合意を履行する限り、当該不起訴合意に係る自己の事件では起訴されないことを検察官から約束されていたのであり、既に当該不起訴合意に基づいて他人の刑事事件について供述等をしているとすれば、その供述等をした時点では、その中に当該不起訴合意に係る自己の事件の証拠となるものが含まれているとしても、それが当該自己の事件で用いられることはないと考えていたものであって、それにもかかわらず、この場合に、公訴提起後に当該被告人の刑事事件でその証拠を用いることができるとするのは、実質的に見て公平性を欠くことになると考えられます。

　そこで、この場合には、
　①　被告人が協議においてした供述
　②　合意に基づいてした被告人の行為により得られた証拠
　③　上記①又は②の証拠に基づいて得られた証拠
は、当該被告人の刑事事件において、これらを証拠とすることができないこととされています（同法第350条の12第1項）。

## Q96 検察審査会の議決により不起訴合意が失効した場合における証拠能力の制限の内容は、どのようなものですか。

　1　検察審査会の議決により不起訴合意が失効した場合における証拠能力の制限の対象とされているのは、
① 被告人が協議においてした供述
② 合意に基づいてした被告人の行為により得られた証拠
③ 上記①又は②の証拠に基づいて得られた証拠
です（刑事訴訟法第350条の12第1項）。

上記①は、協議における「供述」に限られます。その趣旨等については、Q62を参照。

上記②は、合意の内容とされている被告人の行為が直接の原因となって収集された証拠を指すものであり、いわゆる第一次的証拠を指します。証拠の種類は問いません。例えば、被告人が特定の証拠を提出することが合意の内容とされ、被告人が当該合意に基づいて当該証拠を提出した場合、提出された当該証拠は、上記②に当たります。

上記③は、上記①又は②の証拠に基づいて得られたいわゆる派生証拠を指すものです。これについても、証拠の種類は問いません。同項における「基づいて得られた」とは、直接的な原因関係がある場合に限られるものではありませんので、例えば、被告人が合意に基づき取調べにおいて供述をした場合において（この供述は上記②に当たります。）、この供述に基づいて他の証拠が収集され（この証拠は上記③に当たります。）、その後、当該他の証拠に基づいて更に別の証拠が収集されたときは、これもまた、上記②の証拠に基づいて得られた証拠（上記③）に当たり得ます。

このように、いわゆる派生証拠も対象とされているのは、不起訴合意の場合には、被疑者としては、自己の義務を履行する限り、当該不起訴合意に係る自己の事件では起訴されないことを検察官から約束されていたものであり（Q95参照）、いわゆる派生証拠であっても、これを当該事件において用いることができるとするのは、実質的に見て公平性を欠くことになると考えられるためです。

2　刑事訴訟法第350条の12第1項においては、検察審査会の議決によ

り不起訴合意が失効した場合には、上記1①から③までの証拠は、「当該被告人の刑事事件において」証拠とすることができないこととされています。

　ここにいう「当該被告人の刑事事件」とは、「当該議決に係る事件について公訴が提起されたとき」に存在するに至るその被告事件を指すものであり、不起訴合意の対象とされている被告人の事件を指します。

　そのため、まず、不起訴合意をした被告人以外の者の事件においては、同項による証拠能力の制限は生じません。これは、そのような第三者との関係では、Q95で述べた趣旨が及ばないためです。

　また、不起訴合意をした被告人の事件であっても、不起訴合意の対象とされていないものにおいては、同項による証拠能力の制限は生じません。同項による証拠能力の制限の趣旨は、不起訴合意の場合、被疑者としては、自己の義務を履行する限り、当該不起訴合意に係る自己の事件では起訴されないことを検察官から約束されていたものであることに鑑み、実質的な公平性を確保しようとする点にあるところ（Q95参照）、被告人の事件であっても、不起訴合意の対象とされていないものについては、このような趣旨は及ばないためです。

## Q97
検察審査会の議決により不起訴合意が失効した場合における証拠能力の制限に例外はありますか。

**A** 1　検察審査会の議決により不起訴合意が失効した場合における証拠能力の制限（刑事訴訟法第350条の12第1項）については、同条第2項各号において、その例外事由が規定されています。

2　刑事訴訟法第350条の12第2項第1号においては、次の①から③までが例外事由とされています。

① 検察審査会の議決前に被告人がした行為が合意に違反するものであったことが明らかになったとき（「前条に規定する議決の前に被告人がした行為が、当該合意に違反するものであつたことが明らかにな……つたとき」）。

② 検察審査会の議決前に被告人が協議においてした他人の刑事事件についての供述の内容が真実でないことが明らかになったとき（「前条に規定する議決の前に被告人がした行為が、……第350条の10第1項第3号イ……に掲げる事由に該当することとなつたとき」）。

③ 検察審査会の議決前に被告人が合意に基づいてした供述の内容が真実でないこと又は当該議決前に被告人が合意に基づいて提出した証拠が偽造若しくは変造されたものであることが明らかになったとき（「前条に規定する議決の前に被告人がした行為が、……第350条の10第1項第3号……ロに掲げる事由に該当することとなつたとき」）。

これらが同法第350条の12第1項による証拠能力の制限の例外事由とされているのは、次の理由によるものです。すなわち、検察審査会の議決により合意が失効する前に被告人が合意に違反した場合など、合意の失効前に既に検察官の離脱事由（同法第350条の10第1項第1号・第3号）が生じていた場合、仮にそのことが検察審査会の議決前に発覚していれば、検察官としては合意から離脱することができたのであって、その場合には、その後、検察審査会の議決がなされたとしても、同法第350条の12第1項による証拠能力の制限は生じなかったにもかかわらず、その発覚が検察審査会の議決後となったために同項による証拠能力の制限が生じるというのは、相当でないと考えられます。そこで、検察審査会の議決前に検察官の離脱事由が生じ、それが当該議決後に判明したときは、同項による証拠能力の制限が生じないよ

うにするため、上記①から③までがその例外事由とされたものです。

　3　次に、刑事訴訟法第350条の12第2項第2号においては、被告人が合意に基づくものとしてした行為又は協議においてした行為が次の①から③までの罪のいずれかに当たる場合に、これらの罪に係る事件において証拠として用いるときが、同条第1項による証拠能力の制限の例外事由として規定されています。

①　同法第350条の15第1項の罪

②　刑法第103条、第104条、第169条又は第172条の罪

③　組織的犯罪処罰法第7条第1項第1号又は第2号に掲げる者に係る同条の罪

　刑事訴訟法第350条の12第2項第2号に掲げる事由が同条第1項による証拠能力の制限の例外事由として規定されているのは、次の理由によるものです。すなわち、同項による証拠能力の制限は、**Q95**で述べた趣旨によるものであるところ、被告人が合意に基づくものとしてした行為等が上記①から③までの罪のいずれかに当たる場合には、その供述をその罪の立証に用いることが必要となり得る一方、それは、その供述をしたこと自体を証拠とするものである上、そもそも、不起訴合意には、そのようにして犯した罪についてまで処罰をしないという趣旨は含まれていないため、その供述をその罪の立証に用いたとしても、実質的な公平性を欠くものではないと考えられます。そこで、同条第2項第2号に掲げる事由が同条第1項による証拠能力の制限の例外事由として規定されているものです。

　同号に該当する場合としては、例えば、

・　被告人が、合意に違反して、取調べにおいて虚偽の供述をしたことにより、同法第350条の15第1項の罪に当たる場合

・　被告人が、協議において、他人の身代わりとなる内容の虚偽の供述をしたことにより、刑法第103条（犯人蔵匿等）の罪に当たる場合

・　被告人が、協議において、検察官に対し、虚偽の内容の上申書を提出したことにより、同法第104条（証拠隠滅等）の罪に当たる場合

・　被告人が、合意に違反して、他人の刑事事件において証人として尋問を受けた際に偽証をしたことにより、同法第169条（偽証）の罪に当たる場合

等が考えられます。

4　刑事訴訟法第 350 条の 12 第 2 項第 3 号においては、証拠とすることについて被告人に異議がないときが同条第 1 項による証拠能力の制限の例外事由とされています。

同条第 1 項による証拠能力の制限は、**Q95** で述べた趣旨によるものですので、その利益を保護すべき被告人本人に異議がない場合にまで適用する必要はないと考えられます。そこで、被告人に異議がないときは、同項による証拠能力の制限を適用しないこととされたものです。

142　第3章　合意制度及び刑事免責制度の導入

## 15　検察官による合意違反

**Q98**　検察官が合意に違反して公訴を提起・維持したときは、どうなるのですか。

**A**　1　裁判所は、次の①から⑥までの場合には、判決で当該公訴を棄却しなければならないこととされています（刑事訴訟法第350条の13第1項）。これは、このような場合における公訴権の行使には合意違反という瑕疵があることになるところ、これを理由としてその公訴権行使の効力を否定することにより、検察官による合意の履行を確保して、合意の実効性を担保しようとするものです。

①　検察官が、不起訴合意に違反して、公訴を提起したとき

②　検察官が、同法第350条の2第1項第2号ロに係る同項の合意に違反して、公訴を取り消さなかったとき

③　検察官が、同号ハに係る同項の合意（特定の訴因及び罰条により公訴を提起する旨のものに限ります。）に違反して、異なる訴因及び罰条により公訴を提起したとき

④　検察官が、同号ニに係る同項の合意に違反して、
・　訴因若しくは罰条の追加、撤回若しくは変更を請求することなく、又は
・　異なる訴因若しくは罰条の追加若しくは撤回を請求して、若しくは異なる訴因若しくは罰条への変更を請求して
公訴を維持したとき

⑤　検察官が、即決裁判申立て合意に違反して、即決裁判手続の申立てを同時にすることなく公訴を提起したとき

⑥　検察官が、略式命令請求合意に違反して、略式命令の請求を同時にすることなく公訴を提起したとき

　他方で、検察官が求刑合意に違反して求刑をした場合については、公訴棄却の判決は義務付けられていません。これは、検察官は、被告人との間に合意がある場合には、合意内容書面の取調べを請求しなければならないため（同法第350条の7第1項）、裁判所としては、合意内容書面により、検察官が合意に基づいてすべき求刑の内容を把握することが可能であり、仮に合意に違反

した求刑が行われたとしても、合意に基づいてなされるべき求刑の内容を把握した上で量刑を行うことができる以上、公訴を棄却しなければならないこととするまでの必要はないと考えられることによるものです。

2　裁判所が、検察官に合意違反があったとして、刑事訴訟法第350条の13第1項により公訴棄却の判決をした場合には、公訴棄却判決の内容的確定力により、判決前と同じ状態での再起訴、すなわち、合意に違反する態様での再起訴は許されず、合意に適合する態様での再起訴のみが許されることとなると考えられます。

第3章 合意制度及び刑事免責制度の導入

## Q99 検察官が合意に違反して訴因変更請求等をしたときは、どうなるのですか。

**A** 裁判所は、検察官の請求があるときは、公訴事実の同一性を害しない限度において、訴因又は罰条の追加、撤回又は変更を許さなければならないこととされていますが（刑事訴訟法第312条第1項）、検察官が、同法第350条の2第1項第2号ハに係る同項の合意（特定の訴因及び罰条により公訴を維持する旨のものに限ります。）に違反して、訴因又は罰条の追加又は変更を請求したときは、同法第312条第1項にかかわらず、これを許してはならないこととされています（同法第350条の13第2項）。その趣旨は、基本的に同条第1項と同様です。

第1節　合意制度の導入　Q100　145

## Q100　検察官が合意に違反した場合、協議における被疑者・被告人の供述等を証拠とすることはできるのですか。

**A**　検察官が合意に違反した場合には、公訴棄却の判決等がなされることとなりますので（刑事訴訟法第350条の13）、合意に違反する形での公訴権の行使は、その限りで防止されることとなりますが、さらに、これに加えて、検察官による合意の履行を確保し、ひいては合意の実効性を十分に担保するという政策的な観点から、検察官が合意に違反した場合には、

①　被告人が協議においてした供述

②　合意に基づいてした被告人の行為により得られた証拠

は、当該被告人との関係でも、また、第三者との関係でも、証拠とすることができないこととされています（同法第350条の14第1項）。

146　第3章　合意制度及び刑事免責制度の導入

## Q101 検察官が合意に違反した場合における証拠能力の制限の内容は、どのようなものですか。

**A**　1　検察官が合意に違反した場合における証拠能力の制限の対象とされているのは、

① 被告人が協議においてした供述
② 合意に基づいてした被告人の行為により得られた証拠

です（刑事訴訟法第350条の14第1項）。これらの意義等については、Q96を参照。

　ここでは、上記①又は②の証拠に基づいて得られたいわゆる派生証拠は、証拠能力の制限の対象とされていません。検察官が合意に違反した場合には、公訴棄却の判決等がなされることとされているため（同法第350条の13）、検察官があえて合意に違反することは考え難いところですが、同法第350条の14第1項による証拠能力の制限は、その上で、なお念のため、検察官による合意の履行を確保するという政策的な観点から規定されているものであり、いわゆる派生証拠をその対象とするまでの必要はないと考えられます。そこで、いわゆる派生証拠は、同項による証拠能力の制限の対象とされていないものです。

　2　刑事訴訟法第350条の14第1項においては、上記1①及び②の証拠は、「検察官が第350条の2第1項の合意に違反したときは」、「これらを証拠とすることができない」とされており、証拠能力の制限が生じる事件の範囲は限定されていません。

　したがって、検察官が合意に違反した場合には、上記1①及び②の証拠は、当該合意の相手方である被告人の事件においても、また、第三者の刑事事件においても、証拠とすることができないこととなります。

　このように、証拠能力の制限が生じる事件の範囲が限定されていないのは、次の理由によるものです。すなわち、同法第350条の14第1項による証拠能力の制限は、Q100で述べた趣旨によるものであるところ、検察官が合意をするのは、それにより他人の刑事事件についての証拠を収集するためであることからすると、検察官による合意の履行を確保するためには、検察官に合意違反があった場合には他人の刑事事件における証拠の使用を禁止すること

が、必要かつ効果的であると考えられます。また、合意に基づく被告人の供述は、当該被告人自身の事件に関する内容も含み得ますので、検察官が合意に違反した場合に、その供述を当該被告人自身の事件で証拠とすることができることとするのもまた相当でないと考えられます。そこで、同項においては、証拠能力の制限が生じる事件の範囲が限定されていないものです。

　3　刑事訴訟法第350条の14第1項による証拠能力の制限は、検察官が合意に違反した時点から将来に向かって生じます。

148　第3章　合意制度及び刑事免責制度の導入

## Q102 検察官が合意に違反した場合における証拠能力の制限に例外はありますか。

**A** 　1　検察官が合意に違反した場合における証拠能力の制限（刑事訴訟法第350条の14第1項）については、同条第2項各号において、その例外事由が規定されています。その内容は、

①　合意をした被告人の刑事事件の証拠とすることについて、当該被告人に異議がない場合

②　当該被告人以外の者の刑事事件の証拠とすることについて、その者に異議がない場合

です。

　同条第1項による証拠能力の制限は、Q100で述べた趣旨によるものであり、合意の相手方である被告人や他人の権利利益を保護するためのものではありませんが、一般に、合意に基づいて得られた証拠が使用される場合には、その事件の被告人にとって不利益な証拠となることが多いと考えられるところ、その合意に基づいて得られた証拠が使用されることとなる事件の被告人において、その使用について異議がないのであれば、あえてその証拠能力を否定するまでの必要はなく、また、同項による証拠能力の制限の趣旨を損なうものでもないと考えられます。そこで、検察官に合意違反があった場合でも、その合意に基づいて得られた証拠が使用されることとなる事件の被告人に異議がないときは、同項による証拠能力の制限は生じないこととされたものです。

　このように、同条第2項が適用されるのは、当該証拠が用いられる事件の被告人に異議がない場合です。検察官に合意違反があった場合において、当該合意に基づいて得られた証拠を、当該合意をした被告人以外の者の刑事事件の証拠とすることについて、その者に異議があるときは、当該合意をした被告人自身がその合意違反を問題としているか否かを問わず、同項は適用されないため、同条第1項による証拠能力の制限が生じることとなります。他方で、当該合意をした被告人自身がその合意違反を問題としていたとしても、当該合意に基づいて得られた証拠を、当該合意をした被告人以外の者の刑事事件の証拠とすることについて、その者に異議がないときは、同条第2項が

適用され、同条第1項による証拠能力の制限は生じないこととなります。

　2　なお、被告人が合意に基づくものとしてした行為が刑法第103条の罪等に当たることは、刑事訴訟法第350条の14第1項による証拠能力の制限の例外事由とされていませんので、そのような場合であっても、検察官に合意違反がある以上、同項により証拠能力が制限されることとなります。これは、同項による証拠能力の制限は、Q100で述べた趣旨によるものであって、合意違反に対する一種の制裁として機能するものであることに鑑みると、仮に、被告人が合意に基づくものとしてした行為が刑法第103条の罪等に当たるとしても、検察官の一方的な判断によっては、その合意に基づく証拠を用いることはできないこととするのが相当であると考えられるためです。

150 第3章 合意制度及び刑事免責制度の導入

## 16 合意をした被疑者・被告人の虚偽供述等の罪

**Q103** 合意をした被疑者・被告人の虚偽供述等の罪が新設されたのは、なぜですか。

**A** 合意をした被疑者・被告人は、当該合意に基づいて、他人の刑事事件について、真実の供述をし、あるいは証拠を提出する義務を負いますが、それにもかかわらず、合意に違反して、他人の刑事事件について、虚偽の供述をしたり、偽造・変造の証拠を提出するようなことがあると、合意制度の適正な運用が阻害されることとなります。

従来から、宣誓をした上で証人として虚偽の陳述をする行為は、偽証罪による処罰の対象とされていますが（刑法第169条）、捜査機関に対して虚偽の供述をする行為は、一般的に処罰の対象とされているわけではない上、犯人隠避罪（同法第103条）に当たる場合においても、その法定刑は、3年以下の懲役又は30万円以下の罰金であり、必ずしも十分とはいえません。また、捜査機関に対して偽造・変造の証拠を提出する行為は、証拠隠滅罪（同法第104条）に当たり得ますが、その法定刑も3年以下の懲役又は30万円以下の罰金であり、上記同様、必ずしも十分とはいえません。

そこで、このように、従来の罰則では処罰の対象とならず、あるいは、処罰が十分でないと考えられる、合意をした被疑者・被告人が合意に違反して捜査機関に対し虚偽の供述をする行為等を防止して、合意に基づいて提供される証拠の信用性・真正性を確保し、合意制度の適正な運用を担保するため、合意に違反して、捜査機関に対し、虚偽の供述をし又は偽造・変造の証拠を提出した者は、5年以下の懲役に処することとされたものです（刑事訴訟法第350条の15第1項）。

## Q104 合意をした被疑者・被告人の虚偽供述等の罪の構成要件は、どのようなものですか。

**A** 合意をした被疑者・被告人の虚偽供述等の罪の構成要件は、

① 刑事訴訟法第350条の2第1項の合意に違反して、

② 検察官、検察事務官又は司法警察職員に対し、虚偽の供述をし、又は偽造若しくは変造の証拠を提出した

ことです（同法第350条の15第1項）。

同項における「虚偽」とは、刑法第169条（偽証）と同様、自己の記憶に反することをいいます。また、同項における「偽造」及び「変造」の意義は、同法第104条（証拠隠滅等）と同じです。

上記①の「合意に違反して」とは、上記②の行為が合意に違反するものであることを意味します。具体的には、例えば、「他人の刑事事件について、検察官、検察事務官又は司法警察職員の取調べに際して真実の供述をすること」（刑事訴訟法第350条の2第1項第1号イ）を内容とする合意がある場合において、当該他人の刑事事件について、検察官の取調べに際して虚偽の供述をした場合等がこれに当たります。

なお、合意をした被疑者・被告人の虚偽供述等の罪が処罰の対象とするのは、合意後になされた行為であり、協議における行為は、その対象となりません。

152　第3章　合意制度及び刑事免責制度の導入

## Q105　合意をした被疑者・被告人の虚偽供述等の罪の法定刑は、どのようなものですか。

**A**　合意をした被疑者・被告人の虚偽供述等の罪の法定刑は、5年以下の懲役です（刑事訴訟法第350条の15第1項）。

　これは、同罪が処罰の対象とする行為に対する法定刑としては、犯人隠避罪等について定められている「3年以下の懲役又は30万円以下の罰金」では必ずしも十分とはいい難いこと（Q103参照）、他方で、宣誓した証人が虚偽の陳述をする行為を処罰する偽証罪の法定刑は「3月以上10年以下の懲役」とされていることなどを踏まえて定められたものです。

第1節　合意制度の導入　　Q106　　153

**Q106** 合意をした被疑者・被告人の虚偽供述等の罪について、裁判確定前の自白による任意的減免が規定されているのは、なぜですか。

**A** 合意をした被疑者・被告人の虚偽供述等の罪については、裁判確定前の自白による刑の任意的減免が規定されています（刑事訴訟法第350条の15第2項）。

これは、同条第1項の罪に当たる行為により不当な刑事処分が行われることを未然に防止するため、同罪を犯した者に対し、その事実を明らかにするよう動機付けるという政策的な観点から、刑の任意的減免を規定したものです。これと同趣旨による規定としては、例えば、刑法第170条（偽証罪を犯した者が、その証言をした事件について、その裁判が確定する前又は懲戒処分が行われる前に自白したときは、その刑を減軽し、又は免除することができる旨を規定するもの）及び第173条（虚偽告訴等の罪を犯した者が、その申告をした事件について、その裁判が確定する前又は懲戒処分が行われる前に自白したときは、その刑を減軽し、又は免除することができる旨を規定するもの）等があります。

刑事訴訟法第350条の15第2項による刑の任意的減免を受けるためには、同条第1項の罪を犯したことについての自白が、

①　合意に係る他人の刑事事件の裁判が確定する前であって、かつ、

②　合意に係る自己の刑事事件の裁判が確定する前に

なされることが必要です。いずれか一方の裁判が確定した場合には、その後に自白しても、同条第2項による刑の任意的減免を受けることはできません。

154　第3章　合意制度及び刑事免責制度の導入

## 17　合意がある被告人の事件について略式命令の請求をする場合における検察官の合意内容書面等の差出し義務

**Q107** 検察官が、合意がある被告人の事件について略式命令の請求をする場合に、裁判所に合意内容書面を差し出さなければならないこととされているのは、なぜですか。

**A** 　検察官が公訴提起と同時に略式命令の請求をする場合において、その事件について被告人との間に合意があるときは、

・　仮にその公訴提起が合意違反に当たる場合には、公訴棄却の判決（刑事訴訟法第350条の13第1項）をするために、通常の規定に従い審判をする（同法第463条第1項）ことが必要となる一方で、

・　合意に基づいて検察官が設定した訴因が証拠上認められるものよりも軽減されたものとなっている場合には、裁判所としても、それが合意に基づくものであることを把握していなければ、検察官の請求どおり略式命令をすることの相当性について適切に判断することができないこととなり得る

など、合意の存在及び内容は、その事件の略式命令手続の進行等に関連し得ます。

　また、そのように合意がある場合においては、被告人が合意に基づいてする他人の刑事事件についての協力行為を、被告人に有利な事情として考慮することが必要となり得るところ、合意の存在及び内容は、それ自体として情状に関連し得るものです。

　このように、合意の存在及び内容は、略式命令手続の進行等に関連し得るとともに、情状にも関連し得るものであって、裁判所が、合意がある被告人の事件について略式命令をするか否かを判断するに当たって十分に把握すべきものであることから、検察官に対し、裁判所への合意内容書面の差出しが義務付けられたものです（刑事訴訟法第462条の2）。これは、同法第350条の7第1項に対応するものであるといえます。

第1節　合意制度の導入　　Q108　155

## Q108 検察官が、略式命令の請求をする際に、裁判所に合意内容書面を差し出さなければならないこととなるのは、どのような場合ですか。

**A**　刑事訴訟法第462条の2第1項により検察官に合意内容書面の差出し義務が生じるのは、

・　略式命令の請求をする場合において、その事件について被告人との間でした合意があるとき

です。

　「合意がある」の意義については、Q71を参照。合意の種別は問いません。同項が適用される場合として典型的に想定されるのは、略式命令請求合意の場合ですが、それに限られるものではありません。これは、合意内容書面の差出し義務は、Q107で述べた趣旨によるものであるところ、このような趣旨は、例えば、検察官が被疑者との間で特定の訴因・罰条により起訴する旨の合意をしたものの、略式命令の請求をすることまでは合意していない場合に、当該合意に係る訴因を前提として検討した結果、罰金刑を科すことが相当であるとの判断に至り、合意に基づかない検察官の判断として略式命令の請求をするときなど、略式命令請求合意以外の場合にも妥当すると考えられるためです。

156　第 3 章　合意制度及び刑事免責制度の導入

**Q109**　検察官は、略式命令の請求をする際に、合意内容書面の差出し義務に基づいてこれを裁判所に差し出した場合、その後、合意からの離脱があったときは、その離脱に関する書面も差し出すのですか。

**A**　合意の存在及び内容が、略式命令手続の進行等に関連し得るとともに、情状にも関連し得るものであることからすると（Q107 参照）、その合意の失効をもたらす離脱の事実及びその理由もまた、同様にこれらに関連し得るものであって、裁判所が、その事件について略式命令をするか否かを判断するに当たって十分に把握すべきものと考えられます。

　そこで、刑事訴訟法第 462 条の 2 第 1 項により合意内容書面を裁判所に差し出した後、裁判所が略式命令をする前に、合意の当事者が当該合意から離脱したときは、検察官は、遅滞なく、合意離脱書面をその裁判所に差し出さなければならないこととされています（同条第 2 項）。これは、同法第 350 条の 7 第 3 項に対応するものであるといえます。

　同法第 462 条の 2 第 2 項により合意離脱書面の差出し義務が生じるのは、「前項の規定により合意内容書面を裁判所に差し出した後、裁判所が略式命令をする前に」合意からの離脱がなされた場合です。

第1節　合意制度の導入　　Q110　157

18　検察審査会が審査を行う場合における検察官の合意内容書面等の提出義
　　務

**Q110**　検察官が、合意がある被疑者の事件について検察審査会が審査を行う場合に、検察審査会に合意内容書面を提出しなければならないこととされているのは、なぜですか。

**A**　検察官が不起訴処分をした事件について、検察審査会が審査を行う場合において、検察官と当該事件の被疑者との間に合意があるときは、その不起訴処分は、不起訴合意に基づくものであったり、合意に基づく被疑者の協力行為が他人の刑事事件の解明に寄与したこと又は寄与し得ることを考慮してなされたものであるなど、合意の存在及び内容が不起訴処分の理由と関連し得ると考えられ、審査を行う検察審査会が不起訴処分の当否を的確に判断するためには、合意の存在及び内容を的確に把握できるようにすることが必要であると考えられます。

　そこで、検察審査会が審査を行う場合において、検察官と当該事件の被疑者との間に合意があるときは、検察官は、合意内容書面を検察審査会に提出しなければならないこととされたものです（検察審査会法第35条の2第1項）。

158 第3章 合意制度及び刑事免責制度の導入

## Q111 検察官が検察審査会に合意内容書面を提出しなければならないこととなるのは、どのような場合ですか。

**A** 検察審査会法第35条の2第1項により検察官に合意内容書面の提出義務が生じるのは、

・ 検察審査会が審査を行う場合において、当該審査に係る事件について被疑者との間でした合意があるとき

です。

「合意がある」の意義については、Q71を参照。合意の種別は問いません。同項が適用される場合として典型的に想定されるのは不起訴合意の場合ですが、それに限られるものではありません。これは、合意内容書面の提出義務は、Q110で述べた趣旨によるものであるところ、このような趣旨は、例えば、検察官が、被疑者との間で特定の訴因・罰条により起訴する旨の合意をした場合において、その訴因・罰条を前提として検討した結果、起訴するまでの必要はないと判断するに至り、不起訴処分をしたときなど、不起訴合意以外の場合にも妥当すると考えられるためです。

第1節　合意制度の導入　Q112　159

**Q112** 検察官は、合意内容書面の提出義務に基づいてこれを検察審査会に提出した場合、その後、合意からの離脱があったときは、その離脱に関する書面も差し出すのですか。

**A** 合意の存在及び内容が不起訴処分の理由と関連し得るものであることからすると（Q110参照）、その合意の失効をもたらす離脱の事実及びその理由もまた、同様にこれに関連し得るものであって、検察審査会が、その事件について審査を行うに当たって十分に把握すべきものと考えられます。

　そこで、検察審査会法第35条の2第1項により合意内容書面を検察審査会に提出した後、検察審査会が検察官の不起訴処分の当否について議決をする前に、合意の当事者が当該合意から離脱したときは、検察官は、遅滞なく、合意離脱書面を検察審査会に提出しなければならないこととされています（同条第2項）。

　同項により合意離脱書面の提出義務が生じるのは、「前項の規定により当該書面を検察審査会に提出した後、検察審査会が検察官の公訴を提起しない処分の当否について議決をする前に」合意からの離脱がなされた場合です。

160　第3章　合意制度及び刑事免責制度の導入

## 第2節　刑事免責制度の導入

### 1　総　論

**Q113**　刑事免責制度の趣旨及び概要は、どのようなものですか。

**A**　刑事免責制度は、自己負罪拒否特権（憲法第38条第1項）に基づく証言拒絶権（刑事訴訟法第146条）の行使により犯罪事実の立証に必要な証言を得ることができない事態等に対処するため、検察官の請求に基づく裁判により、証人に対し、尋問に応じてした供述及びこれに基づいて得られた証拠は証人の刑事事件において証人に不利益な証拠とすることができない旨の免責（以下「派生使用免責」といいます。）を付与し、その証言が自己負罪拒否特権の対象とならないようにすることによって、証言を義務付けるものです（同法第157条の2、第157条の3）。

組織的な犯罪等において、犯罪の実行者等を証人として尋問し、首謀者の関与状況等に関する証言を得ようとする場合には、同時に、証人自身の関与状況等についても証言を求めなければならないこととなるのが一般的ですが、証人は、一般に証言義務を負うものの（最高裁昭和27年8月6日判決（刑集6巻8号974頁）は、「刑訴143条は『裁判所はこの法律に特別の定ある場合を除いては何人でも証人としてこれを尋問することができる』と規定し、一般国民に証言義務を課しているのである。」と判示しています。）、自己が刑事訴追を受け又は有罪判決を受けるおそれのある事項（以下「自己負罪事項」といいます。）については証言を拒むことができることとされています（同法第146条）。そして、これまで、仮に証人がその証言拒絶権を正当に行使した場合には、それ以上、証人から証言を得る手段はなく、その結果、首謀者の関与状況等に関する証言も得られず、事案の解明に支障を来しかねない状況にありました。

刑事免責制度は、このような場合に、証人に対し、派生使用免責を付与して自己負罪事項についての証言を義務付けることを可能にするものです。これは、公判における証言という形で証拠を顕出させることを可能にする点で公判審理の充実化に資するとともに、取調べ以外の方法により、手続の適正

第2節　刑事免責制度の導入　　Q113　161

を担保しつつ供述証拠を得ることを可能にする点で証拠の収集方法の適正化・多様化にも資するものです。

## Q114 刑事免責制度の理論的根拠は何ですか。

**A** 証人は、一般に証言義務を負いますが（Q113参照）、他方で、憲法第38条第1項は、「何人も、自己に不利益な供述を強要されない。」と規定しているところ、ここにいう「自己に不利益な供述」の意義について、最高裁昭和32年2月20日判決（刑集11巻2号802頁）は、「いわゆる黙秘権を規定した憲法38条1項の法文では、単に『何人も自己に不利益な供述を強要されない。』とあるに過ぎないけれど、その法意は、何人も自己が刑事上の責任を問われる虞ある事項について供述を強要されないことを保障したものと解すべきであることは、この制度発達の沿革に徴して明らかである。」と判示しており、同項は、自己が刑事上の責任を問われるおそれのある事項についての供述を拒否できるとする規定であると解されています。また、同項に基づき証言拒絶権について規定する刑事訴訟法第146条は、「何人も、自己が刑事訴追を受け、又は有罪判決を受ける虞のある証言を拒むことができる。」と規定しているところ、ここにいう「刑事訴追を受け……る虞のある」の意義について、最高裁昭和28年9月1日決定（刑集7巻9号1796頁）は、「証言の内容自体に刑事訴追を受ける虞のある事実を包含する場合をいう」と判示しています。

このように、証人は、一般に証言義務を負いつつ、自己が刑事上の責任を問われるおそれのある事項についての証言を拒むことができることとされています。この場合に証人が証言を拒むことができる根拠は、その証言拒絶の対象となる事項について証言すると刑事上の責任を問われるおそれがあるという点にあるのであり、逆から言えば、仮に証人が当該事項について証言しても、それにより当該証人が刑事上の責任を問われるおそれがないことが制度上保障されれば、当該事項は、証人にとって自己が刑事上の責任を問われるおそれのある事項ではないことになります（例えば、刑事訴訟法第146条における「刑事訴追を受け……る虞」については、一般に、有罪、無罪又は免訴の確定判決があった場合のように、既に訴追等の可能性が全くなくなったときは、同条による証言拒絶権はないと解されています。）。そして、そのためには、証人が尋問に応じてした供述及びこれに基づいて得られた証拠が証人自身の刑事事件

において証人に不利益な証拠とされないことが必要であり、かつ、それをもって足りると考えられます。

そこで、刑事免責制度においては、証人に対し、派生使用免責を付与することにより、証人の自己負罪拒否特権を失わせ、これにより言わば証言義務を復活させて、証言を義務付けることとされたものです。

164　第3章　合意制度及び刑事免責制度の導入

## Q115　刑事免責制度における免責の内容は、どのようなものですか。

**A**　1　刑事免責制度における免責の内容は、証人が有する自己負罪拒否特権の範囲に対応して、派生使用免責とされています。これは、尋問に応じてした供述及びこれに基づいて得られた証拠は証人の刑事事件において証人に不利益な証拠とすることができないというものです（Q114参照）。

　この点、仮に、証人に対し、その証言に係る犯罪について訴追及び処罰を受けない旨の免責（以下「訴追免責」といいます。）を付与する制度とした場合には、これを付与された証人については、その証言及びこれに基づいて得られた証拠以外の、独立して入手された証拠により訴追し又は処罰することも禁止されることとなりますが（その結果、自己負罪拒否特権の範囲を超える利益が与えられることとなります。）、派生使用免責の下では、これを付与された証人についても、そのような独立して入手された証拠により訴追し又は処罰することは可能です。

　2　また、刑事免責制度における免責の対象となるのは、証人が刑事上の責任を問われるおそれのある事項であって、民事上又は行政上の責任を問われるおそれがあるというだけでは、その対象となりません（刑事訴訟法第157条の2第1項第1号においては、「尋問に応じてした供述及びこれに基づいて得られた証拠は、……証人の刑事事件において、これらを証人に不利益な証拠とすることができない」と規定されており、免責の効果が及ぶ事件は、証人の「刑事事件」とされています。）。

　これは、そもそも、刑事免責制度は、憲法第38条第1項及びこれに基づく刑事訴訟法第146条に対応するものであるところ、これらの規定により拒むことができるのは、飽くまで刑事上の責任を問われるおそれのある事項についての供述であって、民事上又は行政上の責任を問われるおそれがあるというだけでは供述を拒むことはできないとされていることによるものです。

　改正前の刑事訴訟法においても、証人は、ある事項について証言することにより民事上又は行政上の不利益を受けるおそれがある場合であっても、例えば、当該事項が犯罪を構成しない場合や、当該事項が犯罪を構成するもの

の既に有罪判決が確定している場合（Q114参照）など、当該証言によって訴追又は処罰を受けるおそれがない場合には、証言を拒むことはできないこととされていました。その意味で、民事上又は行政上の不利益を受けるおそれは、それ自体としては証言を拒む理由とはならないとされていたのであり（その際、刑事上の責任を問われるおそれがある場合には、その限りにおいて証言を拒むことは可能でした。）、刑事免責制度の下で、証人が、民事上又は行政上の不利益を受けるおそれのある事項について証言しなければならないことになったとしても、改正前の刑事訴訟法の下よりも法律上不利益な立場に置かれるものではありません。

166　第3章　合意制度及び刑事免責制度の導入

## Q116　刑事免責制度の基本構造は、どのようなものですか。刑事免責制度には、取引的な要素があるのですか。

**A**　1　刑事免責制度は、検察官の請求に基づく裁判により、証人に対して派生使用免責を付与することによって、自己負罪事項についての証言を義務付けるものです。

このように、証人に対する派生使用免責の付与は、検察官の請求に基づく裁判によって一方的に行われるものであり、制度上、この点について検察官と証人との間で協議・合意が行われることは前提とされていません。また、証人は、証言することと引換えに派生使用免責を得るわけではなく、むしろ、派生使用免責を付与されることによって、自己負罪事項についての証言を義務付けられることとなるのであり、派生使用免責を付与された証人がするべき行為は、自己負罪拒否特権を行使せずに証言をすることであって、他の方法による協力によって代替することは認められず、証人に選択の余地はありません。

したがって、刑事免責制度に協議・合意の要素はありません。

2　刑事免責制度がこのような制度である以上、証人としては、虚偽の供述をして第三者を巻き込むことによって利益を得ることができるわけではないため、虚偽の供述をすることが動機付けられるものではないと考えられます。

むしろ、派生使用免責を付与された場合には、証人としては、真実かつ具体的な証言をすればするほど、その後に検察官が当該証言から独立して証拠を収集する余地が小さくなり、訴追及び処罰を受ける可能性が低くなるため、真実かつ具体的な証言をすることに向けた動機付けが強く働くこととなります（これに対し、訴追免責の場合には、偽証罪（刑法第169条）の制裁の下で真実を証言する義務を負うものの、免責との関係においては、必ずしも真実かつ具体的な証言をしなくても、免責の対象となる犯罪について訴追及び処罰が免除されることとなるため、一たび免責が付与されると、真実かつ具体的な証言をすることに向けた動機付けは十分に働かない可能性があります。）。

その上で、さらに、証人尋問においては、偽証罪の制裁の下、真実の証言をすることが義務付けられる上、被告人側からの反対尋問等を通じて、その

信用性が吟味されることとなります。

　したがって、刑事免責制度は、いわゆる巻込みの危険を内在するものではないと考えられます。

168　第3章　合意制度及び刑事免責制度の導入

## Q117　刑事免責制度の対象犯罪は限定されていないのですか。

**A**　刑事免責制度は、協議・合意の要素を含むものではないため（Q116参照）、合意制度についてその対象犯罪を限定することとされた趣旨（Q51参照）は妥当しません。

　また、刑事免責制度は、自己負罪拒否特権の範囲に対応する形で派生使用免責を付与するものであるところ（Q114参照）、自己負罪拒否特権は、あらゆる種類の事件について行使し得るものであることから、刑事免責制度もこれに対応してあらゆる種類の事件について適用し得るものとする必要があります。

　このようなことから、刑事免責制度の対象犯罪は限定されていないものです。

第2節 刑事免責制度の導入 Q118 169

## Q118 刑事免責制度は、いわゆるロッキード事件についての最高裁判決とどのような関係に立つのですか。

**A** いわゆるロッキード事件についての最高裁平成7年2月22日判決（刑集49巻2号1頁）は、「刑事免責の制度は、自己負罪拒否特権に基づく証言拒否権の行使により犯罪事実の立証に必要な供述を獲得することができないという事態に対処するため、共犯等の関係にある者のうちの一部の者に対して刑事免責を付与することによって自己負罪拒否特権を失わせて供述を強制し、その供述を他の者の有罪を立証する証拠としようとする制度であって、本件証人尋問が嘱託されたアメリカ合衆国においては、一定の許容範囲、手続要件の下に採用され、制定法上確立した制度として機能しているものである。」、「我が国の憲法が、その刑事手続等に関する諸規定に照らし、このような制度の導入を否定しているものとまでは解されないが、刑訴法は、この制度に関する規定を置いていない。この制度は、前記のような合目的的な制度として機能する反面、犯罪に関係のある者の利害に直接関係し、刑事手続上重要な事項に影響を及ぼす制度であるところからすれば、これを採用するかどうかは、これを必要とする事情の有無、公正な刑事手続の観点からの当否、国民の法感情からみて公正感に合致するかどうかなどの事情を慎重に考慮して決定されるべきものであり、これを採用するのであれば、その対象範囲、手続要件、効果等を明文をもって規定すべきものと解される。しかし、我が国の刑訴法は、この制度に関する規定を置いていないのであるから、結局、この制度を採用していないものというべきであ」ると判示しています。

新設の刑事訴訟法第157条の2及び第157条の3は、同判決にいう「この制度に関する規定」に当たるものであり、「その対象範囲、手続要件、効果等を明文をもって規定」したものです。

また、同判決は、刑事免責制度の採否について、「これを必要とする事情の有無、公正な刑事手続の観点からの当否、国民の法感情からみて公正感に合致するかどうかなどの事情を慎重に考慮して決定されるべき」であると判示しているところ、まず、刑事免責制度は、組織的な犯罪等において、犯罪の実行者等が検挙・訴追されても、それらの者から首謀者の関与状況等を含む

事案の解明に資する証言を得ることが困難になってきている中で、手続の適正を担保しつつ、そのような証言を得ることを可能にし、証拠の収集方法の適正化・多様化及び公判審理の充実化に資するものであって、「これを必要とする事情」が認められます。さらに、このように、組織的な犯罪等において、首謀者の関与状況等を含む事案の解明を図ることは、真に処罰すべき者を処罰するという公平性・公正性の観点からも十分に合理性を有するものである上、証人に付与されるのは派生使用免責であり（Q114参照）、証人が本来有している自己負罪拒否特権の範囲にとどまるものであることなどにも鑑みれば、「公正な刑事手続の観点」や「国民の法感情からみた公正感」等との関係でも、相当なものであると考えられます。

## Q119 刑事免責制度は、第1回公判期日前の証人尋問においても利用できるのですか。

**A** 1 刑事訴訟法第226条及び第227条第1項は、第1回公判期日前の証人尋問の請求について規定しているところ、同法第228条第1項は、「前2条の請求を受けた裁判官」、すなわち、上記の請求を受けた裁判官は、「証人の尋問に関し、裁判所又は裁判長と同一の権限を有する。」と規定しています。ここにいう「裁判所又は裁判長と同一の権限を有する」とは、裁判所又は裁判長が行う証人尋問に適用される同法の総則の規定が準用されることを意味するところ、刑事免責制度について規定する同法第157条の2及び第157条の3は、裁判所が行う証人尋問の方式に関する規定として、同法「第1編　総則」の「第11章　証人尋問」に位置付けられていることから、同法第228条第1項により、第1回公判期日前の証人尋問にも準用されることとなります。

したがって、同法第226条及び第227条第1項による第1回公判期日前の証人尋問においても、刑事免責制度を利用することは可能です。

2 なお、刑事訴訟法第228条第2項は、被疑者・被告人及び弁護人に第1回公判期日前の証人尋問への立会権がないことを前提として、「裁判官は、捜査に支障を生ずる虞がないと認めるときは、被告人、被疑者又は弁護人を前項の尋問に立ち会わせることができる。」と規定しているところ、このことは、第1回公判期日前の証人尋問において刑事免責制度を利用する場合も同じです。すなわち、第1回公判期日前の証人尋問において刑事免責制度が利用されるからといって、被疑者・被告人又は弁護人に当該証人尋問への立会権が認められることとなるわけではなく、これらの者は、裁判官が同項により立会いを許した場合に限り、当該証人尋問に立ち会うことが可能です。

## 2 刑事免責の請求の主体等

**Q120** 刑事免責の請求をすることができるのは誰ですか。また、裁判所は、職権で刑事免責の決定をすることができるのですか。

**A** 1 刑事免責の請求をすることができるのは検察官のみであり、被告人及び弁護人がその請求をすることはできません（刑事訴訟法第157条の2第1項、第157条の3第1項）。

また、裁判所が職権で刑事免責の決定をすることもできません（同法第157条の2第2項、第157条の3第2項）。

2 刑事免責の決定（刑事訴訟法第157条の2第2項、第157条の3第2項）により証人に付与されるのは、派生使用免責であって、訴追免責ではありませんので、刑事免責の決定後においても、当該証人を訴追すること自体は可能です（Q115参照）。しかし、刑事免責の決定がなされると、尋問に応じてした供述及びこれに基づいて得られた証拠を証人の刑事事件において証人に不利益な証拠とすることはできないこととなり、検察官としては、当該供述から独立して入手した証拠によらなければ、当該証人を訴追することができなくなるところ、検察官の用いる証拠が当該供述から独立して入手したものであることの立証は、困難である場合も多く、当該証人に対する訴追及び処罰は、相当程度困難となり得ます。

このようなことに鑑みると、刑事免責の決定が必要となるか否かについては、当該決定がなされることにより証人から得ることが見込まれる証言の重要性、その証言に係る証人の犯罪及びその証言により解明される犯罪の軽重及び情状、当該決定がその証言に係る証人の犯罪の捜査及び訴追に与える影響の内容及び程度等を考慮した上で（Q123参照）、当該決定がその証言に係る証人の犯罪の捜査及び訴追に与える影響を考慮してもなおその証言を得ることが必要であるかという観点から判断することが必要となるのであって、その判断は、訴追裁量権を有する検察官においてのみ適切に行うことができると考えられます。

そこで、刑事免責の請求の主体は、検察官に限られるとともに、刑事免責の決定は、検察官の請求に基づいてのみすることができることとされたものです。

## 3 証人尋問の開始前における刑事免責の請求及び決定

**Q121** 証人尋問の開始前に刑事免責の請求をすることができることとされているのは、なぜですか。

**A** 証人尋問に当たり、検察官において、証人が刑事訴追を受け又は有罪判決を受けるおそれのある事項についての尋問を予定している場合には、証人が自己負罪拒否特権に基づいて当該事項についての証言を拒むことが予想され得るところ、そのような場合に、実際に証人が証言を拒む事態に至らなければ刑事免責の請求及び決定をすることができないこととするのは、迂遠であると考えられる一方で、証人の立場からしても、刑事免責の決定を受けることにより不利益を生じるものではないため、実際に証言を拒んだ場合に限定しなければならない理由はなく、むしろ、証人尋問の開始前に刑事免責の請求及び決定がなされ得ることとすれば、刑事免責の意味を理解した上で証人尋問に臨むことができることとなり、円滑かつ的確な証人尋問の実施に資することとなります。

そこで、検察官は、証人尋問の開始前において、証人が刑事訴追を受け又は有罪判決を受けるおそれのある事項についての尋問を予定している場合であって、必要と認めるときは、あらかじめ、刑事免責の請求をすることができることとされたものです（刑事訴訟法第157条の2第1項）。

174 第3章 合意制度及び刑事免責制度の導入

## Q122 検察官が証人尋問の開始前に刑事免責の請求をするための要件は、どのようなものですか。

**A** 1 検察官が証人尋問の開始前に刑事免責の請求をすることができるのは、「証人が刑事訴追を受け、又は有罪判決を受けるおそれのある事項についての尋問を予定している場合であつて、当該事項についての証言の重要性、関係する犯罪の軽重及び情状その他の事情を考慮し、必要と認めるとき」です（刑事訴訟法第157条の2第1項）。

このように、検察官が証人尋問の開始前に刑事免責の請求をするための要件は、

① 「証人が刑事訴追を受け、又は有罪判決を受けるおそれのある事項についての尋問を予定している」こと

② 「必要と認める」こと

の二つから成ります。

2 上記1①は、そもそも、検察官において、証人が刑事訴追を受け又は有罪判決を受けるおそれのある事項についての尋問を予定していない場合には、証人が自己負罪拒否特権に基づいて証言を拒むことが想定されないことに鑑み、刑事免責の決定の一般的な必要性を基礎付けるものとして要件とされているものです。

これに当たるためには、尋問を予定している事項が「証人が刑事訴追を受け、又は有罪判決を受けるおそれのある」ものであることが必要ですので、例えば、当該事項に係る犯罪について有罪判決が確定している場合など、当該事項が「証人が刑事訴追を受け、又は有罪判決を受けるおそれのある」ものでなくなっている場合には、上記1①の要件を満たしません。

なお、ここにいう「尋問を予定している」に当たるためには、刑事免責の請求をする時点で当該証人について証人尋問決定がなされている必要はなく、証人尋問請求と当該証人についての刑事免責の請求は、同時にすることが可能です。

3 上記1②は、刑事免責の決定が必要であるか否かの判断が、検察官の有する訴追裁量権と密接に関連するものであることから（Q120参照）、検察官において「必要と認める」ことが要件とされているものです。

第2節　刑事免責制度の導入　　Q122　　175

　この必要性の判断については、当該決定がその証言に係る証人の犯罪の捜
査及び訴追に与える影響を考慮してもなおその証言を得ることが必要である
かという観点から行うことになるものと考えられます（Q120参照）。

176　第3章　合意制度及び刑事免責制度の導入

**Q123**　検察官が証人尋問の開始前に刑事免責の請求をする必要があるか否かを判断するに当たっては、どのような事情を考慮することになるのですか。

**A**　検察官は、証人尋問の開始前に刑事免責の請求をする必要があるか否かを判断するに当たっては、①「当該事項についての証言の重要性」、②「関係する犯罪の軽重及び情状」、③「その他の事情」を考慮することとされています（刑事訴訟法第157条の2第1項）。

　これらのうち、上記①は、刑事免責の決定がなされることにより証人から得ることが見込まれる証言の重要性を意味するものです。具体的には、当該証言がどのような内容のものとなる見込みであるか、それがどの程度の信用性を持ち得るか、要証事実との関係でどの程度の証明力を持ち得るか、当該要証事実がその証人尋問が行われている被告人の事件の立証上どのような意義を持ち得るかなどを考慮することとなり、その際には、当該事件の証拠関係や、仮に当該決定がなされないとした場合に当該事件についてどのような立証がなされ得るかなども踏まえることになると考えられます。

　上記②は、「関係する犯罪」、すなわち、その証言に係る証人の犯罪及びその証言により解明される犯罪（証人尋問が行われている事件に係る犯罪）の双方の「軽重及び情状」を考慮することを要することとするものです。刑事免責の決定が必要であるか否かの判断は、当該決定がその証言に係る証人の犯罪の捜査及び訴追に与える影響を考慮してもなおその証言を得ることが必要であるかという観点から行うことになると考えられ（Q120参照）、その証言に係る証人の犯罪とその証言により解明される犯罪のそれぞれについて、それ自体としてどの程度の重大性を有するかが問題となるとともに、それら二つの犯罪を念頭に置きつつ比較衡量的な判断を行うことも必要となることから、両者の「軽重及び情状」が考慮事情とされたものです。

　上記③としては、例えば、刑事免責の決定がその証言に係る証人の犯罪の捜査及び訴追に与える影響の内容及び程度等がこれに当たります。

第2節　刑事免責制度の導入　Q124　177

## Q124 裁判所が証人尋問の開始前に刑事免責の決定をするための要件は、どのようなものですか。

**A**　1　裁判所は、刑事訴訟法第157条の2第1項「の請求を受けたときは、その証人に尋問すべき事項に証人が刑事訴追を受け、又は有罪判決を受けるおそれのある事項が含まれないと明らかに認められる場合を除き、当該証人尋問を同項各号に掲げる条件により行う旨の決定をするものとする。」とされています（同条第2項）。

このように、裁判所が「証人尋問の開始前」に刑事免責の決定をするための要件は、

①　同条第1項「の請求を受けた」こと

②　「その証人に尋問すべき事項に証人が刑事訴追を受け、又は有罪判決を受けるおそれのある事項が含まれないと明らかに認められる場合」でないこと

であり、裁判所は、これらの要件を満たす場合には、検察官の請求どおり決定をすることとなります。

2　刑事訴訟法第157条の2第1項「の請求を受けた」こと（上記1①）、すなわち、検察官による刑事免責の請求を受けたことが要件とされていますので、裁判所が職権で刑事免責の決定をすることはできません。

また、上記1②のとおり、裁判所は、刑事免責の決定をすべき実質的な必要性や相当性を判断することとはされておらず、同項の請求を受けたときは、その証人に尋問すべき事項に証人が刑事訴追を受け又は有罪判決を受けるおそれのある事項が含まれないと明らかに認められる場合、言い換えれば、およそ当該決定をする必要がない場合を除き、当該決定をすることになるという、外形的な審査を行うものとして位置付けられています。これは、刑事免責の決定が必要であるか否かの判断は、検察官の有する訴追裁量権と密接に関連するものであるため、検察官においてのみ適切に行うことができると考えられることによるものです（Q120参照）。

178 第3章 合意制度及び刑事免責制度の導入

## 4 証人尋問の開始後における刑事免責の請求及び決定

**Q125** 証人尋問の開始後に刑事免責の請求をすることができることとされているのは、なぜですか。

**A** 　証人尋問に際しては、証人の事前の供述態度等から、証人に対し、刑事訴追を受け又は有罪判決を受けるおそれのある事項についての尋問をしても、証人がこれを拒むことはないと判断されることがあり、その場合には、事前に刑事免責の決定を得ることなく証人尋問を行うこととなり得ますが、そのような場合においても、予期に反して証人が当該事項についての証言を拒むに至ることはあり得ます。このような場合には、証人尋問の開始後であっても、刑事免責の決定が必要となり得る一方で、証人の立場からしても、刑事免責の決定を受けることにより不利益を生じるものではなく、また、刑事免責の決定は、将来に向かって効力を生じるものとなる以上、訴訟手続に混乱が生じることもないと考えられます。

　そこで、検察官は、証人が刑事訴追を受け又は有罪判決を受けるおそれのある事項について証言を拒んだと認める場合であって、必要と認めるときは、刑事免責の請求をすることができることとされたものです（刑事訴訟法第157条の3第1項）。

## Q126
検察官が証人尋問の開始後に刑事免責の請求をするための要件は、どのようなものですか。

**A** 1 　検察官が証人尋問の開始後に刑事免責の請求をすることができるのは、「証人が刑事訴追を受け、又は有罪判決を受けるおそれのある事項について証言を拒んだと認める場合であつて、当該事項についての証言の重要性、関係する犯罪の軽重及び情状その他の事情を考慮し、必要と認めるとき」です（刑事訴訟法第157条の3第1項）。

　このように、検察官が証人尋問の開始後に刑事免責の請求をするための要件は、
①　「証人が刑事訴追を受け、又は有罪判決を受けるおそれのある事項について証言を拒んだと認める」こと
②　「必要と認める」こと
の二つから成ります。

　2 　上記1①は、証人尋問が開始された後における刑事免責の決定の一般的な必要性を基礎付けるものとして要件とされています。

　「証言を拒んだ」の意義は、刑事訴訟法第160条第1項及び第161条における「証言を拒んだ」と同じであり、証人が証言を拒んだ理由は問いません。

　上記1①の要件を満たすためには、証言を拒んだ事項が「証人が刑事訴追を受け、又は有罪判決を受けるおそれのある」ものであることが必要ですので、証人尋問の開始前における刑事免責の請求（同法第157条の2第1項）の場合と同様、当該事項に係る犯罪について有罪判決が確定している場合等には、上記1①の要件を満たさないと考えられます。

　3 　上記1②が要件とされている趣旨等は、証人尋問の開始前における刑事免責の請求の場合と同様です。刑事免責の決定が必要となるか否かについては、当該決定がその証言に係る証人の犯罪の捜査及び訴追に与える影響を考慮してもなおその証言を得ることが必要であるかという観点から判断することが必要となるのであって、その判断は、訴追裁量権を有する検察官においてのみ適切に行うことができると考えられるため（Q120参照）、上記1①の要件を満たす場合であっても、刑事免責の請求をするか否かは、検察官の判断に委ねられます。その判断の結果、検察官が刑事免責の請求をせず、証

180　第3章　合意制度及び刑事免責制度の導入

人から証言を得ることができなかったとしても、それ自体は、刑事免責制度が予定しているところであり、その判断の当否が問題となるものではありません。

　上記1②の判断に当たっては、「当該事項についての証言の重要性」、「関係する犯罪の軽重及び情状」、「その他の事情」を考慮することとされています。これらの意義等については、証人尋問の開始前における刑事免責の請求の場合と同様です（**Q123**参照）。

第 2 節　刑事免責制度の導入　　Q127　181

**Q127** 裁判所が証人尋問の開始後に刑事免責の決定をするための要件は、どのようなものですか。

**A**　裁判所は、刑事訴訟法第157条の3第1項「の請求を受けたときは、その証人が証言を拒んでいないと認められる場合又はその証人に尋問すべき事項に証人が刑事訴追を受け、若しくは有罪判決を受けるおそれのある事項が含まれないと明らかに認められる場合を除き、それ以後の当該証人尋問を前条第1項各号に掲げる条件により行う旨の決定をするものとする。」とされています（同法第157条の3第2項）。

　このように、裁判所が証人尋問の開始後に刑事免責の決定をするための要件は、

①　同条第1項「の請求を受けた」こと

②　「その証人が証言を拒んでいないと認められる場合」又は「その証人に尋問すべき事項に証人が刑事訴追を受け、若しくは有罪判決を受けるおそれのある事項が含まれないと明らかに認められる場合」でないこと

であり、これらの要件を満たす場合には、裁判所は、検察官の請求どおり決定をすることとなります。

　証人尋問の開始後において、裁判所が職権で刑事免責の決定をすることができないことや、裁判所が刑事免責の決定をすべき実質的な必要性や相当性を判断することとされておらず、外形的な審査を行うものとして位置付けられていることは、証人尋問の開始前における刑事免責の決定の場合と同様です（Q124参照）。

## 5　刑事免責の決定に関する手続

### Q128　刑事免責の決定に関する手続は、どのようなものですか。

**A**　1　証人尋問の開始の前後を問わず、裁判所が刑事免責の決定をするためには、検察官による請求が必要です（刑事訴訟法第157条の2第1項、第157条の3第1項）。

その上で、証人に刑事免責を付与してその尋問を行うことは、証人尋問の方式として位置付けられることから、証人尋問の実施主体である裁判所が「決定」により決することとされています（同法第157条の2第2項、第157条の3第2項）。

刑事免責の決定をするには、刑事訴訟規則第33条第1項の定めるところにより、訴訟関係人の陳述を聴くことが必要です。他方で、刑事免責の決定は、証人に対して不利益を与えるものではないことなどから、証人の意見を聴くこととはされていません。

2　刑事免責の決定は、証人尋問という証拠調べに関するものであることから、刑事訴訟法第309条第1項による異議の対象となり得ます（異議の理由は、刑事訴訟規則第205条第1項により、「法令の違反があること」に限られます。）。

異議を申し立てることができるのは、「検察官、被告人又は弁護人」です（同法第309条第1項）。刑事免責の決定は、証人に対して不利益を与えるものではないことなどから、証人は、異議の申立ての主体とされていません。

なお、刑事免責の決定は、「訴訟手続に関し判決前にした決定」であり（同法第420条第1項）、これについて、即時抗告をすることができる旨の規定は設けられていませんので、訴訟当事者は、刑事免責の決定に対して抗告をすることはできません（同項）。

第 2 節　刑事免責制度の導入　　Q129　183

## 6　刑事免責の内容・効果

### Q129　刑事免責の内容は、どのように規定されていますか。

**A**　刑事免責の内容は、その効果に相当する部分も含めて、証人尋問の「条件」として規定されています。具体的には、「証人尋問を次に掲げる条件により行うこと」と規定した上で、その「条件」として、

① 「尋問に応じてした供述及びこれに基づいて得られた証拠は、証人が当該証人尋問においてした行為が第 161 条〔筆者注：刑事訴訟法第 161 条〕又は刑法第 169 条の罪に当たる場合に当該行為に係るこれらの罪に係る事件において用いるときを除き、証人の刑事事件において、これらを証人に不利益な証拠とすることができないこと。」（刑事訴訟法第 157 条の 2 第 1 項第 1 号）

② 同法「第 146 条の規定にかかわらず、自己が刑事訴追を受け、又は有罪判決を受けるおそれのある証言を拒むことができないこと。」（同項第 2 号）

が掲げられています（同項。なお、証人尋問の開始前における刑事免責の決定について規定する同法第 157 条の 2 第 2 項は証人尋問を同条第 1 項「各号に掲げる条件により行う」という形で、また、証人尋問の開始後における刑事免責の請求及び決定について規定する同法第 157 条の 3 は「証人尋問を前条第 1 項各号に掲げる条件により行う」という形で、それぞれ同法第 157 条の 2 第 1 項を引用しており、刑事免責が証人尋問の条件として位置付けられることやその内容は、同項と同じです。）。

　上記①が刑事免責の内容を規定するものであり、その骨格は、「尋問に応じてした供述及びこれに基づいて得られた証拠は、……証人の刑事事件において、これらを証人に不利益な証拠とすることができないこと」です。

　この刑事免責が付与されると、証人は、自己負罪拒否特権を行使することができないこととなり、自己が刑事訴追を受け又は有罪判決を受けるおそれのある証言であっても拒むことができないこととなるところ、上記②は、このことを確認的に規定するものです。

　この刑事免責は、飽くまで自己負罪拒否特権を失わせるものであり、それ

184 第3章 合意制度及び刑事免責制度の導入

以外の理由による証言拒絶権まで失わせるものではないことから、上記②において「第146条の規定にかかわらず」と規定されており、同条以外の証言拒絶権に関する規定（同法第147条、第149条）は掲げられていません。したがって、刑事免責の決定がなされた後においても、同法第147条又は第149条の要件を満たす場合には、証人は、これらの規定により証言を拒むことが可能です。

第2節　刑事免責制度の導入　　Q130　185

## Q130　刑事免責の対象となる証拠は、どのようなものですか。

**A**　刑事免責の対象となる証拠は、①「尋問に応じてした供述」及び②「これに基づいて得られた証拠」（刑事訴訟法第157条の2第1項第1号）です。

　上記①については、「尋問に応じて」した供述とされています。これは、証人は、飽くまで尋問に応じて供述するべき立場にあることによるものです。したがって、例えば、証人が尋問とは無関係に供述をした場合には、その供述は「尋問に応じて」したものではないことから、刑事免責の対象とはなりません。

　上記②は、上記①の供述（証言）に基づいて得られたいわゆる派生証拠を指すものです。証拠の種類は問いません。ここにいう「基づいて得られた」とは、直接的な原因関係がある場合に限られるものではありませんので、例えば、証言（上記①）に基づいて他の証拠が収集され（この証拠は上記②に当たります。）、その後、当該他の証拠に基づいて更に別の証拠が収集されたときは、これもまた、証言（上記①）に基づいて得られた証拠（上記②）に当たり得ることとなります。

186　第3章　合意制度及び刑事免責制度の導入

## Q131　刑事免責の決定は、証人の刑事事件について、どのような効果を生じるのですか。

**A**　刑事免責の決定（刑事訴訟法第157条の2第2項、第157条の3第2項）がなされると、「尋問に応じてした供述及びこれに基づいて得られた証拠」（その意義については、Q130参照。）は、「証人の刑事事件において、これらを証人に不利益な証拠とすることができない」（同法第157条の2第1項第1号）こととなります。

　その効果は、「証人の刑事事件」についてのみ及びます。それ以外の者の刑事事件において証拠とすることは妨げられません。

　刑事免責の決定により禁止されることとなるのは、「証人に不利益な証拠とすること」です。例えば、犯罪事実を認定するための直接証拠又は間接証拠として用いることや、違法性阻却事由又は責任阻却事由の不存在を認定するための直接証拠又は間接証拠として用いることなどがこれに当たると考えられます。

　仮に証人に異議がない場合であっても、証人に不利益な証拠とすることはできません。

第2節　刑事免責制度の導入　　Q132　187

## Q132

刑事免責の決定がなされると、尋問に応じてした供述及びこれに基づいて得られた証拠は、例外なく、証人の刑事事件において、これらを証人に不利益な証拠とすることができないことになるのですか。

**A**　刑事免責の効果は、証人の刑事事件について及ぶこととされていますが（Q131参照）、例外として、「証人が当該証人尋問においてした行為が第161条〔筆者注：刑事訴訟法第161条〕又は刑法第169条の罪に当たる場合に当該行為に係るこれらの罪に係る事件において用いるとき」は除外されており（刑事訴訟法第157条の2第1項第1号）、この場合には、その効果は及びません。

　刑事免責の決定がなされた場合であっても、その証人尋問手続において、証人が証言を拒絶し、又は偽証することがあり得るところ、その場合に同法第161条（宣誓・証言拒絶）又は刑法第169条（偽証）の罪により証人を訴追・処罰するためには、当該証人尋問における証言等を証拠として用いることが必要となり得ます。他方、そもそも、自己負罪拒否特権は、証言をするとその内容が「自己が刑事訴追を受け、又は有罪判決を受ける虞のある」（刑事訴訟法第146条）事項を含むこととなる場合に、その内容ゆえに当該証言を拒むことを可能にするものであり、証言をすること又はしないこと自体が犯罪に当たる場合に、それによる刑事訴追又は有罪判決を禁止することまでを含むものではありません。

　そこで、証人が、刑事免責の決定のなされた証人尋問において、これらの罪を犯した場合には、当該証人が当該証人尋問において尋問に応じてした供述及びこれに基づいて得られた証拠は、その犯した罪に係る当該証人の刑事事件においても証拠とすることができることが確認的に規定されたものです。

第3章　合意制度及び刑事免責制度の導入

## Q133 刑事免責の決定は、証人が証言を求められる被告事件において、どのような効果を生じるのですか。

**A**　1　刑事免責の決定（刑事訴訟法第157条の2第2項、第157条の3第2項）がなされると、証人は、同法「第146条の規定にかかわらず、自己が刑事訴追を受け、又は有罪判決を受けるおそれのある証言を拒むことができない」（同法第157条の2第1項第2号）こととなり、それにもかかわらず、正当な理由なく証言を拒んだ場合には、同法第160条（過料等）及び第161条（刑罰）による制裁の対象となり得ることとなります。

2　刑事訴訟法第157条の2第1項「各号に掲げる条件により行う」こととなるのは、その「証人尋問」であり（同条第2項、同法第157条の3第2項）、証人が刑事訴追を受け又は有罪判決を受けるおそれのある事項に係る尋問に限られていませんので、当該決定の効果は、証人尋問の手続単位で生じることとなります。

もっとも、証人尋問の開始後における刑事免責の決定については、「それ以後の」当該証人尋問を同法第157条の2第1項各号に掲げる条件により行う旨の決定をすることになりますので（同法第157条の3第2項）、この場合には、当該決定以後の当該証人尋問を対象として、効果が生じることとなります。

# 第4章 通信傍受の合理化・効率化

## 第1節　通信傍受の対象犯罪の拡大

**Q134** 通信傍受の対象犯罪の拡大の趣旨及び概要は、どのようなものですか。

**A** 　近時、暴力団組員がその意に沿わない一般市民を標的として組織的に行ったと見られる殺傷事犯や、振り込め詐欺を始めとするいわゆる特殊詐欺など、一般市民の生活を脅かす組織的な犯罪が相次いでいます。こうした組織的な犯罪においては、首謀者の関与状況等を含めた事案の解明が求められますが、その一方で、これらの組織においては、組織防衛の一環として、末端の実行者等が警察等に検挙された場合には徹底して供述を拒否するよう厳しく統制がなされるなど、事案の解明に資する供述を得ることがますます困難になってきています。

　通信傍受は、犯罪の謀議等を内容とする通信という客観的な証拠の収集を可能にするものであり、これらの組織的な犯罪において、背後の首謀者等の関与状況を含めた事案の解明を図る上で極めて有効な捜査手法となり得ますが、改正前の通信傍受法においては、通信傍受の対象犯罪が薬物犯罪、銃器犯罪、集団密航、組織的殺人の4類型に限定されており、これらに該当しない組織的な犯罪においては、通信傍受を活用することができない状況にありました。そして、このように客観的な証拠の収集方法が限られていたことが取調べ及び供述調書への過度の依存を生じる要因の一つとなってきたと考えられます。

　そこで、このような現に一般市民の生活を脅かしている組織的な犯罪に適切に対処しつつ、取調べ及び供述調書への過度の依存からの脱却を図るため、証拠の収集方法の適正化・多様化の観点から、通信傍受の対象犯罪を拡大することとされました。

具体的には、近時の犯罪情勢や捜査の実情等を踏まえ、

① その犯罪が通信傍受に伴う通信の秘密の制約に見合うほどの重大性を備えたものといえるか（犯罪の重大性）

② その犯罪が、組織的に行われることが現実に想定されるものであり、かつ、その捜査において、通信傍受が必要かつ有用な手段となるものであるといえるか（通信傍受の現実的な必要性・有用性）

などを考慮して、殺傷犯等関係、逮捕・監禁、略取・誘拐関係、窃盗・強盗、詐欺・恐喝関係、児童ポルノ関係の罪が通信傍受の対象犯罪に追加されたものです（通信傍受法第3条第1項、別表第2)。

なお、組織的な逮捕及び監禁（組織的犯罪処罰法第3条第1項第8号・第2項）、組織的な身の代金目的略取等（同条第1項第10号・第2項）、組織的な詐欺（同条第1項第13号）並びに組織的な恐喝（同項第14号・同条第2項）は、対象犯罪とされていませんが、このことは、例えば、傍受令状の請求の際に、組織的な詐欺の被疑事実を疎明することも可能と考えられる場合に、捜査の流動性に鑑みて、刑法の詐欺を被疑事実とする傍受令状の発付を受けて通信傍受を行うことや、その際に、当該被疑事実に関連するものとして、同条に規定する「団体」や「組織」の要件に関連する事項を内容とする通信を傍受することを妨げるものではありません。

## Q135 通信傍受の対象犯罪を追加しても、憲法に反しないのですか。

**A** 通信傍受の対象犯罪は、改正前においては、薬物犯罪など4類型に限定されていました（Q134参照）。これは、通信傍受が、憲法の保障する通信の秘密を制約するものである上、捜索・差押え等の従来の強制処分とは異なり、継続的かつ密行的に行われるものであることから、その対象犯罪は、その制定当時においてこの捜査方法が必要不可欠と考えられた最小限度の範囲に限定することとされたものですが、他方で、これらの犯罪でなければ通信傍受を行うことが憲法上許容されないとする趣旨ではないと考えられます。

最高裁平成11年12月16日決定（刑集53巻9号1327頁）は、通信傍受法の制定前に行われた検証許可状による電話傍受につき、「重大な犯罪に係る被疑事件について、被疑者が罪を犯したと疑うに足りる十分な理由があり、かつ、当該電話により被疑事実に関連する通話の行われる蓋然性があるとともに、電話傍受以外の方法によってはその罪に関する重要かつ必要な証拠を得ることが著しく困難であるなどの事情が存する場合において、電話傍受により侵害される利益の内容、程度を慎重に考慮した上で、なお電話傍受を行うことが犯罪の捜査上真にやむを得ないと認められるときには、法律の定める手続に従ってこれを行うことも憲法上許されると解するのが相当である。」としており、このような最高裁判例の考え方にも照らせば、ある罪を通信傍受の対象犯罪とすることが憲法上許容されるか否かについては、その法定刑のほか、その社会的有害性や危険性等も踏まえた上で、通信傍受に伴う通信の秘密の制約に見合うほどの重大性を備えたものといえるかなどを考慮して決すべきものと考えられます。

このような観点から見た場合、今回の改正で通信傍受の対象犯罪に追加された罪は、いずれも、相当重い法定刑が定められているものである上、現に一般市民にとって重大な脅威となり社会問題化しているものであることから、通信の秘密に対する制約に見合うほどの重大性を備えたものであると考えられます。

さらに、これらの罪については、通信傍受の実施要件として、改正前の通

信傍受法第3条第1項が規定していた要件を満たすことに加えて、「当該罪に当たる行為が、あらかじめ定められた役割の分担に従って行動する人の結合体により行われるもの」であると疑うに足りる状況があることをも要することとされています（Q137参照）。

　したがって、今回の改正による対象犯罪の追加は、最高裁判例の考え方に沿ったものであり、憲法上も許容されるものです。

第 1 節　通信傍受の対象犯罪の拡大　　Q136　193

## Q136 今回の改正で通信傍受の対象犯罪に追加されたのは、どのような罪ですか。

**A**　今回の改正で通信傍受の対象犯罪に追加されたのは、以下の 4 類型の罪です（通信傍受法第 3 条第 1 項、別表第 2。以下の罪のうち刑法の罪については、条項番号のみを記します。）。未遂罪が規定されているものについては、その未遂罪も含みます。

(1)　殺傷犯等関係の罪（通信傍受法別表第 2 第 1 号・第 2 号イ・ロ・ハ）

①　爆発物の使用（爆発物取締罰則第 1 条）

②　現住建造物等放火（第 108 条）

③　殺人（第 199 条）

④　傷害（第 204 条）、傷害致死（第 205 条）

(2)　逮捕・監禁、略取・誘拐関係の罪（通信傍受法別表第 2 第 2 号ニ・ホ）

①　逮捕及び監禁（第 220 条）、逮捕等致死傷（第 221 条）

②　未成年者略取及び誘拐（第 224 条）、営利目的等略取及び誘拐（第 225 条）、身の代金目的略取等（第 225 条の 2）、所在国外移送目的略取及び誘拐（第 226 条）、人身売買（第 226 条の 2）、被略取者等所在国外移送（第 226 条の 3）、被略取者引渡し等（第 227 条）

(3)　窃盗・強盗、詐欺・恐喝関係の罪（通信傍受法別表第 2 第 2 号ヘ・ト）

①　窃盗（第 235 条）、強盗（第 236 条第 1 項）、強盗致死傷（第 240 条）

②　詐欺（第 246 条第 1 項）、電子計算機使用詐欺（第 246 条の 2）、恐喝（第 249 条第 1 項）

(4)　児童ポルノ関係の罪（通信傍受法別表第 2 第 3 号）

児童ポルノ等の不特定又は多数の者に対する提供等（児童買春、児童ポルノに係る行為等の規制及び処罰並びに児童の保護等に関する法律第 7 条第 6 項）、不特定又は多数の者に対する提供等の目的による児童ポルノの製造等（同条第 7 項）

194 第4章 通信傍受の合理化・効率化

**Q137** 今回の改正で追加された通信傍受の対象犯罪については、従来の対象犯罪の場合と同じ要件の下で通信傍受を行うことができるのですか。

**A** 今回の改正で追加された通信傍受の対象犯罪について通信傍受を行うためには、改正前の通信傍受法第3条第1項が規定していた要件を満たすことに加えて、「当該罪に当たる行為が、あらかじめ定められた役割の分担に従って行動する人の結合体により行われるもの」であると疑うに足りる状況があることをも要することとされています。

これは、今回の改正で通信傍受の対象犯罪に追加された罪は、いずれも、組織的に行われることが現実に想定されるものではあるものの、従来の対象犯罪（改正前の同法別表に掲げていた罪（改正後の同法別表第1に掲げる罪））とは異なり、犯罪の性質や構成要件自体からそのことがうかがわれるとは必ずしもいい難いことに鑑み、組織的な犯罪に適切に対処するという同法の趣旨を全うする観点から、加重要件として規定することとされたものです。これにより、同法第3条第1項に規定するいわゆる数人共謀の要件（「数人の共謀によるものであると疑うに足りる状況がある」との要件）と相まって、今回の改正で追加された通信傍受の対象犯罪について通信傍受を行うことができるのは、犯罪の実行、準備又は事後措置に関する謀議、指示その他の相互連絡等を内容とする通信が行われる蓋然性が類型的に高い態様の犯行である場合に限られることにもなります。

# Q138

今回の改正で追加された通信傍受の対象犯罪についての加重要件は、どのような内容のものですか。

**A** 1 今回の改正で追加された通信傍受の対象犯罪についての加重要件の内容は、次の①から③までを「疑うに足りる状況がある」ことです（通信傍受法第3条第1項第1号）。

① 同法別表第2に掲げる罪（今回の改正で追加された通信傍受の対象犯罪）が「人の結合体により行われるもの」であること

② その結合体を構成する者が「役割の分担に従って行動する」ものであること

③ その役割の分担が「あらかじめ定められた」ものであること

2 「疑うに足りる状況がある」ことが必要とされるという点は、通信傍受法第3条第1項に規定するいわゆる数人共謀の要件と同様です。

また、上記①から③までを満たす事実は、疎明を要する被疑事実に係る事実ですので、被疑事実の要旨にも記載することを要するものと考えられます。

3 上記1①は、通信傍受法別表第2に掲げる罪が、二人以上の者が結合して形成された集団により行われるものであることを要することとするものです。

「人の結合体」といえるためには、構成員相互間の結び付きがある程度の継続性を備えていることが必要となると考えられます。もっとも、組織的犯罪処罰法第2条第1項の「団体」とは、「共同の目的を有する多数人の継続的結合体であって、その目的又は意思を実現する行為の全部又は一部が組織（指揮命令に基づき、あらかじめ定められた任務の分担に従って構成員が一体として行動する人の結合体をいう。以下同じ。）により反復して行われるもの」を意味し、ここにいう「共同の目的を有する多数人の継続的結合体」については、共同の目的をもって二人以上の者が結合している集団であって、その構成員の一部の変更が当該集団の同一性に影響を及ぼさないだけの継続性を有するもの、すなわち、構成員あるいはその単なる集合体とは別個の独立した社会的存在としての実体を有するものをいうとされていますが（三浦守ほか『組織的犯罪対策関連三法の解説』（法曹会、2011年）68頁）、上記1①における「人の結合体」については、構成員の一部の変更が集団の同一性に影響を及ぼさない

という意味での独立性は不要であり、臨時的に形成されたものであっても足ります。また、同項の「組織」とは、上記のとおり、「指揮命令に基づき、あらかじめ定められた任務の分担に従って構成員が一体として行動する人の結合体」をいい、「構成員が一体として行動する」ものであることが必要とされていますが、上記1①における「人の結合体」については、これとも異なり、「一体として行動する」と評価し得るほどの強度の結び付きも不要と考えられます。

4　上記1②は、「人の結合体」を構成する者が、犯罪の遂行に向けて必要となる「役割」を「分担」し、それに「従って行動する」ものであることを要することとするものです。

構成員が分担する「役割」には、犯罪の実行だけでなく、その準備や証拠隠滅等の事後措置も含まれます。一方、組織的犯罪処罰法第2条第1項の「組織」とは異なり、役割分担に従った行動が指揮命令に基づくものであることは不要です。

傍受令状の請求に当たっては、構成員のうち誰がどのような役割を担っているかが個別具体的に特定されるまでの必要はなく、その「人の結合体」において複数の者がそれぞれ異なる役割を果たしていることが示されれば足りると考えられます。

5　上記1③は、犯罪の遂行に向けた役割分担がその遂行に向けた行動の開始前に定められたものであることを要することとするものです。

例えば、役割分担の定めは一応存在したものの、それが実行行為の開始後に定められたものであるような場合には、「あらかじめ定められた」ものとはいえません。

## 第2節　通信傍受の手続の合理化・効率化

### 1　総論

**Q139**　通信傍受の手続の合理化・効率化の趣旨及び概要は、どのようなものですか。

**A**　これまで、通信傍受法においては、傍受の実施について、「通信手段の傍受の実施をする部分を管理する者」等を常時立ち会わせなければならないこととされており（改正前の同法第12条第1項）、また、そのために、通信傍受は、通信事業者の施設において実施する運用となっていたことから、通信事業者は、通信傍受の実施の都度、立会人となるべき職員や傍受の実施の場所の確保等に努めることを余儀なくされ、このことが、通信事業者にとって大きな負担となっていました。捜査機関にとっても、通信傍受の実施に当たっては、その数週間前から通信事業者との間で調整を図ることが必要となるため、捜査の必要に応じて臨機に通信傍受を実施する上で支障となる実情にありました。

　さらに、従来の通信傍受は、通信が行われたときにリアルタイムでその内容の聴取等をすることを前提としているため、捜査機関や立会人は、傍受の実施の期間中、常に待機し、通話がなされるのを長時間にわたって待ち続けなければならないという極めて非効率的な事態が生じていました。

　このようなことが、客観的な証拠の収集方法としての通信傍受の効果的・効率的な活用を妨げる結果となり、取調べ及び供述調書への過度の依存を生じる要因の一つともなってきたと考えられます。

　そこで、近時めざましい発展を遂げている暗号技術等の情報処理技術を活用することにより、通信傍受の実施の適正を十分に担保しつつ、通信事業者等の負担を軽減するとともに通信傍受の実施の機動性を確保して、より効果的・効率的な通信傍受を可能とするため、証拠の収集方法の適正化・多様化の観点から、従来の通信傍受の実施方法に加えて、「一時的保存を命じて行う通信傍受の実施の手続」と「特定電子計算機を用いる通信傍受の実施の手続」を導入することとされたものです。

第4章　通信傍受の合理化・効率化

　なお、以下においては、傍受の実施の際に常時立会人を立ち会わせ、通信が行われたときにリアルタイムでその内容の聴取等をする従来の通信傍受の実施の方式を、便宜上、「従来方式」と呼びます。

第 2 節　通信傍受の手続の合理化・効率化　Q140　199

## Q140 今回の改正で導入される「一時的保存を命じて行う通信傍受の実施の手続」の概要は、どのようなものですか。

**A**　「一時的保存を命じて行う通信傍受の実施の手続」は、裁判官の許可を受けて、

①　通信管理者等（通信手段の傍受の実施をする部分を管理する者（会社その他の法人又は団体にあっては、その役職員）又はこれに代わるべき者をいいます。以下同じです。）に命じて、傍受の実施をすることができる期間のうち捜査機関が指定する期間に行われる通信を暗号化させた上で一時的に保存させ（通信傍受法第 20 条第 1 項）、

②　その後、通信管理者等に命じてこれを復号させた上で、通信管理者等の立会いの下、復元された通信を再生してその内容の聴取等をする（同法第 21 条第 1 項）

というものです。再生した通信は、全て記録媒体に記録しなければならず（同法第 24 条第 1 項）、当該記録媒体は、立会人により封印され、裁判官に提出されて保管されることとなります（同法第 25 条第 2 項・第 4 項）。

　この手続は、暗号化等の技術的措置等により、一時的保存の時点では捜査機関が通信の内容を知り得ない状態を確保しつつ、事後的に通信の内容の聴取等をすることを可能とするものであり、通信が行われたときにリアルタイムでその内容の聴取等をするまでの必要がない事案においても、捜査機関と立会人が、傍受の実施の期間中、常に待機し、通話がなされるのを長時間にわたって待ち続けなければならない事態を解消し、通信事業者等の負担の軽減と捜査の効率化を図ろうとするものです。上記①の通信管理者等による通信の暗号化及び一時的保存を機器により自動化し、無人で行うこととした場合には、深夜等、立会人の確保に困難が生じ得る時間帯等においても、通信傍受を実施することが可能となります。

　この手続によるためには、傍受令状が発付されることに加えて、この手続によることについての裁判官の許可を受けることが必要です（同法第 5 条第 3 項、第 20 条第 1 項）。また、この手続において通信の暗号化及びその復号に用いられる「鍵」（法律上は「変換符号」又は「対応変換符号」と表現されます。同法第 2 条第 4 項）は、裁判官の命により裁判所の職員が作成することとされて

います（同法第9条第1号）。

　上記許可があった場合、捜査機関は、傍受の実施をすることができる期間内において、従来方式とこの手続のいずれによるかを一定の期間ごとに区切って選択することが可能となります（同法第20条第1項）。他方、この手続による傍受の実施をする期間内においては、同一の通信手段について従来方式による傍受の実施をすることはできません（同条第6項）。

第2節　通信傍受の手続の合理化・効率化　Q141　201

## Q141 今回の改正で導入される「特定電子計算機を用いる通信傍受の実施の手続」の概要は、どのようなものですか。

**A** 　「特定電子計算機を用いる通信傍受の実施の手続」は、裁判官の許可を受けて、通信管理者等に命じて、傍受の実施をしている間に行われる通信を暗号化させた上で捜査機関の施設等に設置された特定電子計算機に伝送させ、

① これを受信すると同時に復号し（通信傍受法第23条第1項第1号）、又は

② これを受信すると同時に一時的に保存し、その後、特定電子計算機を用いて復号して再生し（同項第2号・同条第4項）、

それぞれ、その内容の聴取等をするというものです。「特定電子計算機」とは、同条第2項各号に掲げる機能の全てを有する電子計算機であり、この手続による場合、その内容の聴取等がなされた通信は、全て、この特定電子計算機の機能により自動的に暗号化され、改変できない形で記録媒体に記録されることとなり（同法第26条第1項等）、通信管理者等による立会い及び記録媒体の封印は不要となります（同法第23条第1項後段等）。

　この手続は、通信管理者等による暗号化、特定電子計算機の利用その他の技術的措置等により、立会人がある場合と同程度に通信傍受の実施の適正を担保するものであり、これにより、捜査機関は、通信事業者等の施設ではなく、捜査機関の施設等において傍受を実施することも可能となり、従来方式の下で立会人となるべき職員や傍受の実施の場所の確保等に努めることを余儀なくされる通信事業者等の負担を軽減し得るとともに、より機動的な通信傍受の実施が可能となります。

　この手続によるためには、傍受令状が発付されることに加えて、この手続によることについての裁判官の許可を受けることが必要です（同法第5条第3項、第23条第1項）。また、この手続において通信の暗号化及びその復号並びに記録媒体に対する記録の際の暗号化及びその復号に用いられる「鍵」は、裁判官の命により裁判所の職員が作成することとされています（同法第9条第2号）。

　上記許可があった場合、捜査機関は、傍受の実施をすることができる期間

内において、通信管理者等から伝送された通信について、受信すると同時に復号するか（上記①）、あるいは、一時的に保存しておき、その後、復号して再生するか（上記②）を選択することが可能となります（同法第23条第1項）。他方、上記許可があった場合には、同一の通信手段について従来方式や「一時的保存を命じて行う通信傍受の実施の手続」による傍受の実施をすることはできません（同条第3項）。

## Q142
「一時的保存を命じて行う通信傍受の実施の手続」と「特定電子計算機を用いる通信傍受の実施の手続」は、通信の秘密を保障する憲法第21条第2項後段に反しないのですか。

**A** 通信傍受は、現に行われている他人間の通信について、その内容を知るため、当該通信の当事者のいずれの同意も得ないで、これを受けるものであり（通信傍受法第2条第2項）、憲法第21条第2項後段の保障する通信の秘密を制約するものですが、通信の秘密も絶対無制約なものではなく、犯罪捜査という公共の福祉の要請に基づき、必要最小限度の範囲でこれを制約することは許されるものと考えられます。最高裁平成11年12月16日決定（刑集53巻9号1327頁）も、通信傍受法の制定前に行われた検証許可状による電話傍受について、一定の要件の下で憲法上許容されることを認めています。

　これまで、通信傍受法においては、従来方式による通信傍受のみが許容されてきたところ、その要件は厳格であり、かつ、裁判官が発する傍受令状によってのみ実施することができることとされ、また、傍受の実施の際に捜査機関がその内容を知ることが許される通信の範囲も、裁判官により許可された通信傍受を実施するために必要な最小限度の範囲に限定されているなど、その実施に伴う通信の秘密に対する制約は、必要やむを得ない範囲に限定されています。したがって、従来方式による通信傍受は、憲法第21条第2項後段に抵触するものではありません。

　そして、このことは、「一時的保存を命じて行う通信傍受の実施の手続」及び「特定電子計算機を用いる通信傍受の実施の手続」についても同様です。すなわち、まず、いずれの手続についても、裁判官により傍受令状が発付されることが前提とされており、その発付の要件は、従来方式のみを許可する傍受令状の場合と同じです。その上で、新たに導入される上記二つの手続によるためには、更に、そのことについて裁判官の許可を受けることが必要とされています。また、これらの手続による場合には、一定の期間内に行われる全ての通信が、通信管理者等により又は特定電子計算機において、一時的に保存されることとなり得ますが、その際に保存される通信は、暗号化されているため、復号がなされない限り、捜査機関はその内容を知り得ないもの

第 4 章　通信傍受の合理化・効率化

である上、その後再生することにより捜査機関がその内容を知り得る通信の範囲は、従来方式による通信傍受においてその内容を知り得る通信の範囲と同じです。したがって、通信の秘密に対する制約の程度という点において、従来方式による通信傍受との間に実質的な差異はなく、新たに導入される上記二つの手続も憲法第21条第2項後段に抵触するものではありません。

第2節　通信傍受の手続の合理化・効率化　Q143　205

Q143
「一時的保存を命じて行う通信傍受の実施の手続」がとられる場合や、「特定電子計算機を用いる通信傍受の実施の手続」において通信の一時的保存がなされる場合においては、一定の期間内に行われる全ての通信について「傍受」がなされるため、通信の秘密に対する過剰な制約となるのではありませんか。

A　通信傍受法上、「傍受」とは、現に行われている他人間の通信について、その内容を知るため、当該通信の当事者のいずれの同意も得ないで、これを受けることをいいます（同法第2条第2項）。

　「一時的保存を命じて行う通信傍受の実施の手続」においては、通信を暗号化し、暗号化信号の一時的保存をする行為がこの「傍受」の定義に該当することから、当該行為が「傍受」と位置付けられています（同法第20条第1項）。

　また、「特定電子計算機を用いる通信傍受の実施の手続」のうち、検察官又は司法警察員が、通信管理者等に命じて暗号化させて伝送させた通信を特定電子計算機において受信すると同時に一時的保存をし、その後、特定電子計算機を用いて復号して再生する場合（同法第23条第1項第2号・第4項）においては、通信管理者等をして伝送させた通信を特定電子計算機で受信すると同時に一時的保存をする行為（同条第1項第2号）が「傍受」の定義に該当することから、当該行為が「傍受」と位置付けられています（同項）。

　そのため、これらの手続においては、一定の期間内に特定の通信手段を用いて行われる全ての通信を「傍受」することになりますが、もとより、これは、その全ての通信の内容を捜査機関が知ることを許容する趣旨ではありません。

　すなわち、これらの手続においては、一時的保存（「傍受」）の時点では、変換符号を用いた通信の暗号化がなされているため、捜査機関がその内容を知ることはできません（「一時的保存を命じて行う通信傍受の実施の手続」においては、通信管理者等が対応変換符号を保管することになりますし（同法第9条第1号）、「特定電子計算機を用いる通信傍受の実施の手続」においては、特定電子計算機の機能により不正な復号が防止されます（Q163参照）。）。

　そして、捜査機関がその「傍受」したものの内容を知るためには、「再生」

206　第4章　通信傍受の合理化・効率化

（同法第2条第6項）をすることが必要であるところ、捜査機関が再生により
その内容を知ることのできる通信の範囲は、従来方式による場合にその内容
を知ることのできる通信の範囲と同じです（「一時的保存を命じて行う通信傍受
の実施の手続」について同法第21条第1項・第3項〜第6項、「特定電子計算機を
用いる通信傍受の実施の手続」のうち一時的保存をした場合について同法第23条
第4項）。

　したがって、これらの手続による場合と従来方式による場合とで、通信の
秘密に対する制約の程度に実質的な差異はありません。

第2節　通信傍受の手続の合理化・効率化　Q144　207

## Q144 「一時的保存を命じて行う通信傍受の実施の手続」と「特定電子計算機を用いる通信傍受の実施の手続」は、捜索・押収に関する令状主義を定める憲法第35条第1項に反しないのですか。

**A** 憲法第35条は、捜索・押収に関する令状主義を定めているところ、そのうち同条第1項が、正当な理由に基づいて発せられ、かつ、捜索する場所及び押収する物を明示する令状を要求している趣旨は、「正当な理由」、すなわち、その場所及び目的物につき捜索・押収を行う根拠が存在することを裁判官にあらかじめ確認させ、それを令状の上に明示させて、その範囲でのみ捜索・押収を行うことを捜査機関に許すことにより、その点についての捜査機関の恣意を防止しようとする点にあると考えられます（井上正仁『捜査手段としての通信・会話の傍受』（有斐閣、1997年）38頁）。

　この点、「一時的保存を命じて行う通信傍受の実施の手続」及び「特定電子計算機を用いる通信傍受の実施の手続」は、いずれも、厳格な要件を満たす場合に、裁判官の発する、傍受すべき通信及び傍受の実施の対象とすべき通信手段を明示する傍受令状によって通信傍受を実施し得るとするものです。また、これらの手続による場合には、一定の期間内に行われる全ての通信が、一時的保存という形で一旦は「傍受」されることとなり得ますが、この段階では暗号化がなされていることから、捜査機関はその内容を知り得ない上、その後再生することにより捜査機関がその内容を知り得る通信の範囲は、必要最小限度の範囲に限定されており（Q143参照）、その範囲については、傍受令状に「傍受すべき通信」が特定されて記載され、明示されます。

　したがって、新たに導入される上記二つの手続は、一時的保存がなされる場合を含めて、憲法第35条第1項と整合するものです。

208　第4章　通信傍受の合理化・効率化

**Q145**　今回の改正で新たに用いられることとなった「暗号化」、「復号」、「一時的保存」及び「再生」の語は、それぞれどのような意味ですか。

**A**　1　「暗号化」とは、通信の内容を伝達する信号、通信日時に関する情報を伝達する信号その他の信号であって、電子計算機による情報処理の用に供されるものについて、電子計算機及び変換符号を用いて変換処理を行うことにより、当該変換処理に用いた変換符号と対応する変換符号を用いなければ復元することができないようにすることをいいます（通信傍受法第2条第4項）。

　ここにいう「通信の内容を伝達する信号、通信日時に関する情報を伝達する信号その他の信号であって、電子計算機による情報処理の用に供されるもの」は、「原信号」と呼ぶこととされています。また、「変換符号」は、信号の変換処理を行うために用いる符号をいうものと定義され、電子計算機及び変換符号を用いて変換処理を行った場合における「当該変換処理に用いた変換符号と対応する変換符号」は、「対応変換符号」と呼ぶこととされています。そして、暗号化により作成された信号を「暗号化信号」と呼ぶこととされています（同項）。

　一方、「復号」とは、暗号化信号について、電子計算機及び対応変換符号を用いて変換処理を行うことにより、原信号を復元することをいいます（同項）。言わば、暗号化の処理と逆の処理です。「復号」は、暗号化される前の原信号を復元するにとどまるものであり、復号により復元された通信の内容を知るための処理を行うことは含まれません。

　一般に、電気通信等の際の情報セキュリティの確保や改ざんの防止等のためになされる暗号化は、そのための鍵（暗号鍵）となる数値を用い、対象となるデータ（平文）を一定の計算規則（関数）に基づいて変換することにより、元のデータ（平文）が分からないようにする電子計算機による演算処理として行われ、暗号化がなされると、その復号のための鍵（復号鍵）を知らない第三者が元のデータを復元することは不可能となります。他方、復号は、復号鍵となる数値を用い、暗号化により作られたデータから元のデータを復元する電子計算機による演算処理として行われます。同法第2条第4項が規定す

る「暗号化」及び「復号」は、これらの演算処理を前提としたものです。

「暗号化」とは、「原信号……について、……対応変換符号……を用いなければ復元することができないようにする」ことをいいますので、例えば、対応変換符号によらずに暗号の解読を図る者により解読され得るようなぜい弱な変換処理をしたにとどまる場合には、これに当たりません。その暗号化の方式は、復号鍵を用いなければ解読することができないような十分な複雑性・強度を有するものであることが必要であり（十分な強度を有するものとして推奨されている総務省＝経済産業省「電子政府における調達のために参照すべき暗号のリスト（CRYPTREC暗号リスト）」（平成25年3月1日）に掲載された暗号化方式は、この要請を満たし得ると考えられます。）、そのような暗号化の方式の複雑性・強度は、裁判官による許可に係る審査（同法第5条第3項）において考慮されることとなります。

2　「一時的保存」とは、暗号化信号について、その復号がなされるまでの間に限り、一時的に記録媒体に記録して保存することをいいます（通信傍受法第2条第5項）。

このように、一時的保存は、復号がなされるまでの間に限り、一時的になされるものである点において、同法第24条第1項等による「記録」と異なります。

3　「再生」とは、一時的保存をされた暗号化信号（通信の内容を伝達する信号に係るものに限ります。）の復号により復元された通信について、電子計算機を用いて、音の再生、文字の表示その他の方法により、人の聴覚又は視覚により認識することができる状態にするための処理をすることをいいます（通信傍受法第2条第6項）。

「人の聴覚又は視覚により認識することができる状態にする」ための方法については、その対象となる通信の性質に応じて適切なものを選択することとなります。例えば、

・　復号により復元される通信が電話による会話である場合には、電子計算機の出力装置（スピーカーやヘッドフォン等）を通じて、その内容を音として聴くことができるようにする

・　復号により復元される通信が電子メールである場合には、電子計算機の出力装置（モニター等）に文字として表示し、あるいは、出力装置（プ

リンター）により紙に文字として印字し、その内容を文字として読むことができるようにする

といったことが考えられます。

　復号により復元される通信が外国語による通信である場合等においては、復元された時に「その内容を知ることが困難なため、傍受すべき通信に該当するかどうかを判断することができない」（同法第21条第4項）こととなり得ますが、そのような場合であっても、音として再生し、あるいは、文字として表示するための処理をすれば、「再生」に当たります。

## 2 新たに導入される二つの手続についての裁判官の許可

**Q146**
「一時的保存を命じて行う通信傍受の実施の手続」又は「特定電子計算機を用いる通信傍受の実施の手続」によるためには、裁判官の許可を受けなければならないこととされているのは、なぜですか。

**A** 「一時的保存を命じて行う通信傍受の実施の手続」又は「特定電子計算機を用いる通信傍受の実施の手続」によるためには、裁判官の許可を受けなければなりません（通信傍受法第20条第1項、第23条第1項）。

「一時的保存を命じて行う通信傍受の実施の手続」においては、暗号化等の技術的措置等により通信傍受の実施の適正を担保することとされており、また、「特定電子計算機を用いる通信傍受の実施の手続」においては、従来方式の下では立会人による立会いや記録媒体の封印により担保されている通信傍受の実施の適正を、特定電子計算機の機能（同法第23条第2項）等の技術的措置等により担保することとされています。このようなことからすると、いずれの手続においても、実際に通信傍受の実施の適正が担保されるか否かは、捜査機関がこれらの手続において実際に用いようとする機器の機能等の技術的措置等が十分なものであるか否かによることとなります。

そこで、これらの点について事前の司法審査を要することとし、裁判官が相当と認めてその許可をした場合にのみ、上記二つの手続によることができることとされたものです（同法第5条第3項）。

212　第4章　通信傍受の合理化・効率化

## Q147
「一時的保存を命じて行う通信傍受の実施の手続」又は「特定電子計算機を用いる通信傍受の実施の手続」についての裁判官の許可を受けるための手続は、どのようなものですか。

**A**　1　「一時的保存を命じて行う通信傍受の実施の手続」又は「特定電子計算機を用いる通信傍受の実施の手続」についての裁判官の許可の請求は、「検察官又は司法警察員」からしなければならないこととされています（通信傍受法第4条第3項）。

　ここにいう「検察官」及び「司法警察員」の意義は、同条第1項に規定するとおりであり、傍受令状の請求権者と同じく、

①　検察官については、検事総長が指定する検事

②　司法警察員については、国家公安委員会若しくは都道府県公安委員会が指定する警視以上の警察官、厚生労働大臣が指定する麻薬取締官又は海上保安庁長官が指定する海上保安官

です。これは、同項において傍受令状の請求権者が限定されていることに鑑み、同条第3項の請求についても、その請求権者が傍受令状の請求権者と同一の範囲の者に限定されたものです。

　2　「一時的保存を命じて行う通信傍受の実施の手続」又は「特定電子計算機を用いる通信傍受の実施の手続」についての裁判官の許可の請求は、通信傍受法第4条「第1項の請求をする際に」、すなわち、傍受令状の請求をする際にしなければならないこととされています（同条第3項）。したがって、傍受令状の発付後に同項の請求をすることはできません。これは、傍受令状に記載された「傍受の実施の方法」（同法第6条第1項）が、傍受令状による傍受の許可の一部をなすものであって、傍受令状の発付後に、新たな傍受令状の発付によることなく変更されることは予定されていないのと同様です。

　上記のとおり、「一時的保存を命じて行う通信傍受の実施の手続」又は「特定電子計算機を用いる通信傍受の実施の手続」についての裁判官の許可の請求は、傍受令状の請求を「する際に」すべきものであることから、その請求の相手方は、傍受令状の請求の相手方と同じく、地方裁判所の裁判官です。

　3　なお、傍受令状に通信傍受法第23条第1項の許可をする旨の記載がある場合（「特定電子計算機を用いる通信傍受の実施の手続」についての裁判官の

許可がある場合）には、同項に規定する方法によるほか、傍受の実施をすることはできないこととされていますので（同条第3項）、同条第1項の許可の請求をする場合に、同時に、同法第20条第1項の許可（「一時的保存を命じて行う通信傍受の実施の手続」についての裁判官の許可）の請求をすることは、できないと考えられます。

214　第4章　通信傍受の合理化・効率化

**Q148**　裁判官は、「一時的保存を命じて行う通信傍受の実施の手続」又は「特定電子計算機を用いる通信傍受の実施の手続」についての許可の請求を受けた場合、その相当性をどのように判断するのですか。

**A**　1　裁判官は、「一時的保存を命じて行う通信傍受の実施の手続」又は「特定電子計算機を用いる通信傍受の実施の手続」についての許可の請求を受けた場合において、当該請求を相当と認めるときに、当該請求に係る許可をすることとなります（通信傍受法第5条第3項）。

　この相当性の判断は、捜査機関が実際に用いようとする技術的措置等が通信傍受の実施の適正を担保する上で十分なものであるかという観点から行われることとなります（Q146参照）。

　2　具体的には、まず、「一時的保存を命じて行う通信傍受の実施の手続」についての許可の請求がなされた場合には、通信管理者等が実際に通信の暗号化及び一時的保存に用いようとする機器の機能等の技術的措置の内容や、一時的保存をされた暗号化信号を記録する記録媒体の管理の方法等が、通信傍受の実施の適正を担保する上で十分なものであるかという観点から、相当性の判断がなされるものと考えられます。その判断に当たっては、例えば、通信管理者等において、適切に通信の暗号化をすること、暗号化信号の一時的保存に用いる記録媒体や変換符号・対応変換符号を適切に管理することなどを含め、通信傍受法第20条から第22条までに規定されている手続を適正に行うのに十分な設備・技術・人員面での態勢が整っているかなどが考慮されると考えられます。

　また、「特定電子計算機を用いる通信傍受の実施の手続」についての許可の請求がなされた場合には、捜査機関が特定電子計算機として用いようとする機器の機能等を含め、捜査機関が実際に講じようとする技術的措置等が、立会人による立会いや記録媒体の封印に代わって通信傍受の実施の適正を担保するのに十分なものであるかという観点から、相当性の判断がなされるものと考えられます。その判断に当たっては、例えば、

・　捜査機関が準備した機器が特定電子計算機に該当するか（同法第23条第2項各号に掲げる機能を全て有しているか）

第2節　通信傍受の手続の合理化・効率化　　Q148　215

・　通信管理者等において、適切に通信を暗号化して特定電子計算機に伝
　送することなどを含め、同条に規定されている手続を適正に行うのに十
　分な設備・技術・人員面での態勢が整っているか

などが考慮されると考えられます。また、「特定電子計算機を用いる通信傍受
の実施の手続」は、特定電子計算機の機能等により通信傍受の実施の適正を
担保するものですので、捜査機関が用いる機器は、傍受の実施をする全期間
を通じて、同条第2項各号に掲げる機能を全て備えている必要があり、これ
らの機能を構成するプログラム等が令状審査後に改ざんされる余地のないも
のであるかという観点から、

・　捜査機関が特定電子計算機として用いようとする機器に、製造業者等
　による適切な改ざん防止措置が講じられているか

も考慮されることになると考えられます。

216　第4章　通信傍受の合理化・効率化

## Q149

裁判官が「一時的保存を命じて行う通信傍受の実施の手続」又は「特定電子計算機を用いる通信傍受の実施の手続」についての許可をする場合、その旨は傍受令状に記載されるのですか。

## A

検察官又は司法警察員は、「一時的保存を命じて行う通信傍受の実施の手続」又は「特定電子計算機を用いる通信傍受の実施の手続」についての裁判官の許可を受けたときは、通信管理者等に対し、通信の暗号化、暗号化信号の一時的保存や伝送といった一定の作為を命じることができ、命令を受けた通信管理者等は、これらの作為を法的に義務付けられることとなりますので、裁判官が、検察官又は司法警察員に対し、そのような命令をする権限を付与する許可をしたことについては、傍受令状に明示することとして、通信管理者等に示されるようにすることが適切であると考えられます。

　そこで、裁判官は、新たに導入される上記二つの手続についての許可をするときは、傍受令状にその旨を記載することとされています（通信傍受法第6条第2項）。

　「その旨を記載する」とは、同法第20条第1項の許可又は同法第23条第1項の許可をする旨を記載することを意味します（前者が「一時的保存を命じて行う通信傍受の実施の手続」についての許可であり、後者が「特定電子計算機を用いる通信傍受の実施の手続」についての許可です。）。

　この記載は、被疑事実の要旨と異なり、傍受令状の提示の際、通信管理者等に示さなければなりません（同法第10条第1項本文）。

## 3 新たに導入される二つの手続のための暗号鍵・復号鍵の作成等

**Q150** 「一時的保存を命じて行う通信傍受の実施の手続」又は「特定電子計算機を用いる通信傍受の実施の手続」に用いられる変換符号及び対応変換符号の作成等は、誰が行うのですか。

**A** 1　「一時的保存を命じて行う通信傍受の実施の手続」又は「特定電子計算機を用いる通信傍受の実施の手続」に用いられる変換符号及び対応変換符号は、一時的保存をされた通信の内容を検察官又は司法警察員が知り得ない状態を確保したり、傍受の原記録として裁判官により保管されることとなる記録媒体に記録される通信等の記録を改変できないようにするためのものであり、新たに導入される上記二つの手続における通信傍受の実施の適正を担保する上で重要な意味を持ちます。そのため、そのような変換符号及び対応変換符号の作成等についても、適正を担保する必要性が高いと考えられます。

そこで、これらの変換符号及び対応変換符号の作成等については、公正・中立な立場にある裁判官の命により、裁判所の職員が行うこととされています（通信傍受法第9条）。

同条にいう「裁判所書記官その他の裁判所の職員」とは、裁判官以外の裁判所の職員を指します。例示されている「裁判所書記官」のほか、裁判所事務官等がこれに当たります。なお、同条においては、「裁判所の職員」は、同法第20条第1項又は第23条第1項の許可をした裁判官が所属する地方裁判所の職員に限定されていません。

2　通信傍受法第9条各号に定める措置は、「裁判官の命を受けて」執ることとされています。この措置は、通常は、裁判官による同法第20条第1項又は第23条第1項の許可と連続して執られるものであり、当該許可をした裁判官がこれを命じることとなります。

なお、同法第9条各号に掲げる要件を満たすこと、すなわち、傍受令状に同法第20条第1項の許可をする旨の記載又は同法第23条第1項の許可をする旨の記載があることは、同法第9条各号の措置を命じる裁判官により確認済みですので、命を受けた裁判所の職員が改めて判断する必要はありません。

218 第4章 通信傍受の合理化・効率化

**Q151** 傍受令状に通信傍受法第 20 条第 1 項の許可をする旨の記載がある場合、裁判所の職員は、裁判官の命を受けて、どのような措置を執ることになるのですか。

**A** 裁判所の職員は、傍受令状に通信傍受法第 20 条第 1 項の許可をする旨の記載があるとき（「一時的保存を命じて行う通信傍受の実施の手続」についての許可があるとき）は、裁判官の命を受けて、同項による暗号化に用いる変換符号及びその対応変換符号を作成し、これらを通信管理者等に提供することとされています（同法第 9 条第 1 号）。

上記変換符号は、同法第 20 条第 1 項による暗号化（指定期間に行われる通信の内容を伝達する原信号の暗号化）に用いられるとともに、同条第 2 項による暗号化（指定期間内における通話の開始及び終了の年月日時に関する情報を伝達する原信号の暗号化）にも用いられることとなります。

また、上記対応変換符号は、同法第 21 条第 1 項による復号（一時的保存をされた通信の内容に係る暗号化信号の復号）に用いられるとともに、同条第 2 項による復号（一時的保存をされた通話の開始及び終了の年月日時に関する情報に係る暗号化信号の復号）にも用いられるものです。

作成された変換符号及び対応変換符号の提供の方法については、同法第 9 条第 2 号ロと異なり、特に規定されていません。例えば、作成された変換符号及び対応変換符号を持ち運び可能な記録媒体に記録した上で、当該通信管理者等に直接交付する方法のほか、捜査機関にその運搬及び交付を行わせる方法が考えられます。

第2節　通信傍受の手続の合理化・効率化　Q152　219

## Q152
傍受令状に通信傍受法第23条第1項の許可をする旨の記載がある場合、裁判所の職員は、裁判官の命を受けて、どのような措置を執ることになるのですか。

**A**　1　裁判所の職員は、傍受令状に通信傍受法第23条第1項の許可をする旨の記載があるとき（「特定電子計算機を用いる通信傍受の実施の手続」についての許可があるとき）は、裁判官の命を受けて、次の措置を執ることとされています（同法第9条第2号）。

(1)　同法第23条第1項による暗号化に用いる変換符号（以下本問において「変換符号A」といいます。）を作成し、これを通信管理者等に提供すること（同号イ）。

(2)　次の対応変換符号及び変換符号を作成し、これらを検察官又は司法警察員が傍受の実施に用いるものとして指定した特定電子計算機（以下本問において「指定特定電子計算機」といいます。）以外の機器において用いることができないようにするための技術的措置を講じた上で、検察官又は司法警察員に提供すること（同号ロ）。

ア　変換符号Aの対応変換符号（以下本問において「対応変換符号A」といいます。）

イ　同法第26条第1項による暗号化に用いる変換符号（以下本問において「変換符号B」といいます。）

(3)　変換符号Bの対応変換符号（以下本問において「対応変換符号B」といいます。）を作成し、これを保管すること（同号ハ）。

変換符号Aは同法第23条第1項による暗号化に、対応変換符号Aは同項第1号又は同条第4項による復号にそれぞれ用いられるものです。

また、変換符号Bは同法第26条第1項による暗号化に、対応変換符号Bはその暗号化信号の復号にそれぞれ用いられるものです。対応変換符号Bが用いられる場合としては、例えば、傍受の実施の状況を記載した書面等（同法第27条第2項、第28条第2項）の提出を受けた裁判官が同法第27条第3項又は第28条第3項による審査をする場合や、傍受記録に記録されている通信の当事者が同法第32条第1項により傍受の原記録の聴取等をする場合等が考えられます。

2　通信傍受法第9条第2号イによる通信管理者等への変換符号Aの提供の方法については、同条第1号の場合と同様、特に規定されておらず、通信管理者等に直接交付する方法のほか、捜査機関にその運搬及び交付を行わせる方法が考えられます（もっとも、変換符号Aが共通鍵方式（情報の送り手と受け手とが同じ鍵を共有し、情報の送り手による暗号化と受け手による復号に当該鍵を用いる方式）によるものである場合には、捜査機関にその運搬及び交付を行わせるときは、それが捜査機関に不正に利用されないことを確保するための措置を講じることが相当であると思われます。）。

これに対し、同条第2号ロにより対応変換符号A及び変換符号Bを検察官又は司法警察員に提供する際は、上記1(2)のとおり、指定特定電子計算機以外の機器においてこれらを用いることができないようにするための技術的措置を講じなければならないこととされています。

この技術的措置が講じられることにより、

・　対応変換符号Aを指定特定電子計算機以外の機器に入力し、通信管理者等が変換符号Aにより暗号化して伝送した暗号化信号（同法第23条第1項）を、当該機器でも受信した上で不正に復号し、記録を残さずに通信の内容を知る

・　変換符号Bが共通鍵方式のものである場合に、変換符号Bを指定特定電子計算機以外の機器に入力し、特定電子計算機により暗号化された上で記録媒体に記録された通信の記録（同法第26条第1項）を不正に復号し、その記録内容を改変する

といった不正行為は行い得ないことが確保されるとともに、

・　同法第23条第1項第1号による傍受及び同条第4項による再生並びに同法第26条第1項による記録媒体に対する記録に、裁判官による審査を経た指定特定電子計算機が用いられること

が確保されることとなります。

そして、これらのことが確保されることにより、「特定電子計算機を用いる通信傍受の実施の手続」において、通信傍受が一つの通信について1回に限り特定電子計算機によって行われ、傍受又は再生された全ての通信が改変不能な形で記録媒体に記録されることが確保されます。

## 4　一時的保存を命じて行う通信傍受の実施の手続

> **Q153**　「一時的保存を命じて行う通信傍受の実施の手続」における通信の傍受は、どのようにするのですか。

**A**　1　傍受の主体は、従来方式と同様、「検察官又は司法警察員」です（通信傍受法第20条第1項）。傍受令状等の請求の主体についてなされているような限定（Q147参照）はありません。

2　「一時的保存を命じて行う通信傍受の実施の手続」によるためには、「裁判官の許可」が必要です（通信傍受法第20条第1項）。その許可を受けるための手続等については、Q147からQ149までを参照。

3　通信の暗号化及び一時的保存は、「通信管理者等に命じて」させることとされており（通信傍受法第20条第1項）、検察官又は司法警察員が自らこれらをすることはできません。これは、通信の暗号化及び一時的保存をする場合においては、

①　それらが、傍受令状により傍受を許可された通信手段について、その許可された期間内に行われた通信に限ってなされることや

②　一時的保存をされた暗号化信号が適切に保管・管理されること
を確保する必要があるところ、特定電子計算機を用いずに手続の適正を担保するためには、上記①及び②は、いずれも、当該通信手段の傍受の実施をする部分を管理する者である通信管理者等がその役割を担うこととするのが適切であると考えられるためです。

通信管理者等がすることとされている通信の暗号化及び一時的保存は、同項の許可をする旨が記載された傍受令状によりその許可を受けた捜査機関が行う強制処分の一部であり、捜査機関が法令に基づいて命じるものですので、通信管理者等は、同項の命令を受けたときは、当該命令に係る通信の暗号化及び一時的保存をする法的義務を負うことになります。

4　「一時的保存を命じて行う通信傍受の実施の手続」における傍受は、通信管理者等に命じて、指定期間（Q154参照）に行われる全ての通信について、通信傍受法「第9条第1号の規定により提供された変換符号を用いた原信号（通信の内容を伝達するものに限る。）の暗号化をさせ、及び当該暗号化により作成される暗号化信号について一時的保存をさせる方法により」、するもの

222　第4章　通信傍受の合理化・効率化

とされています（同法第20条第1項）。

　「第9条第1号の規定により提供された変換符号」とは、裁判所の職員が同号により作成して通信管理者等に提供した同項による暗号化に用いる変換符号です。この変換符号を用いた暗号化がなされることにより、通信に係る原信号は、「その対応変換符号」（同号）を用いなければ復元することができないものとなります。

## Q154 「一時的保存を命じて行う通信傍受の実施の手続」における傍受の対象となるのは、どのような通信ですか。

**A** 1　通信傍受法第20条第1項による傍受の対象となる通信は、「傍受令状の記載するところに従い傍受の実施をすることができる期間……内において検察官又は司法警察員が指定する期間……に行われる全ての通信」です。

　もっとも、同項においては、「前条の規定により傍受の実施を終了した後の期間」は、「傍受令状の記載するところに従い傍受の実施をすることができる期間」から除かれています。他方で、「検察官又は司法警察員が指定する期間」には、「当該期間の終期において第18条の規定により傍受の実施を継続することができるときは、その継続することができる期間」を含むこととされています。

　このようにして定義される「検察官又は司法警察員が指定する期間」が「指定期間」と呼ばれています（同項）。

　2　「傍受令状の記載するところに従い傍受の実施をすることができる期間」とは、基本的には、通信傍受法第5条第1項により裁判官が定め、傍受令状に記載した「傍受ができる期間」ですが、同条第2項により、傍受の実施に関する条件として、傍受の実施をすることができない時間帯が定められ、傍受令状に記載されているときは、傍受ができる期間のうち当該時間帯を除いたものが、これに当たります。

　傍受ができる期間内であっても、傍受の理由又は必要がなくなったときは、傍受の実施を終了しなければならず（同法第19条）、その終了後の期間においては、傍受の実施をすることができません。そこで、上記1のとおり、「前条の規定により傍受の実施を終了した後の期間」が「傍受令状の記載するところに従い傍受の実施をすることができる期間」から除かれているものです。

　3　「検察官又は司法警察員が指定する期間」とは、「傍受令状の記載するところに従い傍受の実施をすることができる期間」内で、検察官又は司法警察員が通信管理者等に対して指定する期間です。

　期間の指定は、検察官又は司法警察員が通信傍受法第20条第1項による傍受をする必要があると認めるときに、その期間を通信管理者等に伝達する

ことにより行うこととなります。

　期間の指定は、日単位で行うことも、また、時間単位で行うことも可能です。例えば、ある日の深夜から翌日の早朝にかけての時間帯にのみ同項による傍受の実施をすることとする場合には、通信管理者等に対し、「平成○年○月１日午後 11 時から同月２日午前６時までの間」などと指定して、その間に行われる全ての通信について同項による暗号化及び一時的保存をするよう命じることが考えられます。

　もっとも、検察官又は司法警察員が指定する期間は、「傍受令状の記載するところに従い傍受の実施をすることができる期間」内におけるものでなければなりませんので、例えば、初めから、傍受ができる期間の終期を超えて期間を指定したり、傍受令状に傍受の実施に関する条件として記載された傍受の実施をすることができない時間帯を含む期間を指定することはできません。

　他方、指定期間には、「当該期間の終期において第 18 条の規定により傍受の実施を継続することができるときは、その継続することができる期間」が含まれます。例えば、傍受令状に記載された傍受ができる期間の終期が指定期間の終期とされている場合において、当該終期に現に通信が行われているため、同法第 18 条により通話が終了するまで傍受の実施を継続することができるときは、その傍受の実施を継続することができる期間が「指定期間」に含まれ、その間に行われた通信についても、指定期間における傍受として、同法第 20 条第１項による傍受がなされることとなります。

第2節　通信傍受の手続の合理化・効率化　Q155　225

## Q155 「一時的保存を命じて行う通信傍受の実施の手続」における傍受の実施は、どのようにするのですか。

**A**　1　「傍受の実施」とは、「通信の傍受をすること及び通信手段について直ちに傍受をすることができる状態で通信の状況を監視すること」をいい（通信傍受法第5条第2項）、「一時的保存を命じて行う通信傍受の実施の手続」に即して見ると、

・　通信管理者等をして、指定期間に行われる通信について、その暗号化及びそれにより作成される暗号化信号の一時的保存をさせる方法により、傍受をすること、並びに

・　通信管理者等をして、指定期間中、通信が行われた場合には直ちにその暗号化及びそれにより作成される暗号化信号の一時的保存をすることができるよう、それに必要な機器の準備等をした上で、通信が行われるか否かを監視させること

を意味することになります。

　ここにいう「監視させる」とは、機器を設置して所要の設定をすることにより自動的に把握される状態に置くことも含みます。

　この場合の傍受の実施の具体的な場所は、傍受令状の発付の際に裁判官が定め（同条第4項前段）、傍受令状に記載することとなります。「指定期間……における傍受の実施の場所」と「指定期間以外の期間における傍受の実施の場所」がそれぞれ定められ（同項後段）、傍受令状に記載されている場合には、同法第20条第1項による傍受の実施は、前者の場所においてすることとなります。

　2　「一時的保存を命じて行う通信傍受の実施の手続」における傍受の実施については、通信傍受法第13条（立会い）の適用が排除されており、通信管理者等の立会いが不要とされています（同法第20条第1項後段）。これは、同項前段の場合における傍受の実施においては、通信管理者等が通信の暗号化及び一時的保存をすることになるため、同法第13条による立会いを要求する意味がないことによるものです。

　他方、同法第11条（必要な処分等）、第12条（通信事業者等の協力義務）、第18条（傍受の実施を中断し又は終了すべき時の措置）及び第19条（傍受の実施の

終了）は、同法第20条第1項による傍受の実施についても適用されます。

したがって、検察官又は司法警察員は、同項による傍受の実施について必要な処分をすることが可能です（同法第11条）。この場合における必要な処分としては、例えば、同項による暗号化及び一時的保存が第三者に妨害され、あるいは干渉されることがないよう、これらの行為が行われる傍受の実施の場所への無関係な者の立入りを防止する措置を講じることなどが考えられます。

また、検察官又は司法警察員は、通信事業者等に対して、同項による傍受の実施に関し必要な協力を求めることが可能です（同法第12条）。この場合における必要な協力としては、例えば、通信事業者等が、事業上の情報セキュリティの確保の観点から、その取り扱う通信についてスクランブル等の措置を講じている場合に、同項による暗号化及び一時的保存をする前に当該スクランブル等の措置を解除しておくことなどが考えられます。なお、同条により求めることができる「必要な協力」は、個々の通信の傍受を実施するために合理的に必要な協力を意味しますので、同項による傍受の実施を可能とするためのシステムやネットワークの構築、ソフトウェアの開発等は、これに含まれません。

3　検察官及び司法警察員は、指定期間内は、傍受の実施の場所に立ち入ってはならないこととされています（通信傍受法第20条第5項）。

また、検察官及び司法警察員は、指定期間内においては、同条第1項に規定する方法によるほか、傍受の実施をすることができないこととされており（同条第6項）、指定期間内において、同一の通信手段について従来方式による傍受の実施を重ねてすることはできません。

第2節　通信傍受の手続の合理化・効率化　　Q156　　227

**Q156** 「一時的保存を命じて行う通信傍受の実施の手続」において、通信管理者等に命じて、指定期間内における通話の開始及び終了の年月日時に関する情報を暗号化させて一時的に保存させておくことが必要とされているのは、なぜですか。

**A**　1　ある通信が傍受され、その内容の聴取等がなされたとしても、当該通信がいつなされた通話の機会に行われたものであるかが不明であれば、当該通信と被疑事実との関連性等を適切に判断することは困難です。

また、一時的保存後の再生が該当性判断のために必要な最小限度の範囲（通信傍受法第21条第3項）でなされたものであるか否かを事後的に検証できるようにする上でも、傍受の対象となる通信手段を用いてなされた通話の開始及び終了の年月日時の情報は、必要不可欠です。

そこで、後に再生の実施をする際等に必要となる情報を確保しておく観点から、同法第20条第1項による傍受をするときは、通信管理者等に命じて、「指定期間内における通話の開始及び終了の年月日時に関する情報を伝達する原信号」について、暗号化及び一時的保存をさせることとされたものです（同条第2項）。

その暗号化に用いられる変換符号は、同条第1項による暗号化（通信の内容を伝達する原信号の暗号化）に用いられるものと同じものです。

2　こうして暗号化及び一時的保存をされた通話の開始及び終了の年月日時に関する情報は、通信傍受法第21条第1項による再生の実施の際に、通信管理者等により復号・復元され（同条第2項）、再生の実施の際の該当性判断（同条第3項）に用いられることとなります。

なお、その復号は、通信管理者等に命じてさせることとなります（同条第2項）。その復号に用いられる対応変換符号は、同条第1項による復号に用いられるものと同じです（同条第2項）。

228　第4章　通信傍受の合理化・効率化

## Q157 「一時的保存を命じて行う通信傍受の実施の手続」における暗号化信号の復号や復元された通信の再生は、どのようにするのですか。

**A**　1　通信傍受法第21条第1項前段においては、「検察官又は司法警察員は、……通信管理者等に命じて、……一時的保存をされた暗号化信号について、……復号をさせることにより、……傍受をした通信を復元させ、同時に、復元された通信について、……再生をすることができる。」と規定されています。

ここに規定されている行為は、①通信管理者等に命じて、一時的保存をされた暗号化信号について復号をさせること、②復元された通信について再生をすること、の二つの部分に分けることができますが、いずれについても、その主体は「検察官又は司法警察員」です。

もっとも、上記①については、通信管理者等に命じて復号をさせるのは「検察官又は司法警察員」であるものの、実際に復号の作業をするのは通信管理者等です。

このように、一時的保存をされた暗号化信号の復号は、通信管理者等に命じてさせることとされています。その趣旨は、通信の暗号化及び一時的保存を通信管理者等にさせることとされた趣旨と同様であり、また、同法第21条第1項による命令の法的効果等についても、同法第20条第1項による命令と同様です（いずれについても、Q153を参照。）。

同法第21条第1項による再生は、通信管理者等に復号をさせることにより、通信を復元させた上で、これと「同時に」することとされていますので、復号により復元された通信を再生せずに保存しておき、その後において再生をすることはできません。

2　一時的保存をされた暗号化信号が複数ある場合における復号の順序については、必ずしも、一時的保存がなされた順に復号させなければならないものではなく、いずれを先に復号させても差し支えありません。

通信傍受法第21条第1項による復号は、「第9条第1号の規定により提供された対応変換符号」、すなわち、裁判所の職員が同号により作成して通信管理者等に提供した、同法第20条第1項による暗号化に用いる変換符号と対

応する変換符号を用いてなされます。この対応変換符号を用いた復号がなされることにより、同項による傍受をした通信が復元されます。

　3　通信傍受法第21条第1項による再生は、同条第3項から第6項までに定めるところによりするものとされており、再生することができる通信の範囲は、これらの規定に具体的に定められています。すなわち、

①　傍受すべき通信に該当する通信の再生（同条第3項。従来方式による場合の同法第3条第1項に対応）

②　該当性判断のための再生（同法第21条第3項・第4項。従来方式による場合の同法第14条に対応）

③　他の犯罪の実行を内容とする通信の再生（同法第21条第5項。従来方式による場合の同法第15条に対応）

が可能とされている一方で、

④　医師等の業務に関する通信の再生の禁止（同法第21条第6項。従来方式による場合における同法第16条に対応）

が規定されています。

　これらのうち、上記②は、

・　傍受すべき通信に該当するかどうか明らかでないものについては、傍受すべき通信に該当するかどうかを判断するため、これに必要な最小限度の範囲に限り、当該通信の再生をすることができ（同法第21条第3項）、

・　外国語による通信又は暗号その他その内容を即時に復元することができない方法を用いた通信であって、再生の時にその内容を知ることが困難なため、傍受すべき通信に該当するかどうかを判断することができないものについては、その全部の再生をすることができる（同条第4項）

こととするものです。

　また、上記③は、同条第1項による復号により復元された通信の中に、同法第15条に規定する通信、すなわち、「傍受令状に被疑事実として記載されている犯罪以外の犯罪であって、別表第1若しくは別表第2に掲げるもの又は死刑若しくは無期若しくは短期1年以上の懲役若しくは禁錮に当たるものを実行したこと、実行していること又は実行することを内容とするものと明らかに認められる通信」があるときは、当該通信の再生をすることができることとするものです。

230　第4章　通信傍受の合理化・効率化

　上記④は、「医師、歯科医師、助産師、看護師、弁護士（外国法事務弁護士を
含む。）、弁理士、公証人又は宗教の職にある者（傍受令状に被疑者として記載さ
れている者を除く。）」との間の通信については、他人の依頼を受けて行うその
業務に関するものと認められるときは、その再生をしてはならないこととす
るものです。

　4　通信傍受法第21条第1項による復号及び再生は、「傍受の実施の場所
（指定期間以外の期間における傍受の実施の場所が定められているときは、その場
所）」においてすることとされています。

　「指定期間……における傍受の実施の場所」と「指定期間以外の期間におけ
る傍受の実施の場所」がそれぞれ定められ（同法第5条第4項後段）、傍受令状
に記載されている場合には、後者の場所においてすることとなります。

　5　通信傍受法第20条第1項による傍受をした通信については、同法第
21条第1項による場合を除き、その復号による復元をすることができません
（同法第20条第7項）。元々、同条第1項による傍受をした通信の復号は、通
信管理者等が保持する対応変換符号を用いない限り、物理的に不可能であり、
当該対応変換符号を用いる以外に、すなわち、同法第21条第1項による以外
に方法はありませんが、この点が法律上も明記されています。

# Q158 「一時的保存を命じて行う通信傍受の実施の手続」における再生の実施は、どのようにするのですか。

1 「再生の実施」とは、
① 通信の再生をすること並びに
② 一時的保存のために用いられた記録媒体について直ちに再生をすることができる状態で一時的保存の状況の確認及び暗号化信号の復号をすること

をいいます（通信傍受法第21条第1項後段）。

その概念の構造は、「傍受の実施」（同法第5条第2項）と同様であり、上記①は、通信の再生そのものを指し、上記②は、これに付随して必要となる行為として、復号がなされた場合には直ちに再生することができるよう、それに必要な機器の準備等をした上で、一時的保存により記録媒体に記録された暗号化信号の有無等を確認し、その存在等が確認された暗号化信号について復号をすることを指します。

暗号化信号の復号及び復元された通信の再生は、通常は、電子計算機を用いてプログラムによる演算処理として行われるものと考えられるところ、その場合、その電子計算機のモニター上に、一時的保存がなされた暗号化信号のデータファイルの個数やその状態等を表示させて確認し、確認された暗号化信号のデータファイルについて復号をし、復元された通信について当該電子計算機又は別の電子計算機を用いて再生することなどが「再生の実施」に当たると考えられます。

2 再生の実施の「開始」（通信傍受法第21条第9項）とは、再生の実施を始めることをいい、再生の実施を中断した後、これを再開する場合を含みます。

再生の実施の「中断」（同法第24条第2項等）とは、その後の再生の実施の再開を予定して、再生の実施を止めることをいい、例えば、

・ 再生の実施を開始し又は再開した時点において一時的保存をされていた暗号化信号の全部について復号及び再生を終了したものの、更に行われる同法第20条第1項による傍受の実施の際に新たに一時的保存をされる暗号化信号について再生の実施をすることを予定して、再生の実

232　第4章　通信傍受の合理化・効率化

を止める場合

・　再生の実施を開始し又は再開した時点において一時的保存をされていた暗号化信号の一部について復号及び再生を終了し、それ以外の暗号化信号及び更に行われる同項による傍受の実施の際に新たに一時的保存をされる暗号化信号について再生の実施をすることを予定して、再生の実施を止める場合

・　一時的保存の状況を確認した際に一時的保存をされた暗号化信号がなかった場合において、更に行われる同項による傍受の実施の際に新たに一時的保存をされる暗号化信号について再生の実施をすることを予定して、再生の実施を止める場合

等がこれに当たります。

　再生の実施の「終了」（同法第24条第2項）とは、再生の実施を最終的にやめることをいいます。

　3　通信傍受法第21条第1項による再生の実施は、傍受令状に記載された傍受ができる期間内に終了しなかったときは、その期間の終了後できる限り速やかに、これを終了しなければならないこととされています（同条第8項）。これは、同法第20条第1項による一時的保存は、飽くまで、その後復号がなされるまでの中間的・暫定的なものであって、一時的保存後に、再生の実施がなされずに漫然とその保存が継続されることとなるのは適切でないためです。

　4　また、通信傍受法第21条第1項による再生の実施は、傍受の理由又は必要がなくなったときは、傍受令状に記載された傍受ができる期間内であっても、その開始前にあってはこれを開始してはならず、その開始後にあっては、これを終了しなければならないこととされています（同条第9項本文）。

　もっとも、傍受の理由又は必要がなくなった場合であっても、それまでの間に一時的保存をした暗号化信号であって、いまだ復号がなされていないものが存在することがあり得ます。そのような場合のうち、

①　傍受すべき通信に該当する通信が行われると疑うに足りる状況がなくなったこと、又は

②　傍受令状に記載された傍受の実施の対象とすべき通信手段が、被疑者が通信事業者等との間の契約に基づいて使用しているものではなくなっ

たこと若しくは犯人による傍受すべき通信に該当する通信に用いられる
と疑うに足りるものではなくなったこと

を理由として、「傍受の理由又は必要」がなくなった場合については、犯罪の
十分な嫌疑の要件はなお満たされており、傍受の必要性も失われていない上、
一時的保存がなされた当時においては、傍受すべき通信に該当する通信が行
われる蓋然性があり、また、当該通信手段は被疑者が使用するもの等であっ
たのですから、当該暗号化信号には、傍受すべき通信に該当する通信に係る
ものが含まれている蓋然性があることとなります。

　そこで、これらの場合には、傍受の理由又は必要がなくなった場合であっ
ても、それまでの間に一時的保存をされた暗号化信号について再生の実施を
することができることとされています（同項ただし書）。

　5　通信傍受法第21条第1項前段の場合における再生の実施については、
同法第13条（立会い）が準用されるため（同法第21条第1項後段）、通信管理
者等を立ち会わせなければならず（同法第13条第1項）、また、立会人は、検
察官又は司法警察員に対し、再生の実施に関し意見を述べることが可能です
（同条第2項）。再生の実施についての立会人の役割は、基本的に従来方式に
よる傍受の実施についての立会人の役割と同様であり、

①　該当性判断のための再生（同法第21条第3項・第4項）が適正な方法で
　なされているか
②　再生した通信について全て記録がなされているか

といった外形的な事項についてチェックするほか、

③　裁判官に提出される再生した通信を記録した記録媒体について封印を
　する（同法第25条第2項）

などの役割を担うこととなります。

　同法第21条第1項前段の場合における再生の実施については、同法第11
条（必要な処分等）及び第12条（通信事業者等の協力義務）も準用されますの
で、検察官又は司法警察員は、この場合における再生の実施について必要な
処分をすることができるほか（同法第11条）、通信事業者等に対して、再生の
実施に関し必要な協力を求めることができます（同法第12条）。この場合にお
ける必要な処分としては、例えば、通信管理者等が一時的保存に用いる装置
に、通信の再生のための機器を接続し、その再生のために当該装置を操作す

234　第4章　通信傍受の合理化・効率化

ることや、再生の実施をする「傍受の実施の場所」として定められた通信管理者等の管理する場所への無関係な者の立入りを防止する措置を講じることなどが考えられます。

第2節　通信傍受の手続の合理化・効率化　Q159　235

## Q159

「一時的保存を命じて行う通信傍受の実施の手続」において、通信管理者等に対する通信の相手方の電話番号等の情報の保存の求めやその開示等の手続が規定されているのは、なぜですか。

**A**　1　従来方式においては、検察官又は司法警察員は、傍受の実施をしている間に行われた通信について、一定の要件の下で、その相手方の電話番号等の探知をすることができることとされています（通信傍受法第17条）。

しかし、同法第20条第1項による傍受をする場合には、その通信の相手方の電話番号等を知るための行為を行うのは、一時的保存の終了後、すなわち、当該通信の終了後となるところ、通信の発信者である相手方の電話番号等に関する情報は、傍受の実施の対象となる通信手段を管理する通信事業者の下では、短期間で消去されることが多く、一時的保存をした通信の相手方の電話番号等を知るための行為を行う時までの間に、当該情報が消去される可能性があります。

そこで、検察官又は司法警察員は、同項による傍受をするときは、通信管理者等に対し、同法第21条第7項の手続（下記3参照）が終了するまでの間一時的保存をする通信の相手方の電話番号等の情報を保存することを求めることができることとされたものです（同法第20条第3項前段）。

なお、同項前段による求めについては、同法第17条第2項後段が準用されていますので（同法第20条第3項後段）、同項前段による求めを受けた通信管理者等は、正当な理由がないのにこれを拒んではならないこととなります。

2　このように、検察官又は司法警察員は、通信管理者等に対し、一時的保存をする通信の相手方の電話番号等の情報を保存することを求めることができますが、通信管理者等は、通常は、その保存をすることが可能であるものの、通信サービスの提供の形態によっては、その保存をすることができるのが通信管理者等以外の者である場合もあり得ます。

そこで、そのように、通信管理者等において、一時的保存をする通信の相手方の電話番号等の情報を保存することができないときは、検察官又は司法警察員は、その保存をすることができる通信事業者等に対し、通信傍受法第

21条第7項の手続（下記3参照）の用に供するための要請である旨を告知して、当該手続が終了するまでの間これを保存することを要請することができることとされたものです（同法第20条第4項前段）。

なお、同項前段による要請を受けた通信管理者等が、正当な理由がないのにこれを拒んではならないことは、同条第3項前段による求めを受けた通信管理者等の場合と同様です（同条第4項後段において準用する同法第17条第3項後段が同条第2項後段を準用しています。）。

3　通信傍受法第20条第1項による傍受をした通信が傍受すべき通信又は同法第21条第5項により再生することができる通信（他の犯罪の実行を内容とする通信）である場合、当該通信の内容を証拠として利用するためには、その相手方の身元等を明らかにすることが必要であり、そのためには、相手方の電話番号等を知ることが必要不可欠です。

また、相手方の電話番号等が同条第3項又は第4項による該当性判断に資すると認められるときは、適正かつ的確に再生をするため、これを知ることが必要となります。

そこで、それらの場合には、

・　同法第20条第3項により保存することを求めた電話番号等又は

・　同条第4項により保存することを要請した電話番号等

のうち当該通信の相手方のものの開示を受けることができることとされたものです（同法第21条第7項前段）。

同項前段により電話番号等の開示を受けることができるのは、同法第20条第1項による傍受をした通信について、

① 　これが傍受すべき通信若しくは同法第21条第5項により再生をすることができる通信に該当するものであるとき、又は

② 　同条第3項若しくは第4項による傍受すべき通信に該当するかどうかの判断に資すると認めるとき

であり、「当該通信の相手方のもの」がその開示の対象となります。

この開示については、別に令状を必要としないこととされています（同条第7項後段における同法第17条第1項後段の準用）。

第 2 節　通信傍受の手続の合理化・効率化　Q160　237

## Q160 通信傍受法第 21 条第 1 項又は第 2 項による復号が終了した場合、一時的保存をした暗号化信号は、どうなるのですか。

**A**　通信傍受法「第 20 条第 1 項の規定により一時的保存をした暗号化信号」(同法第 22 条第 1 項前段)、すなわち、通信の内容を伝達する原信号の暗号化により作成され一時的保存をされた暗号化信号と、同法「第 20 条第 2 項の規定により一時的保存をした暗号化信号」(同法第 22 条第 1 項後段)、すなわち、指定期間内における通話の開始及び終了の年月日時に関する情報を伝達する原信号の暗号化により作成され一時的保存をされた暗号化信号は、通信管理者等が復号するまでの間に限り、一時的に保存されているものですので、その復号が終了したときは、通信管理者等がその保存を継続する必要はなく、また、一時的保存の目的を達して不必要になった暗号化信号が漫然と保存され続けることは適切でもありません。

そこで、通信管理者等は、復号が終了したときは、これらの一時的保存をした暗号化信号を直ちに全て消去しなければならないこととされています(同法第 22 条第 1 項)。

同項による暗号化信号の消去は、検察官又は司法警察員が通信管理者等に命じてさせるものとはされていませんので、通信管理者等は、暗号化信号の復号が終了したときは、検察官又司法警察員の指示がなくとも、これを消去しなければなりません。

238　第4章　通信傍受の合理化・効率化

## Q161 「一時的保存を命じて行う通信傍受の実施の手続」の下で再生の実施を終了する場合等において、いまだ復号されていない暗号化信号は、どうなるのですか。

**A**　一時的保存をされた暗号化信号は、通信管理者等が復号するまでの間に限り、一時的に保存されているものですので、再生の実施を終了するときなど、以後暗号化信号の復号がなされないこととなったときは、通信管理者等がその保存を継続する必要はなく、また、適切でもありません。

そこで、再生の実施を終了する場合等において、いまだ復号されていない暗号化信号があるときは、検察官又は司法警察員は、直ちに、通信管理者等に命じて、これを全て消去させなければならないこととされています（通信傍受法第22条第2項）。

同項により検察官又は司法警察員が通信管理者等に対して暗号化信号の消去を命じなければならないのは、

①　同法第21条「第1項の規定による再生の実施を終了するとき又は同条第9項の規定により再生の実施を開始してはならないこととなったとき」であって、

②　同法「第20条第1項及び第2項の規定により一時的保存をされた暗号化信号であって前条第1項及び第2項の規定による復号をされていないもの」があるとき

です（同法第22条第2項）。

同条第1項の場合と異なり（Q160参照）、検察官又は司法警察員が通信管理者等に命じて暗号化信号を消去させることとされているのは、通信管理者等としては、再生の実施が終了したことや、傍受の理由又は必要がなくなったために再生の実施を開始してはならなくなったことは、捜査機関から知らされなければ知ることが困難であるためです。

**Q162**　「一時的保存を命じて行う通信傍受の実施の手続」をとった場合における再生をした通信の記録媒体に対する記録や当該記録媒体の封印等は、どのようにするのですか。

**A**　「一時的保存を命じて行う通信傍受の実施の手続」をとった場合における再生をした通信の記録媒体に対する記録や当該記録媒体の封印等は、基本的に、従来方式をとった場合における傍受をした通信の記録媒体に対する記録や当該記録媒体の封印等と同様です。

　すなわち、「一時的保存を命じて行う通信傍受の実施の手続」をとった場合には、通信傍受法第21条第1項による再生をした通信を、全て、録音その他通信の性質に応じた適切な方法により記録媒体に記録しなければならず（同法第24条第1項）、再生の実施を中断し又は終了するときは、その時に使用している記録媒体に対する記録を終了しなければならないこととされています（同条第2項）。

　そして、同条第1項前段により記録をした記録媒体については、再生の実施を中断し又は終了したときは、速やかに、立会人にその封印を求めなければならないこととされ、再生の実施をしている間に記録媒体の交換をしたときその他記録媒体に対する記録が終了したときも、同様とされています（同法第25条第2項）。

　その上で、立会人が封印した記録媒体は、遅滞なく、傍受令状を発付した裁判官が所属する裁判所の裁判官に提出しなければならないこととされています（同条第4項）。

240 第4章 通信傍受の合理化・効率化

## 5 特定電子計算機を用いる通信傍受の実施の手続

**Q163** 「特定電子計算機を用いる通信傍受の実施の手続」において、通信管理者等の立会いが不要とされているのは、なぜですか。立会人がいないと、手続の適正を担保することができないのではありませんか。

**A** 「特定電子計算機を用いる通信傍受の実施の手続」においては、傍受の実施及び再生の実施のいずれについても、通信管理者等による立会いは不要である上（傍受の実施については、通信傍受法第23条第1項後段において、同法第13条（立会い）の適用が排除されています。また、再生の実施については、同法第23条第4項後段において、同法第13条が準用されていません。）、傍受し又は再生した通信を記録した記録媒体の封印も不要です（同法第26条には、封印に関する規定が置かれていません。）。これらは、この手続においては、技術的措置等により、立会人がある場合と同程度に通信傍受の実施の適正が担保されることによるものです。

　すなわち、従来方式においては、立会人は、①傍受のための機器を接続する通信手段が傍受令状により許可されたものに間違いないか、②傍受令状により傍受を許可された期間が守られているか、③該当性判断のための傍受が適正な方法でなされているか、④傍受をした通信について全て記録がなされているかといった外形的な事項についてチェックする役割のほか、⑤裁判官に提出される傍受をした通信を記録した記録媒体について、改変を防止するための封印を行う役割を担うものとされています。

　「特定電子計算機を用いる通信傍受の実施の手続」においては、上記①及び②については通信の伝送を通信管理者等が担うことにより（同法第23条第1項柱書き）、また、上記④及び⑤については特定電子計算機が有する傍受又は再生をした通信を自動的に暗号化しつつ記録媒体に記録する機能（同条第2項第3号）により、それぞれその適正が担保されることとなります。さらに、上記③については、元々、最終的には通信の内容を踏まえなければ判断することが困難であり、従来方式においても、その適正は、基本的には、傍受した通信が全て傍受の原記録に記録されて、事後的な検証が可能となることにより担保されているところ、「特定電子計算機を用いる通信傍受の実施の手

続」においては、特定電子計算機の機能により、傍受し又は再生した通信が、その経過を明らかにするに足りる事項とともに、全て、改変できない形で自動的に記録媒体に記録され（同号・同項第 4 号）、事後的に検証され得ることとなることにより、その適正が担保されることとなります。

　このように、「特定電子計算機を用いる通信傍受の実施の手続」においては、従来方式の下で立会人が果たしている役割が技術的措置等により代替されることから、その立会いや封印を不要としても、通信傍受の実施の適正は担保されます。

242　第4章　通信傍受の合理化・効率化

## Q164 「特定電子計算機を用いる通信傍受の実施の手続」における通信の傍受等は、どのようにするのですか。

**A**　1　傍受の主体は、従来方式と同様、「検察官又は司法警察員」です（通信傍受法第23条第1項）。傍受令状等の請求の主体についてなされているような限定（Q147参照）はありません。

2　「特定電子計算機を用いる通信傍受の実施の手続」によるためには、「裁判官の許可」が必要です（通信傍受法第23条第1項）。その許可を受けるための手続等については、Q147からQ149までを参照。

3　通信傍受法第23条第1項においては、「傍受の実施をしている間に行われる全ての通信」について「第9条第2号イの規定により提供された変換符号を用いた原信号（通信の内容を伝達するものに限る。）の暗号化」をすること及びそれにより作成される「暗号化信号を傍受の実施の場所に設置された特定電子計算機に伝送」することは、いずれも「通信管理者等に命じて」させることとされており、検察官又は司法警察員がこれらの「暗号化」及び「伝送」を自らすることはできません。これは、Q163で述べたとおり、通信管理者等にこれらの役割を担わせることが、立会人がある場合と同程度に通信傍受の実施の適正を担保するための要素の一つとなっているためです。

通信管理者等がすることとされている通信の暗号化及び伝送は、同項の許可をする旨が記載された傍受令状によりその許可を受けた捜査機関が行う強制処分の一部であり、捜査機関が法令に基づいて命じるものですので、通信管理者等は、同項の命令を受けたときは、当該命令に係る通信の暗号化及び伝送をする法的義務を負うことになります。

「第9条第2号イの規定により提供された変換符号」とは、裁判所の職員が同号イにより作成して通信管理者等に提供した同法第23条第1項による暗号化に用いる変換符号です。この変換符号を用いた暗号化がなされることにより、通信に係る原信号は、同号ロの対応変換符号（「イの変換符号の対応変換符号」）を用いなければ復元することができないものとなります。

4　通信傍受法第23条第1項による傍受としては、通信管理者等に命じて暗号化信号を特定電子計算機に伝送させた上、

①　「暗号化信号を受信するのと同時に、第9条第2号ロの規定により提

供された対応変換符号を用いて復号をし、復元された通信について、第3条及び第14条から第16条までに定めるところにより」する傍受（同項第1号）

② 「暗号化信号を受信するのと同時に一時的保存をする方法により」する傍受（同項第2号）

の2種類があります。

検察官又は司法警察員は、その「いずれかの傍受をすることができる」とされており（同項）、傍受の実施をすることができる期間内において、通信管理者等から伝送された暗号化信号について、直ちに復号するか（上記①）、一時的保存をしておくか（上記②）を選択することが可能です。

上記①の復号は、「第9条第2号ロの規定により提供された対応変換符号」、すなわち、裁判所の職員が同号ロにより作成して検察官又は司法警察員に提供した、同号「イの変換符号」（「第23条第1項の規定による暗号化に用いる変換符号」）と対応する変換符号を用いてなされます。この対応変換符号を用いた復号がなされることにより、通信管理者等が暗号化した通信が復元されることとなります。上記①の傍受は、このようにして復元された通信について、「第3条及び第14条から第16条までに定めるところにより」なされます。したがって、

・　傍受すべき通信に該当する通信の傍受（同法第3条第1項）

・　該当性判断のための傍受（同法第14条）

・　他の犯罪の実行を内容とする通信の傍受（同法第15条）

をすることができる一方で、医師等の業務に関する通信の傍受は禁止されます（同法第16条）。このように、上記①の傍受によりその内容の聴取等をすることができる通信の範囲は、従来方式による場合と同じです。

上記②の傍受は、「暗号化信号を受信するのと同時に一時的保存をする方法」によりなされます。傍受された通信の内容の聴取等は、この時点ではなされず、その後、同法第23条第4項の定めるところによりなされることとなります。

5　特定電子計算機は、傍受令状に記載された「傍受の実施の場所」に設置することとなります（通信傍受法第23条第1項）。従来方式においては、通信管理者等が傍受の実施に立ち会う必要があることなどから、「傍受の実施

の場所」は、通信管理者等の施設とされる場合が多いと考えられますが、「特定電子計算機を用いる通信傍受の実施の手続」においては、通信管理者等による立会いは不要であり、他方、暗号化した通信を通信管理者等の電気通信設備から特定電子計算機に伝送するための回線等の整備が必要となることなどに鑑みれば、多くの場合、そのような回線等の設備が整備された捜査機関の施設が「傍受の実施の場所」として選択されることとなるものと思われます。

　6　通信傍受法第23条第1項による傍受の実施については、同法第11条（必要な処分等）、第12条（通信事業者等の協力義務）及び第17条から第19条まで（相手方の電話番号等の探知、傍受の実施を中断し又は終了すべき時の措置、傍受の実施の終了）の規定が適用されます。

　また、同法第23条第1項第2号による傍受については、同法第20条第3項（通信管理者等に対する通信の相手方の電話番号等の情報の保存の求め）及び第4項（他の通信事業者等に対する通信の相手方の電話番号等の情報の保存の要請）が準用されます（同法第23条第1項後段）。

　7　傍受令状に通信傍受法第23条第1項の許可をする旨の記載がある場合には、同項に規定する方法によるほか、傍受の実施をすることができないこととされており（同条第3項）、他の方法による傍受の実施が禁止されます。これは、「特定電子計算機を用いる通信傍受の実施の手続」は、通信事業者等の負担を軽減するとともに、通信傍受の機動的な実施を可能にするものであり、この手続についての許可がなされた場合には、捜査機関は、その施設等に特定電子計算機を設置して傍受をすることが可能となるだけでなく、伝送された通信の内容の聴取等を直ちに行うことも、また、一時的保存をし、その後において復号をしてその内容の聴取等をすることも可能となるものであって、その許可がなされた場合に、なお他の方法による通信傍受を実施し得ることとするのは、この手続を導入する趣旨と整合せず、また、その必要もないと考えられるためです。

第2節　通信傍受の手続の合理化・効率化　　Q165　　245

# Q165　「特定電子計算機」とは、どのようなものですか。

**A**　「特定電子計算機」とは、次の①から⑧までに掲げる機能の全てを有する電子計算機をいいます（通信傍受法第23条第2項）。

① 伝送された暗号化信号について一時的保存の処理を行う機能（同項第1号）

② 伝送された暗号化信号について復号の処理を行う機能（同項第2号）

③ 同条第1項第1号による傍受をした通信にあってはその傍受と同時に、同条第4項による再生をした通信にあってはその再生と同時に、全て、自動的に、暗号化の処理をして記録媒体に記録する機能（同条第2項第3号）

④ 傍受の実施をしている間における通話の開始及び終了の年月日時、同条第1項第1号による傍受をした通信の開始及び終了の年月日時、同条第4項による再生をした通信の開始及び終了の年月日時その他政令で定める事項に関する情報を伝達する原信号を作成し、自動的に、暗号化の処理をして上記③の記録媒体に記録する機能（同条第2項第4号）

⑤ 上記③及び④の機能により上記③の記録媒体に記録される通信及び原信号について、上記③及び④の機能により当該記録媒体に記録するのと同時に、暗号化の処理をすることなく他の記録媒体に記録する機能（同項第5号）

⑥ 入力された対応変換符号（同法第9条第2号ロにより提供されたものに限ります。）が上記②の復号以外の処理に用いられることを防止する機能（同項第6号）

⑦ 入力された変換符号（同条第2号ロにより提供されたものに限ります。）が上記③及び④の暗号化以外の処理に用いられることを防止する機能（同項第7号）

⑧ 上記①の一時的保存をされた暗号化信号について、上記②の復号をした時に、全て、自動的に消去する機能（同項第8号）

「特定電子計算機」に該当するためには、電子計算機が上記①から⑧までの機能を「全て」有していることが必要です。

同法第 23 条第 1 項による傍受の実施、同条第 4 項による再生の実施並び
に同法第 26 条第 1 項及び第 2 項による記録媒体に対する記録は、いずれも、
「特定電子計算機」を用いてしなければなりません。

第2節　通信傍受の手続の合理化・効率化　Q166　247

# Q166 特定電子計算機の機能は、どのような観点から規定されているのですか。

**A**　1　Q165で述べた特定電子計算機の機能は、大別すると、傍受又は再生に係る機能（Q165①・②）、記録に係る機能（Q165③〜⑤）、適正担保のための機能（Q165⑥〜⑧）に分類することができます。

2　Q165①の機能（通信傍受法第23条第2項第1号）は、同条第1項第2号に規定する方法（一時的保存をする方法）による傍受に用いられる機能です。

また、Q165②の機能（同条第2項第2号）は、同条第1項第1号に規定する方法（暗号化信号を受信すると同時に復号する方法）による傍受及び同条第4項による再生に用いられる機能です。

3　Q165③の機能（通信傍受法第23条第2項第3号）は、同法第26条第1項による記録媒体に対する傍受又は再生した通信の記録に用いられる機能です。当該記録媒体は、傍受の実施の終了後等において、裁判官に提出され、「傍受の原記録」となります。Q165③の機能は、通信の傍受又は再生と「同時に、全て、自動的に」暗号化の処理をして記録する機能であり、これらの一連の過程を同時かつ自動的に行う機能が備わっていなければなりません。Q165③の機能により、傍受又は再生をした通信が漏れなく自動的に記録媒体に記録され、かつ、その際自動的に暗号化の処理が行われることで、当該記録媒体に記録された通信の内容が改ざんされないことが確保され、当該記録媒体を通じて傍受の実施の適正を事後的に検証することが可能となります。

Q165④の機能（同法第23条第2項第4号）は、「傍受の実施をしている間における通話の開始及び終了の年月日時」その他の事項のデータを作成し、自動的に暗号化の処理をして同項第3号の記録媒体に記録する機能であり、同法第26条第1項による記録媒体に対する当該事項の記録に用いられる機能です。なお、当該事項に関するデータの作成と、その暗号化及び記録媒体に対する記録とは、「同時に」なされなければならないものとはされていません。他方、暗号化の処理は、当該データの記録媒体に対する記録がなされる際に「自動的に」行われなければなりません。

Q165⑤の機能（同法第23条第2項第5号）は、同法第26条第2項による他

248　第4章　通信傍受の合理化・効率化

の記録媒体に対する記録に用いられる機能です。当該他の記録媒体は、傍受記録の作成（同法第29条第3項・第4項）の用に供されることとなります。

　4　Q165⑥の機能（通信傍受法第23条第2項第6号）は、同法第9条第2号ロにより裁判所の職員によって作成されて捜査機関に提供され、特定電子計算機に入力された対応変換符号が、特定電子計算機に伝送された暗号化信号の復号以外の処理に用いられることを防止する機能です。Q165⑥の機能により、入力された対応変換符号が特定電子計算機から取り出されて他の機器に入力され、通信管理者等により伝送される暗号化信号について当該他の機器による復号がなされるなどの不正行為が防止されることとなります。そして、この機能と同号ロに規定する「技術的措置」（Q152参照）とが相まって、捜査機関に提供された同号ロの「対応変換符号」が、捜査機関の指定した特定電子計算機にのみ入力され、かつ、当該特定電子計算機において、同法第23条第1項第1号又は同条第4項による復号にのみ用いられることが確保されることとなります。

　Q165⑦の機能（同条第2項第7号）は、同法第9条第2号ロにより裁判所の職員によって作成されて捜査機関に提供され、特定電子計算機に入力された変換符号が、裁判官に提出される記録媒体に対する記録の際になされる同項第3号及び第4号の機能による暗号化以外の処理に用いられることを防止する機能です。同条第2号ロにより作成された変換符号が共通鍵方式（Q152参照）のものである場合、変換符号を用いて暗号化され記録媒体に記録された通信等の復号は、当該変換符号によって可能となるところ、Q165⑦の機能により、特定電子計算機においてこのような復号がなされたり、当該変換符号が特定電子計算機から取り出されて他の機器に入力され、当該他の機器において上記の通信等の復号がなされるなどの不正行為が防止されることとなります。そして、この機能と同号ロに規定する「技術的措置」とが相まって、捜査機関に提供された同号ロの「変換符号」が、捜査機関の指定した特定電子計算機にのみ入力され、かつ、当該特定電子計算機において、同法第26条第1項による記録媒体に対する記録の際の暗号化にのみ用いられることが確保されることとなります。

　Q165⑧の機能（同法第23条第2項第8号）は、同条第1項第2号により一時的保存をされた通信の内容に係る暗号化信号について、復号がなされた時

点で、全て、自動的に消去する機能です。この機能を備えることが必要とされている趣旨は、「一時的保存を命じて行う通信傍受の実施の手続」において通信管理者等に暗号化信号の消去が義務付けられている趣旨（Q160参照）と同様です。

250　第4章　通信傍受の合理化・効率化

## Q167 「特定電子計算機を用いる通信傍受の実施の手続」のうち一時的保存を伴う方法により傍受をした場合における通信の再生等は、どのようにするのですか。

**A**　1　通信傍受法第23条第4項においては、「検察官又は司法警察員は、第1項第2号の規定による傍受をしたときは、……一時的保存をした暗号化信号について、特定電子計算機……を用いて、第9条第2号ロの規定により提供された対応変換符号を用いた復号をすることにより、第1項第2号の規定による傍受をした通信を復元し、同時に、復元された通信について、……再生をすることができる。」と規定されています。

2　このように、通信傍受法第23条第1項第2号により一時的保存をした暗号化信号の復号や復元された通信の再生の主体は、「検察官又は司法警察員」です。

同項による再生は、通信の復元と「同時に」することとされていますので、復号により復元された通信を再生せずに保存しておき、その後において再生をすることはできません。

3　一時的保存をされた暗号化信号が複数ある場合には、必ずしも、一時的保存がなされた順に復号しなければならないものではなく、いずれを先に復号しても差し支えありません。この点は、通信傍受法第21条第1項の場合と同様です（Q157参照）。

同法第23条第4項による復号は、「第9条第2号ロの規定により提供された対応変換符号」、すなわち、裁判所の職員が同号ロにより作成して検察官又は司法警察員に提供した、同号「イの変換符号」（「第23条第1項の規定による暗号化に用いる変換符号」）と対応する変換符号を用いてなされます。この対応変換符号を用いた復号がなされることにより、同項第2号による傍受をした通信が復元されます。

4　通信傍受法第23条第4項による再生は、「第21条第3項から第6項までの規定の例により」するものとされており、再生することができる通信の範囲は、これらの規定において具体的に定められたところの例によることとなります。すなわち、

・　傍受すべき通信に該当する通信の再生（同条第3項）

・　該当性判断のための再生（同項・同条第4項）

　・　他の犯罪の実行を内容とする通信の再生（同条第5項）

が可能とされている一方で、医師等の業務に関する通信の再生は禁止されています（同条第6項）。これらの意義等については、Q157を参照。

　5　通信傍受法第23条第4項による復号及び再生は、傍受令状に記載された「傍受の実施の場所」においてしなければならないこととされていますので、特定電子計算機が設置された同条第1項の「傍受の実施の場所」ですることとなります（同条第4項）。

　6　通信傍受法第23条第1項第2号による傍受をした通信については、同条第4項による場合を除き、その復号による復元をすることができません（同条第5項）。元々、同号による傍受をした通信の復号は、同法第9条第2号ロにより提供された対応変換符号を用いない限り、物理的に不可能であり、当該対応変換符号を用いる以外に、すなわち、同法第23条第4項による以外に方法はありませんが、この点が法律上も明記されています。

　7　通信傍受法第23条第4項前段の場合における再生の実施（「再生の実施」の意義については、Q158を参照。）については、同法第11条（必要な処分等）、第12条（通信事業者等の協力義務）及び第21条第7項から第9項まで（通信の相手方の電話番号等の開示、傍受令状に記載された傍受ができる期間内に再生の実施が終了しなかった場合におけるその終了、傍受の理由又は必要がなくなった場合における再生の実施の開始の禁止等）の規定が準用されます。

　なお、同法第13条（立会い）が準用されないこと及びその理由については、Q163を参照。

252 第4章 通信傍受の合理化・効率化

**Q168** 「特定電子計算機を用いる通信傍受の実施の手続」の下で再生の実施を終了する場合等において、いまだ復号されていない暗号化信号は、どうなるのですか。

**A** 特定電子計算機において一時的保存をされた通信の内容に係る暗号化信号については、その復号がなされた時点で、特定電子計算機の機能（通信傍受法第23条第2項第8号）により、全て、自動的に消去されることとなりますが、それ以外のものについても、

① 同条第4項による再生の実施を終了するとき、又は

② 同項において準用する同法第21条第9項により再生の実施を開始してはならないこととなったとき

に、一時的保存をされた暗号化信号であって復号していないものがあるときは、直ちに、全て消去しなければならないこととされています（同法第23条第6項）。

その趣旨は、「一時的保存を命じて行う通信傍受の実施の手続」の下で再生の実施を終了する場合等における暗号化信号の消去義務と同様です（Q161参照）。

なお、同項による暗号化信号の消去が特定電子計算機により自動的に行われるものとされていないのは、その消去義務が生じるのは、上記①又は②の場合であるところ、それらの事実が発生したことを特定電子計算機が自動的に検知することは不可能であるためです。

第2節　通信傍受の手続の合理化・効率化　　Q169　253

## Q169 「特定電子計算機を用いる通信傍受の実施の手続」をとった場合における傍受又は再生をした通信の記録媒体に対する記録や当該記録媒体の裁判官への提出等は、どうなるのですか。

**A**　1　「特定電子計算機を用いる通信傍受の実施の手続」においては、特定電子計算機の機能により、傍受又は再生をした通信が、その経過を明らかにするに足りる事項とともに、全て、改変できない形で自動的に記録媒体に記録され（通信傍受法第23条第2項第3号・第4号）、傍受又は再生の状況が事後的に検証され得ることになることによって、従来方式の下で立会人が果たしている役割の一部が代替されることとなります（Q163参照）。

そこで、この手続をとった場合には、特定電子計算機を用いて、傍受又は再生をした通信について、全て、暗号化をして記録媒体に記録するとともに、傍受の実施をしている間における通話の開始及び終了の年月日時等について、暗号化をして当該記録媒体に記録しなければならないこととされています（同法第26条第1項）。

2　通信傍受法第26条第1項による記録義務が生じるのは、「第23条第1項の規定による傍受をしたとき」であり、これには、同項第1号による傍受をした場合と同項第2号による傍受をした場合の双方が含まれます。

同項により記録しなければならない事項は、「傍受をした通信（同項第2号の規定による傍受の場合にあっては、第23条第4項の規定による再生をした通信……）」、「傍受の実施をしている間における通話の開始及び終了の年月日時、傍受をした通信の開始及び終了の年月日時その他政令で定める事項」であり、

⑴　同条第1項第1号による傍受の場合にあっては、

①　同号による傍受をした通信

②　傍受の実施をしている間における通話の開始及び終了の年月日時

③　上記①の通信の開始及び終了の年月日時

④　その他政令で定める事項

⑵　同項第2号による傍受の場合にあっては、

①　同条第4項による再生をした通信

②　傍受の実施をしている間における通話の開始及び終了の年月日時

254 第4章 通信傍受の合理化・効率化

③ 上記①の通信の開始及び終了の年月日時

④ その他政令で定める事項

です。

3 通信傍受法第26条第1項による記録は、「特定電子計算機及び第9条第2号ロの規定により提供された変換符号を用いて」、「暗号化をして」しなければなりません。

この記録は、同法第23条第2項第3号及び第4号に規定する機能により、自動的になされることとなります。「第9条第2号ロの規定により提供された変換符号」とは、裁判所の職員が同号ロにより作成して検察官又は司法警察員に提供した同法第26条第1項による暗号化に用いる変換符号です。この変換符号を用いた暗号化がなされることにより、記録媒体に記録された通信等は、裁判所の職員が保管する同号ハの対応変換符号（「ロの検察官又は司法警察員に提供される変換符号の対応変換符号」）を用いなければ復元することができないものとなり、立会人が封印をする場合（同法第25条第1項・第2項）と同様に記録の内容の改変が防止されることとなります。そのため、同法第26条第1項による記録がなされた記録媒体については、封印が必要とされていません。

4 通信傍受法第26条第1項により記録をした記録媒体は、傍受令状を発付した裁判官が所属する裁判所の裁判官に提出しなければならないこととされています（同条第4項）。その趣旨は、従来方式及び「一時的保存を命じて行う通信傍受の実施の手続」の場合（同法第25条第4項）と同じです。

他方、その提出時期については、従来方式及び「一時的保存を命じて行う通信傍受の実施の手続」の場合には、立会人が封印をした後、遅滞なく、提出しなければならないこととされているのに対し（同項）、「特定電子計算機を用いる通信傍受の実施の手続」の場合には、傍受の実施の終了後（傍受の実施を終了する時に、同法第23条第1項第2号により一時的保存をした暗号化信号であって同条第4項による復号をしていないものがあるときは、再生の実施の終了後）、遅滞なく、提出しなければならないこととされています（同法第26条第4項）。これは、同法第25条第4項において記録媒体の提出時期が上記のように定められているのは、当該記録媒体の管理の適正を期するためであるところ、同法第26条第1項により記録をした記録媒体については、暗号化され

ていてその内容を改変することはできないことから、これを、傍受の実施又は再生の実施を中断する都度、遅滞なく裁判官に提出させてその保管の下に置くこととしなくとも、その管理の適正を欠くことにはならないと考えられるためです。

256　第4章　通信傍受の合理化・効率化

## 6　その他の規定の整備

**Q170**　通信傍受の手続の合理化・効率化については、他にどのような改正が行われたのですか。

**A**　今回の改正では、「一時的保存を命じて行う通信傍受の実施の手続」及び「特定電子計算機を用いる通信傍受の実施の手続」の導入に伴い、これまで述べたもののほかにも、傍受をした通信の記録（通信傍受法第24条）、記録媒体の封印等（同法第25条）、傍受の実施の状況を記載した書面等の提出等（同法第27条、第28条）、傍受記録の作成（同法第29条）等について、所要の規定の整備が行われました。

　そのうち、次の二つの改正は、国会における修正により加えられました（Q5参照）。

　すなわち、一つ目は、通信の当事者に対する通知事項の改正であり、検察官又は司法警察員は、傍受記録に記録されている通信の当事者に対し、傍受記録を作成した旨のほか、当該通信の開始及び終了の年月日時並びに相手方の氏名（判明している場合に限ります。）等を書面で通知しなければならないこととされているところ、その通知すべき事項として、

　　・　同法第31条の規定による傍受記録の聴取等をすることができる旨
　　・　同法第32条第1項の規定による傍受の原記録の聴取等の許可の請求をすることができる旨
　　・　同法第33条第1項又は第2項の規定による不服申立てをすることができる旨

が追加されました（同法第30条第1項第7号）。これは、通信傍受の実施の適正をより一層確保するとの観点によるものと考えられます。

　二つ目は、国会への報告等をすべき事項の改正であり、政府は、毎年、一定の事項を国会に報告するとともに公表することとされているところ、その報告等をすべき事項として、

　　・　同法第20条第1項又は第23条第1項第1号若しくは第2号の規定による傍受の実施をしたときはその旨

が追加されました（同法第36条）。これは、「一時的保存を命じて行う通信傍受の実施の手続」及び「特定電子計算機を用いる通信傍受の実施の手続」に

第2節　通信傍受の手続の合理化・効率化　　Q170　257

よる傍受の実施の在り方や運用状況についての検討の資料とするとの観点に
よるものと考えられます。

# 第5章 裁量保釈の判断に当たっての考慮事情の明確化

**Q171** 裁量保釈の判断に当たっての考慮事情の明確化の趣旨及び概要は、どのようなものですか。

**A** 改正前の刑事訴訟法第90条では、「裁判所は、適当と認めるときは、職権で保釈を許すことができる。」と規定されていましたが、今回の改正により、その判断に当たっての考慮事情として、「保釈された場合に被告人が逃亡し又は罪証を隠滅するおそれの程度のほか、身体の拘束の継続により被告人が受ける健康上、経済上、社会生活上又は防御の準備上の不利益の程度その他の事情」が明記されました。

これは、裁量保釈の判断に当たっての考慮事情について、実務上の解釈として確立しているところを確認的に明記することにより、法文の内容をできる限り明確化し、国民に分かりやすいものとするとの趣旨によるものです。

今回の改正は、被疑者・被告人の身柄拘束の運用についての特定の事実認識を前提とするものではなく、また、裁量保釈の判断の在り方を実質的に変更したり現在の運用を変更する必要があるとする趣旨のものでもありません。この点については、改正法の基となった法制審議会の答申である「新たな刑事司法制度の構築についての調査審議の結果」（Q3参照）においても、刑事訴訟法第90条の改正についての要綱（骨子）は、「現在の運用についての特定の事実認識を前提とするものではなく、あくまで現行法上確立している解釈の確認的な規定として掲げているものであり、現在の運用を変更する必要があるとする趣旨のものではないことに留意する必要がある。」とされているところです。

**Q172**

裁量保釈の判断に当たり、「保釈された場合に被告人が逃亡し又は罪証を隠滅するおそれの程度のほか、身体の拘束の継続により被告人が受ける健康上、経済上、社会生活上又は防御の準備上の不利益の程度その他の事情を考慮」するというのは、どのような趣旨ですか。

**A**　1　刑事訴訟法第90条において、「保釈された場合に被告人が逃亡し又は罪証を隠滅するおそれの程度」と「身体の拘束の継続により被告人が受ける健康上、経済上、社会生活上又は防御の準備上の不利益の程度その他の事情」は、「のほか、」との文言で接続されています。

　これは、裁量保釈の判断に当たっては、まず、判断の基礎となる事情として、勾留の目的に直接関連する前者の事情を考慮し、その上で、後者の事情については、個々の事案における具体的状況に応じて考慮するものとする趣旨です。

　2　「保釈された場合に被告人が逃亡し又は罪証を隠滅するおそれの程度」は、保釈を許可されて身体拘束を解かれた場合に被告人が逃亡し又は罪証を隠滅する可能性の程度を意味します。その程度が大きいほど保釈を不許可とする方向に作用すると考えられます。

　3　「身体の拘束の継続により被告人が受ける健康上、経済上、社会生活上又は防御の準備上の不利益の程度」は、保釈が許可されずに身体の拘束が継続された場合に被告人がそれによって受ける不利益の程度を意味します。その程度が大きいほど保釈を許可する方向に作用すると考えられます。例えば、

・　被告人が重い疾病に罹患しており、身体拘束の継続によりそれが重篤化するおそれがある場合等においては、そのような事情は「健康上……の不利益の程度」として、

・　被告人が自営業者であり、事業の資金繰りが極めて悪化していて、経営破綻を回避するため被告人自らが関係先との交渉等に従事することが不可欠である場合等においては、そのような事情は「経済上……の不利益の程度」として、

・　被告人が大学院入学を目指して受験勉強中であり、その入学試験の期日が目前に迫っている場合等においては、そのような事情は「社会生活

上……の不利益の程度」として、

・　関係者が多数で証拠も膨大であり争点が多岐にわたるなど複雑困難な裁判員裁判の否認事件であって、被告人本人が弁護人との打合せを十分な時間をかけて綿密かつ機動的に行わなければ、連日的開廷の審理に備えることができない場合等においては、そのような事情は「防御の準備上の不利益の程度」として、

それぞれ考慮され得ると考えられます。

　もちろん、「不利益の程度」は、飽くまで考慮事情の一つにすぎませんので、これらの場合であるからといって、直ちに保釈が許可されるわけではなく、「保釈された場合に被告人が逃亡し又は罪証を隠滅するおそれの程度」のほか、そのような不利益の程度等を考慮して、裁量保釈を認めることが適当であるかを判断することとなります。他方で、これらは、いずれも一例にすぎませんので、これらの場合でなければ「不利益の程度」が考慮されないというものでもありません。

　4　「その他の事情」としては、例えば、

・　被告人が被害者等の事件関係者を逆恨みして加害行為を行うなどの、いわゆるお礼参りに及ぶおそれがあること

・　被告人に介護又は養育を行うべき親族がおり、被告人自身がこれを行わなければ、その親族が生活できなくなるような影響が生じること

などが考慮され得るものと考えられます。

# 第6章 弁護人による援助の充実化

## 第1節　被疑者国選弁護制度の対象事件の拡大

### Q173 被疑者国選弁護制度の対象事件の拡大の趣旨及び概要は、どのようなものですか。

**A** 被疑者国選弁護制度は、被疑者が弁護人の援助を受ける権利を実効的に担保するとともに、捜査段階から国選弁護人が選任されることとすることにより、弁護人による早期の争点把握を可能にして、刑事裁判の充実・迅速化を図るという観点から、平成16年の法改正により導入されたものです。

これまで、被疑者国選弁護制度の適用対象は、一定の対象事件について勾留状が発せられている被疑者に限定されてきました。すなわち、その対象事件は、まず、第1段階である制度導入時において、「死刑又は無期若しくは短期1年以上の懲役若しくは禁錮に当たる事件」とされ（平成18年10月2日施行）、その後、第2段階として、「死刑又は無期若しくは長期3年を超える懲役若しくは禁錮に当たる事件」に拡大されたものです（平成21年5月21日施行）。

このように被疑者国選弁護制度の対象事件が限定されてきたのは、次の理由によるものです。すなわち、被疑者に国選弁護人の選任請求権を与える以上、全国どこでも迅速かつ確実に弁護人が選任される必要があるところ、これまで、我が国には、弁護士がいない地域や弁護士がいても少数にとどまる地域が少なからず存在するといういわゆる司法過疎の問題があり、対象事件の範囲によっては、いわゆる司法過疎地域を中心として、被疑者に対する国選弁護人の選任態勢を確保することが容易でない事態を生じることが予想されたことから、対象事件の範囲については、より必要性が高いものを優先させて考える必要がありました。そこで、上記のとおり、その対象事件は、刑

の重大さに鑑みて弁護人の援助を受ける必要性が高いと考えられる事件に限定されていたものです。

しかし、この間、弁護士会や日本司法支援センター（法テラス）において、いわゆる司法過疎地域の解消に向けた取組や、弁護士が少ない地域において被疑者国選弁護人の選任が必要となった場合における態勢整備等が進められてきた結果、被疑者国選弁護制度の対象事件の範囲を拡大しても、被疑者に対する国選弁護人の選任態勢を確保することが十分可能な状況に至ったと考えられます。

改正法は、証拠の収集方法の適正化・多様化及び公判審理の充実化を図ることを基本理念とするものであるところ、被疑者国選弁護制度をより充実させて被疑者の防御の充実化を図ることは、証拠の収集方法の適正化に資するものであるとともに、弁護人による早期の争点把握を可能にするなどして公判審理の充実化にも資するものです。

そこで、被疑者国選弁護制度の趣旨をより十分に実現し、証拠の収集方法の適正化及び公判審理の充実化を図るため、被疑者国選弁護制度の対象事件を限定せず、勾留状が発せられている全ての被疑者を対象とすることとされ（刑事訴訟法第37条の2、第37条の4）、併せて、被疑者に対する国選弁護人の選任手続が整備されました（同法第203条〜第205条、第207条）。

第1節　被疑者国選弁護制度の対象事件の拡大　　Q174　263

## Q174 今回の改正で新たに被疑者国選弁護制度の対象となるのは、どのような事件ですか。

**A** 今回の改正で新たに被疑者国選弁護制度の対象事件となるのは、長期3年以下の懲役若しくは禁錮、罰金、拘留又は科料に当たる事件です。

例えば、公務執行妨害（刑法第95条第1項）、住居侵入等（同法第130条）、死体損壊等（同法第190条）、暴行（同法第208条）、脅迫（同法第222条）、器物損壊等（同法第261条）がこれに当たります。

264 第6章 弁護人による援助の充実化

## Q175 被疑者に対する国選弁護人の選任手続については、どのような法整備が行われたのですか。

**A** 1 まず、被疑者国選弁護制度の対象事件の拡大（Q173参照）に伴い、被疑者国選弁護人の選任請求をすることができる者についても、対象事件による限定がなくなりました（刑事訴訟法第37条の2第2項）。

2 また、司法警察員又は検察官は、弁解録取手続において、被疑者に対し弁護人選任権を告知するに当たっては、その事件のいかんを問わず、国選弁護人の選任請求に関する事項（「引き続き勾留を請求された場合において貧困その他の事由により自ら弁護人を選任することができないときは裁判官に対して弁護人の選任を請求することができる旨並びに裁判官に対して弁護人の選任を請求するには資力申告書を提出しなければならない旨及びその資力が基準額以上であるときは、あらかじめ、弁護士会……に弁護人の選任の申出をしていなければならない旨」）を教示しなければならないこととされました（刑事訴訟法第203条第4項、第204条第3項）。

なお、改正前においては、被疑者国選弁護制度の対象事件以外の事件について逮捕され、その対象事件について検察官に送致された被疑者に対し、検察官が弁解録取手続を行うときは、検察官において国選弁護人の選任請求に関する事項を教示しなければならないこととされていましたが（改正前の同法第205条第5項）、これは、被疑者国選弁護制度の対象事件が限定されていたことを前提とするものでしたので、その対象事件の拡大に伴い、規定が削除されました。

3 裁判官は、勾留を請求された被疑者に被疑事件を告げる際は、その事件のいかんを問わず、国選弁護人選任請求権（「貧困その他の事由により自ら弁護人を選任することができないときは弁護人の選任を請求することができる旨」）を告知しなければならないこととされました（刑事訴訟法第207条第2項）。

そして、これに伴い、その被疑者に対し、事件のいかんを問わず、国選弁護人の選任請求に関する事項（「弁護人の選任を請求するには資力申告書を提出しなければならない旨及びその資力が基準額以上であるときは、あらかじめ、弁護士会……に弁護人の選任の申出をしていなければならない旨」）を教示しなければならないこととなりました（同条第4項）。

## 第2節　弁護人の選任に係る事項の教示の拡充

**Q176** 弁護人の選任に係る事項の教示の拡充の趣旨及び概要は、どのようなものですか。

**A**　刑事訴訟法上、身体を拘束された被疑者・被告人は、裁判所、司法警察員、検察官、刑事施設の長等に弁護士、弁護士法人又は弁護士会を指定して弁護人の選任を申し出ることができ、その申出を受けた裁判所、司法警察員、検察官、刑事施設の長等は、直ちに被疑者・被告人の指定した弁護士等にその旨を通知しなければならないこととされていますが（同法第78条、第207条第1項、第209条、第211条、第216条）、改正前においては、上記方法により弁護人の選任を申し出ることができることの教示に関する規定は置かれていませんでした。

そこで、身体を拘束された被疑者・被告人の弁護人選任権に関する手続保障をより十分なものとし、これらの者が弁護人による援助を受ける権利を実効的に担保することにより、証拠の収集方法の適正化を図るとの観点から、裁判所、司法警察員、検察官等は、これらの者に対して弁護人選任権を告知する際に、弁護士、弁護士法人又は弁護士会を指定して弁護人の選任を申し出ることができる旨及びその申出先を教示しなければならないこととされました（同法第76条第2項、第77条第2項、第203条第3項、第204条第2項、第207条第3項、第211条、第216条）。

このように、今回の改正は、従来から認められていた弁護人選任の申出の方法（同法第78条第1項（同法第207条第1項、第209条、第211条及び第216条において準用する場合を含みます。）に規定されている申出の方法）を教示しなければならないこととするものであり、その申出の方法自体に変更を加えるものではありません。

266　第6章　弁護人による援助の充実化

**Q177**　身体を拘束された被疑者・被告人に対し、「弁護士、弁護士法人又は弁護士会を指定して弁護人の選任を申し出ることができる旨及びその申出先」が教示されるのは、具体的にどの場面ですか。

**A**　1　まず、司法警察員は、弁解録取手続の際の弁護人選任権の告知に当たり、所定の教示をしなければならないこととされています（刑事訴訟法第203条第3項、第211条、第216条）。

2　次に、検察官は、被疑者を逮捕した場合及び逮捕された被疑者（司法警察員が刑事訴訟法第203条（同法第211条及び第216条において準用する場合を含みます。）により送致した被疑者を除きます。）を受け取った場合における弁解録取手続の際の弁護人選任権の告知に当たり、所定の教示をしなければならないこととされています（同法第204条第2項、第211条、第216条）。

3　また、裁判官は、勾留質問の際の弁護人選任権の告知に当たり、所定の教示をしなければならないこととされています（刑事訴訟法第207条第3項、第211条、第216条）。

4　一方、裁判所は、①被告人を勾引した際及び②被告人を勾留する際の弁護人選任権の告知に当たり、所定の教示をしなければならないこととされています（①について刑事訴訟法第76条第2項、②について同法第77条第2項）。

# 第7章 証拠開示制度の拡充

## 第1節 証拠の一覧表の交付手続の導入

**Q178** 証拠の一覧表の交付手続の趣旨及び概要は、どのようなものですか。

**A** 改正前の公判前整理手続の下でも、被告人側は、検察官に対し、類型証拠（改正前の刑事訴訟法第316条の15第1項）及び主張関連証拠（同法第316条の20第1項）の開示を請求することが可能であり、その請求をするに当たっては、所定の事項を明らかにしなければならず、かつ、それをもって足りることとされていましたが（同法第316条の15第2項、第316条の20第2項）、被告人側において、その請求に先立ち、その手掛かりとして、検察官の保管する証拠の一覧表の交付を受けることができれば、円滑・迅速な証拠開示請求に資することとなり、ひいては公判前整理手続の進行がより円滑・迅速なものとなり得ると考えられます。

そこで、このような公判前整理手続やそこに組み込まれた証拠開示制度の枠組みを前提とした上で、検察官は、公判前整理手続において、検察官請求証拠の開示後、被告人側から請求があったときは、検察官の保管する証拠の一覧表を交付しなければならないこととされました（刑事訴訟法第316条の14第2項〜第5項）。

証拠の一覧表の交付手続に関する規定は、期日間整理手続について準用されますので（同法第316条の28第2項）、証拠の一覧表の交付手続は、期日間整理手続においても行われることとなります。以下において、公判前整理手続における証拠の一覧表の交付手続について述べることは、基本的に期日間整理手続における証拠の一覧表の交付手続にも当てはまります。

268　第7章　証拠開示制度の拡充

## Q179　証拠の一覧表は、どのようなときに交付されるのですか。

**A**　検察官が証拠の一覧表の交付義務を負うのは、「前項〔筆者注：刑事訴訟法第316条の14第1項〕の規定による証拠の開示をした後」（同条第2項）、すなわち、検察官請求証拠の開示をした後、「被告人又は弁護人から請求があつたとき」であり、その場合には、「速やかに」証拠の一覧表を交付しなければなりません（同項）。

　証拠の一覧表は、被告人側が、検察官請求証拠の開示を受けた後、類型証拠又は主張関連証拠の開示を請求する際の手掛かりとして位置付けられるものであることなどから、その交付は、検察官請求証拠の開示後にすることとされています。

　また、証拠の一覧表がこのような位置付けのものであることに鑑みると、被告人側において、そもそも証拠開示請求をする予定がない場合や、証拠開示請求をするとしても証拠の一覧表を必要としない場合には、その交付は不要であると考えられることから、証拠の一覧表は、被告人側から請求があった場合に限り、交付すべきこととされています。

## Q180 証拠の一覧表には、どの範囲の証拠が記載されるのですか。

**A** 1 証拠の一覧表に記載すべき証拠の範囲は、「検察官が保管する証拠」（刑事訴訟法第 316 条の 14 第 2 項）とされています。

これは、証拠の一覧表の趣旨は、被告人側に証拠開示請求に当たっての手掛かりを与えることにより円滑・迅速な証拠開示請求に資するようにするところにあり、このような趣旨に鑑みると、証拠の一覧表に記載すべき証拠の範囲については、その作成・交付が円滑・迅速になされるよう、作成・交付を義務付けられる検察官にとって一義的に明確なものであって、検察官が責任を持って所定の事項を記載できるものとすることが必要であると考えられるためです。例えば、公判前整理手続の開始後間もない段階においては、検察官が被告事件について警察等の捜査機関から全ての証拠の送致を受けているとは限らず、事件によっては証拠が更に順次作成されるなどして送致される場合もあるところ、仮に、検察官が、警察等の他の捜査機関が保管している証拠も含めて証拠の一覧表に記載しなければならないこととした場合には、検察官は、他の捜査機関に被告事件についての証拠の存否及び内容を確認しなければ証拠の一覧表を作成することができないこととなり、自己の責任において証拠の一覧表を作成することが困難になるほか、事案によっては大幅に手続の遅延を招くおそれがあると考えられます。

2 刑事訴訟法第 316 条の 14 第 2 項にいう「証拠」とは、証拠物及び証拠書類を指します。「検察官が保管する証拠」とは、検察官が現に保管している被告事件の証拠をいい、例えば、

- 司法警察員から送致・送付を受けて検察官が現に保管している被告事件の証拠物及び証拠書類
- 検察官又は検察事務官が押収して検察官が現に保管している被告事件の証拠物
- 検察官又は検察事務官が作成して検察官が現に保管している被告事件の証拠書類

等がこれに当たります。

なお、証拠の一覧表の交付時点で警察等の他の捜査機関が保管していたた

270　第 7 章　証拠開示制度の拡充

めに証拠の一覧表に記載されなかった証拠が、その後、検察官に送致された場合には、「新たに保管するに至つた証拠」（同条第 5 項）として、所定の事項が一覧表に記載され、それが被告人側に交付されることとなります。

## Q181 証拠の一覧表には、どのような事項が記載されるのですか。

 1　証拠の一覧表の記載事項は、証拠の種類に応じて定められています。具体的には、
① 証拠物については、品名及び数量
② 供述を録取した書面で供述者の署名又は押印のあるものについては、当該書面の標目、作成の年月日及び供述者の氏名
③ 上記②以外の証拠書類については、当該証拠書類の標目、作成の年月日及び作成者の氏名
とされています（刑事訴訟法第316条の14第3項）。

このように、証拠の一覧表の記載事項が個々の検察官の実質的な判断・評価を要しないものとされたのは、証拠の一覧表の趣旨は、被告人側に証拠開示請求に当たっての手掛かりを与えることにより円滑・迅速な証拠開示請求に資するようにするところにあり、このような趣旨に鑑みると、その記載事項については、証拠の一覧表の作成・交付が円滑・迅速になされ、かつ、その記載の仕方をめぐる争いが生じないものとする必要があると考えられるためです。

証拠の一覧表には、証拠の種類に応じた上記の記載事項を「証拠ごとに」記載する必要があります（同項）。

2　「証拠物」については、「品名及び数量」が証拠の一覧表の記載事項とされています（刑事訴訟法第316条の14第3項第1号）。

ここにいう「証拠物」とは、同法第306条の「証拠物」と同義であり、その物の存在又は状態が事実認定の資料となるものをいいます。

3　「供述を録取した書面で供述者の署名又は押印のあるもの」については、「当該書面の標目、作成の年月日及び供述者の氏名」が証拠の一覧表の記載事項とされています（刑事訴訟法第316条の14第3項第2号）。

ここにいう「供述を録取した書面で供述者の署名又は押印のあるもの」とは、同法第321条第1項柱書きの「供述を録取した書面で供述者の署名若しくは押印のあるもの」と同義であり、例えば、供述調書等がこれに当たります。

272　第7章　証拠開示制度の拡充

　書面の「標目」とは、書面の表題（タイトル）という意味であり、例えば、「供述調書」、「弁解録取書」、「自首調書」などと記載することとなります。

　4　上記3の「供述を録取した書面で供述者の署名又は押印のあるもの」以外の「証拠書類」については、「当該証拠書類の標目、作成の年月日及び作成者の氏名」が証拠の一覧表の記載事項とされています（刑事訴訟法第316条の14第3項第3号）。

　ここにいう「証拠書類」とは、同法第305条第1項の「証拠書類」と同義であり、書面の言語的内容が証拠となるものをいい、その物的な存在又は状態が事実認定の資料となるものは含まれません。本号の対象となる証拠書類としては、例えば、捜査報告書等が挙げられます。

　書面の「標目」の意義は、上記3と同じであり、例えば、「捜査報告書」、「実況見分調書」、「鑑定書」などと記載することとなります。

　5　なお、証拠の一覧表の記載事項が、上記1で述べた理由から、証拠の一覧表の作成・交付が円滑・迅速になされ、かつ、その記載の仕方をめぐる争いが生じないものに限定されたことに鑑みれば、検察官は、証拠の一覧表に記載されている証拠に関し、その内容を含め、証拠の一覧表に記載されていない事項について、被告人側から釈明を求められたとしても、これに応じる義務を負うものではないと考えられます。

第1節 証拠の一覧表の交付手続の導入　Q182　273

## Q182 証拠の一覧表の記載事項を記載しなくてもよい場合があるのですか。また、それはどのような場合ですか。

**A**　証拠の一覧表には、所定の事項を記載すべきこととされていますが（刑事訴訟法第316条の14第3項）、事案によっては、それを記載することにより、関係者に危害が加えられたり、その名誉が著しく害されるなどの弊害が生じるおそれがある場合もあることから、そのような事項については、証拠の一覧表に記載しないことができることとされています（同条第4項）。

証拠の一覧表に記載しないことができるのは、同条第3項に定める事項のうち、それを記載することにより

① 人の身体若しくは財産に害を加え又は人を畏怖させ若しくは困惑させる行為がなされるおそれ（同項第1号）

② 人の名誉又は社会生活の平穏が著しく害されるおそれ（同項第2号）

③ 犯罪の証明又は犯罪の捜査に支障を生ずるおそれ（同項第3号）

があると認めるものです。

これらの「おそれ」の有無は、「書面の標目」、「作成の年月日」、「供述者の氏名」といった記載事項ごとに判断されるものであり、証拠の一覧表に記載しない措置も記載事項ごとにとることとなります。

なお、これは、飽くまで、証拠の一覧表に一定の事項を記載しなくてもよいとするにとどまるものであり、検察官が一定の事項を証拠の一覧表に記載しなかったとしても、それによって証拠開示の要件や開示される証拠の範囲が変わるものではありません。

第7章　証拠開示制度の拡充

> **Q183** 証拠の一覧表に記載することにより「人の身体若しくは財産に害を加え又は人を畏怖させ若しくは困惑させる行為がなされるおそれ」があると認める事項とは、どのようなものですか。

**A**　1　証拠の一覧表に記載することにより「人の身体若しくは財産に害を加え又は人を畏怖させ若しくは困惑させる行為がなされるおそれ」があると認める事項（刑事訴訟法第316条の14第4項第1号）は、例えば、供述者の署名・押印がある供述調書について、その「供述者の氏名」を証拠の一覧表に記載すると、当該供述者が捜査に一定の協力をしたことが被告人側に推知され、報復として当該供述者やその親族の身体・財産に対する加害行為等がなされるおそれがある場合等もあり得ることに鑑み、記載しなくてもよいこととされたものです。

これに該当する例としては、近隣住民を狙った無差別殺人事件について、現場付近の住民が捜査機関の事情聴取に応じ、供述調書が作成された場合において、当該事件の被告人が、「事件に関して捜査に協力した者は、その協力がいかなるものであっても、全員殺害する。」と話しているため、証拠の一覧表に当該住民の「氏名」が記載されて被告人側に交付されると、当該住民が捜査機関に協力したことが明らかとなり、加害行為等がなされるおそれがあるときなどが考えられます（供述調書の内容が、例えば、「犯行当日は出張先に居たので、事件のことは何も分からない。」というものである場合には、検察官が当該供述調書の取調べを請求することは考え難いところですが、そのような場合でも、その供述者の氏名等は、証拠の一覧表の記載事項であるため、手当てが必要となります。）。

また、供述調書以外でも、例えば、暴力団員である被告人の子分Ａが、被告人から特定の証拠物について捜査機関に発見されないように厳重に隠蔽・保管することを指示されていたにもかかわらず、捜査機関に当該証拠物の保管場所を教示し、捜査機関がその情報に基づいて当該証拠物を押収した事案において、当該証拠物の品名及び数量が証拠の一覧表に記載されることにより、Ａが被告人を裏切って捜査機関に協力したことが被告人側に推知され、報復としてＡに加害行為等がなされるおそれがある場合等が考えられます。

2　刑事訴訟法第 316 条の 14 第 4 項第 1 号においては、加害行為等の対象は「人」とされており、供述者本人やその親族等には限定されていません。したがって、例えば、上記 1 の場合において、報復としての加害行為等が当該供述者の内縁の配偶者や同居人、交際相手等に対してなされるおそれがあるときも、同号に該当し得ることとなります。

276　第7章　証拠開示制度の拡充

## Q184 証拠の一覧表に記載することにより「人の名誉又は社会生活の平穏が著しく害されるおそれ」があると認める事項とは、どのようなものですか。

**A**　1　証拠の一覧表に記載することにより「人の名誉又は社会生活の平穏が著しく害されるおそれ」があると認める事項（刑事訴訟法第316条の14第4項第2号）は、例えば、供述者の署名・押印がある供述調書について、その「供述者の氏名」を証拠の一覧表に記載すると、当該供述者が何らかの形で事件と関連しているかのように受け止められ、それが不特定多数の者に知られて、当該供述者の名誉等が著しく害されるおそれがある場合等もあり得ることに鑑み、記載しなくてもよいこととされたものです。

これに該当する例としては、暴力団の経営するいわゆる性風俗店における殺人事件について、犯行時に偶然客として訪れていた著名人Aが捜査機関の事情聴取に応じ、供述調書が作成された場合において、証拠の一覧表にAの「氏名」が記載されると、Aが暴力団又はいわゆる性風俗店と関係があるように受け止められるなどして、Aの名誉が著しく害されるおそれがあるときなどが考えられます（供述調書の内容が、例えば、「店には居たが、事件のことは何も分からない。」というものである場合には、検察官が当該供述調書の取調べを請求することは考え難いところですが、そのような場合でも、その供述者の氏名等は、証拠の一覧表の記載事項であるため、手当てが必要となります。）。

2　刑事訴訟法第316条の14第4項第2号においても、同項第1号と同様に、保護の対象となる名誉等の主体は「人」とされており、特段の限定はありません。

第1節　証拠の一覧表の交付手続の導入　　Q185　　277

## Q185
証拠の一覧表に記載することにより「犯罪の証明又は犯罪の捜査に支障を生ずるおそれ」があると認める事項とは、どのようなものですか。

**A**　1　証拠の一覧表に記載することにより「犯罪の証明又は犯罪の捜査に支障を生ずるおそれ」があると認める事項（刑事訴訟法第316条の14第4項第3号）は、例えば、供述者の署名・押印がある供述調書について、その「供述者の氏名」を証拠の一覧表に記載すると、当該供述者が捜査に一定の協力をしたことが被告人側に推知され、偽証や証言拒絶をするよう働きかけがなされて、「犯罪の証明」に支障が生じるおそれがある場合等もあり得ることに鑑み、記載しなくてもよいこととされたものです。

　これに該当する例としては、会社ぐるみの談合事件について、同社の社長である被告人が、従業員に対し、捜査機関の事情聴取に応じないことを指示するとともに、仮に供述せざるを得ない状況に置かれたときは「首謀者は副社長である」旨虚偽の供述をするよう指示していたところ、従業員Aが、捜査機関の事情聴取に応じ、供述調書が作成された場合において、証拠の一覧表にAの「氏名」が記載されると、被告人がAに対して再度同様の指示をして、口裏合わせ等が行われ、犯罪の証明に支障を生じるおそれがあるときなどが考えられます。

　また、例えば、供述者の署名・押印がある供述調書について、その「供述者の氏名」を証拠の一覧表に記載すると、関連する余罪の捜査が行われていることを被告人側に察知され、当該供述者に対する働きかけがなされて口裏合わせが行われ、犯罪の捜査に支障が生じるおそれがある場合等も考えられるところです。

　2　「犯罪の証明又は犯罪の捜査に支障を生ずるおそれ」があるか否かは、証拠の内容とは無関係に、証拠の一覧表の記載事項自体について判断されるものであり、「書面の標目」、「作成の年月日」、「供述者の氏名」といった記載事項が被告人側に伝わるだけで上記のおそれが生じるか否かを判断することとなります。当該証拠の内容等が検察官の主張・立証と齟齬・矛盾するからといって、「犯罪の証明又は犯罪の捜査に支障を生ずるおそれ」があることになるものではありません。

## Q186 検察官が証拠の一覧表の交付後に新たに保管するに至った証拠についても、一覧表が作成・交付されるのですか。

**A** 　1　検察官は、証拠の一覧表を交付した後、証拠を新たに保管するに至ったときは、速やかに、被告人又は弁護人に対し、当該新たに保管するに至った証拠の一覧表を交付しなければならないこととされています（刑事訴訟法第316条の14第5項）。

　検察官が追加の一覧表の交付義務を負うのは、同条「第2項の規定により一覧表の交付をした後、証拠を新たに保管するに至つたとき」であり、この場合には、「速やかに」当該新たに保管するに至った証拠の一覧表を交付しなければなりません。この追加の一覧表の交付については、被告人側の請求は要件とされていません。

　検察官が「証拠を新たに保管するに至つたとき」とは、検察官において、最初に被告人側に交付した証拠の一覧表に記載されていない証拠を新たに保管するに至ったときをいい、例えば、証拠の一覧表の交付後に、

- 　司法警察員から新たに証拠物又は証拠書類の送致・送付を受け、検察官がこれを保管するに至ったとき
- 　検察官又は検察事務官が新たに証拠物を押収し、検察官がこれを保管するに至ったとき
- 　検察官又は検察事務官が新たに証拠書類を作成し、検察官がこれを保管するに至ったとき

などが考えられます。

　2　この追加の一覧表については、「前2項〔筆者注：刑事訴訟法第316条の14第3項・第4項〕の規定を準用する」こととされており、その記載事項や不記載事由は、同条第2項により交付する当初の証拠の一覧表と同じです。

　3　検察官が刑事訴訟法第316条の14第5項による交付義務をいつまで負うかについては、そもそも、同条第2項から第5項までの規定による証拠の一覧表の交付手続は、公判前整理手続における円滑・迅速な証拠開示請求に資するためのものですので、当該交付手続が行われていた公判前整理手続の終結に伴い、同項による交付義務も消滅すると考えられます。

第1節　証拠の一覧表の交付手続の導入　　Q187　　279

## Q187 証拠の一覧表の交付手続について、被告人側が不服申立てをすることは可能ですか。

**A** 　類型証拠や主張関連証拠の開示については、被告人側が裁判所に対して裁定請求をすることができることとされていますが（刑事訴訟法第316条の25第1項、第316条の26第1項）、証拠の一覧表の交付手続については、そのような手続は設けられておらず、一覧表の記載や交付に関して被告人側が裁判所に不服申立てをすることはできません。

　仮にそのような不服申立ての手続を設けた場合には、証拠の一覧表の記載の当否等をめぐって争いが生じると、それを解決した上でなければ証拠開示請求が行われないこととなり、その後に予定されている争点及び証拠を整理するための手続が遅延するおそれがあります。

　また、証拠の一覧表は、飽くまで、証拠開示請求の手掛かりにすぎず、仮に一部の証拠の一部の事項が証拠の一覧表に記載されていなかったとしても、その証拠についての開示請求は可能であり、かつ、開示もなされ得ますので（類型証拠や主張関連証拠の開示請求に当たっては、開示請求に係る証拠をその標目や作成年月日等によって特定する必要はなく、当該証拠を「識別するに足りる事項」を明らかにすれば足りることとされており（同法第316条の15第3項、第316条の20第2項）、証拠の標目や作成年月日など証拠の一覧表に記載されるべき事項によって特定すべきこととなるわけではありません。）、証拠開示請求とそれに対する検察官の対応を経た上で、なお開示が不十分であるとして不服がある場合に、証拠開示について裁判所の裁定を求めることができることとしておけば足りると考えられます。

　そこで、証拠の一覧表の交付手続については、不服申立てを認めないこととされたものです。

280　第7章　証拠開示制度の拡充

## 第2節　公判前整理手続等の請求権の付与

### Q188 公判前整理手続等の請求権の付与の趣旨及び概要は、どのようなものですか。

**A** 公判前整理手続については、改正前においては、「裁判所は、充実した公判の審理を継続的、計画的かつ迅速に行うため必要があると認めるときは、検察官及び被告人又は弁護人の意見を聴いて、……事件を公判前整理手続に付することができる。」と規定されており（改正前の刑事訴訟法第316条の2第1項）、事件を公判前整理手続に付するか否かは、裁判所が職権で判断することとされていました。

そのため、訴訟当事者（検察官・被告人・弁護人）は、裁判所に対してその職権発動を促すことができるにとどまっていましたが、事件が公判前整理手続に付されるか否かは、訴訟当事者の公判準備に大きな影響を与えることに鑑み、訴訟当事者が裁判所に対して事件を公判前整理手続に付するよう求めることができることを制度上明確にするとともに、訴訟当事者の請求があったときは裁判所がその判断を「決定」という方式で合理的期間内に行わなければならないこととする観点から、訴訟当事者に公判前整理手続の請求権を付与することとされ、同項が「裁判所は、充実した公判の審理を継続的、計画的かつ迅速に行うため必要があると認めるときは、検察官、被告人若しくは弁護人の請求により又は職権で、……事件を公判前整理手続に付することができる。」という規定に改められました。

期日間整理手続についても、同様の趣旨で改正が行われ、「裁判所は、審理の経過に鑑み必要と認めるときは、検察官、被告人若しくは弁護人の請求により又は職権で、……事件を期日間整理手続に付することができる。」という規定に改められました（同法第316条の28第1項）。

これらにより、充実した公判審理に向けて円滑・迅速に公判準備が行われることが期待されるところです。

第2節　公判前整理手続等の請求権の付与　Q189　281

**Q189** 訴訟当事者が、事件を公判前整理手続に付することの請求又は期日間整理手続に付することの請求をした場合、裁判所は、どのような決定をすることになるのですか。また、その決定に対して不服申立てをすることはできますか。

**A** 訴訟当事者から、事件を公判前整理手続に付することの請求又は期日間整理手続に付することの請求があったときは、裁判所は、それぞれの場合に応じ、事件を公判前整理手続に付する旨の決定又は期日間整理手続に付する旨の決定をするか、その請求を却下する決定をすることとなります（刑事訴訟法第316条の2第2項、第316条の28第2項）。

その際、裁判所は、「裁判所の規則の定めるところにより」、あらかじめ、検察官及び被告人又は弁護人の意見を聴かなければならないこととされています（事件を公判前整理手続に付する旨の決定又は期日間整理手続に付する旨の決定を職権でする場合も同様です。同法第316条の2第2項、第316条の28第2項）。

これらの決定は、「訴訟手続に関し判決前にした決定」であり（同法第420条第1項）、これらについて、即時抗告をすることができる旨の規定は設けられていませんので、訴訟当事者は、これらの決定に対して抗告をすることはできません（同項）。これは、事件を公判前整理手続又は期日間整理手続に付するか否かを含めて、第一審の訴訟進行は、これを主宰する第一審裁判所の判断によって定めるべきものであり、第一審に関与しない抗告裁判所にその当否を判断させるのは相当でないことなどによるものです。

282　第7章　証拠開示制度の拡充

## Q190

訴訟当事者に公判前整理手続及び期日間整理手続の請求権が付与されたことにより、事件を公判前整理手続又は期日間整理手続に付するか否かについての裁判所の判断の基準は変わるのですか。

**A** 今回の改正により、訴訟当事者は、事件を公判前整理手続又は期日間整理手続に付するよう裁判所に請求できることとなりましたが、裁判所が事件を公判前整理手続に付するための要件は、改正前と同じく、「充実した公判の審理を継続的、計画的かつ迅速に行うため必要があると認める」ことであり（刑事訴訟法第316条の2第1項）、また、裁判所が事件を期日間整理手続に付するための要件は、改正前と同じく、「審理の経過に鑑み必要と認める」ことであって（同法第316条の28第1項）、いずれも変更はありません。

　公判前整理手続又は期日間整理手続に付すべき事件が適切にこれらの整理手続に付されているか否かについては、特別部会（Q3参照）において議論がなされましたが、認識を共有するには至らなかったところであり、今回の改正は、公判前整理手続及び期日間整理手続の現在の運用についての特定の事実認識を前提とするものではなく、また、事件を公判前整理手続又は期日間整理手続に付するか否かについての裁判所の判断の基準を変更することを意図するものでもありません。

　したがって、事件を公判前整理手続又は期日間整理手続に付するか否かについての裁判所の判断の基準は、今回の改正によって変わるものではありません。

## 第3節　類型証拠開示の対象の拡大

**Q191** 類型証拠開示の対象の拡大の趣旨及び概要は、どのようなものですか。

**A**　今回の改正では、類型証拠開示（刑事訴訟法第316条の15）の対象として、

① 一定の共犯者に係る取調べ状況記録書面（同条第1項第8号）
② 証拠物の押収手続記録書面（同項第9号・同条第2項）

が追加されました。

これは、改正前において類型証拠開示の対象とされていなかった証拠のうち、検察官請求証拠の証明力を判断するために類型的に重要と考えられるものを新たに類型証拠開示の対象として追加することにより、争点及び証拠の整理をより円滑・迅速なものとするとの趣旨によるものです。

類型証拠開示に関する規定は、期日間整理手続について準用されますので（同法第316条の28第2項）、期日間整理手続においても、上記①及び②の証拠が類型証拠として開示され得ることとなります。以下において、公判前整理手続における類型証拠開示について述べることは、基本的に期日間整理手続における類型証拠開示についても当てはまります。

284　第7章　証拠開示制度の拡充

## Q192

類型証拠開示の対象として追加された一定の共犯者に係る取調状況記録書面とは、どのようなものですか。また、それが類型証拠開示の対象として追加されたのは、なぜですか。

**A**　1　改正前の刑事訴訟法第316条の15第1項第8号においては、取調べ状況記録書面、すなわち「取調べ状況の記録に関する準則に基づき、検察官、検察事務官又は司法警察職員が職務上作成することを義務付けられている書面であつて、身体の拘束を受けている者の取調べに関し、その年月日、時間、場所その他の取調べの状況を記録したもの」のうち「被告人に係るもの」が対象類型とされていましたが、同号の改正により、「被告人」の下に「又はその共犯として身体を拘束され若しくは公訴を提起された者であつて第5号イ若しくはロに掲げるもの」が加えられました。

これにより、被告人の共犯として身体を拘束され又は公訴を提起された者であって、

- 　検察官が証人として尋問を請求した者（同項第5号イ）又は
- 　検察官が取調べを請求した供述録取書等の供述者であって、当該供述録取書等について同法第326条の同意がされない場合には、検察官が証人として尋問を請求することを予定しているもの（同号ロ）

に係る取調べ状況記録書面が新たに類型証拠開示の対象となることとなりました。

これは、共犯者については、その身体拘束中に被告事件と同一の事件について被疑者としての取調べが継続的に行われることが通常であり、その取調べ状況記録書面は、その取調べ状況に関する客観的証拠としての性格を有し、検察官が取調べを請求した共犯者の供述録取書等の信用性を判断する上で類型的に重要なものと考えられるためです。

2　ここにいう「共犯」には、刑法総則上の共犯（共同正犯・教唆犯・従犯）のほか、いわゆる多衆犯（騒乱等）や対向犯（贈収賄等）といった必要的共犯も含まれます。

また、「共犯として身体を拘束され」とは、逮捕・勾留等の身体拘束の理由となる被疑事実においてその者が被告人の共犯とされていることをいい、「共犯として……公訴を提起された」とは、公訴事実においてその者が被告人の

共犯とされていることをいいます。例えば、逮捕・勾留の段階では被疑事実において被告人の共犯とされていなかったものの、公訴提起の段階では公訴事実において被告人の共犯とされたという場合には、後者に当たり得ることとなります。なお、後者には、身体拘束を受けずに在宅のまま起訴された場合も含まれ得るところ、「取調べ状況の記録に関する準則」（刑事訴訟法第316条の15第1項第8号）において、在宅の被疑者の取調べにつき取調べ状況記録書面の作成が義務付けられていないときは、そもそも取調べ状況記録書面が存在しないこととなりますが、この点は、被告人に係る取調べ状況記録書面の場合と同様です。

286　第 7 章　証拠開示制度の拡充

**Q193** 類型証拠開示の対象として追加された証拠物の押収手続記録書面とは、どのようなものですか。また、それが類型証拠開示の対象として追加されたのは、なぜですか。

**A** 　1　今回の改正により、検察官請求証拠である証拠物及び類型証拠として開示すべき証拠物の各押収手続記録書面が類型証拠開示の対象として追加されました（刑事訴訟法第 316 条の 15 第 1 項第 9 号・第 2 項）。

　これは、検察官が証拠物の取調べを請求した場合、当該証拠物の押収の年月日や場所、被押収者等が記録されている領置調書や差押調書は、当該証拠物と事件との関連性を示す客観的かつ基本的な資料であり、当該証拠物の証明力を判断する上で類型的に重要なものと考えられるためです。

　2　押収手続記録書面とは、刑事訴訟法第 316 条の 15 第 1 項第 9 号に規定されているとおり、「押収手続の記録に関する準則に基づき、検察官、検察事務官又は司法警察職員が職務上作成することを義務付けられている書面であつて、証拠物の押収に関し、その押収者、押収の年月日、押収場所その他の押収の状況を記録したもの」をいいます。

　例えば、法務大臣訓令や国家公安委員会規則等において作成が義務付けられている領置調書や差押調書がこれに当たります。他方で、例えば、押収の状況を記録した捜査報告書等が作成された場合であっても、「押収手続の記録に関する準則」に基づくものでなければ、「押収手続記録書面」には当たりません。

# 第8章 犯罪被害者等及び証人を保護するための措置の導入

## 第1節 証人等の氏名及び住居の開示に係る措置の導入

### 1 総 論

**Q194** 証人等の氏名及び住居の開示に係る措置の趣旨及び概要は、どのようなものですか。

**A** 刑事訴訟法上、訴訟当事者は、

① 証人、鑑定人、通訳人又は翻訳人の尋問を請求するについては、あらかじめ、その氏名及び住居を知る機会を、

② 証拠書類又は証拠物（以下「証拠書類等」といいます。）の取調べを請求するについては、あらかじめ、当該証拠書類等を閲覧する機会を

それぞれ相手方に与えなければならないこととされています（同法第299条第1項）。検察官は、証人やその親族等に対して加害行為等がなされるおそれがある場合には、弁護人に対し、上記①又は②の機会を与えた上で、一定の事項が被告人その他の者に知られないようにすることを求めることができますが（同法第299条の2、第299条の3）、暴力団による組織的な犯罪等においては、証人など刑事手続に関与する者の安全の確保やその負担の軽減を図るための方策として必ずしも十分でない場合があり、その結果、これらの者から十分な協力を得ることが困難となるおそれがあります。

そこで、このような加害行為等を防止するとともに、証人など刑事手続に関与する者の負担の軽減を図ることにより、十分な協力を確保し得るようにし、より充実した公判審理の実現に資するようにするとの観点から、より実効性のある方策として、証人等の氏名及び住居の開示に係る措置が導入されました（同法第299条の4～第299条の7）。その概要は、以下のとおりです。

288 第8章 犯罪被害者等及び証人を保護するための措置の導入

## (1) 検察官による措置

検察官は、

・ 被告人側に対し、証人、鑑定人、通訳人若しくは翻訳人の氏名及び住居を知る機会を与えるべき場合において、その者若しくはその親族に対して加害行為等がなされるおそれがあると認めるとき、又は

・ 被告人側に対し、証拠書類等を閲覧する機会を与えるべき場合において、検察官請求証人等（証拠書類等に氏名若しくは住居が記載され若しくは記録されている者であって検察官が証人、鑑定人、通訳人若しくは翻訳人として尋問を請求するもの又は供述録取書等の供述者をいいます。以下同じです。）若しくはその親族に対して加害行為等がなされるおそれがあると認めるとき

は、被告人の防御に実質的な不利益を生じるおそれがある場合を除き、次の一覧表の「条件付与等の措置」をとることができ（同法第299条の4第1項・

| | 証人、鑑定人、通訳人又は翻訳人の氏名及び住居を知る機会を与えるべき場合 | 証拠書類等を閲覧する機会を与えるべき場合 |
|---|---|---|
| 条件付与等の措置 | 弁護人に対し、当該氏名及び住居を知る機会を与えた上で、当該氏名又は住居について、<br>・ 被告人に知らせてはならない旨の条件を付し、又は<br>・ 被告人に知らせる時期若しくは方法を指定する<br>〔第299条の4第1項〕 | 弁護人に対し、証拠書類等を閲覧する機会を与えた上で、検察官請求証人等の氏名又は住居について、<br>・ 被告人に知らせてはならない旨の条件を付し、又は<br>・ 被告人に知らせる時期若しくは方法を指定する<br>〔第299条の4第3項〕 |
| 代替的呼称等の開示措置 | 被告人及び弁護人に対し、当該氏名又は住居を知る機会を与えないこととした上で、氏名にあってはこれに代わる呼称を、住居にあってはこれに代わる連絡先を知る機会を与える<br>〔第299条の4第2項〕 | 被告人及び弁護人に対し、証拠書類等のうち検察官請求証人等の氏名又は住居が記載され又は記録されている部分について閲覧する機会を与えないこととした上で、氏名にあってはこれに代わる呼称を、住居にあってはこれに代わる連絡先を知る機会を与える<br>〔第299条の4第4項〕 |

第3項）、これによっては加害行為等を防止できないおそれがあると認めるときは、同表の「代替的呼称等の開示措置」をとることができます（同条第2項・第4項）。

### (2) 裁判所による措置

ア　弁護人による訴訟書類等の閲覧・謄写に関する措置

裁判所は、上記(1)の措置に係る者又はその親族に対して加害行為等がなされるおそれがあると認める場合において、検察官及び弁護人の意見を聴き、相当と認めるときは、被告人の防御に実質的な不利益を生じるおそれがある場合を除き、弁護人が訴訟に関する書類又は証拠物（以下「訴訟書類等」といいます。）を閲覧・謄写する（同法第40条第1項）に当たり、当該訴訟書類等に記載され又は記録されている当該措置に係る者の氏名又は住居について、これが記載され若しくは記録されている部分の閲覧若しくは謄写を禁じ、又は被告人に知らせてはならない旨の条件を付するなどの措置をとることができます（同法第299条の6第1項・第2項）。

イ　被告人による公判調書の閲覧等に関する措置

裁判所は、上記(1)の措置に係る者又はその親族に対して加害行為等がなされるおそれがあると認める場合において、検察官及び被告人の意見を聴き、相当と認めるときは、被告人の防御に実質的な不利益を生じるおそれがある場合を除き、被告人が公判調書の閲覧等をする（同法第49条）に当たり、当該措置に係る者の氏名又は住居について、これが記載され又は記録されている部分の閲覧を禁じるなどの措置をとることができます（同法第299条の6第3項）。

290 第8章 犯罪被害者等及び証人を保護するための措置の導入

## Q195 検察官が証人等の氏名及び住居の開示に係る措置をとり得ることとしても、被告人の防御権の侵害とならないのですか。

**A** 　検察官は、一定の要件の下で、証人等の氏名及び住居の開示に係る措置（刑事訴訟法第299条の4第1項～第4項）をとることができることとされていますが（その概要については、Q194参照）、そもそも、検察官が証人、鑑定人、通訳人若しくは翻訳人又は検察官請求証人等の氏名又は住居を被告人側に知らせなかったとしても、それにより常に被告人の防御に不利益を生じることとなるわけではなく、代替的な呼称や連絡先を知らせることにより、被告人の防御に実質的な不利益を生じるおそれがないこととなる場合もあり得ます。

　そして、当該措置については、これらの者の氏名又は住居を被告人側に知らせないことなどにより、その供述の証明力の判断に資するような被告人その他の関係者との利害関係の有無を確かめることができなくなるときその他の被告人の防御に実質的な不利益を生じるおそれがあるときは、これをとることができないこととされています（同条第1項～第4項）。

　また、これらの者の氏名又は住居を弁護人にも知らせないこととした上で、代替的な呼称や連絡先を知らせる措置（同条第2項・第4項）は、当該氏名又は住居を弁護人に知らせた上で、被告人に知らせてはならない旨の条件を付するなどの措置（同条第1項・第3項）によっては加害行為等を防止できないおそれがあると認められる場合に限り、とることができることとされています（同条第2項・第4項）。

　さらに、被告人側は、検察官がとった措置に不服があるときは、裁判所に対して裁定請求をすることができる上（同法第299条の5第1項）、裁判所の決定に不服があるときは、即時抗告をすることも可能です（同条第4項）。

　このようなことに鑑みれば、検察官が証人等の氏名及び住居の開示に係る措置をとり得ることとしても、被告人の防御権が不当に害されることにはならないと考えられます。

第1節　証人等の氏名及び住居の開示に係る措置の導入　Q196　291

## Q196 証人等の氏名及び開示に係る措置は、公判前整理手続や期日間整理手続においてもとることができるのですか。

**A** 　証人等の氏名及び住居の開示に係る措置（刑事訴訟法第299条の4第1項～第4項）は、公判前整理手続及び期日間整理手続における検察官請求証拠の開示（同法第316条の14第1項、第316条の28第2項）についてもとることができます（同法第316条の23第2項・第3項、第316条の28第2項）。

　なお、類型証拠及び主張関連証拠の開示については、開示によって弊害が生じるおそれがある場合には、これを不開示とし、あるいは、必要に応じて、開示の時期若しくは方法を指定し、又は条件を付することができることとされているため（同法第316条の15第1項・第2項、第316条の20第1項、第316条の28第2項）、これとは別に証人等の氏名及び住居の開示に係る措置をとり得ることとはされていません。

## 2 検察官による措置

**Q197** 検察官による証人等の氏名及び住居の開示に係る措置は、どのような者についてとることができるのですか。

1 検察官による証人等の氏名及び住居の開示に係る措置は、
 (1) 検察官が尋問を請求する「証人、鑑定人、通訳人又は翻訳人」
（刑事訴訟法第299条の4第1項・第2項）及び
 (2) 「検察官請求証人等」（同条第3項・第4項）
についてとることができます。

2 証人だけでなく、鑑定人、通訳人及び翻訳人も対象とされているのは、
・ 例えば、暴力団による組織的な犯罪の事案において、鑑定人が被告人に不利な内容の鑑定をする場合や、外国人グループによる組織的な犯罪の事案において、通訳人が被告人に不利な証言を通訳したり、翻訳人が被告人に不利な内容が外国語で記載された証拠書類等を翻訳する場合など、その氏名や住居が知られることにより、被告人から逆恨みされるなどして加害行為等がなされるおそれがある場合等もあり得ること
・ 鑑定人に関しては、同じ内容の鑑定であっても、捜査段階において鑑定の嘱託に基づいてこれを行った者（鑑定受託者）からその鑑定結果についての供述を公判廷で得ようとする場合には証人として取り調べることとなるのに対し、公判段階において裁判所の鑑定決定に基づいてこれを行った者からその鑑定結果についての供述を公判廷で得ようとする場合には鑑定人として取り調べることとなるのであり、その保護に関して取扱いを異にすべき理由はないと考えられること

などによるものです。

3 「検察官請求証人等」は、
① 証拠書類等に氏名若しくは住居が記載され若しくは記録されている者であって検察官が証人、鑑定人、通訳人若しくは翻訳人として尋問を請求するもの
② 供述録取書等の供述者
に分けることができます（刑事訴訟法第299条の4第3項）。

上記①には、証拠書類等に氏名又は住居が記載され又は記録されている者

であって、

- ・ 証拠書類等の取調べ請求の時までに又はこれと同時に、検察官が証人、鑑定人、通訳人又は翻訳人として尋問を請求する者
- ・ 証拠書類について不同意との意見が述べられた場合など公判の推移によっては、証人、鑑定人、通訳人又は翻訳人として尋問を請求する可能性がある者

が含まれます。

上記②の「供述録取書等」の意義は、同法第290条の3第1項に規定するとおりであり、「供述書、供述を録取した書面で供述者の署名若しくは押印のあるもの又は映像若しくは音声を記録することができる記録媒体であつて供述を記録したもの」をいいます。

上記①及び②の者が対象とされているのは、検察官が、証人、鑑定人、通訳人又は翻訳人の尋問を請求するに当たってその氏名及び住居の開示に係る措置をとり得るとしても、その氏名又は住居が証拠書類等に記載され又は記録されている場合には、その閲覧・謄写の機会を被告人側に与えることにより、結局、当該氏名又は住居が被告人側に知られることとなるため、そのような事態を防止する必要があることによるものです。

4 なお、証人等の氏名及び住居の開示に係る措置は、加害行為等のおそれがあることを要件とするものであるところ（Q198参照）、その加害行為等は、上記1(1)又は(2)に掲げる者の親族に対するものであっても差し支えありませんが、当該親族の氏名及び住居自体は、措置の対象とはなりません。これは、当該親族については、尋問を請求するものでない以上、その者の氏名及び住居を知る機会を被告人側に与えなければならないものではないところ、証拠書類等にその氏名又は住居が記載され又は記録されている場合において、これを被告人側に知られないようにする必要があるときは、例えば、当該氏名又は住居に係る部分にマスキングをした抄本の取調べを請求することで被告人側に知られないようにすることができると考えられることなどによるものです。

294 第8章 犯罪被害者等及び証人を保護するための措置の導入

## Q198 検察官による条件付与等の措置は、どのような場合にとることができるのですか。

**A** 検察官による条件付与等の措置の要件は、

① 証人、鑑定人、通訳人、翻訳人若しくは検察官請求証人等若しくはその親族の身体若しくは財産に害を加え、又はこれらの者を畏怖させ若しくは困惑させる行為がなされるおそれがあると認められること

② 証人、鑑定人、通訳人、翻訳人又は検察官請求証人等の供述の証明力の判断に資するような被告人その他の関係者との利害関係の有無を確かめることができなくなるときその他の被告人の防御に実質的な不利益を生ずるおそれがあるときでないこと

です（刑事訴訟法第299条の4第1項・第3項）。

　これらのうち上記①は、証人、鑑定人、通訳人、翻訳人若しくは検察官請求証人等又はその親族に対し、身体・財産に害を加える行為又は畏怖・困惑させる行為がなされるおそれがあると認められることを要することとするものです。

　上記②のうち「証人、鑑定人、通訳人、翻訳人又は検察官請求証人等の供述の証明力の判断に資するような被告人その他の関係者との利害関係の有無を確かめることができなくなるとき」は、「被告人の防御に実質的な不利益を生ずるおそれがあるとき」の例示であり、そのような「おそれがあるとき」でないことが要件とされています。

　「証人、鑑定人、通訳人、翻訳人又は検察官請求証人等の供述の証明力の判断に資するような被告人その他の関係者との利害関係の有無を確かめることができなくなるとき」とは、検察官が条件付与等の措置をとることにより、被告人側において、証人、鑑定人、通訳人、翻訳人又は検察官請求証人等と被告人その他の関係者との間の利害関係であって当該証人、鑑定人、通訳人、翻訳人又は検察官請求証人等の供述の証明力の判断に資するようなものの有無を確かめることができなくなることをいいます。

　条件付与等の措置について規定する同条第1項及び第3項は、いずれも、本文において、所定の要件を満たすときは措置をとることができることとしつつ、ただし書において、「被告人の防御に実質的な不利益を生ずるおそれが

あるときは、この限りでない。」と規定していますので、「被告人の防御に実質的な不利益を生ずるおそれ」があるときは、加害行為等がなされるおそれの程度やその加害行為等の内容を問わず、条件付与等の措置をとることはできないこととなります。これは、被告人の防御権の保障に配慮したものです。

296　第8章　犯罪被害者等及び証人を保護するための措置の導入

## Q199　検察官による条件付与等の措置の内容は、どのようなものですか。

**A**　検察官による条件付与等の措置は、弁護人に対し、証人、鑑定人、通訳人、翻訳人又は検察官請求証人等の氏名及び住居を知る機会を与えた上で、当該氏名又は住居について、

① 被告人に知らせてはならない旨の条件を付し、又は

② 被告人に知らせる時期若しくは方法を指定する

というものです（刑事訴訟法第299条の4第1項・第3項）。

上記②のうち、被告人に知らせる時期の指定としては、例えば、

・ 証人の氏名について、これを被告人に知らせる時期として、証人が被告人の所属する暴力団から脱退して遠方に転居した後となる時期を指定すること

などが考えられ、また、被告人に知らせる方法の指定としては、例えば、

・ 証人の氏名について、漢字による表記を知らせず、その読み方のみを知らせる方法によるべきことを指定すること

などが考えられます。

検察官による条件付与等の措置は、氏名又は住居のいずれか一方についてのみとることも、その双方についてとることも可能であり、要件を満たすか否かの判断は、氏名及び住居のそれぞれについて行うこととなります。

**Q200** 検察官による代替的呼称等の開示措置は、どのような場合にとることができるのですか。

 検察官が代替的呼称等の開示措置をとるためには、条件付与等の措置の要件（Q198参照）を満たすことに加えて、

・ 条件付与等の措置によっては、証人、鑑定人、通訳人、翻訳人若しくは検察官請求証人等若しくはその親族の身体若しくは財産に害を加え又はこれらの者を畏怖させ若しくは困惑させる行為を防止できないおそれがあると認められること

が必要です（刑事訴訟法第299条の4第2項・第4項）。これは、代替的呼称等の開示措置は、条件付与等の措置と比較して、被告人の防御権に対する制約の度合いがより強いものであることから、要件についても、条件付与等の措置では目的を達し得ないおそれがある場合に限定して、より例外的なものと位置付けることが相当であると考えられることによるものです。

どのような場合にこの要件を満たすかについては、なされるおそれがある加害行為等の態様やそのおそれの程度等を踏まえつつ判断することとなりますが、例えば、

・ 被告人に証人の氏名又は住居が知られた場合には、当該証人又はその親族に対して深刻な加害行為等がなされる可能性が高く、これを確実に防止するためには、弁護人が過失により被告人に知らせてしまう可能性も排除しておく必要があることから、弁護人に対しても知らせないこととせざるを得ないような場合

・ 被告人が、弁護人に対し、証人の氏名及び住居を教示するよう強く求めている場合など、弁護人が被告人に対して当該証人の氏名及び住居を秘匿することに困難が予想される場合

・ 弁護人が、被告人の所属する暴力団組織に、被告人の事件の証拠の内容を漏らしているなどの事情があり、弁護人と暴力団組織の癒着が疑われる場合

等は、これに該当し得ると考えられます。

298　第8章　犯罪被害者等及び証人を保護するための措置の導入

## Q201 検察官による代替的呼称等の開示措置の内容は、どのようなものですか。

**A**　検察官による代替的呼称等の開示措置は、弁護人に対し、証人、鑑定人、通訳人、翻訳人又は検察官請求証人等の氏名又は住居を知る機会を与えないこととした上で、氏名にあってはこれに代わる呼称を、住居にあってはこれに代わる連絡先を知る機会を与えるというものです（刑事訴訟法第299条の4第2項・第4項）。

　このうち氏名に代わる呼称については、当該刑事手続においてその者を識別し得るものであることが必要であり、かつ、それで足ります。具体的には、検察官が、証人、鑑定人、通訳人、翻訳人又は検察官請求証人等の意向等も踏まえつつ、個別の事案ごとに定めることとなりますが、例えば、「甲」や「A」といった呼称を用いることや、事件当時において社会生活上通用していた旧姓や通称名を用いることなどが考えられます。

　一方、住居に代わる連絡先については、必要な場合に証人、鑑定人、通訳人、翻訳人又は検察官請求証人等と連絡をとることができ、かつ、加害行為等を回避する上で適当なものであることが必要であると考えられます。これについても、検察官が、証人、鑑定人、通訳人、翻訳人又は検察官請求証人等の意向等も踏まえつつ、個別の事案ごとに定めることとなりますが、例えば、証人、鑑定人、通訳人、翻訳人又は検察官請求証人等から委託を受けた弁護士の事務所の名称及び所在地又は電話番号を連絡先とすることなどが考えられます。また、証人、鑑定人、通訳人、翻訳人又は検察官請求証人等の意向等によっては、捜査官署（警察署や検察庁）を「連絡先」とすることも考えられますが、その場合には、その官署の担当官は、被告人側から連絡があった場合は、その旨を証人、鑑定人、通訳人、翻訳人又は検察官請求証人等に確実に取り次ぐことが求められると考えられます。

　検察官による代替的呼称等の開示措置が、氏名又は住居のいずれか一方についてのみとることも、その双方についてとることも可能であることや、要件を満たすか否かの判断を氏名及び住居のそれぞれについて行うこととなることは、検察官による条件付与等の措置の場合（Q199参照）と同様です。

第1節　証人等の氏名及び住居の開示に係る措置の導入　　Q202　299

**Q202** 検察官が、証人等の氏名及び住居の開示に係る措置をとった場合に、速やかに裁判所にその旨を通知しなければならないこととされているのは、なぜですか。

**A** 　検察官が証人等の氏名及び住居の開示に係る措置（刑事訴訟法第299条の4第1項～第4項）をとった者については、裁判所は、当該措置の内容に応じて、一定の要件の下で、弁護人による訴訟書類等の閲覧・謄写等に当たり、その氏名又は住居を被告人に知らせてはならない旨の条件を付するなどの措置をとることができることとされています（同法第299条の6）。

　そこで、裁判所が、その措置をとるか否か等を適切に判断し得るようにするなどのため、その前提となる情報として、検察官は、証人等の氏名及び住居の開示に係る措置をとったときは、速やかに裁判所にその旨を通知しなければならないこととされたものです。

300 第8章 犯罪被害者等及び証人を保護するための措置の導入

## 3 裁判所による裁定

**Q203** 被告人又は弁護人は、検察官がとった証人等の氏名及び住居の開示に係る措置の取消しを求めることはできるのですか。

**A** 1 検察官が証人等の氏名及び住居の開示に係る措置（刑事訴訟法第299条の4第1項～第4項）をとった場合には、加害行為等のおそれの有無や被告人の防御に実質的な不利益を生じるおそれの有無など、その要件に該当するか否かについて、検察官と被告人側の間で争いが生じることがあり得るところ、そのような場合には、中立的な立場にある裁判所が、被告人側の請求により、その要件該当性について判断し、要件に該当しないと認めるときはこれを是正しなければならないものとすることが必要かつ相当であると考えられます。

そこで、裁判所は、検察官がとった証人等の氏名及び住居の開示に係る措置について、その要件に該当しないと認めるときは、被告人又は弁護人の請求により、当該措置の全部又は一部を取り消さなければならないこととされています（同法第299条の5第1項）。

2 裁判所が上記1の請求について決定をするときは、検察官の意見を聴かなければならないこととされています（刑事訴訟法第299条の5第3項）。これは、検察官がとった措置の取消しに関する被告人側の意見は、その請求に際して裁判所に示されることとなるものの、裁判所がその取消しに係る判断を的確に行うためには、検察官からも意見を聴くことが必要であると考えられることから、その聴取が義務付けられたものです。

第 1 節　証人等の氏名及び住居の開示に係る措置の導入　Q204　301

## Q204 裁判所が、検察官のとった証人等の氏名及び住居の開示に係る措置を取り消すための要件は、どのようなものですか。

**A**　裁判所が、検察官のとった証人等の氏名及び住居の開示に係る措置（刑事訴訟法第 299 条の 4 第 1 項〜第 4 項）を取り消すための要件は、被告人又は弁護人の請求があること及び次のいずれかに該当すると認められることです（同法第 299 条の 5 第 1 項）。

① 　当該措置に係る者若しくはその親族の身体若しくは財産に害を加え又はこれらの者を畏怖させ若しくは困惑させる行為がなされるおそれがないとき（同項第 1 号）

② 　当該措置により、当該措置に係る者の供述の証明力の判断に資するような被告人その他の関係者との利害関係の有無を確かめることができなくなるときその他の被告人の防御に実質的な不利益を生ずるおそれがあるとき（同項第 2 号）

③ 　検察官のとった措置が代替的呼称等の開示措置（同法第 299 条の 4 第 2 項・第 4 項）である場合において、条件付与等の措置（同条第 1 項・第 3 項）によって上記①の行為（「当該措置に係る者若しくはその親族の身体若しくは財産に害を加え又はこれらの者を畏怖させ若しくは困惑させる行為」）を防止できるとき（同法第 299 条の 5 第 1 項第 3 号）

上記①から③までの要件に該当するか否かは、検察官が証人等の氏名及び住居の開示に係る措置をとった時点ではなく、裁判所がその判断をする時点を基準として判断することとなります。

302　第8章　犯罪被害者等及び証人を保護するための措置の導入

## Q205　裁判所による、検察官がとった証人等の氏名及び住居の開示に係る措置の一部の取消しとは、どのようなものですか。

**A**　裁判所が、検察官のとった証人等の氏名及び住居の開示に係る措置（刑事訴訟法第299条の4第1項～第4項）を取り消す場合としては、その全部を取り消す場合とその一部を取り消す場合とがあります（同法第299条の5第1項）。

　このうち一部の取消しとしては、例えば、

・　当該措置が氏名及び住居の両方を対象とするものである場合に、氏名に係る部分のみを取り消すこと

・　当該措置が氏名及び住居を被告人に知らせる時期及び方法を指定するもの（同法第299条の4第1項・第3項）である場合に、時期の指定に係る部分のみを取り消すこと

などが考えられます。

第1節　証人等の氏名及び住居の開示に係る措置の導入　Q206　303

**Q206** 裁判所は、検察官がとった証人等の氏名及び住居の開示に係る措置を取り消す場合に、加害行為等を防止するための措置をとることはできるのですか。

**A** 裁判所が、検察官のとった証人等の氏名及び住居の開示に係る措置（刑事訴訟法第299条の4第1項～第4項）を取り消す場合においても、それが、次のいずれか、すなわち、

① 当該措置により、当該措置に係る者の供述の証明力の判断に資するような被告人その他の関係者との利害関係の有無を確かめることができなくなるときその他の被告人の防御に実質的な不利益を生ずるおそれがあるとき（同法第299条の5第1項第2号）

② 検察官のとった措置が代替的呼称等の開示措置（同法第299条の4第2項・第4項）である場合において、条件付与等の措置（同条第1項・第3項）によって、当該措置に係る者若しくはその親族の身体若しくは財産に害を加え又はこれらの者を畏怖させ若しくは困惑させる行為を防止できるとき（同法第299条の5第1項第3号）

に該当することを理由とするものであるときは、証人その他の者に対する加害行為等のおそれが認められる場合があり得るところ、そのような場合に、裁判所が単に検察官のとった措置を取り消すことしかできないこととするのは、これらの者に対する加害行為等の防止の観点から相当でないと考えられます。

そこで、裁判所は、検察官がとった証人等の氏名及び住居の開示に係る措置を上記①又は②に該当することを理由として取り消す場合において、これらの者に対する加害行為等のおそれがあると認めるときは、被告人の防御に実質的な不利益を生じるおそれがある場合を除き、条件付与等の措置をとること、すなわち、弁護人に対し、当該措置に係る者の氏名又は住居を被告人に知らせてはならない旨の条件を付し、又は被告人に知らせる時期若しくは方法を指定することができることとされています（同条第2項）。

304　第8章　犯罪被害者等及び証人を保護するための措置の導入

**Q207** 裁判所が、検察官のとった証人等の氏名及び住居の開示に係る措置を取り消すに当たって、条件付与等の措置をとることができるのは、どのような場合ですか。

**A** 裁判所が、検察官のとった証人等の氏名及び住居の開示に係る措置（刑事訴訟法第299条の4第1項〜第4項）を取り消す場合において、条件付与等の措置をとるための要件、すなわち、弁護人に対し、当該措置に係る者の氏名又は住居を被告人に知らせてはならない旨の条件を付し、又は被告人に知らせる時期若しくは方法を指定するための要件は、

(1) 裁判所が、次のいずれかに該当することを理由として、検察官がとった措置の全部又は一部を取り消す場合であること

① 当該措置により、当該措置に係る者の供述の証明力の判断に資するような被告人その他の関係者との利害関係の有無を確かめることができなくなるときその他の被告人の防御に実質的な不利益を生ずるおそれがあるとき（同法第299条の5第1項第2号）

② 検察官のとった措置が代替的呼称等の開示措置（同法第299条の4第2項・第4項）である場合において、条件付与等の措置（同条第1項・第3項）によって、当該措置に係る者若しくはその親族の身体若しくは財産に害を加え又はこれらの者を畏怖させ若しくは困惑させる行為を防止できるとき（同法第299条の5第1項第3号）

(2) 当該措置に係る者若しくはその親族の身体若しくは財産に害を加え又はこれらの者を畏怖させ若しくは困惑させる行為がなされるおそれがあると認められること

(3) 裁判所がとる措置に係る者の供述の証明力の判断に資するような被告人その他の関係者との利害関係の有無を確かめることができなくなるときその他の被告人の防御に実質的な不利益を生ずるおそれがあるときでないこと

です。

検察官のとった措置が条件付与等の措置（同法第299条の4第1項・第3項）であるときは、上記(1)②は問題とならないため、上記(1)に該当するのは、そのうち①に該当することを理由として当該措置の全部又は一部を取り消す場

合ということになります。例えば、検察官が、弁護人に対し、証人の氏名を被告人に知らせてはならない旨の条件を付した場合、裁判所は、当該氏名を一切被告人に知らせてはならないこととすると被告人の防御に実質的な不利益を生じるおそれがあると認めるときは、上記(1)①に該当することを理由として当該措置を取り消すこととなりますが、その場合に、何らの制約もなく被告人に知らせてよいこととすると証人に対する加害行為等がなされるおそれがあるため（上記(2)）、被告人に知らせる時期を指定する必要がある一方、それによって被告人の防御に実質的な不利益を生じるおそれはない（上記(3)）と認めるときは、弁護人に対し、証人の氏名を被告人に知らせる時期を指定することができると考えられます。

　一方、検察官のとった措置が代替的呼称等の開示措置（同条第2項・第4項）であるときは、裁判所が当該措置の全部又は一部を取り消す場合としては、上記(1)①に該当することを理由とする場合と、上記(1)②に該当することを理由とする場合とがあり得ます。例えば、検察官が、弁護人に対しても証人の氏名を知らせず、これに代わる呼称を知らせた場合、裁判所は、当該氏名を弁護人に知らせないこととすると被告人の防御に実質的な不利益を生じるおそれがあると認めるとき（上記(1)①）又は条件付与等の措置をとることによって証人に対する加害行為等を防止できると認めるとき（上記(1)②）は、検察官がとった当該措置を取り消すこととなりますが、その場合に、何らの制約もなく被告人に知らせてよいこととすると証人に対する加害行為等がなされるおそれがあるため（上記(2)）、被告人に知らせてはならない旨の条件を付するなどの措置をとる必要がある一方、それによって被告人の防御に実質的な不利益を生じるおそれはない（上記(3)）と認めるときは、弁護人に対し、証人の氏名を被告人に知らせてはならない旨の条件を付するなどの措置をとることができると考えられます。

306　第8章　犯罪被害者等及び証人を保護するための措置の導入

## Q208 裁判所が被告人又は弁護人からの裁定請求についてした決定に対し、不服申立てをすることはできるのですか。

**A** 　検察官がとった証人等の氏名及び住居の開示に係る措置（刑事訴訟法第299条の4第1項～第4項）についての裁定請求（同法第299条の5第1項）について裁判所がした決定（裁判所が当該措置を取り消すに当たってした、弁護人に対し、当該措置に係る者の氏名又は住居を被告人に知らせてはならない旨の条件を付するなどの裁判を含みます。）に対しては、即時抗告をすることができます（同条第4項）。

　このように、即時抗告をすることができることとされたのは、

・　一たび証人その他の者の氏名又は住居が関係者の知るところとなれば、原状回復をすることは不可能であり、加害行為等のおそれがあるときは、取り返しのつかない事態を招くおそれがある一方、

・　逆に、検察官のとった証人等の氏名及び住居の開示に係る措置が、その要件に該当しないものである場合には、被告人側に十分な防御の機会を確保するため、早期の是正が求められる

ことなどによるものです。

## 4　裁判所による訴訟書類等についての措置

**Q209**　検察官が証人等の氏名及び住居の開示に係る措置をとった場合等において、裁判所は、弁護人による訴訟書類等の閲覧・謄写の機会に、当該措置に係る者の氏名又は住居について何らかの措置をとることはできるのですか。

**A**　検察官が証人等の氏名及び住居の開示に係る措置をとった場合（刑事訴訟法第299条の4第1項〜第4項）及び裁判所が当該措置を取り消す（同法第299条の5第1項）に当たって条件付与等の措置をとった場合（同条第2項）においても、その後裁判所に提出される証拠書類等や裁判所が作成する公判調書には、当該措置に係る者の氏名又は住居が記載され得るところ、弁護人は、公訴の提起後は、裁判所において、訴訟書類等の閲覧・謄写をすることができ（同法第40条第1項）、また、弁護人のいない被告人は、公判調書の閲覧等をすることができる（同法第49条）こととされているため、それらの機会に当該氏名又は住居が弁護人又は被告人の知るところとなり得ます。

　そこで、検察官及び裁判所がとった上記各措置に係る者の氏名及び住居が、その後の弁護人による訴訟書類等の閲覧・謄写等の機会においても、引き続き、被告人側に知られないようにすることなどを可能とする観点から、裁判所は、それらの機会に、同法第299条の4第3項及び第4項に基づく検察官による証人等の氏名及び住居の開示に係る措置と同様の措置をとり得ることとされています（同法第299条の6）。

　このように、同条による措置の対象者は、検察官がとった証人等の氏名及び住居の開示に係る措置（同法第299条の4第1項〜第4項）及び裁判所が当該措置を取り消すに当たってとった措置（同法第299条の5第2項）に係る者に限られています。

　そして、同様の理由から、その対象者の氏名又は住居のうち検察官が措置をとらなかったものについては、裁判所も、同法第299条の6による措置をとることはできないと考えられます。

308　第8章　犯罪被害者等及び証人を保護するための措置の導入

## Q210 裁判所が弁護人による訴訟書類等の閲覧・謄写等の機会にとった措置に対し、不服申立てをすることはできるのですか。

**A**　裁判所が弁護人による訴訟書類等の閲覧・謄写等の機会にとった措置（刑事訴訟法第299条の6）については、不服申立ての手続が設けられておらず、当該措置について弁護人又は被告人に不服がある場合であっても、不服申立てをすることはできません。

　同条による措置がとられるのは、検察官が証人等の氏名及び住居の開示に係る措置（同法第299条の4第1項〜第4項）をとった場合又は裁判所が当該措置を取り消す（同法第299条の5第1項）に当たって条件付与等の措置をとった場合（同条第2項）であって、これらの措置が先行することになるところ、

・　被告人側において、検察官がとった証人等の氏名及び住居の開示に係る措置に不服があるときは、裁定請求をすることができる上（同条第1項）、これに対する裁判所の決定に不服があるときは、更に即時抗告をすることもできる（同条第4項）

・　被告人側において、裁判所が検察官による証人等の氏名及び住居の開示に係る措置を取り消すに当たってとった措置に不服があるときも、即時抗告をすることができる（同項）

こととされており、裁判所が弁護人による訴訟書類等の閲覧・謄写等の機会にとる措置の前提となる検察官又は裁判所による措置について不服申立ての手続が整備されています。

　したがって、裁判所が弁護人による訴訟書類等の閲覧・謄写等の機会にとった措置が問題となり得るとしても、それは、これらの先行する措置について、被告人側から裁定請求や即時抗告がなされてこれに対する裁判所の判断が示されているか、そもそもこれらの不服申立てがなされていない場合ということになる上、基本的には、証人尋問や証拠書類等の取調べ等も既に終了していることになります。

　こうしたことなどから、裁判所が弁護人による訴訟書類等の閲覧・謄写等の機会にとった措置については、不服申立ての手続を設けるまでの必要性はないと考えられたものです。

第1節　証人等の氏名及び住居の開示に係る措置の導入　　Q211　　309

| Q211 | 検察官が条件付与等の措置をとった場合及び裁判所が検察官のとった証人等の氏名及び住居の開示に係る措置を取り消すに当たって条件付与等の措置をとった場合、裁判所は、その後の弁護人による訴訟書類等の閲覧・謄写の際、どのような要件の下で、どのような措置をとることができるのですか。 |
|---|---|

**A**　検察官が条件付与等の措置をとった場合（刑事訴訟法第299条の4第1項・第3項）又は裁判所が検察官のとった証人等の氏名及び住居の開示に係る措置（同条第1項～第4項）を取り消す（同法第299条の5第1項）に当たって条件付与等の措置をとった場合（同条第2項）、裁判所は、

①　当該措置に係る者若しくはこれらの親族の身体若しくは財産に害を加え又はこれらの者を畏怖させ若しくは困惑させる行為がなされるおそれがあると認められること

②　検察官及び弁護人の意見を聴き、相当と認められること

③　当該措置に係る者の供述の証明力の判断に資するような被告人その他の関係者との利害関係の有無を確かめることができなくなるときその他の被告人の防御に実質的な不利益を生ずるおそれがあるときでないこと

との要件を満たすときは、弁護人による訴訟書類等の閲覧・謄写（同法第40条第1項）の際に条件付与等の措置をとることができます（同法第299条の6第1項）。

　具体的には、弁護人が訴訟書類等の閲覧又は謄写をするに当たり、これらに記載され又は記録されている上記①の措置（検察官がとった条件付与等の措置又は裁判所が検察官のとった証人等の氏名及び住居の開示に係る措置を取り消すに当たってとった条件付与等の措置）に係る者の氏名又は住居について、

・　被告人に知らせてはならない旨の条件を付し、又は

・　被告人に知らせる時期若しくは方法を指定する

ことが可能です。

　この場合、措置の対象者及び対象となる事項（氏名又は住居のいずれについて措置をとるか）は、上記①の措置に係るものでなければなりませんが（Q209参照）、これらのうち、いずれを選択するか、また、その際に付す条件又は指定する時期・方法の具体的な内容をどのようなものとするかについては、そ

の時点における加害行為等のおそれの程度やその加害行為等の内容等を考慮して、適切なものを選択することができると考えられます。

第 1 節　証人等の氏名及び住居の開示に係る措置の導入　　Q212　　311

**Q212**　検察官が代替的呼称等の開示措置をとった場合、裁判所は、その後の弁護人による訴訟書類等の閲覧・謄写の際、どのような要件の下で、どのような措置をとることができるのですか。

**A**　検察官が代替的呼称等の開示措置をとった場合（刑事訴訟法第 299 条の 4 第 2 項・第 4 項）、裁判所は、

①　当該措置に係る者若しくはその親族の身体若しくは財産に害を加え又はこれらの者を畏怖させ若しくは困惑させる行為がなされるおそれがあると認められること

②　検察官及び弁護人の意見を聴き、相当と認められること

③　当該措置に係る者の供述の証明力の判断に資するような被告人その他の関係者との利害関係の有無を確かめることができなくなるときその他の被告人の防御に実質的な不利益を生ずるおそれがあるときでないこと

との要件を満たすときは、弁護人による訴訟書類等の閲覧・謄写（同法第 40 条第 1 項）の際に所定の措置をとることができます（同法第 299 条の 6 第 2 項）。

具体的には、弁護人が訴訟書類等の閲覧又は謄写をするについて、

・　訴訟書類等のうち上記①の措置（検察官がとった代替的呼称等の開示措置）に係る者の氏名若しくは住居が記載され若しくは記録されている部分の閲覧若しくは謄写を禁じ、又は

・　上記①の措置に係る者の氏名若しくは住居について、

　・　被告人に知らせてはならない旨の条件を付し、若しくは

　・　被告人に知らせる時期若しくは方法を指定する

ことが可能です。

この場合も、措置の対象者及び対象となる事項は、上記①の措置に係るものでなければなりませんが（Q209 参照）、これらのうち、いずれを選択するか、条件の付与又は時期・方法の指定を選択する場合にその具体的な内容をどのようなものとするかについては、その時点における加害行為等のおそれの程度やその加害行為等の内容等を考慮して、適切なものを選択することができると考えられます。

312　第8章　犯罪被害者等及び証人を保護するための措置の導入

**Q213**　検察官が証人等の氏名及び住居の開示に係る措置をとった場合及び裁判所が当該措置を取り消すに当たって条件付与等の措置をとった場合、裁判所は、その後の被告人による公判調書の閲覧等の際、どのような要件の下で、どのような措置をとることができるのですか。

**A**　検察官が証人等の氏名及び住居の開示に係る措置をとった場合（刑事訴訟法第299条の4第1項〜第4項）又は裁判所が当該措置を取り消す（同法第299条の5第1項）に当たって条件付与等の措置をとった場合（同条第2項）、裁判所は、

①　当該措置に係る者若しくはこれらの親族の身体若しくは財産に害を加え又はこれらの者を畏怖させ若しくは困惑させる行為がなされるおそれがあると認められること

②　検察官及び被告人の意見を聴き、相当と認められること

③　当該措置に係る者の供述の証明力の判断に資するような被告人その他の関係者との利害関係の有無を確かめることができなくなるときその他の被告人の防御に実質的な不利益を生ずるおそれがあるときでないこと

との要件を満たすときは、被告人による公判調書の閲覧等（同法第49条）の際に所定の措置をとることができます（同法第299条の6第3項）。

　具体的には、被告人が公判調書を閲覧し又はその朗読を求めるについて、

・　公判調書のうち当該措置に係る者の氏名若しくは住居が記載され若しくは記録されている部分の閲覧を禁じ、又は当該部分の朗読の求めを拒む

ことが可能です。

## 5 弁護士会等に対する処置請求

**Q214** 弁護人が検察官又は裁判所の付した条件に違反するなどした場合、検察官又は裁判所は、何らかの措置をとることができるのですか。

**A** 検察官は刑事訴訟法第299条の4第1項又は第3項により、裁判所は同法第299条の5第2項又は第299条の6第1項若しくは第2項により、それぞれ、弁護人に対し、条件の付与又は時期若しくは方法の指定をすることが可能であり（Q199、Q206、Q211及びQ212参照）、弁護人は、当該条件又は時期若しくは方法を遵守する義務を負うことになるところ、これを担保するため、弁護人が検察官又は裁判所の付した条件に違反するなどした場合においては、検察官又は裁判所が弁護士会等に処置請求をすることができる旨の明文規定が設けられています。これは、同法第295条第5項及び第6項と同様の規定です。具体的には、

- 検察官は、同法第299条の4第1項若しくは第3項により付した条件に弁護人が違反し、又はこれらの規定による時期若しくは方法の指定に従わなかった場合に、
- 裁判所は、同法第299条の5第2項若しくは第299条の6第1項若しくは第2項により付した条件に弁護人が違反し、又はこれらの規定による時期若しくは方法の指定に従わなかった場合に、

それぞれ、弁護士である弁護人については、当該弁護士の所属する弁護士会又は日本弁護士連合会に通知し、適当な処置をとるべきことを請求することが可能です（同法第299条の7第1項・第2項）。

「適当な処置」の具体的な内容については、処置請求を受けた弁護士会又は日本弁護士連合会が判断することとなります。「適当な処置」には懲戒処分等も含まれますが、もとより、処置請求を受けた弁護士会又は日本弁護士連合会が懲戒処分等を行うことを義務付けられるわけではなく、何らかの積極的な措置をとるべきか否かを検討した上で、結論として積極的な措置をとらないこととすることも、「適当な処置」に含まれます。

314 第8章 犯罪被害者等及び証人を保護するための措置の導入

## Q215 検察官又は裁判所から処置請求を受けた者は、どのような義務を負うのですか。

**A** 検察官又は裁判所から処置請求（刑事訴訟法第299条の7第1項・第2項）を受けた者は、そのとった処置をその請求をした検察官又は裁判所に通知しなければならないこととされています（同条第3項）。

これは、処置請求を受けた者が、どのような処置をとるかの判断を放置することを防止し、できる限り早期にその判断を行うようにするとの趣旨によるものです。

「適当な処置」には、積極的な措置をとらないことも含まれますので（Q214参照）、そのような判断に至った場合にも、その旨を検察官又は裁判所に通知しなければなりません。

## 第2節　公開の法廷における証人等の氏名等の秘匿措置の導入

**Q216**　公開の法廷における証人等の氏名等の秘匿措置の趣旨及び概要は、どのようなものですか。

**A**　改正前においては、性犯罪に係る事件等の被害者について、その氏名等の被害者特定事項を公開の法廷で明らかにしないで訴訟手続を行うことが可能でしたが（改正前の刑事訴訟法第290条の2等）、被害者以外の証人等は、その対象とされていませんでした。もっとも、実務においては、事案の性質等から、証人等の氏名等を公開の法廷で明らかにしないことが必要かつ相当と認められる場合もあるところであり、そのような場合に、検察官が、弁護人や裁判所に証人等の氏名等を公開の法廷で明らかにしないことについての同意や協力を求め、その同意や了解を得た上で、公開の法廷では仮名を用いるなどして、その氏名等を秘匿する例も見られていました。

しかしながら、

・　このような運用は、弁護人や裁判所の同意や了解が前提となるため、必ずしも、公開の法廷における証人等の氏名等の秘匿が必要となる全ての場合にこれを行うことができるとは限らないこと

・　このような運用によって対応し得る場合があるとしても、法律上、証人等の氏名等を公開の法廷で秘匿することを可能とする制度を設けて、その要件及び効果を明記することにより、裁判官、検察官、弁護人等の注意を喚起し、証人等に対して加害行為等がなされたりその名誉等が害されることを未然に防止することができると考えられること

・　公開の法廷における証人等の氏名等の秘匿が可能であることが法律上明記されていること自体が、証人等に安心感を与え、十分な協力の確保に資することとなると考えられること

などに鑑みると、証人等の氏名等についても、被害者特定事項の秘匿措置と同様に、法律上の制度として、公開の法廷で秘匿し得ることとすることが必要であると考えられます。

そこで、証人等に対する加害行為等を防止するとともに、その負担の軽減

316 第8章 犯罪被害者等及び証人を保護するための措置の導入

を図ることにより、十分な協力を確保し得るようにし、より充実した公判審理の実現に資するようにするとの観点から、裁判所は、証人等に対する加害行為等のおそれがある場合において、証人等から申出があるときは、検察官及び被告人又は弁護人の意見を聴き、相当と認めるときは、証人等の氏名等を公開の法廷で明らかにしない旨の決定をすることができ、この決定があった場合には、起訴状の朗読、証拠書類の朗読等の訴訟手続を、証人等の氏名等を明らかにしない方法で行うものとし、訴訟関係人のする尋問や陳述等が証人等の氏名等にわたるときは、裁判長がこれを制限できるとする制度が導入されました（刑事訴訟法第290条の3、第291条第3項、第295条第4項、第305条第4項）。

第2節　公開の法廷における証人等の氏名等の秘匿措置の導入　　Q217　317

**Q217** 公開の法廷における証人等の氏名等の秘匿措置は、公開裁判を受ける権利について規定する憲法第37条第1項に反しないのですか。

**A** 　公開の法廷における証人等の氏名等の秘匿措置（刑事訴訟法第290条の3等）は、被害者特定事項の秘匿措置（同法第290条の2等）と同様、飽くまで、一定の者の氏名等を公開の法廷で明らかにしないというにとどまるものであるところ、被害者特定事項の秘匿措置については、最高裁平成20年3月5日決定（集刑293号689頁）が「弁護人は、本件につき、被害者特定事項を公開の法廷で明らかにしない旨の決定をすることが、憲法37条1項の定める公開裁判を受ける権利を侵害し、ひいては、憲法32条の裁判を受ける権利そのものを空洞化するおそれがあると主張するが、同決定が、裁判を非公開で行う旨のものではないことは明らかであって、公開裁判を受ける権利を侵害するものとはいえない」と判示しているところであり、この理は、公開の法廷における証人等の氏名等の秘匿措置についても妥当すると考えられます。

　したがって、公開の法廷における証人等の氏名等の秘匿措置は、憲法第37条第1項に反するものではありません。

318　第8章　犯罪被害者等及び証人を保護するための措置の導入

## Q218 公開の法廷における証人等の氏名等の秘匿措置の対象者は誰ですか。また、その対象となる事項は何ですか。

**A**　1　公開の法廷における証人等の氏名等の秘匿措置の対象となる者は「証人等」であり、「証人等」とは、証人、鑑定人、通訳人、翻訳人又は供述録取書等の供述者をいいます（刑事訴訟法第290条の3第1項）。

　証人だけでなく、鑑定人、通訳人及び翻訳人もその対象とされているのは、例えば、

・　社会の耳目を集めた猟奇的な事案において、鑑定人が被告人の精神鑑定を実施する場合など、その氏名や住所等が公開の法廷で明らかにされることにより、その社会生活上の平穏が著しく害されるおそれがある場合

・　外国人グループによる組織的な犯罪の事案において、通訳人が被告人に不利な証言を通訳したり、翻訳人が被告人に不利な内容が外国語で記載された証拠書類等を翻訳する場合など、その氏名や住所等が公開の法廷で明らかにされることにより、被告人やその関係者から逆恨みされるなどして加害行為等がなされるおそれがある場合

等もあり得るところであり、これらの者についても、加害行為等を防止するとともに、その負担の軽減を図ることにより、十分な協力を確保し得るようにすることが必要であると考えられることなどによるものです。

　「供述録取書等」とは、「供述書、供述を録取した書面で供述者の署名若しくは押印のあるもの又は映像若しくは音声を記録することができる記録媒体であつて供述を記録したもの」をいいます（同項。この定義は、改正前の同法第316条の14第2号に規定されていたものと同じです。）。供述録取書等の供述者が対象とされたのは、公開の法廷で尋問されることが決定した証人だけでなく、証人として尋問される可能性のある者についても、その氏名等が起訴状の朗読や冒頭陳述等の際に公開の法廷で明らかにされる場合があり得るためです。

　2　公開の法廷で明らかにしないことができる事項は「証人等特定事項」であり、「証人等特定事項」とは、「氏名及び住所その他の当該証人等を特定させることとなる事項」をいいます（刑事訴訟法第290条の3第1項）。被害者

第 2 節　公開の法廷における証人等の氏名等の秘匿措置の導入　　Q218　319

特定事項の秘匿措置（同法第 290 条の 2 第 1 項）の場合と同様に、具体的な事実関係に応じて、証人等の勤務先や通学先、配偶者や父母の氏名等の情報等も証人等特定事項に当たり得ると考えられます。

320 第8章 犯罪被害者等及び証人を保護するための措置の導入

## Q219 裁判所が公開の法廷における証人等の氏名等の秘匿措置をとる場合、証人等や訴訟当事者から意見を聴くのですか。

**A** 1 証人等特定事項を公開の法廷で明らかにしない旨の決定（刑事訴訟法第290条の3第1項。以下「証人等特定事項の秘匿決定」といいます。）については、証人等からの申出が要件とされており、かつ、その申出は、証人等が裁判所に対して直接行うこととされています（同項）。

この点、被害者特定事項を公開の法廷で明らかにしない旨の決定（同法第290条の2第1項。以下「被害者特定事項の秘匿決定」といいます。）については、被害者等に対する加害行為等がなされるおそれがある事件では、そのおそれがある以上、被害者からの申出を待つことなくその防止を図ることが適当と考えられることから、申出は要件とされておらず（同条第3項）、他方、性犯罪等に係る事件や被害者等の名誉等が著しく害されるおそれがある事件では、申出が要件とされているものの、被害者としては、捜査等を通じて何らかの接触があると考えられる検察官を通じて申出をすることができた方がその負担も少ないと考えられることから、検察官を通じて申出をすることとされています（同条第1項・第2項）。

しかし、被害者以外の証人等については、申出という契機がなければ、裁判所としても、その氏名等を秘匿すべき証人等の存在を把握することが困難であり、他方、被害者の場合とは異なり、検察官を通じて申出をすることとすることによりその負担を軽減するという趣旨は、必ずしも妥当しません。そこで、証人等が裁判所に対して直接申出をすることとされたものです。

2 裁判所は、証人等特定事項の秘匿決定をするか否かを判断するに当たっては、「検察官」及び「被告人又は弁護人」の意見を聴かなければならないこととされています（刑事訴訟法第290条の3第1項）。

これは、被害者特定事項の秘匿決定の場合と同様に、裁判所が公開の法廷における秘匿の相当性について判断するに当たっては、犯罪の証明に支障が生じるおそれはないか、被告人の防御に不利益が生じるおそれはないかなどについても検討する必要があり、そのためには、訴訟当事者の意見を聴くことが必要であると考えられるためです。

第2節　公開の法廷における証人等の氏名等の秘匿措置の導入　　Q220　321

## Q220 公開の法廷における証人等の氏名等の秘匿措置は、どのような場合にとることができるのですか。

**A**　1　裁判所は、次の①又は②の場合において、証人等から申出があるときは、検察官及び被告人又は弁護人の意見を聴き、相当と認めるときは、証人等特定事項の秘匿決定をすることができることとされています（刑事訴訟法第290条の3第1項）。

① 証人等特定事項が公開の法廷で明らかにされることにより証人等若しくはその親族の身体若しくは財産に害を加え又はこれらの者を畏怖させ若しくは困惑させる行為がなされるおそれがあると認めるとき（同項第1号）。

② 上記①のほか、証人等特定事項が公開の法廷で明らかにされることにより証人等の名誉又は社会生活の平穏が著しく害されるおそれがあると認めるとき（同項第2号）。

2　上記1①に該当し得る場合としては、例えば、暴力団犯罪等の組織的な犯罪に係る事件において、証人等特定事項が公開の法廷で明らかにされることにより、証人等に対して、組織関係者から報復や嫌がらせとして加害行為等がなされるおそれがある場合等が考えられます。

また、上記1②に該当し得る場合としては、例えば、いわゆる性風俗店で発生した事件において、同店の利用者がその目撃者として証人となる場合に、証人等特定事項が公開の法廷で明らかにされることにより、その者がどこの誰であるかが一般に知られるところとなって、その名誉が著しく害されるおそれがある場合等が考えられます。

3　上記1のとおり、裁判所は、「相当と認めるとき」に、証人等特定事項の秘匿決定をすることができます。

「相当と認めるとき」とは、被害者特定事項の秘匿決定の場合と同様、証人等特定事項を秘匿することにより得られる利益が、これを公開の法廷で明らかにすることにより得られる利益を上回ると認められる場合をいいます。

322 第 8 章 犯罪被害者等及び証人を保護するための措置の導入

## Q221 証人等特定事項の秘匿決定等に対して不服申立てをすることはできますか。

**A** 証人等特定事項の秘匿決定は、「訴訟手続に関し判決前にした決定」であり（刑事訴訟法第 420 条第 1 項）、これについて、即時抗告をすることができる旨の規定は設けられていませんので、訴訟当事者も、また、申出をした証人等も、証人等特定事項の秘匿決定に対して抗告をすることはできません（同項）。

　一方、証人等からの申出があった場合において、裁判所が、証人等特定事項の秘匿決定をすることは相当でないと認めるときは、訴訟手続は、原則どおり、証人等特定事項を秘匿しないで行われることとなるので、裁判所は、特段の決定をする必要はありません。そして、このように、裁判所が何らの決定もしない場合には、不服を申し立てる対象となる処分が存在しませんので、検察官も、被告人・弁護人も、また、申出をした証人等も、不服申立てをすることはできません。

第2節　公開の法廷における証人等の氏名等の秘匿措置の導入　　Q222　　323

**Q222** 公開の法廷における証人等の氏名等の秘匿措置は、控訴審や上告審においてもとることができるのですか。

**A**　　1　第一審の公判に関する刑事訴訟法の規定は、特別の定めがある場合を除き、控訴審や上告審に準用されます（同法第404条、第414条）。

したがって、控訴審や上告審においても、証人等特定事項の秘匿決定をすることができると考えられます。

2　証人等特定事項の秘匿決定は、それがなされた審級に限って効力を有すると考えられます。

したがって、これを必要とする場合には、各審級において証人等特定事項の秘匿決定がなされる必要があると考えられます。

第8章　犯罪被害者等及び証人を保護するための措置の導入

## Q223 一旦なされた証人等特定事項の秘匿決定が取り消されることもあるのですか。

**A** 　裁判所は、証人等特定事項の秘匿決定をした事件について、証人等特定事項を公開の法廷で明らかにしないことが相当でないと認めるに至ったときは、決定で、証人等特定事項の秘匿決定を取り消さなければならないこととされています（刑事訴訟法第290条の3第2項）。

　これに該当し得る場合としては、例えば、申出をした証人本人から、証人等特定事項の秘匿決定後に、やはり自己の氏名を公開の法廷で明らかにして審判をしてもらいたい旨の意思が表明された場合等が考えられます。

第2節　公開の法廷における証人等の氏名等の秘匿措置の導入　　Q224　　325

## Q224
起訴状の朗読のように、証人等特定事項が明らかにされる可能性がある訴訟手続は、証人等特定事項の秘匿決定がなされた場合、どのように行われることになるのですか。

**A**　1　証人等特定事項の秘匿決定があった場合における起訴状の朗読については、証人等特定事項を明らかにしない方法で行うこととされており、この場合には、検察官は、被告人に起訴状を示さなければならないこととされています（刑事訴訟法第291条第3項・第2項）。

　証人等特定事項を明らかにしない方法としては、例えば、証人の氏名に代えて「甲」や「A」といった呼称を用いたり、仮名を用いるといった方法等が考えられます。

　2　証人等特定事項の秘匿決定があった場合における訴訟関係人による尋問、陳述等については、裁判長は、訴訟関係人のする尋問又は陳述が証人等特定事項にわたるときは、これを制限することにより、犯罪の証明に重大な支障を生じるおそれがある場合又は被告人の防御に実質的な不利益を生じるおそれがある場合を除き、当該尋問又は陳述を制限することができることとされており、訴訟関係人の被告人に対する供述を求める行為についても、同様とされています（刑事訴訟法第295条第4項・第3項）。

　3　証人等特定事項の秘匿決定があった場合における証拠書類の朗読については、証人等特定事項を明らかにしない方法で行うこととされています（刑事訴訟法第305条第4項・第3項）。

　証人等特定事項を明らかにしない方法としては、起訴状の朗読と同様に、例えば、証人の氏名に代えて「甲」や「A」といった呼称を用いたり、仮名を用いるといった方法等が考えられます。

326　第8章　犯罪被害者等及び証人を保護するための措置の導入

## 第3節　ビデオリンク方式による証人尋問の拡充

**Q225** ビデオリンク方式による証人尋問の拡充の趣旨及び概要は、どのようなものですか。

**A**　改正前においても、ビデオリンク方式による証人尋問を行うことは可能でしたが、その対象は、性犯罪等の被害者その他裁判官及び訴訟関係人が証人を尋問するために在席する場所（以下「裁判官等の在席場所」といいます。）において供述するときは圧迫を受け精神の平穏を著しく害されるおそれがあると認められる者に限られており、また、その具体的な方法についても、証人を同一構内（裁判官等の在席場所と同一の構内をいいます。以下同じです。）に出頭させた上で、裁判官等の在席場所と証人が在席する同一構内の別室との間を回線でつなぐ方法しか認められていませんでした（改正前の刑事訴訟法第157条の4第1項）。

　しかし、証人としては、同一構内に出頭すること自体により、精神の平穏を著しく害されたり、あるいは、その身体・財産に対する加害行為等がなされるおそれがある場合等もあり得るところであり、より充実した公判審理を実現するためには、そのような場合においても、証人の負担を適切に軽減しつつ証人尋問を行うことができるようにして、十分な証言を確保し得るようにすることが必要であると考えられます。

　そこで、一定の場合には、証人を同一構内以外の場所に出頭させた上で、当該場所と裁判官等の在席場所との間を回線でつないでビデオリンク方式により証人尋問を行うことができることとされたものです（刑事訴訟法第157条の6第2項）。

第3節　ビデオリンク方式による証人尋問の拡充　Q226　327

**Q226** 証人を同一構内以外の場所に出頭させた上で、当該場所と裁判官等の在席場所との間を回線でつないでビデオリンク方式により証人尋問を行うことは、裁判の公開について規定する憲法第82条第1項や、被告人の公開裁判を受ける権利について規定する同法第37条第1項、被告人の証人審問権について規定する同条第2項前段に反しないのですか。

**A** 改正前の刑事訴訟法第157条の4第1項に基づくビデオリンク方式による証人尋問について、最高裁平成17年4月14日判決（刑集59巻3号259頁）は、「証人尋問が公判期日において行われる場合、……ビデオリンク方式によることとされ……ても、審理が公開されていることに変わりはないから、……憲法82条1項、37条1項に違反するものではない。」、「ビデオリンク方式によることとされた場合には、被告人は、映像と音声の送受信を通じてであれ、証人の姿を見ながら供述を聞き、自ら尋問することができるのであるから、被告人の証人審問権は侵害されていないというべきである。……したがって、刑訴法……157条の4は、憲法37条2項前段に違反するものでもない。」と判示しているところ、この理は、刑事訴訟法第157条の6第2項に基づくビデオリンク方式による証人尋問（以下「構外ビデオリンク方式による証人尋問」といいます。）にも等しく妥当します。

　すなわち、改正前の同法第157条の4第1項に基づくビデオリンク方式による証人尋問と構外ビデオリンク方式による証人尋問とを比較した場合、両者で異なるのは、証人の在席場所が同一構内であるか否かだけであり、同判決が同項に基づくビデオリンク方式による証人尋問の合憲性を肯定する上で指摘した点、つまり、審理が公開されているという点や、被告人が、映像と音声の送受信を通じて、証人の姿を見ながら供述を聴き、自ら尋問することができるという点は、何ら異なるものではありません。

　したがって、構外ビデオリンク方式による証人尋問も、憲法第82条第1項、第37条第1項・第2項前段に反するものではありません。

## Q227 構外ビデオリンク方式による証人尋問を行うための要件は、どのようなものですか。

構外ビデオリンク方式による証人尋問を行うための要件は、
(1) 次のいずれかに該当すること
① 犯罪の性質、証人の年齢、心身の状態、被告人との関係その他の事情により、証人が同一構内に出頭するときは精神の平穏を著しく害されるおそれがあると認めるとき（刑事訴訟法第157条の6第2項第1号）
② 同一構内への出頭に伴う移動に際し、証人の身体若しくは財産に害を加え又は証人を畏怖させ若しくは困惑させる行為がなされるおそれがあると認めるとき（同項第2号）
③ 同一構内への出頭後の移動に際し尾行その他の方法で証人の住居、勤務先その他その通常所在する場所が特定されることにより、証人若しくはその親族の身体若しくは財産に害を加え又はこれらの者を畏怖させ若しくは困惑させる行為がなされるおそれがあると認めるとき（同項第3号）
④ 証人が遠隔地に居住し、その年齢、職業、健康状態その他の事情により、同一構内に出頭することが著しく困難であると認めるとき（同項第4号）
(2) 「相当と認める」こと

です（同項）。

上記(1)①から④までの意義等については、Q230からQ232までを参照。また、上記(2)については、

- 上記(1)①に該当することを理由とする場合にあっては、その精神の平穏が著しく害されるおそれの程度
- 上記(1)②又は③に該当することを理由とする場合にあっては、その加害行為等がなされるおそれの程度やその加害行為等の内容
- 上記(1)④に該当することを理由とする場合にあっては、その出頭の困難性の程度

のほか、当該方法をとることによる尋問への支障の有無・程度等を考慮して判断されることとなります。

第3節　ビデオリンク方式による証人尋問の拡充　　Q228　　329

**Q228**
裁判所が構外ビデオリンク方式による証人尋問を行うに当たっては、訴訟当事者から意見を聴くのですか。また、訴訟当事者は、構外ビデオリンク方式による証人尋問を行うよう裁判所に請求することができるのですか。

**A**　1　構外ビデオリンク方式による証人尋問を行うに当たっては、「検察官」及び「被告人又は弁護人」の意見を聴くこととされています（刑事訴訟法第157条の6第2項）。これは、裁判所としては、構外ビデオリンク方式による証人尋問を行うための要件を満たすか否かは、その事件や証人に関わる個別具体的な事情を踏まえた上で判断しなければならず、その判断を適切に行うためには、訴訟当事者の意見を聴くことが必要であると考えられるためです。

2　構外ビデオリンク方式による証人尋問を行うか否かは、裁判所が職権で判断することとされており、訴訟当事者に構外ビデオリンク方式による証人尋問を行うことの請求権は認められていません。訴訟当事者において、構外ビデオリンク方式による証人尋問を行う必要があると判断したときは、裁判所に対し、職権発動を促す申出をすることとなります。

3　なお、裁判所は、構外ビデオリンク方式による証人尋問を行うときは、その旨の決定をすることになるところ、当該決定は、証人尋問という証拠調べに関するものであることから、刑事訴訟法第309条第1項による異議の対象となり得ます（異議の理由は、刑事訴訟規則第205条第1項により、「法令の違反があること」に限られます。）。

他方、当該決定は、「訴訟手続に関し判決前にした決定」であり（同法第420条第1項）、これについて、即時抗告をすることができる旨の規定は設けられていませんので、訴訟当事者は、当該決定に対して抗告をすることはできません（同項）。

330　第8章　犯罪被害者等及び証人を保護するための措置の導入

## Q229　構外ビデオリンク方式による証人尋問における証人の在席場所は、具体的にどこになるのですか。

**A**　構外ビデオリンク方式による証人尋問は、「同一構内以外にある場所であつて裁判所の規則で定めるものに証人を在席させ」、ビデオリンク方式により行うこととなります（刑事訴訟法第157条の6第2項）。

　証人の在席場所は、「同一構内以外にある場所であつて裁判所の規則で定めるもの」とされており、その具体的な場所については、最高裁判所規則に委ねられています。これは、ビデオリンク方式の細目は、将来の技術の進展等によって変わり得るものであり、そのような事情に応じて柔軟に変更することができるようにする必要があるためです。

第3節　ビデオリンク方式による証人尋問の拡充　Q230　331

**Q230**　刑事訴訟法第157条の6第2項第1号は、構外ビデオリンク方式による証人尋問の要件として、どのようなことを規定しているのですか。

**A**　1　刑事訴訟法第157条の6第2項第1号は、構外ビデオリンク方式による証人尋問を行うための要件として、「犯罪の性質、証人の年齢、心身の状態、被告人との関係その他の事情により、証人が同一構内に出頭するときは精神の平穏を著しく害されるおそれがあると認めるとき。」と規定しています。

証人が「精神の平穏を著しく害されるおそれがある」と認められることが必要とされている点や、その判断に当たっての考慮事情は、同条第1項第3号と同じですが、同号は、証人が裁判官等の在席場所において供述する場合の心理的・精神的負担を問題とするものであることから、「裁判官及び訴訟関係人が証人を尋問するために在席する場所において供述するときは圧迫を受け精神の平穏を著しく害されるおそれがある」と規定しているのに対し、同条第2項第1号は、証人が同一構内に出頭する場合の心理的・精神的負担を問題とするものであることから、「証人が同一構内に出頭するときは精神の平穏を著しく害されるおそれがある」と規定しています。

2　刑事訴訟法第157条の6第2項第1号の適用対象は、被害者に限られるものではなく、証人が証言をする事件に係る罪名も限定されていません。

同号に該当し得る場合としては、典型的には、証人が性犯罪の被害者である場合が考えられますが、それ以外にも、例えば、

・　凄惨な犯行を目撃して強い精神的衝撃を受けた年少者がその目撃状況を証言する場合において、当該年少者にとって、被告人もいる同一構内に出頭すること自体が著しい心理的・精神的負担を生じるおそれがあるとき

・　被告人から執拗なストーカー行為を受けた末に自己の交際相手を殺害された女性が事件に至る経緯等について証言する場合において、当該女性にとって、被告人もいる同一構内に出頭すること自体が著しい心理的・精神的負担を生じるおそれがあるとき

などが考えられます。

第8章　犯罪被害者等及び証人を保護するための措置の導入

**Q231**　刑事訴訟法第157条の6第2項第2号及び第3号は、構外ビデオリンク方式による証人尋問の要件として、どのようなことを規定しているのですか。

**A**　1　構外ビデオリンク方式による証人尋問を行うための要件として、刑事訴訟法第157条の6第2項第2号は「同一構内への出頭に伴う移動に際し、証人の身体若しくは財産に害を加え又は証人を畏怖させ若しくは困惑させる行為がなされるおそれがあると認めるとき。」と、同項第3号は「同一構内への出頭後の移動に際し尾行その他の方法で証人の住居、勤務先その他その通常所在する場所が特定されることにより、証人若しくはその親族の身体若しくは財産に害を加え又はこれらの者を畏怖させ若しくは困惑させる行為がなされるおそれがあると認めるとき。」とそれぞれ規定しています。

　両者は、仮に証人が同一構内に出頭した場合にその機会を利用して加害行為等がなされるおそれに着目したものである点において共通しますが、

・　前者（同項第2号）は、証人による「同一構内への出頭に伴う移動に際し」加害行為等がなされるおそれに着目したものであり、加害行為等の対象として、証人のみが規定されているのに対し、

・　後者（同項第3号）は、証人による「同一構内への出頭後の移動に際し尾行その他の方法で証人の住居、勤務先その他その通常所在する場所が特定され」、その後に加害行為等がなされるおそれに着目したものであり、加害行為等の対象として、証人及びその親族が規定されている

という違いがあります。

　2　刑事訴訟法第157条の6第2項第2号に該当するためには、「同一構内への出頭に伴う移動に際し」、加害行為等がなされるおそれがあると認められることが必要です。同一構内への出頭「に伴う移動」ですので、同一構内に出頭するための移動だけでなく、出頭後の帰宅等のための移動も含まれます。なされるおそれがある加害行為等は、そのような移動に「際し」てのものであることが必要です。

　上記1のとおり、同号における「身体若しくは財産に害を加え」る行為及び「畏怖させ若しくは困惑させる行為」の対象は、「証人」に限られています。

同号に該当する場合としては、例えば、

- 暴力団犯罪等の組織的な犯罪に係る事件について被告人やその組織に不利な証言をする予定の証人が同一構内に出頭した場合には、その出頭の過程で被告人の関係者に待ち伏せされ、加害行為等がなされるおそれがあるとき

などが考えられます。

　3　刑事訴訟法第157条の6第2項第3号に該当するためには、「同一構内への出頭後の移動に際し」、尾行その他の方法で証人の住居等が特定されるおそれがあると認められることが必要です。同一構内への出頭前の移動については、尾行その他の方法で証人の住居等が特定されるという事態は考え難いことから、同号においては、同一構内への「出頭後の移動」に限られています。そのような移動に「際し」なされるものとして規定されているのは、「尾行その他の方法で証人の住居、勤務先その他その通常所在する場所が特定されること」であり、加害行為等そのものは、「同一構内への出頭後の移動に際し」なされるおそれがあると認められる必要はありません。

　上記1のとおり、「身体若しくは財産に害を加え」る行為及び「畏怖させ若しくは困惑させる行為」の対象は「証人若しくはその親族」とされています。

　同号に該当する場合としては、例えば、

- 暴力団犯罪等の組織的な犯罪に係る事件について被告人やその組織に不利な証言をする予定の証人が同一構内に出頭した場合には、その出頭後、帰宅する際にその帰途を尾行されるなどして住所等を把握され、加害行為等がなされるおそれがあるとき

などが考えられます。

334　第 8 章　犯罪被害者等及び証人を保護するための措置の導入

**Q232**　刑事訴訟法第 157 条の 6 第 2 項第 4 号は、構外ビデオリンク方式による証人尋問の要件として、どのようなことを規定しているのですか。

**A**　刑事訴訟法第 157 条の 6 第 2 項第 4 号は、構外ビデオリンク方式による証人尋問を行うための要件として、「証人が遠隔地に居住し、その年齢、職業、健康状態その他の事情により、同一構内に出頭することが著しく困難であると認めるとき。」と規定しています。

同号に該当するためには、「証人が遠隔地に居住し」ていることを前提として、それに加えて「その年齢、職業、健康状態その他の事情」をも踏まえたときに、「同一構内に出頭することが著しく困難である」と認められることが必要です。証人の居住する場所が「遠隔地」に当たるか否かは、証人が居住する場所と同一構内との間の地理的な距離のほか、証人が利用することのできる交通手段やその利便性、出頭に要する時間等も踏まえて判断されるものであり、その上で、更に証人の「年齢、職業、健康状態その他の事情」をも踏まえ、「同一構内に出頭することが著しく困難である」か否かを判断することとなります。

「出頭することが著しく困難である」とは、物理的に出頭が著しく困難である場合のほか、出頭することによって自己又は第三者に重大な不利益が生じるために出頭が著しく困難である場合も含みます。

同号に該当する場合としては、例えば、

・　証人が、遠隔地に居住するとともに、高齢又は病気療養中であり、長距離移動を伴う同一構内への出頭によりその健康状態が損なわれるおそれがある場合

・　証人が、遠隔地に居住するとともに、他の者では代替することのできない多忙な業務に就いており、遠方にある同一構内への出頭のために休業を余儀なくされると、その業務に大きな支障が生じる場合

・　証人が、遠隔地に居住するとともに、介護を受けなければ日常生活に支障がある同居の親族の介護を行っており、その介護の性質上、他の者に依頼することができず、遠方にある同一構内への出頭のために長時間自宅を離れることになると、当該親族の健康状態が損なわれるおそれが

ある場合

等が考えられます。

336　第8章　犯罪被害者等及び証人を保護するための措置の導入

## Q233 構外ビデオリンク方式による証人尋問を行う場合、証人の同意を得ることにより、当該証人尋問の状況を記録媒体に記録することができますか。

**A**　刑事訴訟法第157条の6第2項第1号から第3号までのいずれかに該当することを理由として構外ビデオリンク方式による証人尋問を行う場合には、裁判所は、その証人が後の刑事手続において同一の事実につき再び証人として供述を求められることがあると思料する場合であって、証人の同意があるときは、検察官及び被告人又は弁護人の意見を聴き、その証人の尋問及び供述並びにその状況を記録媒体（映像及び音声を同時に記録することができるものに限ります。）に記録することができますが、同項第4号に該当することを理由として構外ビデオリンク方式による証人尋問を行う場合（Q232参照）には、そのような記録をすることはできません（同条第3項）。

　これは、そもそも、同項は、性犯罪の被害者を始めとして、証言すること自体により大きな心理的・精神的負担を負うような証人が、他の公判等で同一の犯罪事実について繰り返し証言を求められることにより更なる心理的・精神的負担を負うことの弊害を避けようとするところにその趣旨があるところ、同条第2項第4号による場合については、証人が遠隔地に居住することに伴う出頭の困難性に着目したものであり、同条第3項の趣旨が妥当しないと考えられるためです。

第3節　ビデオリンク方式による証人尋問の拡充　Q234　337

**Q234** 裁判員法第65条第1項は、一定の場合には、証人尋問の状況等を、映像及び音声を同時に記録することができる記録媒体に記録することを認めていますが、構外ビデオリンク方式による証人尋問を行う場合も、そのような記録をすることができるのですか。

**A** 裁判員法第65条は、一定の要件の下で、訴訟関係人の尋問及び供述等を記録媒体（映像及び音声を同時に記録することができるものに限ります。）に記録することができることとしつつ（同条第1項）、証人尋問については、一定の場合には、証人の同意がなければ、同項による記録をすることができないこととしています（同条第2項）。

　そして、構外ビデオリンク方式による証人尋問を行う場合については、刑事訴訟法第157条の6第2項第1号から第3号までのいずれかに該当することを理由としてこれを行う場合には、証人の同意がなければ裁判員法第65条第1項による記録をすることができないのに対し、刑事訴訟法第157条の6第2項第4号に該当することを理由として構外ビデオリンク方式による証人尋問を行う場合には、証人の同意がなくても、裁判員法第65条第1項による記録をすることが可能です（同条第2項）。

　これは、そもそも、同項が、ビデオリンク方式による証人尋問を行う場合について、証人の同意がなければ、同条第1項による記録をすることができないこととしているのは、性犯罪の被害者を始めとして、証言すること自体により大きな心理的・精神的負担を負うような証人にとっては、証言する状況等を克明に録画されることは、かえって、その心情やプライバシーに悪影響を与え、新たな心理的・精神的負担を生じることとなりかねないことに鑑み、証人の意思を尊重することとしたものであるところ、刑事訴訟法第157条の6第2項第1号から第3号までの規定による場合には、そのような趣旨が妥当するのに対し、同項第4号による場合については、証人が遠隔地に居住することに伴う出頭の困難性に着目したものであり、裁判員法第65条第2項の趣旨が妥当しないと考えられるためです。

338 第 9 章 証拠隠滅等の罪等の法定刑の引上げ等

# 第9章 証拠隠滅等の罪等の法定刑の引上げ等

## 第1節 証拠隠滅等の罪等の法定刑の引上げ

**Q235** 証拠隠滅等の罪等の法定刑の引上げの趣旨及び概要は、どのようなものですか。

**A** 改正法では、

① 証人不出頭及び証人の宣誓・証言拒絶の罪の法定刑の引上げ（刑事訴訟法第 151 条・第 161 条の改正）

② 犯人蔵匿等、証拠隠滅等及び証人等威迫の罪の法定刑の引上げ（刑法第 103 条・第 104 条・第 105 条の 2 の改正）

③ 組織的な犯罪に係る犯人蔵匿等、証拠隠滅等及び証人等威迫の罪の法定刑の引上げ（組織的犯罪処罰法第 7 条第 1 項の改正）

④ 国際刑事裁判所の管轄刑事事件に係る証拠隠滅等の罪等の法定刑の引上げ（国際刑事裁判所に対する協力等に関する法律第 53 条第 1 項・第 54 条・第 56 条第 1 項の改正）

が行われました。

　これは、証人の出頭及び証言の確保を図るとともに、客観的な証拠や関係者の供述が損なわれたり歪められることなく公判廷に顕出されるようにすることなどにより、公判審理の充実化を図ることを趣旨とするものです。

第1節　証拠隠滅等の罪等の法定刑の引上げ　　Q236　　339

**Q236** 証人不出頭及び証人の宣誓・証言拒絶の罪の法定刑の引上げの内容は、どのようなものですか。また、なぜそのように法定刑が引き上げられたのですか。

**A**　1　証人不出頭（刑事訴訟法第151条）及び証人の宣誓・証言拒絶（同法第161条）の罪の法定刑については、いずれも、改正前においては、各条の第1項で「10万円以下の罰金又は拘留」としつつ、第2項で「前項の罪を犯した者には、情状により、罰金及び拘留を併科することができる。」と規定されていましたが、今回の改正により、法定刑が「1年以下の懲役又は30万円以下の罰金」に引き上げられるとともに、第2項が削除されました。

　2　改正前においては、これらの罪について、上記1のとおり、法定刑の上限が10万円の罰金とされており、各種行政機関等への出頭義務の履行を担保するための罰則や各種行政機関等に対する陳述義務の履行を担保するための罰則の法定刑と比べても、軽いものにとどまっていました。

　そこで、刑事手続における証人の不出頭及び宣誓・証言拒絶について、これまで以上に厳正に対処すべき犯罪であるという法的評価を示すとともに、その威嚇力によってこれを抑止して、証人の出頭及び証言の確保を図るため、法定刑が引き上げられたものです。

340 第 9 章 証拠隠滅等の罪等の法定刑の引上げ等

## Q237
犯人蔵匿等、証拠隠滅等及び証人等威迫並びに組織的な犯罪に係る犯人蔵匿等の罪の法定刑の引上げの内容は、どのようなものですか。また、なぜそのように法定刑が引き上げられたのですか。

**A** 1 犯人蔵匿等（刑法第103条）及び証拠隠滅等（同法第104条）の罪の法定刑については、いずれも、改正前においては「2年以下の懲役又は20万円以下の罰金」とされていましたが、今回の改正により「3年以下の懲役又は30万円以下の罰金」に引き上げられました。

また、証人等威迫（同法第105条の2）の罪の法定刑については、改正前においては「1年以下の懲役又は20万円以下の罰金」とされていましたが、今回の改正により「2年以下の懲役又は30万円以下の罰金」に引き上げられました。

改正前においては、これらの罪について、上記のとおり、法定刑の上限が2年又は1年の懲役とされており、国家の作用に対する妨害という点で性質が類似する強制執行妨害関係の罪（同法第96条の2〜第96条の4）や人の業務に対する妨害という点で性質が類似する業務妨害罪（同法第233条、第234条）等の法定刑（いずれも懲役刑の上限が3年とされています。）と比べても、軽いものにとどまっていました。

そこで、犯人蔵匿等、証拠隠滅等及び証人等威迫という、刑事手続における事実の適正な解明を妨げる行為について、これまで以上に厳正に対処すべき犯罪であるという法的評価を示すとともに、その威嚇力によってこれを抑止し、客観的な証拠や関係者の供述が損なわれたり歪められたりすることなく公判廷に顕出されるようにすることなどにより、公判審理の充実化を図るため、法定刑が引き上げられたものです。

2 組織的な犯罪に係る犯人蔵匿等、証拠隠滅等及び証人等威迫（組織的犯罪処罰法第7条第1項第1号〜第3号・第2項）の罪の法定刑については、改正前においては、「3年以下の懲役又は20万円以下の罰金」とされていましたが、今回の改正により、「5年以下の懲役又は50万円以下の罰金」に引き上げられました。

これらの罪は、刑法の犯人蔵匿等、証拠隠滅等及び証人等威迫の罪の加重

処罰類型であり、その刑が加重されている趣旨は、組織的な犯罪については、その真相解明が一般的に困難であって、これに関して犯人蔵匿等や証拠隠滅等が行われると、真相解明が著しく困難となり、当該組織が温存される結果、更に犯罪が継続される温床となるなど、違法性が高く、その抑止を図る必要があると考えられるところにあります。

このような趣旨に鑑みると、基本犯である刑法の上記各罪の法定刑を引き上げる以上、これに伴い、組織的犯罪処罰法上の加重処罰類型についても法定刑を引き上げるのが相当であると考えられることから、その法定刑も引き上げられたものです。

342　第9章　証拠隠滅等の罪等の法定刑の引上げ等

## 第2節　証人の勾引要件の緩和等

### Q238　証人の勾引要件の緩和等の趣旨及び概要は、どのようなものですか。

**A**　改正前の刑事訴訟法第152条では、「召喚に応じない証人に対しては、更にこれを召喚し、又はこれを勾引することができる。」と規定されており、証人の勾引は、召喚をして証人が指定の期日に出頭しなかった後でなければすることができないこととされていました。

そのため、例えば、証人が召喚に応じないことが事前に判明していた場合であっても、不出頭を確認するための公判期日を開かなければ、勾引をすることができず、公判期日の空転を招くなどの不都合が生じていました。

そこで、今回の改正では、証人の出頭ひいては証言の確保を図ることにより、公判審理の充実化を図る観点から、証人が正当な理由がなく召喚に応じないおそれがあるときも、召喚の手続を経ることなく勾引することができることとされました。

なお、これに伴い、召喚に応じないおそれがある証人については、一度も召喚をしないことがあり得ることになることから、再度の召喚については規定しないこととされましたが、もとより、再度の召喚を許さないとする趣旨ではなく、刑事訴訟法第143条の2により当然に可能です（同条は、「裁判所は、裁判所の規則で定める相当の猶予期間を置いて、証人を召喚することができる。」と規定するもので、改正法により新設されたものですが、これは、裁判所が証人を召喚し得るという、これまで当然と解されてきたことについて、その条文上の根拠を確認的に規定するものであり、これまでの運用を変更する趣旨のものではありません。）。

第 2 節　証人の勾引要件の緩和等　　Q239　　343

## Q239　刑事訴訟法第 152 条に規定する「召喚に……応じないおそれがあるとき」とは、どのような意味ですか。

**A**　今回の改正で証人の勾引の要件とされた「召喚に……応じないおそれがあるとき」（刑事訴訟法第 152 条）との文言は、被告人の勾引の要件（同法第 58 条第 2 号）と同じであり、その意義や要件該当性の判断の在り方についても、被告人の勾引の場合と同様であると考えられます。

　これには、召喚状の送達後に召喚に応じないおそれが生じた場合のほか、その発付前の段階で既に、仮に召喚状を発したとしても召喚に応じないおそれが生じている場合も含まれ、例えば、

・　証人が、あらかじめ、「召喚されても出頭しない」旨を明確に表明している場合

・　証人が、「召喚されても出頭しない」旨を明確に表明するには至っておらず、出頭するか否かについて曖昧な言動をしているものの、証人が被告人を畏怖していたり被支配関係にあるなど、証人の立場や被告人との関係等の事情により、証人が出頭しないおそれがある場合

等においては、「召喚に……応じないおそれがあるとき」に該当し得るものと考えられます。

344　第10章　自白事件の簡易迅速な処理のための措置の導入

# 第10章 自白事件の簡易迅速な処理のための措置の導入

**Q240** 自白事件の簡易迅速な処理のための措置の趣旨及び概要は、どのようなものですか。

**A** 　今回の改正では、即決裁判手続の申立て（刑事訴訟法第350条の16第1項）がなされた後、被告人が否認に転じるなどしたために即決裁判手続によらないこととなった場合において、証拠調べが行われることなく公訴が取り消されたときは、公訴取消し後の同一事件についての再起訴の制限（同法第340条）の例外として、同一事件について再起訴することができることとされました（同法第350条の26）。

　起訴時に被告人が犯罪事実を認めていて即決裁判手続の申立てがなされた場合においても、その後、被告人が否認に転じるなどすることがあり得ますが、起訴後は被告人に対する捜査が制限されることとなる一方、改正前においては、仮に公訴を取り消すと、同一事件については、公訴取消し後に犯罪事実につき新たに重要な証拠を発見した場合でなければ再起訴することができないこととされていました（同条）。そのため、捜査段階においては、即決裁判手続の対象となるような簡易な自白事件であっても、起訴後に被告人が否認に転じるなどした場合に備え、あり得る弁解を想定して、言わば「念のための捜査」を遂げるのが一般的であり、このことが、起訴に至るまでの捜査の合理化・迅速化を困難とする原因となるとともに、検察官に即決裁判手続を活用することに向けた動機付けが働かず、即決裁判手続の活用が限定的なものにとどまる原因ともなってきたと考えられます。

　そこで、簡易な自白事件について、即決裁判手続の申立てがなされた後、被告人が否認に転じるなどしたため即決裁判手続によらないこととなった場合につき、検察官が公訴を取り消して、言わば捜査に戻ることができる途を設けることにより、「念のための捜査」を遂げることなく早期に起訴し即決裁判手続を活用することに向けた動機付けを検察官に与え、これにより、起訴前の捜査や公判手続の合理化・迅速化を図り、ひいては重大・複雑な事件に

人員等の資源をより重点的に投入することを可能にするとの観点から、上記のような改正が行われたものです。

346　第10章　自白事件の簡易迅速な処理のための措置の導入

**Q241**　即決裁判手続の申立てがあった事件について、公訴の取消しがなされ、これによる公訴棄却の決定が確定した後に、刑事訴訟法第 350 条の 26 により再起訴することができるのは、どのような場合ですか。

**A**　1　刑事訴訟法第 350 条の 26 により再起訴することができるのは、

(1)　一定の理由により即決裁判手続の申立て（同法第 350 条の 16 第 1 項）が却下された事件について、その却下決定後、証拠調べが行われることなく公訴が取り消された場合、又は

(2)　即決裁判手続によって審判をする旨の決定が一定の理由により取り消された事件について、その取消し決定後、証拠調べが行われることなく公訴が取り消された場合

です。

　2　上記 1(1)にいう「一定の理由」とは、次のいずれかに該当することを指します。

①　冒頭手続に際し、被告人が「起訴状に記載された訴因について有罪である旨の陳述」をしなかったこと（刑事訴訟法第 350 条の 22 柱書き、刑事訴訟規則第 222 条の 14 第 1 項後段）

②　同法「第 350 条の 16 第 2 項又は第 4 項の同意」、すなわち、即決裁判手続の申立てがなされる際の被告人又は弁護人の同意が撤回されたこと（同法第 350 条の 22 第 1 号、同規則第 222 条の 14 第 1 項前段）

③　同法「第 350 条の 20 第 1 項に規定する場合」、すなわち、即決裁判手続の申立てがあった事件について、弁護人が即決裁判手続によることについてその意見を留保している場合又は即決裁判手続の申立てがあった後に弁護人が選任された場合において、弁護人の同意がなされず、又はその同意が撤回されたこと（同法第 350 条の 22 第 2 号、同規則第 222 条の 14 第 1 項前段）

　3　上記 1(2)にいう「一定の理由」とは、次のいずれかに該当することを指します。

①　判決の言渡し前に、被告人又は弁護人が即決裁判手続によることにつ

いての同意を撤回したこと（刑事訴訟法第350条の25第1項第1号）

②　判決の言渡し前に、被告人が起訴状に記載された訴因について有罪である旨の陳述を撤回したこと（同項第2号）

③　被告人が起訴状に記載された訴因について有罪である旨の陳述と相反するか又は実質的に異なった供述をしたことにより、当該事件が、即決裁判手続によることが相当でないものであると認められること（同項第4号）

　4　刑事訴訟法第350条の26により再起訴が可能となるためには、上記1(1)の事件についてはその却下決定後に、上記1(2)の事件についてはその取消し決定後に、「証拠調べ」が行われることなく公訴が取り消されることが必要です。

　ここにいう「証拠調べ」とは、同法第292条本文にいう「証拠調べ」のことであり、検察官による冒頭陳述（同法第296条）が含まれます。

巻末資料1

# 時代に即した新たな刑事司法制度の
# 基本構想

平成２５年１月

法制審議会新時代の刑事司法制度特別部会

350　巻末資料1

## 【目次】

第1　はじめに ------------------------------------------------------------ 1

第2　時代に即した新たな刑事司法制度を構築するに当たっての検討指針 ---- 2

第3　時代に即した新たな刑事司法制度を構築するため検討するべき具体的方策
　------------------------------------------------------------------- 7
　1　取調べへの過度の依存を改め，証拠収集手段を適正化・多様化するための方
　　策 ------------------------------------------------------------- 7
　　(1) 取調べの録音・録画制度 ------------------------------------- 7
　　(2) 刑の減免制度，協議・合意制度及び刑事免責制度 ------------------ 11
　　(3) 通信・会話傍受等 ------------------------------------------- 14
　　(4) 被疑者・被告人の身柄拘束の在り方 ----------------------------- 18
　　(5) 弁護人による援助の充実化 ----------------------------------- 20
　2　供述調書への過度の依存を改め，より充実した公判審理を実現するための方
　　策 ------------------------------------------------------------- 22
　　(1) 証拠開示制度 ----------------------------------------------- 22
　　(2) 犯罪被害者等及び証人を支援・保護するための方策の拡充 ---------- 26
　　(3) 公判廷に顕出される証拠が真正なものであることを担保するための方策等
　　　　（司法の機能を妨害する行為への対処） --------------------------- 29
　　(4) 自白事件を簡易迅速に処理するための手続の在り方 ---------------- 32
　3　その他 ------------------------------------------------------- 34

# 第1 はじめに

　法制審議会・新時代の刑事司法制度特別部会は，法務大臣からの諮問第９２号（**別紙１**）を受けて，時代に即した新たな刑事司法制度を構築するための法整備の在り方についての調査審議を行うため，法制審議会第１６５回会議において設置された。

　新時代の刑事司法制度特別部会は，研究者，刑事司法を担う実務家，一般有識者など委員２６名，幹事１４名から構成される部会であり，これまで１９回にわたり会議を重ねたほか，刑事司法制度の現状や問題点を把握するため，国内関係機関の視察，被害者遺族，警察官，弁護士及び検察官等のヒアリング，欧州，米国及び大韓民国における刑事司法制度の実情視察を行い，それらの結果も踏まえて幅広い観点から議論・検討を行ってきた。当部会の委員・幹事名簿は**別紙２**のとおり，当部会におけるこれまでの審議状況は**別紙３**のとおりである。

　このたび，部会の設置から１年半余りを経過し，新たな刑事司法制度を構築するに当たっての検討指針やそのための具体的方策の在り方について一定の方向性を得るに至ったので，これを，新たな刑事司法制度の基本構想として取りまとめることとした。

　今後は，この基本構想に沿って，それぞれの具体的な方策についての検討を進めていくこととなるが，これらの具体的な方策は，刑事司法制度の様々な側面に関連し，極めて多岐にわたるものであることから，当部会の下に２つの作業分科会（作業グループ）を設け，各作業グループで分担するそれぞれの検討事項について部会での議論に資する各制度のたたき台等の資料を策定した上で，それに基づいて部会での議論を行うとの手順で議論・検討を進めることにより，できる限り早期かつ円滑に成案が得られるよう努めることとする。

　このような観点から，この基本構想においても，①今後作業グループでの作業を経て当部会で優先的に具体的な検討を行う事項，②これらに関連する事項であって，①の事項についての具体的な検討を行った後に必要に応じて更に当部会で検討することとする事項及び③当部会で結論を得ることが困難であり，当部会とは別の機会に検討されるべき事項とを区別・整理することに留意した。

## 第2 時代に即した新たな刑事司法制度を構築するに当たっての検討指針

　　これまでの刑事司法制度において，捜査機関は，被疑者及び事件関係者の取調べを通じて，事案を綿密に解明することを目指し，詳細な供述を収集してこれを供述調書に録取し，それが公判における有力な証拠として活用されてきた。すなわち，他に有力な証拠収集手段が限られている中で，取調べは，当該事件に関連する事項についての知識を有すると捜査機関において判断した者本人の口から機動的かつ柔軟に供述を得ることができる手法として，事案解明を目指す捜査において中心的な機能を果たしてきた。また，供述調書は，取調べの結果得られた詳細な供述について，争いのない事件ではこれを効率的かつ時系列に沿って分かりやすく公判に顕出させて供述内容を立証する手段として機能するとともに，公判廷で供述人が捜査段階の供述を翻した場合等においては，捜査段階における供述内容を公判に顕出させる手段となり，しばしば，公判廷での供述より信用すべきものと認められてきた。

　　しかし，取調べによる徹底的な事案の解明と綿密な証拠収集及び立証を追求する姿勢は，事案の真相究明と真犯人の適正な処罰を求める国民に支持され，その信頼を得るとともに，我が国の良好な治安を保つことに大きく貢献してきたとも評されるが，戦後60余年にわたりこのような運用が続けられて我が国の刑事司法制度が諸外国に類を見ない独自の姿となってきた中で，それに伴うひずみもまた明らかになってきたと言わざるを得ない。

　　すなわち，当事者主義を採る我が国の刑事司法制度においては，公判廷で当事者が攻撃防御を尽くす中から事案の真相が解明され，それを踏まえて適切に刑罰権が行使されることが予定されているというべきであり，これとの関係で，被疑者の取調べは，捜査段階での被疑者の供述を収集する手段，供述調書は，その結果として得られた供述を記録する手段とそれぞれ位置付けられるべきものであるが，取調べ及び供述調書への過度の依存は，本来公判廷で事実が明らかにされるべき刑事司法の姿を変容させ，取調べを通じて作成された供述調書がそのまま公判廷でも主要な証拠として重視される状況を現出させ，刑事裁判の帰すうが事実上捜査段階で決着する事態となっているとも指摘される。

　　そして，そもそも取調べにより，特に黙秘権を有する被疑者から自分の犯罪事実等に関する不利益な供述を得ることは，それ自体，必ずしも容易ではないが，取調べ及び供述調書に余りにも多くを依存してきた結果，取調官が無理な取調べをし，それにより得られた虚偽の自白調書が誤判の原因となったと指摘される事態が見られる。この点に関連して，捜査段階において真相解明という目的が絶対視されるあまり，手続の適正確保がおろそかにされ又は不十分となって，無理な取調べを許す構造となってしまっていないかとの指摘もなされている。

　　もとより供述証拠の収集は適正な手続の下で行われなければならないものであるし，供述調書等を通じて捜査段階での被疑者の供述による立証が行われる場合であっても，その供述の任意性・信用性に争いが生じた場合には，できる

限り客観的な方法により的確に取調べ状況に係る事実認定がなされ，もって公判廷に顕出される捜査段階での供述が，適正な取調べを通じて収集された任意性・信用性のあるものであることが明らかになるような制度でなければならない。諮問第９２号が発せられた経緯を見ても，検察の在り方検討会議の提言及び「捜査手法，取調べの高度化を図るための研究会」の最終報告のいずれにおいても，近時の誤判事例等を原因として，捜査機関に対する信頼が大きく揺らぎ又は損なわれている旨の指摘がなされているのであるから，取調べを中心とする捜査の適正確保が重要な課題であることが認識されなければならない。

　それと同時に，我が国の社会情勢及び国民意識の変化等に伴い，捜査段階での供述証拠の収集が困難化していることは，捜査機関における共通の認識となっているといってよい。

　また，先般の司法制度改革により導入された裁判員制度や公判前整理手続等により，我が国の刑事裁判は，国民の司法参加にも対応し得るように，分かりやすく，充実した，迅速なものへとなりつつあるが，従来供述調書が公判段階でも有力な証拠とされてきた背景としては，証人の中には被告人の面前でありのままの供述をすることが難しい状況に置かれる者がおり，あるいは，被告人が公判廷で真実の供述をするとは限らないという実情もある。

　公判廷で事実が明らかにされる刑事司法とするためには，その前提として，捜査段階で適正な手続により十分な証拠が収集される必要があり，捜査段階における証拠収集の困難化にも対応して，捜査機関が十分にその責務を果たせるようにする手法を整備することが必要となる一方で，公判段階も，必要な証拠ができる限り直接的に公判廷に顕出され，それについて当事者間で攻撃防御を十分に尽くすことができるものであるべきであり，こうした観点から，捜査段階及び公判段階の双方について適切な配意がなされた制度とする必要がある。

　さらに，犯罪被害者やその遺族は，かつての刑事司法制度において，その供述が証拠方法として用いられることに重点があり，いわば専ら「証拠」として扱われていたと指摘され，近年の法改正により，その権利利益の保護や刑事手続への関与の拡充のための措置が講じられているものの，現状においても，刑事手続への協力には多大の負担が伴い，また，刑事手続への関与や被害からの立ち直りに関する支援が必ずしも十分なものとはなっていないとの指摘があることから，新たな刑事司法制度は，こうした点にも十分に意を用いたものとなるべきである。

　加えて，近時の科学技術の進展及びその普及に鑑みれば，それらに対応して刑事司法制度をより確かで信頼されるものにするとの視点も必要とされるべきであろう。

　当部会に求められているのは，こうした現状認識に立ち，現在の刑事司法制度が抱える構造的な問題に的確に対処した，新たな刑事司法制度を構築することであり，新たな刑事司法制度は，適正手続の下での事案の解明と刑罰法令の適正かつ迅速な適用更にはそれと一体をなすものとしての誤判の防止という役

354　巻末資料1

割を十全に果たし，被疑者・被告人，被害者を始めとする事件関係者及び国民一般がそれぞれの立場からも納得し得る，国民の健全な社会常識に立脚したものでなければならない。その刑事司法制度は，できる限り制度の内容等が明確化され，国民にも分かりやすいものとなることが望ましい。このような新たな刑事司法制度を構築するため当部会が後記第3で提示する具体的な諸方策は，次の理念に集約することができる。

## 1　取調べへの過度の依存からの脱却と証拠収集手段の適正化・多様化

> 被疑者取調べの録音・録画制度の導入を始め，取調べへの過度の依存を改めて適正な手続の下で供述証拠及び客観的証拠をより広範囲に収集することができるようにするため，証拠収集手段を適正化・多様化する。

第一に，被疑者取調べの録音・録画制度を導入する。

被疑者の取調べは，捜査段階で，事案解明に向けて供述証拠を収集するため，最も効率的かつ機動的に行うことができる手法であり，新たな刑事司法制度においても相応に重要な役割を果たすこととなると考えられる。しかし，刑事司法における事案の解明が不可欠であるとしても，そのための供述証拠の収集が適正な手続の下で行われるべきことは言うまでもないことであるし，後記2の公判審理の充実化を図る観点からも，公判廷に顕出される被疑者の捜査段階での供述が，適正な取調べを通じて収集された任意性・信用性のあるものであることが明らかになるような制度とする必要がある。このようなことをより確かなものとする観点から，被疑者取調べの録音・録画制度を導入する。

第二に，証拠収集手段の多様化を図る。

まず，多様な角度から事案解明に向けた刑事司法の機能が発揮できるようにするため，取調べ以外の多様な方法を通じてより容易に供述証拠が収集され，公判廷に顕出されるようにするための新たな制度を導入することについて，刑の減免制度，協議・合意制度及び刑事免責制度を具体的な検討対象として，それぞれの採否をも含めた具体的な検討を行う。

また，近時解明に困難を極めている組織犯罪にも的確に対処できるようにするとともに，公判廷での的確な事実認定に資する客観的な証拠をより広範囲に収集できるようにするため，通信傍受の対象犯罪を拡大し，その手続の合理化・効率化を図るほか，一定の場面に限定した会話傍受についても検討を行う。

第三に，弁護人による防御の充実化や被疑者・被告人の身柄拘束の適正な運用を担保することをも通じて，証拠収集手段の適正を担保する。

取調べの録音・録画制度は，被疑者取調べの適正確保に資するものであるが，供述証拠の収集に当たっては，捜査段階での弁護活動を通じてその適正が確保されるところも大きいことから，被疑者国選弁護制度の適用対象を全ての身柄事件に拡大することについて，更なる公費負担の合理性や必要な予算措置を講じることの可否等を含めた具体的な検討を行う。

- 4 -

また，身柄拘束が自白に向けた不当な圧力とならないような適切な運用を担保するため，被疑者・被告人の身柄拘束に関する指針となるべき規定を設けることや，捜査等に重大な支障を生ずることのない，勾留と在宅の間の中間的な処分を設けることの可否について具体的に検討する。

## 2　供述調書への過度の依存からの脱却と公判審理の更なる充実化

> 供述調書への過度の依存を改め，被害者及び事件関係者を含む国民への負担にも配意しつつ，真正な証拠が顕出され，被告人側においても，必要かつ十分な防御活動ができる活発で充実した公判審理を実現する。

公判審理は，もとより国家の刑罰権の発動の可否を決するという点で刑事手続の中心的場面であって，より一層充実した審理が実現される必要があり，これに資するものとするため，既に前記1で述べたものに加え，次の各方策を検討する。

第一に，幅広く収集された証拠が適切に開示され，防御活動にも十分に生かされるようにするとともに，検察官による適切な証拠開示の運用を担保する観点から，公判前整理手続における証拠開示の適正な運用に資するための方策について具体的な検討を行う。

第二に，被害者を含む証人を保護・支援するための方策を拡充するとともに，真正な証拠に基づく円滑な審理が行われるようにするための環境を整備する。

まず，被害者を含む証人を保護・支援するための方策として，ビデオリンク方式による証人尋問の拡充や被害者を含む証人に関する情報の保護方策の拡充等について具体的に検討し，刑事手続への協力に際しての負担の軽減や安全の確保を図る。

次に，公判廷に必要な証人が出頭して証言するとともに，被告人の供述を含め，真正な証拠が顕出されることを担保するため，証人の勾引要件の緩和など，証人の出頭及び証言を確保するためのより実効的な方策について検討するほか，証拠隠滅等の罪等の法定刑を引き上げ，被告人の虚偽供述に対する制裁を設けることなどについて検討する。

第三に，争いのない事件の簡易迅速な処理を促進する。

既に裁判員裁判により刑事司法に関わる者の負担が増していると指摘されており，今後，より充実した公判審理を実現するためにも，こうした関係者の負担と刑事司法の目的実現との調和の視点，更には刑事司法における限りある資源を有効に配分するとの視点を欠くことはできないことから，争いがない事件のうち一定範囲のものについて，より簡易迅速に処理することができる手続を設けることについて具体的な検討を行う。

以下の第3は，これらの具体的方策について詳細に記述するものであるが，それに当たっては，先にも述べたとおり，当部会におけるこれまでの議論の状

356　巻末資料1

況を踏まえた今後の検討の方向性を明らかにする観点から，今後，作業グルー
プでの作業を経て当部会で優先的に具体的な検討を行う事項については，枠囲
いを付して記載した。

　また，上記の事項に関連する事項であって，その具体的な検討を行った後に
必要に応じて更に当部会で検討を加えることが相当と考えられた事項について
はその旨記載し，さらに，当部会で結論を得ることが困難であり，別途検討さ
れることが相当と考えられた事項についてもその旨記載してある。

## 第３　時代に即した新たな刑事司法制度を構築するため検討するべき具体的方策

１　取調べへの過度の依存を改め，証拠収集手段を適正化・多様化するための方策

（１）取調べの録音・録画制度

> 　被疑者取調べの録音・録画制度の導入については，以下の２つの制度案を念頭に置いて具体的な検討を行う。
> ○　一定の例外事由を定めつつ，原則として，被疑者取調べの全過程について録音・録画を義務付ける（※）。
> ○　録音・録画の対象とする範囲は，取調官の一定の裁量に委ねるものとする。
> ※　対象事件については，裁判員制度対象事件の身柄事件を念頭に置いて制度の枠組みに関する具体的な検討を行い，その結果を踏まえ，更に当部会でその範囲の在り方についての検討を加えることとする。

ア　趣旨及び目的

　従来の取調べ及び供述調書に過度に依存した刑事司法制度の在り方については，事実と異なる供述調書が作成されかねず，かつ，その作成経過を事後的・客観的に検証する手段がなかったことが最大の問題であるとの指摘がなされた。取り分け，被疑者取調べについては，取調官が被疑者と「密室」で向き合う中でややもすると被疑者の有罪立証に向けた供述を得ようとする姿勢になりがちな傾向がある上，供述調書の作成に当たっても，取調官によって供述の取捨選択がなされ，その結果，事実と異なる内容の供述調書が作成され得るという状況が生じていたとの意見や，後日取調べ状況をめぐる争いが生じた場合には，被疑者又は被告人と取調官の供述に基づいてこの点を判断するほかないにもかかわらず，往々にして両者の水掛け論となっていたとの意見があった。

　これに対しては，取調べの適正確保や取調べ状況をめぐる事実認定の客観化・的確化はもとより重要であるが，国民の安全・治安の確保も重要であって，それらのバランスがとれた制度とする必要があり，取調べの真相解明機能が損なわれて捜査に大きな支障が生じ，犯人を的確に検挙できなくなる事態を招くようなことがあってはならないとの意見も示された。

　被疑者の取調べを録音・録画することについては，検察及び警察がこれまで行ってきた試行の検証結果においても，取調べや捜査の機能等に支障が生じるという問題点もあるものの，取調べ状況がありのままに記録されることを通じ，大別して，①取調べの適正確保に資する，②供述の任意性・信用性の判断及び立証に資する（争点の解消に資するとする点を含む。），③被疑者の供述状況を客観的に記録できるなどの有用性が認められるとされており，こうした録音・録画の有用性を我が国の刑事司法に取り込むための方策として，被疑者取調べの録音・録画制度を導入する必要がある。制度の導入に当たっては，録音・録

画について指摘されている問題点についても十分考慮しつつ，取調べの適正が十分に確保されるとともに，取調べ状況をめぐる争いが生じた場合に客観的な形で的確な事実認定が可能となる仕組みとすることが求められる。

**イ　制度の基本的な枠組み**

被疑者取調べの録音・録画制度において，録音・録画の有用性を活かす観点からは，政策的に，できる限り広い範囲で録音・録画が実施されるものとすることが望ましいこと，他方で，録音・録画の実施によって取調べや捜査の機能等に大きな支障が生じることのないような制度設計を行う必要があることについては，大きな異論はなかった。

他方で，主として捜査に責任を負う捜査機関の側からは，試行の結果も踏まえて，録音・録画機器の故障等の外部的要因により録音・録画を行うことが困難な場合だけでなく，供述内容が即時に全て記録され自己の不利益に用いられる可能性もあると供述しにくいなどとして被疑者が録音・録画を拒否したり，報復のおそれや関係者への遠慮などから録音・録画の下では十分な供述をしないなど，録音・録画の影響により被疑者から供述を得ることが困難になる場合が現実に生じており，また，性犯罪被疑者の取調べなど，供述状況の全てが公になると関係者の名誉・プライバシーが不当に害される場合もあるので，こういった場合が録音・録画の対象外となるような制度とするべきとの意見が述べられた。

これに対しては，取調べの録音・録画は取調べにおける被疑者の供述には影響を与えない価値中立的なものであり，指摘されているような問題は，録音・録画それ自体ではなく，録音・録画記録の取扱いに起因する事柄であって，取調べの全過程を一旦録音・録画した上で，記録媒体の証拠開示又は再生の場面で適切な対応をすれば十分に解消できるから，録音・録画の対象外とする必要はないし，証拠開示や再生の制限の判断は裁判所のチェックを受けるため，取調べの時点で捜査機関が録音・録画の当否を判断するよりも公正な仕組みとなるとの意見があった。

この点については，上記のような事後の対応が機能する場面も考えられるものの，供述内容が即時に全て記録されて自己の不利益に用いられる可能性を警戒する被疑者等も存在するとされていることや，組織的犯罪や共犯事件では録音・録画記録の内容が組織や共犯者に伝わる事態を防止するのは実際には不可能である上，何より，証拠開示や再生の制限は裁判所の判断事項であり，取調べが行われている時点で捜査機関が被疑者に何らかの保証を付与することはできない以上，被疑者への心理的影響を完全に払拭することはできないことなどに鑑みると，事後の対応のみによって指摘されている影響に十分に対応することは困難な場合があると考えられる。

したがって，取調べや捜査の機能に深刻な支障が生じる事態を避けるという観点から，録音・録画の対象外とすべき場面が適切に除外される制度とする必要がある。

この点を踏まえて制度の枠組みについて考えるに，具体的にいかなる範囲の取調べを制度の対象とするかについては，大別して，①一定の例外事由を定めつつ，原則として取調べの全過程の録音・録画を義務付ける制度とするべきとする意見が示された一方で，そのような制度の下で録音・録画の対象外とするべき場面を適切に対象外とできるか疑問があり，この点についての専門的・技術的検討を要することから，②録音・録画が必要な取調べの範囲は，取調官の一定の裁量に委ね，取調官において任意性立証に必要と判断した部分とするという制度の在り方も排除すべきでないとする意見もあった。

　　そこで，今後は，①及び②の２つの制度案を念頭に置きつつ，録音・録画の対象外とすべき場面を適切に対象外とできる制度となり得るかを中心として更に具体的な検討を行い，その結果も踏まえて，あるべき制度の基本的な枠組みについての議論を進めることとする。

**ウ　制度の対象とする事件等**

　　制度の対象とする事件等については，全事件における全ての取調べを対象として制度を導入するのは，対象となる取調べが膨大な数に上ることなどから必ずしも現実的でないため，録音・録画の必要性が高いものを対象とするのが相当と考えられる。

　　もっとも，具体的な範囲については様々な意見があり，例えば，録音・録画の有用性を活かすため，最終的には全ての事件を対象とすべきであり，現実性の観点から段階的に拡大していくにしても，被疑者側が録音・録画の実施を請求した事件を含め，できる限り幅広い事件を対象として制度を導入する必要があるとの意見，検察における取調べの全てを対象とするなど，検察官の取調べと警察の取調べとで取扱いを区別して対象とする事件の範囲を検討すべきとの意見や，取調べの適正確保や事後検証を可能とする必要性は身柄拘束の有無を問わず妥当し，実際に在宅での取調べの適正さが問題とされた例もある以上，在宅事件や身柄拘束前の任意の取調べも対象とすべきであり，少なくとも在宅での取調べのうち一定のものは身柄拘束下での取調べに準じて制度の対象に含めるべきであるとの意見が示された。

　　これに対しては，諸外国でも対象を重大事件，身柄拘束事件に限っているところが多いところ，制度化する以上は現実に機能するものとする必要があるから，コストや捜査機関の実際上の負担をも考慮して，制度の対象を特に必要性が高い犯罪類型等に限定するべきだとの意見，被疑者取調べについて検察官と警察とで取扱いを区別する制度とすることには法制的な課題が多いとの意見や，在宅での取調べのうち特に録音・録画の必要性が大きいものとそうでないものの範囲を明確に区分することは困難である上，身柄拘束前の取調べ状況は身柄拘束後の取調べに反映されるため，身柄事件を制度の対象とすれば実際には身柄拘束前の任意の取調べの適正確保も十分に図られるとする意見もあった。

　　このような状況においては，できる限り，その必要性が高いとして様々な立場からの意見が一致する事件や場面を対象として検討を進めることが望ましい

－ 9 －

360　巻末資料1

と考えられる。身柄拘束との関係については，前記イの制度の枠組みの在り方とも関連する問題でもあるが，身柄拘束下での取調べは，取調べ状況をめぐる争いが比較的生じやすく，特に制度の対象とする必要性が大きいことに異論はなかった。また，裁判員制度対象事件については，いずれも重い法定刑が定められている重大な事件であって，取調べ状況をめぐる争いが比較的生じやすく，また，裁判員にも分かりやすい立証が求められるため，録音・録画の必要性が特に大きいと考えられる上，既に捜査機関による試行が相当程度重ねられており，制度の対象とすることについて大方の意見の一致が得られた。そこで，少なくとも現実に機能する制度となるかといった点などで懸念がある前記①のような制度とする場合には，裁判員制度対象事件のうち被疑者の身柄を拘束した事件を対象とすることを念頭に置いて具体的な検討を行うこととし，まずは作業グループでの作業を経て前記イの制度の枠組みに係る具体的な検討を行った後に，その検討結果を踏まえて，対象事件の範囲の在り方について更に当部会で検討を加えることとする。

エ　参考人取調べの録音・録画

　　被疑者以外のいわゆる参考人の取調べについても，被疑者の取調べと同様に不適正な取調べがなされるおそれがあるなどとして，録音・録画を義務付けるべきとの意見や，いわゆる2号書面の適正な運用を担保する必要があるとして，刑事訴訟法第321条第1項第2号後段のいわゆる相対的特信情況の立証に当該証人の取調べの録音・録画記録を必要的なものとすべきとの意見があった。これに対しては，参考人には様々な立場の者がいて，様々な場所で取調べが行われており，一律に録音・録画を義務付ける必要性は乏しく，現実性や参考人の協力確保にも問題が生じるし，取調べ段階において将来2号書面の証拠調請求が必要となるかを的確に見通すことは困難である以上，相対的特信情況の立証に録音・録画記録を必要的とすることは参考人の取調べについて一律に録音・録画を義務付けるに等しいなどとして反対する意見があり，また，前記のとおり，被疑者取調べの録音・録画制度の在り方についてもなお様々な意見があるところである。そこで，参考人取調べの録音・録画については，被疑者取調べの録音・録画制度についての具体的な検討結果を踏まえつつ，必要に応じて更に当部会で検討を加えることとする。

## (2) 刑の減免制度，協議・合意制度及び刑事免責制度

取調べへの過度の依存を改めて供述証拠の収集手段を多様化するとともに，その収集を容易化する制度を導入することについて，以下のものを具体的な検討対象とし，相互の関係やそれぞれについて指摘される懸念をも踏まえて具体的な検討を行った上，それぞれの採否をも含め，どのような制度を導入し得るか判断する。

（刑の減免制度）

○　自己又は他人の犯罪事実を明らかにするための重要な協力をした場合に刑が減免され得る旨の実体法上の規定を設けることにより被疑者に自発的な供述の動機付けを与える制度

（協議・合意制度）

○　検察官が弁護人との間で，被疑者において他人の犯罪事実を明らかにするための協力をすることと引換えに，検察官の裁量の範囲内で，処分又は量刑上の明確な恩典を付与することに合意できるとする制度

（刑事免責制度）

○　裁判所（長）の命令により証人の自己負罪拒否特権を消滅させて証言を強制でき，その代わり，証言した内容について使用免責を付与する制度

### ア　必要性

従来，他の供述証拠の収集手段が限られ，供述証拠の収集を専ら取調べにおける捜査官の努力に委ねてきた中で，虚偽の自白調書が誤判の原因となったと指摘される事態に至った反省に立ち，また，近時の社会情勢や国民意識の変化等にも伴って供述証拠の収集が困難化している現状に対応するため，取調べへの過度の依存を改めて，適正で多様な手続を通じ，より容易に供述証拠が収集され，公判廷にも顕出されるようにするための新たな制度を導入することについて具体的な検討を行う。

このような制度を構成する具体的な方策として，以下のものを検討対象とすることとするが，これらは，実体法を通じた被疑者・被告人への動機付け，検察官と弁護人との間の合意及び裁判所（長）の命令という，それぞれ異なったアプローチにより供述証拠の収集の容易化を図るものであり，活用される場面も異なり得るものであって，それぞれに有用性が認められる一方，相互に関連し又はその機能が類似する部分もあるので，相互の関係や下記のとおり指摘される懸念をも踏まえて制度設計に係る検討を行った上で，それぞれの採否をも含め，どのような制度を導入し得るか判断することとする。

### イ　刑の減免制度

第一は，被疑者が自己又は他人の犯罪事実を明らかにするための重要な供述等の協力をしたことを，実体法上の刑の減軽又は減免事由とする規定を置くことである。

刑の減免制度は，事案解明のための協力をすれば量刑上の恩典付与の対象となることが，その判断基準を含めて，立法者の意思として明確に示される点に意義があるものであり，被疑者に供述の動機付けを与えるものとして機能するとともに，「正直者が損をする」と指摘する向きもある制度の現状を改めて，罪を犯した者であっても，当該犯罪又は他人の犯罪を明らかにするための重要な協力をすれば，そのような協力をしない者とは異なって，協力に見合った恩典が付与されるという点で，刑事司法の公平を実現することに資するものと考えられる。

このような制度を設けることについては，量刑上の恩典が付与されることについて被害者を始めとする国民の理解と納得が得られるようにするため，重要な協力に限って恩典付与の対象とするとともに，犯罪の種類や被害の程度も十分に考慮される仕組みとするべきではないか，刑の減免の判断に当たり考慮されるべき要素を明示した上で，なお現行法の下における酌量減軽を含めた運用と対比して意義がある明確な制度となし得るか，取調官の誘導により虚偽自白又は引き込みの危険を招くこととなりかねず，取調べの全過程の録音・録画などの手続的保障を併せて講じる必要があるのではないかなどの指摘がなされていることから，これらの指摘も踏まえつつ，具体的に検討する。

ウ　捜査・公判協力型協議・合意制度

第二は，他人の犯罪事実の捜査又は訴追のため必要なときは，検察官と弁護人との間での協議を通じ，被疑者又は被告人側において他人の犯罪事実を明らかにするための重要な供述等の協力をすることと引き換えに，検察官において特定の刑事事件を不訴追とすること，特定の求刑をすること，証人保護のための措置の申立てをすること等に合意できるとする制度を設けることである（注1）。この制度が利用される場合，合意に基づいて供述証拠等の収集が行われることとなる。

捜査・公判協力型の協議・合意制度は，検察官の裁量の範囲内とはいえ，処分又は量刑上の明確な恩典を提示してこれを供述等の動機付けとし，明確なルールの下で，被疑者が，提示された恩典の内容も踏まえ，弁護人とも相談して捜査・公判に協力するかどうかを判断できるようにするとともに，合意に基づいて公判段階での証言を得ることも可能とするものであり，経済犯罪や薬物犯罪等を中心として，末端の関与者に処分又は量刑上の明確な恩典を保障してでも，より上位の者の刑事責任を解明・追及するというダイナミックな手法を可能とするものとして，有効な活用が見込まれる。

このような制度を設けることについては，被疑者が恩典の確約を求めて警察での取調べを拒否し，又はより大きな恩典を求めて「ごねる」事態を許し，特に暴力団犯罪では捜査のかく乱などの制度の悪用を許すこととならないか，いわゆる引き込みの危険に対処するための具体的な措置を講じ得るか，個々の被害者の意向を酌み取る仕組みが必要ではないかなどの指摘がなされていることから，これらの指摘も踏まえつつ，具体的に検討する。

巻末資料1　363

（注１）これに対し，検察官と弁護人との間で，被疑者又は被告人が自己の犯罪を認め又は有罪の陳述をすることと引換えに，軽減した求刑等の恩典を付与することに合意できるとする自己負罪型の協議・合意制度の導入がまず検討されるべきであるとする意見もあったが，上記のように真に刑事責任を問うべき上位者の検挙・処罰に資するものではなく，およそ一般的に自己の犯罪を認めるかどうかを協議・合意の対象とすることについては，「ごね得」を招き，結果として被疑者に大きく譲歩せざるを得なくなり，事案の解明や真犯人の適正な処罰を困難にするとの意見も強かったことから，まずは，捜査・公判協力型の協議・合意制度についての具体的検討が進められるべきであり，自己負罪型の制度については，捜査・公判協力型の制度に係る具体的な検討結果を踏まえ，必要に応じて更に当部会で検討を加えることとする。

**エ　刑事免責制度**

第三は，証人が自己負罪拒否特権に基づいて証言を拒絶した場合等において，検察官の請求に基づく裁判所（長）の命令により，その特権を消滅させて証言を強制し，その代わり，強制に係る証言について使用免責を付与する制度を設けることである。この制度が利用される場合，裁判所の命令により，証言という形で供述証拠が収集されることとなる。

刑事免責制度は，専ら証人尋問手続において用いられるものである点で，イの刑の減免制度やウの捜査・公判協力型協議・合意制度とは異なるものであるところ，新たな刑事司法制度においてより公判段階での供述が重視され，充実した公判審理が行われるべき要請が高くなる中で，自己が訴追され又は有罪判決を受けるおそれがありのままの証言を阻害する要因となっているような場合にそれを除去し，公判証言の確保に資する制度として有用性が認められ，また，偽証罪の制裁の下で証言するものであるから，証言の真実性も担保できるとも考えられる。

このような制度を設けることについては，捜査・公判協力型の協議・合意制度と重ねて導入する必要があるか，あるいは，証人保護措置と併せて検討する必要があるのではないかなどの指摘があるほか，この制度を利用するため第一回公判期日前の証人尋問手続を利用できるとすることについての議論もあることから，関連する諸制度と併せて，具体的に検討する。

－ 13 －

364　巻末資料1

## (3) 通信・会話傍受等
## ア　通信傍受の合理化・効率化

> 　通信傍受をより効果的・効率的に活用できるようにするため，傍受の実施の適正を担保しつつ，以下のとおり通信傍受法を改正することについて具体的な検討を行う。
> ○　通信傍受の対象犯罪を拡大し，振り込め詐欺や組織窃盗を含め，通信傍受が必要かつ有用な犯罪において活用できるものとする。
> ○　暗号等の技術的措置を活用することにより，立会いや封印等の手続を合理化する。
> ○　該当性判断のための傍受の方法として，全ての通信を一旦記録しておき，事後的にスポット傍受の方法による必要最小限度の範囲の聴取を行うことも可能な仕組みとする。

### (ア) 通信傍受法の活用の現状
　通信傍受は，平成11年に成立した犯罪捜査のための通信傍受に関する法律（以下「通信傍受法」という。）により法制化されたものの，その後の活用状況を見ると，傍受令状が発付された事件数及びその逮捕人員数は，それぞれ年間で数十程度にとどまっており，諸外国で年間に数千件から十万件を超える通信傍受が行われていることと対比して，その活用は極めて低調なものに止まっていると言わざるを得ない。

　しかしながら，通信傍受は，組織的な背景を有する犯罪を中心として，共犯者間での犯行の計画，準備，実行，証拠隠滅等に関する謀議・指示などの内部的事情に関する通信を，ありのままに記録して証拠化することを可能とする手法であり，取調べ及び供述調書への過度の依存を改めて多様な証拠収集手段を確立していくに当たり，取調べを通じた事後的な供述証拠の収集に代替するものであり，また，これが困難な場合にも証拠収集を可能とする手法でもある。実際，当部会において視察した諸外国においても有用な捜査手段として実際に幅広く活用されていた。

　したがって，我が国においても，これまでの通信傍受の運用により明らかになった問題点を踏まえ，傍受の実施の適正を担保することに留意しつつ，通信傍受をより効果的・効率的に活用することができるようにするため，以下のとおり通信傍受法を改正することについて具体的な検討を行う。

### (イ) 対象犯罪の拡大
　現行通信傍受法は，国会審議の結果，当初の政府原案と対比して大幅に対象犯罪が絞り込まれ，大別して，薬物犯罪，銃器犯罪，組織的な殺人及び集団密航の4類型に限定されて成立するに至った。このような限定の背景には，通信傍受が新たに法制化される制度であったため，その活用に慎重を期して特に当時その捜査手法が必要不可欠と考えられた犯罪類型に限定するとの考

－ 14 －

え方があったものと理解される。

　しかしながら，その後の通信傍受の活用状況が低調なものにとどまっていることは前記のとおりである上，通信傍受法の成立時と対比して，携帯電話を含む通信手段が著しい発展を遂げ，国民生活はもとより犯罪の遂行に当たっても大きな役割を果たすようになっている。そして，振り込め詐欺のように，通信傍受法の施行後に新たに発生した犯罪事象が社会問題化し，これに対する有効な対策を講じる必要があるほか，強盗や窃盗などについても犯罪の組織化が進んでいると指摘される。

　通信傍受は，これらの犯罪を解明するに当たっての極めて有効な手法となり得ることから，通信傍受の対象犯罪を拡大して，振り込め詐欺や組織窃盗など，通信傍受の必要性・有用性が高い犯罪をも含むものとすることについて，具体的な検討を行う。

　その具体的な在り方については，犯罪者が捜査機関による取締り状況に対応してその手口を進化させていくものであること等にも留意しつつ，例えば，略取・誘拐，通信を媒介にして行われる犯罪など，通信傍受の活用が必要な犯罪をきめ細かく抽出する方法により検討を進める。それと同時に，詐欺や窃盗一般を対象犯罪とするのは広範に過ぎるので，振り込め詐欺や組織窃盗など実際に問題となる犯行態様に対応できる要件により絞込みをかけるべきとの意見や，最高裁判例（最三小決平成１１年１２月１６日刑集５３巻９号１３２７頁）が通信傍受法制定前の検証令状による電話傍受の要件に関し，「重大な犯罪に係る被疑事件」と判示している点も考慮する必要があるとの意見もあったことから，こうした指摘も踏まえて検討を進める。

(ｳ)　立会い等の手続の合理化

　まず，現行通信傍受法では，傍受手続の適正を確保するため，通信事業者等による立会いや傍受の原記録の封印等の手続が定められているが，運用上，通信傍受を行うため数週間前から捜査機関と通信事業者側との間で立会人の確保等のための協議を開始する必要があり，このことが通信傍受を迅速に行えない理由となっているほか，通信事業者にとっても立会人を供することが大きな負担となっているとも指摘される。

　また，現行通信傍受法では，傍受の実施場所を限定する規定はないものの，立会人による立会いが必要とされること等から，通信事業者の施設において傍受を実施する運用となっているが，その場所が極めて限定されていることも問題とされる。

　そこで，この問題に対処するため，「傍受対象通信について，通信事業者の施設から暗号化して送付し，警察施設においてこれを傍受する際には，スポット傍受の機能を組み込んだ専用の傍受装置でこれを復号化することとした上，傍受の原記録は暗号化することにより，立会人がいなくても，傍受対象通信以外の通信の傍受ができず，また，傍受した通信の記録を改ざんできない仕組みとする」との提案がなされた。

巻末資料1

　この点，通信傍受の手続において立会人による立会いや傍受記録の封印が
必要とされているのは，憲法上の要請ではなく，傍受の実施の適正を確保す
るためであると理解される。そして，立会人が立会いや封印を通じて果たす
ことが期待されているのは，傍受手続の外形的なチェック，つまり，傍受対
象通信についての傍受が令状で指定された期間どおりに行われているか，該
当性判断のためのスポット傍受が適正な方法で行われているか，傍受記録が
適正に作成されているかなどの確認・担保であると考えられるところ，技術
的措置を用いることによってこうした点についての不適正な行為を行い得な
い状態が担保されるのであれば，立会人による立会い等の手続を必須のもの
としなくても，傍受の実施の適正を確保することが可能と考えられる。
　そこで，このような仕組みを採用することについて，警察施設において立
会いなくしてスポット傍受の適正を担保できるか疑問であるとの指摘をも踏
まえ，技術的措置の内容を含めた具体的な検討を行う。
(エ)　該当性判断のための傍受の合理化
　次に，現行法が定める該当性判断のためのスポット傍受の手続に関しては，
傍受に係る通信について，その場で該当性判断をしなければならないことと
されているため，実際に通話がなされる時間と対比して捜査員の待機時間が
著しく長く，複数の捜査官が，傍受実施期間中ほとんどの時間を待機のため
に費やすという極めて非効率的な事態が生じているとも指摘される。
　そこで，該当性判断の手続の在り方に関し，現行のスポット傍受の手続も
維持しつつ，それに加えて，外国語でなされる通信等の傍受に関して現行通
信傍受法第１３条第２項が採用している仕組みをも参考として，傍受の対象
となる回線を用いてなされる全ての通信を一旦機械的に記録しておき，事後
的にスポット傍受の方法による必要最小限度の範囲の聴取を行うこともでき
るとする仕組みを整備することについて，具体的な検討を行う。

イ　会話傍受

　会話傍受については，①振り込め詐欺の拠点となっている事務所等，②対
立抗争等の場合における暴力団事務所や暴力団幹部の使用車両，③コントロ
ールド・デリバリーが実施される場合における配送物の３つの場面を念頭に
置き，指摘される懸念をも踏まえて，その採否も含めた具体的な検討を行う。

　前記のとおり，取調べ及び供述調書への過度の依存を改めた新たな刑事司法
制度においては，有用な証拠収集手法として通信傍受がより効果的・効率的に
活用されることが望まれるが，犯罪に関わる会話等が全て通信手段を用いて行
われるものではないことから，諸外国で幅広く採用されている会話傍受につい
ても，その導入を検討することが考えられる。
　そして，①振り込め詐欺の拠点となっている事務所等，②対立抗争等の場合
における暴力団事務所や暴力団幹部の使用車両，③コントロール・デリバリ

- 16 -

ーが実施される場合における配送物（薬物）の３つの場面については，共犯者同士の共謀，犯行の指示や，薬物の認識に係る言動など，事後的に供述を得て解明することが現状で困難である一方，会話傍受を利用できれば明らかにできる犯罪に関連する会話や言動がなされる蓋然性が高く，かつ，近時の振り込め詐欺の態様等に照らしても，犯罪に関連するもの以外の会話がなされる可能性が乏しいので，こうした場面に限定して会話傍受を導入するべきとの意見があった。

これに対しては，複数の人が現在する以上，犯罪に関連しない会話がなされるはずであり，専ら犯罪に関する会話だけが行われている場所といった限定は困難であるという意見のほか，通信傍受の場合，傍受がなされるのは対象となる通信がなされている間だけであるのに対し，会話傍受の場合，一たび傍受機器が設置されると，その後無制約に傍受がなされるおそれもあるなど，通信傍受と対比してプライバシー侵害の内容や程度が大きいので，要件を相当程度厳格にしなければならず，慎重に検討する必要があるとの意見などがあった。

そこで，会話傍受については，具体的に提示された場面を念頭に置き，指摘される懸念をも踏まえて，その採否も含めた具体的な検討を行うこととする。

ウ　その他

携帯電話等の通信履歴は，事件関係者の行動を把握し又は供述の信用性を吟味する上で極めて有用な資料となるものであるので，これが十分な期間保存されるような仕組みが構築されることが望ましいとの意見が少なからず示された。この問題は，法制審議会の所掌を超える問題であり，通信事業者側の事情も踏まえた検討を行う必要があるものの，当部会としては，適切な場における検討を経た上で，通信履歴が十分な期間保存されるような仕組みが構築されることを希望することとしたい。

## （4）被疑者・被告人の身柄拘束の在り方

> 被疑者・被告人の身柄拘束に関して，
> ○　勾留と在宅の間の中間的な処分を設ける
> ○　被疑者・被告人の身柄拘束に関する適正な運用を担保するため，その指針となるべき規定を設ける
> ことについて，指摘される懸念をも踏まえ，その採否も含めた具体的な検討を行う。

　被疑者・被告人の身柄拘束をめぐる現在の制度及び運用に関しては，現行刑事訴訟法が定める勾留又は保釈の要件に問題はなく，運用も適切になされているとの意見があった一方，次のような意見もあった。

　すなわち，一たび身柄拘束がなされると，公訴の提起前はもとより，公訴の提起後も，必ずしも身柄拘束が不可欠とは思われない場合についてまで身柄拘束が行われており，そもそも身柄拘束の負担が被疑者にとって大きいことに加え，特に否認している場合には，なかなか身柄拘束が解かれない実態があるため，それが被疑者の自白に向けられた不当な圧力として機能する結果となっているというものである。

　そして，このような状況を改めて身柄拘束に係る適正な運用を担保するため，大別して，２つの提案がなされた。

　第一は，現行法上，被疑者を勾留するか，在宅のまま捜査するかという選択肢しかないことが安易に身柄拘束をするという運用の原因となっているとして，これを改めるため，在宅と勾留の間の中間的な処分を設けるというものである。

　この点については，起訴前保釈の制度も併せて設けるべきであるとの意見もあったが，これに対しては，我が国において起訴前保釈のような仕組みが設けられていないのは，諸外国と比較しても，被疑者勾留の期間が原則１０日と短期間に限られているためであると考えられるとの指摘がなされた。

　また，捜査段階は捜査機関により取調べを含む証拠の収集が行われている最中であって，証拠収集を終えている起訴後の段階と比べて罪証隠滅の余地が大きく，一たび罪証隠滅がなされると取り返しがつかない事態となりかねないから，捜査に重大な支障を生ずることとなる，あるいは，安易に被疑者の身柄拘束を解くと，その後の被疑者の行動を常に監視できない以上，罪証隠滅・逃亡や，被害者等に不当な圧力が加えられることを十分に防止できないのではないかとの懸念も示されたほか，取調べ等のための被疑者の出頭を十分に確保する必要があるが，そのような仕組みを設けることができるのかとの指摘もあった。

　そこで，中間的な処分を設けることについて，このような懸念等や，刑事司法の目的を達するため，どのような場合に被疑者・被告人にどのような負担を負わせるべきであるかといった観点をも踏まえ，その採否も含めた具体的な検討を行うこととする。

－ 18 －

巻末資料1　369

　第二は，身柄拘束に関する適正な運用を担保するための指針となるべき規定を設けるというものである。

　身柄拘束は，被疑者・被告人に対する重大な権利制約を伴うものであるので，その運用の適正を確保するとともに，国民に対する分かりやすさという観点から，これに関するルールをできる限り明確なものとすることには意義があるとの意見があった。

　これに対し，例えば，身柄不拘束の原則などを明文化することについては，現行法上も，身柄拘束は，強制処分法定主義の下，刑事訴訟法上の特別の規定に基づき，厳格な要件を充たした場合に令状主義の下で限定的に認められるとされており，身柄の不拘束が原則的な取扱いであることは明らかであることから，こうした原則を明文化する必要はないとの意見や，それにもかかわらず明文規定を設けようとするならば，そのような明文規定を設ける必要性やそれにより運用にどのような影響が生じ得るのかといった点について，極めて慎重な検討が必要である，あるいは，刑事手続上の諸原則には種々のものがあり，そのうちどのようなものについて明文規定を設けるかについては時間をかけて議論する必要があるとの指摘がなされた。

　そこで，身柄拘束に関する適正な運用を担保するための指針となるべき規定を設けることについて，このような懸念をも踏まえ，その採否も含めた具体的な検討を行うこととする。

－ 19 －

## （5） 弁護人による援助の充実化
### ア 被疑者国選弁護制度の在り方

> 被疑者国選弁護制度の対象を，被疑者が勾留された全ての事件に拡大することについて，弁護士の対応態勢，更なる公費負担の合理性や予算措置の可否など，指摘される懸念をも踏まえて具体的な検討を行う。

平成１６年の刑事訴訟法改正等により導入された被疑者国選弁護制度については，対象事件の拡大を経て，現在，死刑又は無期若しくは長期３年を超える懲役若しくは禁錮に当たる事件で利用できるものとなっており，この制度は，捜査段階における弁護活動の活性化に大きく資するものとなっている。

もっとも，まず，現在の対象事件については，死体遺棄や住居侵入などの，より重い殺人などの事件での再逮捕に先行して検挙されることが多い犯罪を含め，相当数の犯罪がなお同制度の対象外とされており，これらの事件の捜査段階における弁護人の援助を充実化させる必要があることから，被疑者が勾留された全ての事件に対象を拡大すべきとの意見があった。

また，被疑者国選弁護制度に関し，被疑者が逮捕された場合に直ちに弁護人と相談して必要な助言を得られるようにすることには意義があり，被疑者が逮捕された段階で国選弁護人が付され又は弁護人による十分な援助が得られるような仕組みを検討するべきとの意見もあったが，逮捕による身柄拘束の時間が最長でも４８時間に限られている中で，資力要件の確認を含む国選弁護人の選任手続を行うことは現実には困難であるなどとして反対する意見も示された。

これまで被疑者国選弁護制度の対象犯罪が順次拡大されてきた経緯に鑑みると，これらのうち，まずは，同制度の対象事件を被疑者が勾留された全ての事件に拡大することの検討を行うのが相当と考えられるところ，この点については，理論的な面での異論は見られない一方，①弁護士の対応態勢が十分か及び②弁護費用の増加に伴う更なる公費負担を行うことが相当か，また，必要な予算措置を講ずることができるかという観点からの検討を欠くことができないと考えられる。

この点，①の点については，近時の弁護士会による刑事被疑者弁護援助事業の実績や当番弁護士の派遣事件数に照らして十分対応できるとの意見があった一方，実際に制度とする以上は，弁護士が偏在し又は管内が広い地域においても現実に機能する制度となるか緻密に検討する必要があるとの意見もあった。

また，②の点については，既に平成２４年度の被疑者国選弁護事業経費の予算額として，年額約５２億４千万円余が計上されていることを踏まえ，更にどのような範囲について公費負担することが合理的な負担として国民に受け入れられるか慎重に検討する必要があるなどとする意見もあった。

そこで，被疑者国選弁護制度の対象事件を被疑者が勾留された全ての事件に拡大することについて，これらの指摘をも踏まえて具体的な検討を行うことと

する。逮捕段階において弁護人の援助を得る仕組みを設けることについては，上記被疑者国選弁護制度の対象事件の拡大についての具体的な検討結果を踏まえ，必要に応じて更に当部会で検討を加えることとする。

イ　被疑者の取調べへの弁護人の立会い

　　被疑者取調べの適正を確保するとともに，被疑者において供述するかどうか，あるいは供述調書に署名押印するかどうかを弁護人と相談の上で判断できるようにして，弁護人による援助を十分なものとする必要があり，また，諸外国でも被疑者取調べへの弁護人の立会い制度を導入しているところが多いことから，被疑者取調べへの弁護人の立会いを認めるべきとの意見があった。

　　これに対しては，被疑者の取調べに弁護人を立ち会わせることを被疑者の権利として認める以上，どのような事情であれ弁護人が立ち会えなければ取調べを行うことができないこととなるし，何よりも，取調べという供述収集手法の在り方を根本的に変質させて，その機能を大幅に減退させることとなるおそれが大きい，取調べの機能や取調べ以外の証拠収集手段の在り方等の相違を無視して諸外国と比較するのは相当でないなどの反対意見もあり，一定の方向性を得るに至らなかった（注2）。

　　検察及び警察の運用においては，被疑者等から弁護人と接見したい旨の申出があった場合には直ちに弁護士等に連絡し，また，弁護人となろうとする者等からの申出があった場合直ちに又はできる限り速やかに接見の機会を付与することとされているところであるが，弁護人による援助は，まずはこうした接見を通じて十分なものとなるよう図られるべきものと考えられる。

　　また，このたび，取調べの適正確保に資するものとして，被疑者取調べの録音・録画制度を導入することとしているところであるが，取調べへの弁護人の立会いについては，それ以上に取調べへの支障が大きいとして強い異論があることから，当部会において結論を得ることは困難であり，その要否及び当否も含めて別途検討されるべきである。

　　（注2）また，被疑者が取調べに先立って弁護人から助言を得て，刑事手続に関する知識を持って取調べを受けることができるようにするため，取調べの前に弁護士の助言を受ける機会を保障する仕組みを設けるべきとの意見もあったが，これを被疑者の権利とする以上，結局，弁護士の助言を受ける機会が得られるまでは取調べを行うことができない仕組みとせざるを得ず，そうすると，捜査への支障が大きい点で弁護人の立会い制度と変わりはないとの意見もあり，やはり一定の方向性を得るに至らなかった。

372　巻末資料1

2　供述調書への過度の依存を改め，より充実した公判審理を実現するための方策

(1)　証拠開示制度

> （証拠開示制度の在り方）
> ○　適正な証拠開示の運用に資するよう，争点及び証拠の整理と関連付けられた現行証拠開示制度の枠組みを前提としつつ，公判前整理手続における被告人側からの請求により，検察官が保管する証拠の標目等を記載した一覧表を交付する仕組みを設けることについて，指摘される懸念をも踏まえ，その採否も含めた具体的な検討を行う。
> （公判前整理手続の請求権）
> ○　検察官及び被告人又は弁護人に公判前整理手続に付する請求権を与えることについて，同手続の運用状況等をも踏まえ，その採否も含めた具体的な検討を行う。

ア　証拠開示制度の在り方

　　平成16年の刑事訴訟法改正により導入された現行証拠開示制度は，当事者主義的訴訟構造を前提として，争点及び主張の整理と関連付けた段階的な形で，当事者の請求に基づき，証拠物，鑑定書，供述調書等の必要かつ十分な証拠の開示を可能とする仕組みであり，この制度の導入により，それ以前の運用による状況と対比して，大幅に証拠開示が拡充されたと評価されている。

　　これに対し，捜査機関が収集した証拠は公共の財産であって，事案の真相解明のため当事者の双方が利用できるものとするべきであり，原則として全ての証拠が被告人又は弁護人に開示されるべきであるとする意見もあった。

　　しかしながら，捜査機関が収集した証拠は，当事者主義を採る我が国の刑事裁判においてのみ用いられることを前提として，捜査機関が管理していることに留意すべきである。そして，このようないわゆる原則事前全面開示論は，現行制度を導入した司法制度改革の際にも長期間をかけて議論された結果，被告人側の主張が明らかでない段階で，検察官が主張する事実を争うかどうかを判断するに当たって全ての証拠を開示するまでの必要はなく，被告人側が主張を明らかにしていないのに全ての証拠を開示することは，争点及び証拠の整理という公判前整理手続の目的に反するとともに，被告人に虚偽の弁解を許すこととなり得るなどの弊害が指摘され，採用されなかったものであり，その後の制度の運用状況に鑑みても，争点及び証拠の整理と連動した現在の段階的な証拠開示制度の枠組みを改める必要はないと考えられる。

　　もっとも，現行証拠開示制度の下でも，証拠開示をめぐる紛議が公判前整理手続の長期化の要因の一つとなっているとの指摘がなされているほか，証拠関係に通じていない無実の被告人の場合，検察官の主張及びそれを立証する証拠が開示されたとしても，証拠の全体像が分からないため，どのような証拠の開

- 22 -

示を求めていくかの判断が困難であるし，証拠の重要性や位置付けについての見立ても検察官の視点とは異なるところ，捜査機関側ではそれが重要な証拠であると考えないがゆえに開示漏れやずさんな証拠の管理がなされ得ることから，誤判を繰り返さないようにするため，必要な証拠が検察官の手持ち証拠の中に埋もれて明らかにならないような事態が起きないようにするべきとの指摘もなされた。

そこで，証拠開示の適正な運用に資するため，被告人側の請求に応じて検察官が保管する証拠の標目等を記載した一覧表が交付される仕組みとすることを検討する。

これに対しては，争点及び証拠の整理と関連付けた段階的な現行証拠開示制度の枠組みと整合的なものとなるか，証拠の標目等の記載にとどめるとしても開示により生じ得る弊害を回避することができるか，一覧表を作成する捜査機関の負担が過重なものとならないかなどの懸念も指摘されていることから，こうした懸念をも踏まえ，その採否も含めた具体的な検討を行うこととする。

なお，類型証拠開示の対象となる証拠に被告人以外の者の供述内容が記載された捜査報告書等を含めるべきとの意見もあったが，この点は，専門的・実務的な事項であることなどから，証拠開示制度の在り方についての今後の作業グループでの具体的な検討の中で，必要に応じ，その要否及び当否も含めて検討することとする。

**イ　公判前整理手続の請求権**

現行法においては，裁判所が検察官及び被告人又は弁護人の意見を聴いて，事件を公判前整理手続に付するかどうかを判断することとされている（刑事訴訟法第３１６条の２第１項）。

この点，弁護人が公判前整理手続に付すべき旨の申立てをしても，裁判所において同手続に付さないこともあることや，証拠開示のルールを公判前整理手続の中に設けた以上，当事者にもこれを利用する権利を認めるべきとの観点から，当事者に公判前整理手続に付する請求権を認めるべきとの意見があった。

これに対しては，裁判所においては，真に争点及び証拠の整理を行う必要があれば，適切に公判前整理手続に付する運用を行っており，同手続に付する必要がない場合には，検察官に対して証拠の任意開示を促すことを通じて適切な証拠開示がなされるよう配慮しているとの意見や，裁判所において，法が定める「充実した公判の審理を継続的，計画的かつ迅速に行うための必要」の有無を判断することに変わりないから，当事者に請求権を認めることの実効性には疑義があるとの意見もあった。

この問題もまた，現行証拠開示制度の基本的な枠組みを維持した上で，それを前提として更に証拠開示を含む公判前整理手続を積極的に活用するための見直しと位置付けられるところ，現在の制度の運用状況が必ずしも明らかでないことから，当事者に公判前整理手続の請求権を与える仕組みを設けることについては，公判前整理手続の運用状況等をも踏まえ，その採否も含めた具体的な

374　巻末資料1

検討を行うこととする。

**ウ　再審請求審における証拠開示**

　　近時，再審無罪事例が相次いでいるが，その再審請求審段階における証拠開示が十分でなかったとの指摘がなされている。

　　通常審においては，前記の証拠開示制度が導入されたことにより，それ以前と対比して大幅に証拠開示がなされる範囲が拡大したとされており，こうした証拠開示を経て確定した有罪判決について再審請求がなされる場合には，再審段階について別途証拠開示の仕組みを設ける必要性は乏しいとも考えられる。

　　他方，公判前整理手続の導入前に審理がなされた事件については，確定審段階における証拠開示が相当限定的なものにとどまっており，そのような事件について再審請求がなされた場合，運用により相応の対応がなされているものの，証拠開示のルールが明確でないとの指摘もなされた。

　　しかし，再審請求審は，当事者主義の下で検察官と被告人側とが攻撃防御を繰り広げ，検察官により合理的な疑いを超える証明がなされたかどうかが判断される通常審とは異なり，裁判所が，確定した有罪判決を前提として，職権的に，再審開始を請求する側の主張に理由があるかどうかを判断するに当たり，必要があるときに事実の取調べを行うという構造になっている。そうすると，再審請求審における証拠開示の在り方については，再審請求審の構造や手続規定，さらには，確定した事件の記録や証拠の保管等の在り方なども踏まえて，通常審における証拠開示の在り方とは異なる観点から慎重に検討されるべきである。そこで，この問題については，通常審における証拠開示の在り方についての具体的な検討結果を踏まえ，必要に応じて更に当部会で検討を加えることとする。

－ 24 －

巻末資料1　375

(2) 犯罪被害者等及び証人を支援・保護するための方策の拡充

（ビデオリンク方式による証人尋問の拡充）
〇　公判が開かれる裁判所に出頭することが困難な一定の事情がある証人について，公判が開かれる裁判所とは別の場所に在席してビデオリンク方式による証人尋問を受けることができるようにすることについて，指摘される懸念をも踏まえて具体的な検討を行う。
（被害者等の捜査段階での供述の録音・録画媒体の公判での活用）
〇　性犯罪の被害者等について，一定の要件の下で，捜査段階での供述の録音・録画媒体を公判での主尋問に対する証言に代えて証拠とすることができるようにする制度を設けることについて，指摘される懸念をも踏まえ，その採否も含めた具体的な検討を行う。
（証人に関する情報の保護）
〇　証拠開示に際し，一定の場合には，証人の氏名及び住居の開示について適切な代替措置を採ることができるようにするとともに，被害者以外の証人についても，一定の要件の下で，公開の法廷でその氏名等を明らかにしないことができることとする仕組みを設けることについて，指摘される懸念をも踏まえて具体的な検討を行う。
（証人の安全の保護）
〇　報復等による生命・身体への危険がある証人について，一時的に別の氏名の使用を認めるなど，その者を特定する事項の変更その他の証人の所在等を探知されにくくするための措置を講ずることができるとする制度を設けることについて，指摘される懸念をも踏まえて具体的な検討を行う。

ア　必要性
　　新たな刑事司法制度において，より充実した公判審理を実現するためには，被害者を含む証人から必要な協力を得て，それらの証人が，過剰な負担なく，公判手続においてありのままの証言をできるようにすることが必要となる。しかし，被害者を含む証人にとって，捜査段階で捜査機関からの聴取を受け，更に公判廷でも証言しなければならないことは，大きな負担となり得るものである上，被告事件の性質や証人が置かれた状況等によっては，被告人又は関係者による報復のおそれなどにより，その安全をも脅かすものとなりかねない。
　　犯罪被害者等及び証人の支援・保護のための方策は，これまでも順次整備・拡大されてきたが，新たな刑事司法制度において公判審理をより一層充実したものとするためにも，被害者を始めとする証人の負担の軽減や安全の確保を図るための方策について更なる拡充を行い，これらの者が二次被害や報復のおそれなどから証言に当たって過度の負担を負うことのないようにする必要があることから，次のような措置を講ずることについての具体的な検討を行うこととする。

－ 25 －

376　巻末資料1

### イ　ビデオリンク方式による証人尋問の拡充

　　現行法上，性犯罪被害者など一定の者について，いわゆるビデオリンク方式による証人尋問が可能であるが，現行の規定では，ビデオリンク方式による尋問を受ける証人は，公判が開かれる裁判所の建物に出向き，同一構内の別室において証言することとされている（刑事訴訟法第１５７条の４）。

　　しかし，例えば，被害者を含む証人が，被告人等のいる裁判所への出頭により精神の平穏を著しく害されるおそれがある場合や，出頭に際して加害行為を受けるおそれがあるような場合など，公判が開かれる裁判所に出頭することを困難ならしめる一定の事情が認められる場合には，同一構内以外の場所に在席してビデオリンク方式による証人尋問を受けることもできるようにするべきと考えられる。

　　このような制度を設けることについては，証人尋問は，原則として，証人を公判廷に出頭させて行う手続であり，ビデオリンク方式による証人尋問は飽くまで例外的な措置と考えるべきであるし，証人と直接対面して尋問する場合と対比して，ビデオリンク方式により十分な尋問を行うことは必ずしも容易でないため，その対象範囲を過度に拡大すべきではないなどの指摘もなされた。一方，遠隔地に居住しており公判が開かれる裁判所に出頭することが困難な場合も含めるべきではないか，ストーカー事件や家庭内暴力等の事案でも被害者の証人尋問に当たって同方式を活用することをより容易にするために刑事訴訟法第１５７条の４第１項第１号・第２号に列挙された罪名の見直しを行うべきではないかなどの指摘もあった。そこで，こうした指摘も踏まえ，適切な範囲でビデオリンク方式による証人尋問を拡充することについて具体的な検討を行うこととする。

### ウ　被害者等の捜査段階での供述の録音・録画媒体の公判での活用

　　公判審理をより一層充実したものとするためには，審理に必要な証人が出頭してありのままの証言をすることがより重要となるが，それと同時に，特に性犯罪など一定の被害者等について，捜査機関に対し又は公判廷で繰り返し供述を求められ，それによる二次被害が生じることをできる限り回避し，その負担を緩和・軽減するとともに，このような二次被害を恐れて被害者が被害申告を躊躇することのないような制度とする必要がある。

　　そのための具体的な方策として，性犯罪の被害者等について，一定の要件の下で，捜査段階での供述を録音・録画した記録媒体を，公判廷での主尋問に代えて用いることができる制度を設けることが考えられる。

　　そして，捜査段階での被害者等の供述を録音・録画する方法としては，捜査機関による取調べの場面を録音・録画することと，第１回公判期日前の証人尋問によることとが考えられるところ，前者については，裁判所の面前ではなく，宣誓も経ずになされた供述を主尋問に対する証言に代えて用いることが相当かなどの懸念が示された。他方，後者については，現行法上もビデオリンク方式により実施された証人尋問（第１回公判期日前の証人尋問を含む。）の録音・録

－ 26 －

画記録を主尋問に代えて証拠とできる旨の規定が現存する（刑事訴訟法第３２
１条の２）ことに鑑みれば，一定の犯罪の被害者等について第１回公判期日前
の証人尋問を実施できることとした上，同尋問の録音・録画記録について同条
と同様の規定を設けることにより，現行法と整合的な形で導入できるのではな
いかとの意見があった。

　このような制度を設けることについては，捜査段階でなされた供述をもとに，
それから相当の時間が経過した段階で反対尋問を行うのでは，十分な反対尋問
を行うことが困難であるし，録音・録画媒体を公判での主尋問に代えるとして
も，反対尋問においては，主尋問に応えてなされた証言の一つ一つを確認して
いくこととなるから，被害者の負担を軽減するものとなるか疑問であるなどの
懸念も示されていることから，指摘される懸念をも踏まえ，その採否も含めた
具体的な検討を行うこととする。

**エ　証人に関する情報の保護**

　現行刑事訴訟法においては，証人尋問を請求する場合，相手方に対して証人
の氏名及び住居を知る機会を与えなければならないとされ（刑事訴訟法第２９
９条第１項），証人やその親族への加害行為などがなされるおそれがある場合に
は，証人の住居等が特定される事項を他人に知られないようにすることなどの
配慮を要請することができるなどとされているに過ぎない（同法第２９９条の
２，第２９９条の３）。また，平成１９年の改正法により被害者の氏名等を公開
の法廷で明らかにしない制度が設けられたが，被害者以外の証人については，
公判廷で証言するに当たり，その氏名又は住居を秘匿する制度はない。

　しかし，例えば，暴力団による組織犯罪等において，かつて組織に所属して
いた者やたまたま犯行を目撃した一般市民が証人となる場合があるところ，証
拠開示を通じて証人の氏名及び住居が被告人その他関係者の知るところとなっ
たり，傍聴人等のいる公開の法廷で証人の氏名及び住所その他のその者を特定
させることとなる事項が明らかにされたりすると，証人に対する報復等の加害
行為がなされるおそれがあり，そのようなおそれがあること自体が証人にとっ
ての精神的な負担・苦痛となることが少なくない。また，例えば，かつて犯罪
組織に所属していたものの離脱して捜査・公判に協力する証人や，転居し，加
害者に対して居場所を隠して生活しているドメスティックバイオレンスの被害
者について，証拠開示に際して，その住居を明らかにする必要性は乏しいとも
考えられる。

　そこで，一定の場合に，証拠開示の段階で，証人の氏名及び住居の開示に代
えて適切な代替措置を採ることができるようにし，また，被害者以外の証人に
ついても，一定の要件の下で，被害者特定事項の秘匿制度と同様に，公開の法
廷でその氏名等を明らかにしないことができることとする仕組みを設けるべき
と考えられる。

　証人の氏名及び住居の開示に代えて適切な代替措置を採ることができる仕組
みを設けることについては，事案にもより，証人の氏名や住居が明らかにされ

378　巻末資料1

なければ，証人の周辺者と事前に接触して証人の証言の信用性に関わる事情を調査したり，相手方当事者が証人と事前に接触して事実確認を行うなどの防御の準備が困難となるのではないかとの懸念も示されたところであり，これらの指摘をも踏まえ，被告人の防御にも配慮した制度について，具体的な検討を行うこととする。

**オ　証人の安全の保護**

組織犯罪等の事案における証人の安全を保護するための制度として，諸外国においては，証人の身分の変更を可能とし，あるいは，経済的支援を行うなどの証人保護プログラムが整備されている国が少なくないが，これを参考として，我が国においても，報復等による生命・身体への危険がある証人について，例えば，一時的に別の氏名の使用を認めるなど，その所在等を探知されにくくするための措置を講じることができる制度の導入を検討すべきであるとの意見があった。

これに対しては，仮に戸籍制度を含む民事上・行政上の諸制度との調整を要する制度を検討することとなれば，刑事の実体法・手続法の整備にとどまらない様々な検討や対応措置が必要とならないかとの指摘もなされたことから，これらの指摘をも踏まえて具体的な検討を行う。

なお，捜査官が秘匿・潜入捜査やおとり捜査，更には情報収集の際に，別人の身分を用いることを可能にするための法整備を行うべきであるとの指摘もあったところ，証人の安全を保護するための仕組みが民事上・行政上の諸制度との調整を要し，当部会の所掌を超えるものとなることも考えられることから，その場合には，当部会としては，捜査官に仮の身分を付与する制度も含め，適切な場における検討を経た上で，有効な制度が構築されることを希望することとしたい。

**カ　被害者等の支援方策**

犯罪被害者等は，犯罪による重大な権利利益の侵害を被り，身体的，精神的あるいは経済的な被害からの回復が容易でなく，また，刑事手続の内容や状況を理解・把握したり，刑事手続への協力や関与に関する適切な援助を得ることにもしばしば多大の困難が伴う状況にある。このような被害者等を支援するため，犯罪被害者等早期援助団体に対して警察以外の刑事司法関係機関から適切な情報提供等が行われることを促進する方策，被害者参加人への旅費等の支給などが検討されるべきである。もっとも，これらについては，当部会外の関係機関において検討が進められているところであるので，その検討に委ねることとしたい。

また，被害者参加をした場合に公判前整理手続における被害者参加人の出席権を認めるべきとの意見もあったが，この点については，被害者参加制度の新設等を内容とする改正法の附則の規定に基づく施行後3年経過後の検討の一環として検討されるべきである。

(3) 公判廷に顕出される証拠が真正なものであることを担保するための方策等（司法の機能を妨害する行為への対処）

> （証人の出頭及び証言を確保するための方策）
> ○　証人の出頭及び証言をより十分に確保するため，次の措置を講ずることについて具体的な検討を行う。
> ・　証人の不出頭，宣誓・証言拒絶に係る罪の法定刑を引き上げる。
> ・　証人を勾引するための要件を緩和する。
> （証拠隠滅等罪等の法定刑の引上げ）
> ○　刑法の証拠隠滅等，犯人蔵匿等及び証人等威迫の各罪の法定刑をそれぞれ引き上げることについて具体的な検討を行う。
> （被告人の虚偽供述に対する制裁）
> ○　被告人の虚偽供述を抑止し，真実の供述を確保するため，公判廷における被告人の虚偽供述に対する制裁を設けることについて，指摘される懸念をも踏まえ，その採否も含めた具体的な検討を行う。

ア　必要性

　　刑事司法がその適正な作用を阻害されることなく十全にその機能を果たすことはもとより重要なことであるが，新たな刑事司法制度の下で，より充実した公判審理を実現していくためには，必要な証人の出頭及び証言を確保でき，被告人の供述を含めて公判廷に証拠として顕出される証拠が真正なものであることがより一層重要となってくる。そこで，次のような制度を設けること等についての具体的な検討を行うこととする。

イ　証人の出頭及び証言を確保するための方策

　　現行法において，証人の出頭義務違反（刑事訴訟法第１５１条）及び宣誓・証言拒絶（同法第１６１条）に対する刑事罰は，それぞれ上限が１０万円の罰金に過ぎず，これらの履行を担保する上で軽きに失すると言わざるを得ない。そこで，これらの罪の法定刑をそれぞれ引き上げ，懲役又は禁錮を科すこともできるようにすることについて，具体的に検討する。

　　また，現行の刑事訴訟法では，証人の勾引について，召喚に応じないことが明らかな場合でも，実際に指定した期日に証人が出頭しなかった後でなければ勾引することができないこととされている（同法第１５２条）。そのため，裁判員裁判を含む実際の刑事事件において，証人の不出頭を確認するためだけの期日を設ける無駄な手続を踏むこととなっているとも指摘される。

　　このような事態に対処して公判審理が円滑に進められるようにするため，証人の勾引要件を緩和して，例えば，証人が召喚に応じないおそれが明らかであるような場合などには，召喚手続を経ずに証人を勾引することができるようにすることについて，具体的な検討を行う。

ウ　証拠隠滅等罪等の法定刑の引上げ

現行法において，刑法の証拠隠滅等（第１０４条）及び犯人蔵匿等（第１０３条）の罪の法定刑は，いずれも２年以下の懲役又は２０万円以下の罰金，証人等威迫（第１０５条の２）の罪の法定刑は，１年以下の懲役又は２０万円以下の罰金とされており，性質が類似する業務妨害や強制執行妨害等と対比しても軽いものになっている。そこで，刑事手続における事実の適正な解明を妨げる行為を抑止するため，これらの罪の法定刑を引き上げることについて，具体的な検討を行う（注３）（注４）。

（注３）被疑者又は被告人が自己の犯罪について偽造又は変造の証拠を公判廷で使用する行為を犯罪化するべきとの意見があり，このように公判廷での使用という行為に限定して処罰対象とするのであれば，適法行為の期待可能性がないとは言い難いのではないかとする意見があった一方，自己の刑事事件についての証拠隠滅を他人に教唆した場合にこれを処罰するのが判例の立場であるものの，この結論には学説上異論も少なくないことから慎重に検討するべきである，あるいは，捜査機関がこの処罰規定を濫用することにより，偽変造証拠の使用の共犯として弁護人に嫌疑をかけることもできることとなって，防御活動が萎縮しかねない上，その嫌疑を晴らすためには弁護人と被告人との間の接見状況を明らかにしなければならないこととなりかねないなどとする懸念も示された。この問題については，後記エの公判廷における被告人の虚偽供述に対する制裁の在り方とも密接に関連すると思われることから，この点も含めて更に検討することとする。

（注４）警察官や検察官等が証拠隠滅等に及んだ場合や偽証した場合にこれを通常よりも加重処罰する類型を設け，付審判請求の対象とするべきとの意見もあったが，これに対しては，捜査に関わる公務員による犯罪であるからという理由で加重処罰するのだとすれば，その対象は歯止めなく広がり得るから，相当でないなどの反対意見もあり，一定の方向性を得るに至らなかった。

**エ 被告人の虚偽供述に対する制裁**

現行の被告人質問（刑事訴訟法第３１１条）に関しては，被告人の公判における供述の在り方として，英米法系の諸外国では，被告人がその供述を公判廷における証拠としたいと考えるときは，証人となって偽証罪の制裁の下で証言しなければならないのが通例であり，大陸法系の諸外国では，虚偽供述に対する制裁はないものの，被告人が判断権者である裁判所の主導による厳しい質問を受けるのが通例であるのに対し，我が国の被告人質問においては，被告人が弁護人からの質問に答えて自己の言い分を供述する一方，検察官や裁判官からの質問には黙秘するという対応も可能であり，かつ，その供述の全てが証拠となることとされており，このような言わば中途半端な被告人供述の取扱いが，総じて被告人の公判供述に対する信用性に疑義を生じさせることとなっているのではないかとの指摘や，一般国民の間では，うそをついてはならないのが当たり前であるのに，被告人がうそをついても制裁がないというのでは，刑事司法制度の在り方が国民の意識からかい離したものとなり，国民の信頼を失うものとならないかとの指摘がなされた。

その上で，現行の被告人質問制度を維持して，被告人が公判廷で虚偽の供述をしても何ら処罰を受けないままとするのでは，新たな刑事司法制度がより充実した公判審理を指向するとしても，被告人の捜査段階における供述調書への過度の依存を改めることはできないことから，被告人が公判廷で真実を語るべ

巻末資料1　381

きであるという当たり前のことを担保するため，公判廷における被告人の虚偽
供述を処罰する制度を導入するべきとの意見が示された。そして，その具体的
な方法としては，現行の被告人質問を維持しつつ，被告人質問でなされた虚偽
供述を処罰対象とする罰則を設ける方法も考えられるが，確立している証人尋
問手続を活用することによって被告人に証人適格を認め，その供述を証拠とす
ることを望むときは，被告人が証人として偽証罪の制裁の下で証言する仕組み
とすることが望ましいとの意見があった。

　このような制度を設けることについては，被告人が幾ら真実の供述をしたと
しても，本案について誤って有罪とされた場合には，更に虚偽の供述をしたと
して処罰され得ることとなり，二重に誤った処罰を受けるおそれを生じさせる
こととならないか，また，そのようなおそれにより被告人の防御活動や真実の
供述までもが萎縮させられることとなったり，被告人が公判廷で一切供述しな
いという事態の増加を招くこととなり得るが，それは我が国における刑事裁判
の在り方として好ましくないのではないか，被告人が真実の供述をするべきで
あるとしても，それを担保するために虚偽供述を処罰するまでの具体的な必要
性は認められず，現在も行われているように，明確な虚偽供述をした場合に反
省の態度がないとして量刑上不利益に考慮され得ることで足りるのではないか
などの指摘もなされたことから，指摘される懸念をも踏まえ，その採否も含め
た具体的な検討を行うこととする。

- 31 -

382 巻末資料1

## (4) 自白事件を簡易迅速に処理するための手続の在り方

> 自白事件のうち一定範囲のものを簡易迅速に処理することができる手続を設け，一定の制限以下の実刑も科すことができるようにするとともに，捜査段階の迅速化のための措置を講じることについて，指摘される懸念をも踏まえて具体的な検討を行う。

　裁判員制度の導入により，刑事司法に関わる者の負担が増していることに加え，今後，より充実した公判審理を実現するための更なる負担の増加も見込まれることなどからすれば，新たな刑事司法制度の構築に当たり，限りある資源をどのように有効に分配するか，また，刑事司法に関わる者の負担と刑事司法制度の目的実現とをどのように調和させるかとの視点を欠くことはできないと思われる。

　今世紀初頭の司法制度改革により，即決裁判手続が導入されたが，その活用範囲はなお限定的なものにとどまっており，より多くの事案について活用可能なものとなるよう，自白事件のうち少なくとも一定範囲のものを簡易迅速に処理するための新たな制度を設けるべきである。このような手続を利用して事件が簡易迅速に処理されることとなれば，捜査段階での被疑者の身柄拘束期間を実際上短縮することにも資する。

　新たな制度を設けるに当たっては，英米法系の諸外国において採用されているように，被告人が有罪答弁を通じて当該事件について争わない旨の言わば処分をすれば，合理的な疑いを超える証明を要せずに有罪判決を下すことができるとする仕組みも考えられる。しかし，公訴事実が証拠によって客観的に認められるかどうかを確認することなく被告人を有罪と認めることは，我が国の刑事司法制度が採用する実体的真実主義とはなじみにくく，現状においてこのような制度の採用に踏み切ることについて国民の理解を得るのは難しいのではないかなどの指摘もあり，これを採用することにはなお慎重な検討を要することから，新たな制度においても，現行の簡易公判手続や即決裁判手続と同様，犯罪事実について証拠による合理的な疑いを超える証明を必要とするという在り方を維持しつつ，手続の簡易・迅速化を図るべきである。

　その上で，新たな手続の具体的な在り方については，現行即決裁判手続の活用が限定的なものにとどまっている原因をも踏まえつつ検討することが相当であると考えられる。

　まず，現行即決裁判手続においては，起訴後も判決の言渡しに至るまでの間，被告人又は弁護人において即決裁判手続によることの同意を撤回することができるとされ，その場合には，即決裁判手続による審判の決定が取り消されて通常公判において否認事件として審理されることとなり得ることから，捜査機関としては，そのような場合に備えてあらかじめ綿密な捜査を遂げた上で起訴をすることとせざるを得ず，捜査段階の簡易迅速化が実現していないとの指摘が

- 32 -

ある。

　そこで，自白事件の簡易迅速な処理という趣旨をよりよく実現するとともに，事案に応じて，捜査段階の被疑者の身柄拘束期間を実際上短縮することにも資することとなるよう，捜査段階の簡易迅速化のための措置を講じることが必要と考えられる。その具体的な方法としては，例えば，被告人又は弁護人が同意を撤回し，それを受けて即決裁判手続による審判の決定が取り消されるに至ったときは，検察官において公訴を取り消し，再捜査を遂げた上で再度訴追ができるよう，公訴取消し後の再起訴制限（刑事訴訟法第３４０条）を緩和することや，被告人又は弁護人による同意の撤回を制限することが検討対象となり得る。

　これらの考えられる措置のうち，公訴取消後の再起訴制限の緩和については，そのような仕組みを導入せずとも公訴を維持したままでも補充捜査は可能ではないかとの指摘がなされたほか，公訴取消による再捜査が可能となっても，その時点では証拠が散逸しているおそれがあり，結局，捜査の迅速化が実現される程度は限定的ではないかとの懸念が示されており，他方，被告人又は弁護人による同意の撤回を制限することについては，実際上被告人が否認に転じることを制限することは困難であり，制限の法的効果が不明確ではないか，また，被告人側が制度を利用するハードルを高めるもので，制度が利用されなくなる結果を招きかねないのではないかなどの懸念も示されていることから，これらの懸念をも踏まえて具体的な検討を行う。

　次に，現行の即決裁判手続では，懲役又は禁錮の言渡しをする場合には，その刑の執行猶予の言渡しをしなければならないとされており（刑訴法第３５０条の１４），実際上，手続の活用範囲が執行猶予が明白な事案に限定されているが，新たな手続においては，より幅広い事案について簡易迅速な手続による処理が可能となるよう，一定の科刑制限以下（例えば３年以下の懲役又は禁錮）の実刑も科すことができるとすることが考えられる。

　これに対しては，実刑相当事案においては弁護人による適切な情状立証の準備や裁判所による刑の量定に要する時間を確保する必要があり，簡易迅速な手続による処理が困難な場合が多いのではないか，また，被告人がこの手続に応じるメリットが明確でなければ，結局手続が利用されなくなるのではないかとの懸念も示されたところであり，これらの懸念をも踏まえつつ，新たな手続の具体的な在り方を検討する。

384　巻末資料1

## 3　その他

以上のほか，当部会においては，

○　事実認定と量刑に関する手続の在り方
○　いわゆる2号書面制度の在り方
○　ＤＮＡ型鑑定資料の採取及び保管等に係る法制化
○　検察官の上訴権の制限
○　刑事実体法の在り方等

についても議論が行われたが，いずれも意見の対立があるなどして一定の方向性を得るには至らず，当部会で結論を得ることは困難であることから，その要否及び当否も含めて別途検討されるべきである。

### (1)　事実認定と量刑に関する手続の在り方

事実認定に関する手続と量刑に関する手続を分離することにより，量刑に関する証拠が事実認定に当たって混然一体として考慮されることがないようにするとともに，量刑資料の収集にも充てられている捜査を短縮化し，量刑の在り方も，判決前調査制度を導入してより犯罪者の処遇や再犯防止を重視したものとするべきとの意見があった。

これに対しては，現行の刑事裁判において情状のみに関する証拠等が事実認定に不当な影響を及ぼしているとは考えられず，犯罪事実に関する証拠の取調べと情状のみに関する証拠の取調べをできる限り区別して行うことは運用上の配慮により十分可能である上，実際にも行われているから，このような制度を導入する必要性はない，手続二分の制度を採ると，審理の遅延が生じたり，被害者等の証人が事実審理の段階と量刑審理の段階で二度にわたり出廷することを余儀なくされ，その負担を増大させることともなりかねない，判決前調査制度を導入すると，裁判員裁判を現在のように同一の裁判体が事実認定と量刑判断を行うという形で行うことができなくなるし，これを区分した場合，量刑判断のみを行う裁判体に困難な判断を強いることとなるなどとする反対意見が示された。

現行刑事司法制度において，事実認定と量刑に関する手続を制度上分離しなければならないほどの立法事実は見当たらないとの指摘があることに加え，手続二分制度は，量刑の在り方や審理手続の大幅な変更を伴うものであり，その採否を判断するためには，取調べや供述調書への過度の依存の見直しにとどまらず，量刑や刑事裁判の本質も含めた根本的議論が不可避と考えられることからすれば，この問題については，今後の捜査・公判の運用の実情も踏まえた上で，別途検討されるべきである。

### (2)　いわゆる2号書面制度の在り方

2号書面の採用に係る運用が極めて緩やかに行われてきたとの理解を前提として，2号書面制度は従来の刑事司法制度における供述調書への過度の依存の象徴的存在であり，これを廃止するべきとの意見や，これを存置するとしても，2号前段の供述不能の場合にも絶対的特信情況を必要とするなど，

その要件を厳格化するべきとの意見があった。

　これに対しては，新たな刑事司法制度において可及的に公判廷で証人からありのままの証言が得られるようにしていくことが必要かつ有用であるとしても，証人が公判廷では記憶どおりの供述ができないなどの事態が生じ得ることは否定できず，そのような場合にも捜査段階でなされた供述を証拠として適正な事実認定に供することができるようにするため，２号書面制度は必要であり，これを廃止すべきではない，裁判所においては，証人が公判廷で検察官調書と異なる内容の証言をした場合でも，できる限り公判廷でありのままの証言が得られるようにするため，まずは検察官に記憶喚起や弾劾的な質問の活用などの方策を尽くさせた上で，やむを得ない場合に限って，２号書面の要件を慎重に判断して採用してきたものであって，そもそも議論の前提に問題があるなどの反対意見があった。

　この問題については，前記第３の１(1)エに関連する部分を除き，当部会で結論を得ることは困難と考えられることから，その要否及び当否も含めて別途検討されるべきである。

## (3) ＤＮＡ型資料の採取及び保管等に係る法制化

　ＤＮＡ型証拠は，近年の刑事裁判において，極めて重要な証拠と位置付けられるものであることから，ＤＮＡ型資料の採取及び保管等の在り方について法律で定めるとともに，その目的外使用を禁止した上で弁護人によるアクセスを認めるべきであるなどとする意見があった。

　これに対しては，ＤＮＡ型情報の採取は適法に行われている上，ＤＮＡ型データベースは，現行の個人情報保護法及び国家公安委員会規則に基づき適正に運用されており，ＤＮＡ型データベースの管理運用につき新たに単独法を制定する必要はないなどとする反対意見があった。

## (4) 検察官の上訴権の制限

　被告人を無罪とする判決に対して検察官の上訴を許すと，被告人に精神的・経済的に負担をかけることとなる上，罪を犯していない人を処罰する危険が大きいとして，裁判所が上級審による破棄を恐れることなく無罪判決を下せるようにするためにも，第一審で無罪判決が下された場合には検察官の上訴を許さず，無罪判決が確定することとするべきとの意見があった。

　これに対しては，検察官による上訴は適正かつ慎重に行われている上，第一審判決の事実認定が明らかに誤っている場合にも，被告人に有利なものである場合に限って，それを是正せずにそのまま確定させようというのは極めて偏った意見であり，被害者を始めとする国民の理解は到底得られないなどの反対意見があった。

## (5) 刑事実体法の在り方等

　今後の刑事司法制度の在り方を考える上で，供述そのものへの依存度を下げるという方向に向かうのであれば，被疑者から供述を得なくても立証が容易となるよう，刑事実体法の規定をより客観的なものとしていくことや，被

386　巻末資料1

疑者・被告人が黙秘したことから不利益な推認を行うことの制度化についても積極的に検討することが必要であるとの意見があった。

これに対しては，刑事実体法の客観化については責任主義の観点から，黙秘権からの不利益推認については憲法との整合性の観点から，それぞれ慎重に検討する必要があるとの反対意見があった。

巻末資料２　387

**巻末資料２**

新たな刑事司法制度の構築について
の調査審議の結果

388　巻末資料 2

# 新たな刑事司法制度の構築についての調査審議の結果

## 目　　次

第 1　はじめに　……………………………………………………………………1
　　1　新時代の刑事司法制度特別部会における調査審議　…………………………1
　　2　結　論　……………………………………………………………………………1
第 2　新たな刑事司法制度を構築するための法整備の概要　………………………2
　　1　取調べの録音・録画制度の導入（要綱 1 頁～ 2 頁）　…………………………2
　　2　捜査・公判協力型協議・合意制度及び刑事免責制度の導入　…………………3
　　　(1)　捜査・公判協力型協議・合意制度の導入（要綱 3 頁～ 7 頁）　……………3
　　　(2)　刑事免責制度の導入（要綱 8 頁）　…………………………………………4
　　3　通信傍受の合理化・効率化（要綱 9 頁～ 12 頁）　………………………………4
　　4　身柄拘束に関する判断の在り方についての規定の新設（要綱 13 頁）　………5
　　5　弁護人による援助の充実化　………………………………………………………5
　　　(1)　被疑者国選弁護制度の拡充（要綱 14 頁）　………………………………5
　　　(2)　弁護人の選任に係る事項の教示の拡充（要綱 14 頁）　…………………5
　　6　証拠開示制度の拡充　………………………………………………………………6
　　　(1)　証拠の一覧表の交付制度の導入（要綱 15 頁）　…………………………6
　　　(2)　公判前整理手続の請求権の付与（要綱 16 頁）　…………………………6
　　　(3)　類型証拠開示の対象の拡大（要綱 17 頁）　………………………………6
　　7　犯罪被害者等及び証人を保護するための方策の拡充　…………………………7
　　　(1)　ビデオリンク方式による証人尋問の拡充（要綱 18 頁）　………………7
　　　(2)　証人の氏名・住居の開示に係る措置の導入（要綱 19 頁～ 22 頁）　……7
　　　(3)　公開の法廷における証人の氏名等の秘匿措置の導入（要綱 23 頁）　……8
　　8　公判廷に顕出される証拠が真正なものであることを担保するための方策等
　　　（要綱 24 頁）　……………………………………………………………………9
　　9　自白事件の簡易迅速な処理のための方策（要綱 25 頁）　………………………9
第 3　附帯事項　………………………………………………………………………10
第 4　今後の課題　……………………………………………………………………11

## 第1　はじめに

### 1　新時代の刑事司法制度特別部会における調査審議

　　法制審議会は，法務大臣から発せられた諮問第９２号を受けて，時代に即した新たな刑事司法制度を構築するための法整備の在り方について調査審議を行うため，平成２３年６月６日の第１６５回会議において，新時代の刑事司法制度特別部会（以下「特別部会」という。）を設置した。

　　以後，特別部会において調査審議が行われ，その過程で「時代に即した新たな刑事司法制度の基本構想」（以下「基本構想」という。）が策定された。基本構想においては，新たな刑事司法制度のあるべき姿として「適正手続の下での事案の解明と刑罰法令の適正かつ迅速な適用更にはそれと一体をなすものとしての誤判の防止という役割を十分に果たし，被疑者・被告人，被害者を始めとする事件関係者及び国民一般がそれぞれの立場からも納得し得る，国民の健全な社会常識に立脚したもの」，「できる限り制度の内容等が明確化され，国民に分かりやすいもの」という姿が示された。そして，基本構想においては，これを実現するための制度構築に当たっての検討指針として，

○　被疑者取調べの録音・録画制度の導入を始め，取調べへの過度の依存を改めて適正な手続の下で供述証拠及び客観的証拠をより広範囲に収集することができるようにするため，証拠収集手段を適正化・多様化する

○　供述調書への過度の依存を改め，被害者及び事件関係者を含む国民への負担にも配慮しつつ，真正な証拠が顕出され，被告人側においても，必要かつ十分な防御活動ができる活発で充実した公判審理を実現する

という２つの理念が示された。

　　特別部会においては，この理念に基づいて，更に調査審議が進められ，平成２６年７月９日，その取りまとめが行われた。

### 2　結論

　　別添の「要綱（骨子）」に従って法整備を行うべきである。

　　「要綱（骨子）」に掲げる制度は多岐にわたるが，そのいずれもが，上記の２つの理念を実現するために必要な構成要素であるため，それらが一体として現行制度に組み込まれ，一つの総体としての制度を形成することによって，時代に即した新たな刑事司法制度が構築されていくものである。

　　個々の制度の在り方について，様々な立場からの多様な意見が存する中で，一体としての制度について一致を見るに至ったのは，上記の２つの理念の下に実現される新たな刑事司法制度を希求し，その実現に向けて歩みを進めようとの強い思いを共有したからにほかならない。

　　もとより，制度は，法整備を行うだけでその目的が達せられるものではなく，その趣旨を十分に踏まえた適切な運用が着実になされなければならない。その

390　巻末資料2

ため，法整備がなされた後も，刑事司法に関わる関係機関・関係者の真摯，か
つ，不断の努力と国民各層に開かれた議論を通じて，時代に即した新たな刑事
司法制度が真に実現されることを強く希望する。

### 第2　新たな刑事司法制度を構築するための法整備の概要

　　　　時代に即した新たな刑事司法制度の構築のために必要と考える法整備の内容
　は，別添の「要綱（骨子）」のとおりであるが，その概要を以下に示す。

### 1　取調べの録音・録画制度の導入（要綱1頁〜2頁）

〔録音・録画した記録媒体の証拠調請求義務，録音・録画義務〕

○　検察官は，逮捕・勾留中に下記の対象事件について被疑者調書として作成
　された被告人の供述調書の任意性が争われたときは，当該供述調書が作成さ
　れた取調べの状況を録音・録画した記録媒体の証拠調べを請求しなければな
　らないものとする（要綱一1）。

○　下記の例外事由に該当するため録音・録画をしなかったことその他やむを
　得ない事情により，上記記録媒体が存在しないときは，その証拠調べを請求
　することを要しないものとする（要綱一3）。

○　検察官，検察事務官又は司法警察職員は，逮捕・勾留されている被疑者を
　下記の対象事件について取り調べるときは，下記の例外事由に該当する場合
　を除き，その状況を録音・録画しておかなければならないものとする（要綱
　一5）。

【対象事件】

　　裁判員制度対象事件及び検察官独自捜査事件

【例外事由】

①　記録に必要な機器の故障その他のやむを得ない事情により，記録が困難
　　であると認めるとき

②　被疑者による拒否その他の被疑者の言動により，記録をすると被疑者が
　　十分に供述できないと認めるとき

③　被疑者の供述状況が明らかにされると，被疑者又はその親族に対し，身
　　体・財産への加害行為又は畏怖・困惑行為がなされるおそれがあることに
　　より，記録をすると被疑者が十分に供述できないと認めるとき

④　当該事件が指定暴力団の構成員によるものであると認めるとき

〔実施状況の検討義務〕

○　施行後一定期間経過後に基本構想及び本答申を踏まえて，録音・録画の実
　施状況について検討を加え，必要があると認めるときは，その結果に基づい

- 2 -

巻末資料2　391

て所要の措置を講ずる旨の見直し規定を設ける（要綱二）。

## 2　捜査・公判協力型協議・合意制度及び刑事免責制度の導入

### (1)　捜査・公判協力型協議・合意制度の導入（要綱3頁～7頁）

〔合意・協議の手続〕

○　検察官は，必要と認めるときは，被疑者・被告人との間で，被疑者・被告人が他人の犯罪事実を明らかにするため真実の供述その他の行為をする旨及びその行為が行われる場合には検察官が被疑事件・被告事件について不起訴処分，特定の求刑その他の行為をする旨を合意することができるものとする。合意をするには，弁護人の同意がなければならないものとする（要綱一1）。

○　この制度の対象犯罪は，一定の財政経済関係犯罪及び薬物銃器犯罪とする（要綱一2）。

○　合意をするため必要な協議は，原則として，検察官と被疑者・被告人及び弁護人との間で行うものとする（要綱一5）。

○　検察官は，送致事件等の被疑者との間で協議をしようとするときは，事前に司法警察員と協議しなければならないものとする。検察官は，他人の犯罪事実についての捜査のため必要と認めるときは，協議における必要な行為を司法警察員にさせることができるものとする（要綱一7・8）。

〔合意に係る公判手続の特則〕

○　被告事件についての合意があるとき又は合意に基づいて得られた証拠が他人の刑事事件の証拠となるときは，検察官は，合意に関する書面の取調べを請求しなければならないものとし，その後に合意の当事者が合意から離脱したときは，離脱書面についても同様とする（要綱二）。

〔合意違反の場合の取扱い〕

○　合意の当事者は，相手方当事者が合意に違反したときその他一定の場合には，合意から離脱することができるものとする（要綱三1）。

○　検察官が合意に違反して公訴権を行使したときは，裁判所は，判決で当該公訴を棄却しなければならないものとする。検察官が合意に違反したときは，協議において被疑者・被告人がした他人の犯罪事実を明らかにするための供述及び合意に基づいて得られた証拠は，原則として，これらを証拠とすることができないものとする（要綱三2・3）。

〔合意が成立しなかった場合における証拠の使用制限〕

○　合意が成立しなかったときは，被疑者・被告人が協議においてした他人の犯罪事実を明らかにするための供述は，原則として，これを証拠とすること

- 3 -

392　巻末資料2

ができないものとする（要綱四）。

〔合意の当事者である被疑者・被告人による虚偽供述等の処罰〕

○　合意をした者が，その合意に係る他人の犯罪事実に関し合意に係る行為を
すべき場合において，捜査機関に対し，虚偽の供述をし又は偽造・変造の証
拠を提出したときは，5年以下の懲役に処するものとする（要綱五）。

### (2) 刑事免責制度の導入（要綱8頁）

〔証人を尋問する場合における免責決定〕

○　検察官は，証人尋問の請求に当たり，必要と認めるときは，裁判所に対し，
当該証人尋問を次に掲げる条件により行うことを請求することができるもの
とする（要綱一1）。

　①　その証人尋問によって得られた供述及びこれに由来する証拠は，原則と
して，当該証人に不利益な証拠とすることができないこと。

　②　その証人尋問においては，自己が刑事訴追又は有罪判決を受けるおそれ
のある証言を拒否することができないこと。

○　上記請求を受けたときは，裁判所は，尋問事項に，証人が刑事訴追又は有
罪判決を受けるおそれのある事項が含まれないと明らかに認められる場合を
除き，証人尋問を上記①及び②の条件により行う旨の決定（以下「免責決定」
という。）をするものとする（要綱一2）。

〔証人尋問の開始後における免責決定〕

○　検察官は，証人が，刑事訴追又は有罪判決を受けるおそれがあることを理
由として証言を拒絶した場合であって，必要と認めるときは，裁判所に対し，
免責決定の請求をすることができるものとする（要綱二1）。

○　上記請求を受けたときは，裁判所は，証人が，刑事訴追又は有罪判決を受
けるおそれがあることを理由として証言を拒絶していないと明らかに認めら
れる場合を除き，免責決定をするものとする（要綱二2）。

### 3　通信傍受の合理化・効率化（要綱9頁〜12頁）

〔対象犯罪の拡大〕

○　通信傍受の対象犯罪として，①殺傷犯等関係（現住建造物等放火・殺人・
傷害・傷害致死・爆発物の使用），②逮捕・監禁，略取・誘拐関係，③窃盗
・強盗関係，④詐欺・恐喝関係，⑤児童ポルノ関係の犯罪を追加する（要綱
一別表第2）。

- 4 -

巻末資料2　393

○　新たに追加する対象犯罪については，現行法が規定する傍受の実施要件に加えて，「あらかじめ定められた役割の分担に従って行動する人の結合体により行われると疑うに足りる状況がある」ことを要件とする（要綱一1～3）。

〔特定装置を用いる傍受の導入〕

○　特定装置（傍受した通信や傍受の経過を自動的に記録し，これを即時に暗号化する機能等を有する装置）を用いることで，立会い・封印を不要とし，かつ，通信内容の聴取等をリアルタイムで行う方法による傍受とその聴取等を事後的に行う方法による傍受を可能とする（要綱二1）。

○　暗号化・復号化に必要な鍵は，裁判所の職員が作成するものとする（要綱二3）。

○　特定装置を用いて記録がされた傍受の原記録は，傍受の実施の終了後遅滞なく裁判官に提出すれば足りるものとする（要綱二4）。

〔通信事業者等の施設における通信内容の一時記録を伴う傍受の導入〕

○　通信事業者等の施設において傍受を実施する場合にも，通信内容を暗号化して一旦記録することにより，通信内容の聴取等を事後的に行うことを可能とする（要綱三1）。

○　暗号化・復号化に必要な鍵は，裁判所の職員が作成するものとする（要綱三3）。

○　傍受の原記録についての封印や裁判官への提出については，現行法の規定による傍受の場合と同様とする。

## 4　身柄拘束に関する判断の在り方についての規定の新設（要綱13頁）

○　裁量保釈の判断に当たっての考慮事情を明記する。

## 5　弁護人による援助の充実化

### (1)　被疑者国選弁護制度の拡充（要綱14頁）

○　被疑者国選弁護制度の対象を「被疑者に対して勾留状が発せられている場合」に拡大する。

### (2)　弁護人の選任に係る事項の教示の拡充（要綱14頁）

○　司法警察員・検察官・裁判官・裁判所は，身柄拘束中の被疑者・被告人に

- 5 -

394 巻末資料2

弁護人選任権を告知するに当たっては，刑事施設の長等に弁護士・弁護士法人・弁護士会を指定して選任を申し出ることができる旨を教示しなければならないものとする。

## 6 証拠開示制度の拡充

### (1) 証拠の一覧表の交付制度の導入 （要綱15頁）

〔証拠の一覧表の交付義務〕

○ 検察官は，検察官請求証拠の開示をした後，被告人又は弁護人から請求があったときは，速やかに，検察官が保管する証拠の一覧表を交付しなければならないものとする（要綱一）。

〔証拠の一覧表の記載事項〕

○ 証拠の一覧表の記載事項は，証拠物については品名・数量，供述録取書については標目・作成年月日・供述者の氏名，それ以外の証拠書類については標目・作成年月日・作成者の氏名とする（要綱二1）。

○ 検察官は，証拠の一覧表を交付することにより，次に掲げるおそれがあると認めるときは，そのおそれを生じさせる事項を記載しないことができるものとする（要綱二2）。

　① 人の身体・財産に対する加害行為又は畏怖・困惑行為がなされるおそれ

　② 人の名誉又は社会生活の平穏が著しく害されるおそれ

　③ 犯罪の証明又は犯罪の捜査に支障が生じるおそれ

### (2) 公判前整理手続の請求権の付与 （要綱16頁）

○ 検察官，被告人及び弁護人に公判前整理手続及び期日間整理手続の請求権を付与する（要綱1・2）。

○ 不服申立ては認めないものとする。

### (3) 類型証拠開示の対象の拡大 （要綱17頁）

○ 類型証拠開示の対象として，以下のものを追加する（要綱一～三）。

　① 共犯者の身柄拘束中の取調べについての取調べ状況等報告書

　② 検察官が証拠調請求をした証拠物に係る差押調書・領置調書

　③ 検察官が類型証拠として開示すべき証拠物に係る差押調書・領置調書

- 6 -

巻末資料2 　395

## 7　犯罪被害者等及び証人を保護するための方策の拡充

### (1)　ビデオリンク方式による証人尋問の拡充（要綱18頁）

○　裁判所は，次に掲げる者を証人として尋問する場合において，相当と認めるときは，裁判官が尋問のために在席する場所と同一の構内以外の裁判所の規則で定める場所に当該証人を在席させて，ビデオリンク方式により尋問を行うことができるものとする。
①　同一構内に出頭すると精神の平穏を著しく害されるおそれがある者
②　同一構内に出頭すると，自己又はその親族に対し，身体・財産への加害行為又は畏怖・困惑行為がなされるおそれがある者
③　遠隔地に居住し，同一構内に出頭することが著しく困難である者

### (2)　証人の氏名・住居の開示に係る措置の導入（要綱19頁〜22頁）

〔検察官の措置〕
○　検察官は，証人等の氏名・住居を知る機会を与えるべき場合において，その証人等又はその親族に対し，身体・財産への加害行為又は畏怖・困惑行為がなされるおそれがあるときは，被告人の防御に実質的な不利益を生じるおそれがある場合を除き，条件付けの措置（弁護人には氏名・住居を知る機会を与えた上で，これを被告人に知らせてはならない旨の条件を付することをいう。以下同じ。）をとることができるものとし，証拠書類・証拠物を閲覧する機会を与えるべき場合においても，それらに氏名・住居が記載されている者で検察官が証人等として尋問を請求するもの若しくは供述録取書等の供述者（以下「検察官請求予定証人等」という。）について，同様の要件の下で，条件付けの措置をとることができるものとする（要綱一1㈠・2㈠）。
○　検察官は，証人等の氏名・住居を知る機会を与えるべき場合において，上記加害行為又は畏怖・困惑行為を防止するために必要があるときは，被告人の防御に実質的な不利益を生じるおそれがある場合を除き，代替開示の措置（氏名・住居を知る機会を与えず，氏名に代わる呼称，住居に代わる連絡先を知る機会を与えることをいう。以下同じ。）をとることができるものとし，証拠書類・証拠物を閲覧する機会を与えるべき場合においても，検察官請求予定証人等について，同様の要件の下で，代替開示の措置をとることができるものとする（要綱一1㈡・2㈡）。

〔裁判所の裁定〕
○　裁判所は，検察官がとった条件付けの措置について，要件を満たさないと認めるときは，被告人又は弁護人の請求により，当該条件を取り消さなけれ

- 7 -

396 巻末資料2

ばならないものとする（要綱二1㈠）。

○ 裁判所は，検察官がとった代替開示の措置について，要件を満たさないと認めるときは，被告人又は弁護人の請求により，氏名・住居を知る機会を与えることを命じなければならないものとし，この場合において，条件付けの措置の要件を満たすと認めるときは，弁護人に対し，氏名・住居を被告人に知らせてはならない旨の条件を付することができるものとする（要綱二1㈡）。

〔裁判所における訴訟記録・証拠物の閲覧制限〕

○ 裁判所における訴訟記録・証拠物の閲覧についても，条件付けの措置及び代替開示の措置をとることができるものとする（要綱四1）。

〔条件違反に対する処置請求〕

○ 裁判所・検察官は，条件付けの措置における条件に弁護人が違反したときは，弁護士会又は日本弁護士連合会に処置請求をすることができるものとする（要綱五1・2）。

### (3) 公開の法廷における証人の氏名等の秘匿措置の導入（要綱23頁）

〔秘匿決定〕

○ 裁判所は，次に掲げる場合において，証人等から申出があり，相当と認めるときは，証人等の氏名等を公開の法廷で明らかにしない旨の決定をすることができるものとする（要綱一1）

① 証人等の氏名等が公開の法廷で明らかにされることにより，証人等又はその親族に対し，身体・財産への加害行為又は畏怖・困惑行為がなされるおそれがあると認められる場合

② 証人等の氏名等が公開の法廷で明らかにされることにより，証人等の名誉又は社会生活の平穏が著しく害されるおそれがあると認められる場合

〔秘匿決定があった場合の公判手続の特則〕

○ 上記決定があったときは，

・ 起訴状及び証拠書類の朗読は，証人等の氏名等を明らかにしない方法で行い，また，

・ 証人尋問・被告人質問が証人等の氏名等にわたるときは，犯罪の証明に重大な支障を生じるおそれ又は被告人の防御に実質的な不利益を生じるおそれがある場合を除き，尋問・陳述等を制限することができる

ものとする（要綱二〜四）。

- 8 -

巻末資料2　397

## 8　公判廷に顕出される証拠が真正なものであることを担保するための方策等
（要綱２４頁）

○　証人不出頭等の罪の法定刑を「１年以下の懲役又は３０万円以下の罰金」に引き上げる（要綱一）。
○　証人が正当な理由なく召喚に応じないときのほか，そのおそれがあるときも，勾引することができるものとする（要綱二）。
○　犯人蔵匿等・証拠隠滅等の法定刑を「３年以下の懲役又は３０万円以下の罰金」に，証人等威迫の法定刑を「２年以下の懲役又は３０万円以下の罰金」に引き上げる（要綱三）。
○　組織的な犯罪に係る犯人蔵匿等の法定刑を「５年以下の懲役又は５０万円以下の罰金」に引き上げる（要綱四）。

## 9　自白事件の簡易迅速な処理のための方策（要綱２５頁）

○　即決裁判手続の申立てを却下する決定があった事件について，当該決定後，証拠調べが行われることなく公訴が取り消され，公訴棄却の決定が確定した場合等においては，同一事件について更に公訴を提起することができるものとする。

- 9 -

## 第3　附帯事項

1　取調べの録音・録画制度は，最も時間を費やして検討が行われた事項であり，基本構想において「刑事司法における事案の解明が不可欠であるとしても，そのための供述証拠の収集が適正な手続の下で行われるべきことは言うまでもない」，「公判審理の充実化を図る観点からも，公判廷に顕出される被疑者の捜査段階での供述が，適正な取調べを通じて収集された任意性・信用性のあるものであることが明らかになるような制度とする必要がある」旨の共通認識を確認した上で，更に検討が進められた。その結果として，検察等における実務上の運用としての取組方針等をも併せ考慮した上で，制度としては，取調べの録音・録画の必要性が最も高いと考えられる類型の事件を対象とすることとして，「要綱（骨子）」の「1」に掲げる法整備を行うべきとの結論に達したものである。そのため，「要綱（骨子）」の「1」において制度の対象とされていない取調べであっても，基本構想で確認された上記共通認識を実現する観点から，実務上の運用において，可能な限り，幅広い範囲で録音・録画がなされ，かつ，その記録媒体によって供述の任意性・信用性が明らかにされていくことを強く期待する。

　取調べの録音・録画制度については，施行後一定期間を経過した段階で，その施行状況について検討を加え，必要があると認めるときは，その結果に基づいて所要の措置を講ずるものとしている。その検討等は，基本構想及び本答申を踏まえて行われるべきである。また，制度自体の運用状況だけでなく，検察等における実務上の運用としての録音・録画の実施状況や公判における供述の任意性・信用性の立証状況も検討の対象として，客観的なデータに基づき，幅広い観点から分析・評価を行うことが重要である。見直し規定の条文化の際には，検討の時期を具体的に定めた上で，上記のような趣旨を適切に盛り込むよう検討すべきである。

　さらに，取調べの録音・録画制度に関しては，性犯罪等の被害者等のプライバシー保護の観点から一定の例外事由を設けるべきであるとの意見があったが，その保護は，証拠開示の制限や公判廷における再生の制限等によって対処することが可能であるとの意見も多く，そのような例外事由は掲げていない。もっとも，取調べの録音・録画制度の導入等により，録音・録画の記録媒体が数多く作成されることとなることからも，少なくとも，当該記録媒体の取扱いに当たっての被害者等のプライバシー保護には十分な対応・配慮がなされなければならない。法務省，検察庁，警察庁，最高裁判所及び日本弁護士連合会においては，性犯罪等の被疑者の取調べを録音・録画した記録媒体の適切な取扱いを確保するため，十分な協議・検討を行い，所要の措置を講じるべきである。

2　被疑者・被告人の身柄拘束に関しては，現在の運用についての認識が大きく

- 10 -

相違し，共通の認識を得るには至らなかったが，身柄拘束に関する判断の在り方について，現行法上確立している解釈を法文に明記することは，国民に分かりやすい制度を実現するという観点から意義を有するとの意見を踏まえ，「要綱（骨子）」の「4」に掲げる法整備を行うべきであるとしたものである。したがって，「要綱（骨子）」の「4」は，現在の運用についての特定の事実認識を前提とするものではなく，あくまで現行法上確立している解釈の確認的な規定として掲げているものであり，現在の運用を変更する必要があるとする趣旨のものではないことに留意する必要がある。

3　被疑者国選弁護制度の拡充に関しては，現在の被疑者国選弁護制度の報酬は接見回数を主な要素として算定される仕組みとされているところ，「要綱（骨子）」の「5」に掲げる法整備を行うに当たっては，併せて，被疑者国選弁護制度における公費支出の合理性・適正性をより担保するための措置が講じられることが必要である。

## 第4　今後の課題

1　新たな刑事司法制度の在り方についての当審議会における検討は，ひとまず終了する。しかし，制度とは，その運用を重ねる中で，絶えずそのあるべき姿が追究され，必要に応じて改善がなされていくことを通じて，より良いものに進化・発展していくことが求められるものである。その意味で，取調べの録音・録画制度はもとより，「要綱（骨子）」に掲げるいずれの制度についても，一定の運用の経験が蓄積された後に，その実情に関する正確な認識に基づいて，多角的な検討がなされることを期待する。

2　また，刑事司法制度を取り巻く情勢等は常に変化していくのであり，刑事司法制度が「時代に即した」ものであり続けるためには，今後，他の新たな制度の導入についても検討がなされることが必要とされよう。例えば，特別部会で相当程度具体的な検討を行ったものの，「要綱（骨子）」には掲げられていない事項のうち，犯罪事実の解明による刑の減軽制度や被告人の証人適格などについては，引き続き検討を行うことが考えられるであろうし，また，以下に掲げるものについては，今後，必要に応じて，更に検討を行うことが考えられよう。

○　会話傍受については，振り込め詐欺や暴力団犯罪の捜査，あるいは，コントロールド・デリバリーの手法による薬物銃器犯罪の捜査の際に，共謀状況や犯意に関する証拠を収集する上で必要であり，理論的にも制度化は可能であるとの意見があった一方で，通信傍受以上に個人のプライバシーを侵害する危険性が大きく，場面を限ったとしてもなお捜査手法として認めるべきでないとして制度化自体に反対する意見があったところである。

○　再審請求審における証拠開示については，公判前整理手続の中で規定され

ているような類型証拠開示と主張関連証拠開示の仕組みを再審請求審の手続
にも導入すべきであるとの意見があった一方で，再審請求審は，当事者主義
がとられている通常審とは根本的に手続の構造が異なっているため，公判前
整理手続における証拠開示制度を転用するというのは，理論的・制度的整合
性がなく，適切でないなどとの意見があったところである。

○ 起訴状や判決書における被害者の氏名の秘匿については，被害者の保護と
被告人の防御権との調整の問題として早急に解決しなければならず，制度的
な措置を講じることを検討すべきであるとの意見があった一方で，起訴状や
判決書については，被害者の氏名を必ず記載しなければならないとはされて
おらず，個別の事案ごとの柔軟な運用によって対処すべきであり，引き続き
運用の状況を見守りつつ慎重な検討をすべきであるとの見解もあったところ
である。

○ 証人保護プログラムについては，特別部会で取り扱うことが困難な民事・
行政関係にわたる課題が多いことなどに鑑み，特別部会で具体的な制度設計
を行うべき項目とはされなかったものであるが，制度の必要性については，
一定の認識の共有がなされたところである。


【別添】
要綱（骨子）

巻末資料2　401

別添

# 要綱（骨子）

## 1　取調べの録音・録画制度の導入

一1　次に掲げる事件については，検察官は，刑事訴訟法第322条第1項本文に規定する書面であって被告人に不利益な事実の承認を内容とするもの（被疑者として逮捕若しくは勾留されている間に当該事件について同法第198条第1項の規定により行われた取調べ又は当該事件について同法第203条第1項，第204条第1項若しくは第205条第1項（これらの規定を同法第211条及び第216条において準用する場合を含む。）の規定により与えられた弁解の機会（以下「取調べ等」という。）に際して作成されたものに限る。）の取調べを請求した場合において，当該書面について同法第326条の同意がされず，かつ，当該書面を同法第322条第1項の規定により証拠とすることができることについて被告人又は弁護人が異議を述べたときは，当該承認が任意にされたものであることを証明するため，当該書面が作成された取調べ等の開始から終了に至るまでの間における被告人の供述及びその状況を5により記録した記録媒体（映像及び音声を同時に記録することができるものに限る。以下同じ。）の取調べを請求しなければならないものとする。

㈠　死刑又は無期の懲役若しくは禁錮に当たる罪に係る事件

㈡　裁判所法第26条第2項第2号に掲げる事件であって，故意の犯罪行為により被害者を死亡させた罪に係るもの（㈠に該当するものを除く。）

㈢　司法警察員が送致又は送付した事件以外の事件（㈠又は㈡に該当するものを除く。）

2　1の場合において，検察官が1の記録媒体の取調べを請求しないときは，裁判所は，決定で，1の書面の取調べの請求を却下しなければならないものとする。

3　検察官，検察事務官又は司法警察職員において5㈠から㈣までのいずれかに該当することにより1の書面が作成された取調べ等の開始から終了に至るまでの間における被告人の供述及びその状況を記録媒体に記録しなかったことその他やむを得ない事情により，1の記録媒体が存在しないときは，1及び2は，これを適用しないものとする。

4　1から3までは，被告人以外の者の公判準備又は公判期日における供述

- 1 -

で取調べ等における被告人の供述をその内容とするものについて，これを準用するものとする。

5　検察官，検察事務官又は司法警察職員は，1㈠から㈢までに掲げる事件について，逮捕若しくは勾留されている被疑者を刑事訴訟法第１９８条第１項の規定により取り調べるとき又は被疑者に対し同法第２０３条第１項，第２０４条第１項若しくは第２０５条第１項（これらの規定を同法第２１１条及び第２１６条において準用する場合を含む。）の規定により弁解の機会を与えるときは，次のいずれかに該当する場合を除き，被疑者の供述及びその状況を記録媒体に記録しておかなければならないものとする。

㈠　記録に必要な機器の故障その他のやむを得ない事情により，記録をすることが困難であると認めるとき。

㈡　被疑者が記録を拒んだことその他の被疑者の言動により，記録をしたならば被疑者が十分な供述をすることができないと認めるとき。

㈢　㈡に掲げるもののほか，犯罪の性質，関係者の言動，被疑者がその構成員である団体の性格その他の事情に照らし，被疑者の供述及びその状況が明らかにされた場合には被疑者若しくはその親族の身体若しくは財産に害を加え又はこれらの者を畏怖させ若しくは困惑させる行為がなされるおそれがあることにより，記録をしたならば被疑者が十分な供述をすることができないと認めるとき。

㈣　㈡及び㈢に掲げるもののほか，当該事件が暴力団員による不当な行為の防止等に関する法律第３条の規定により都道府県公安委員会の指定を受けた暴力団の構成員による犯罪に係るものであると認めるとき。

二　施行後一定期間経過後に基本構想及び本答申を踏まえて，録音・録画の実施状況について検討を加え，必要があると認めるときは，その結果に基づいて所要の措置を講ずる旨の見直し規定を設けるものとする。

巻末資料２　403

## ２　捜査・公判協力型協議・合意制度及び刑事免責制度の導入
### （１）捜査・公判協力型協議・合意制度の導入

一　合意及び協議の手続
　１　検察官は，特定犯罪に係る事件の被疑者又は被告人が，他人の犯罪事実
（特定犯罪に係るものに限る。）についての知識を有すると認められる場合
において，当該他人の犯罪事実を明らかにするために被疑者又は被告人が
行うことができる行為の内容，被疑者又は被告人による犯罪及び当該他人
による犯罪の軽重及び情状その他の事情を考慮して，必要と認めるときは，
被疑者又は被告人との間で，被疑者又は被告人が㈠に掲げる行為の全部又
は一部を行う旨及び当該行為が行われる場合には検察官が被疑事件又は被
告事件について㈡に掲げる行為の全部又は一部を行う旨の合意をすること
ができるものとする。合意をするには，弁護人の同意がなければならない
ものとする。
　　㈠　被疑者又は被告人による次に掲げる行為
　　　イ　刑事訴訟法第１９８条第１項又は第２２３条第１項の規定による検
察官，検察事務官又は司法警察職員の取調べに際して当該他人の犯罪
事実を明らかにするため真実の供述をすること。
　　　ロ　当該他人の刑事事件の証人として尋問を受ける場合において真実の
供述をすること。
　　　ハ　当該他人の犯罪事実を明らかにするため，検察官，検察事務官又は
司法警察職員に対して証拠物を提出すること。
　　㈡　検察官による次に掲げる行為
　　　イ　公訴を提起しないこと。
　　　ロ　特定の訴因及び罰条により公訴を提起し又はこれを維持すること。
　　　ハ　公訴を取り消すこと。
　　　ニ　特定の訴因若しくは罰条の追加若しくは撤回又は特定の訴因若しく
は罰条への変更を請求すること。
　　　ホ　即決裁判手続の申立てをすること。
　　　ヘ　略式命令の請求をすること。
　　　ト　刑事訴訟法第２９３条第１項の規定による意見の陳述において，被
告人に特定の刑を科すべき旨の意見を陳述すること。
　２　１に規定する「特定犯罪」とは，次に掲げる罪（死刑又は無期の懲役若
しくは禁錮に当たる罪を除く。）をいうものとする。
　　㈠　刑法第２編第５章（公務の執行を妨害する罪）（第９５条を除く。），

- 3 -

第１７章（文書偽造の罪），第１８章（有価証券偽造の罪），第１８章の２（支払用カード電磁的記録に関する罪），第２５章（汚職の罪）（第１９３条から第１９６条までを除く。），第３７章（詐欺及び恐喝の罪）若しくは第３８章（横領の罪）に規定する罪又は組織的な犯罪の処罰及び犯罪収益の規制等に関する法律第３条（同条第１項第１号から第４号まで，第１３号及び第１４号に係る部分に限る。），第４条（同項第１３号及び第１４号に係る部分に限る。），第１０条（犯罪収益等隠匿）若しくは第１１条（犯罪収益等収受）に規定する罪

㈡　㈠に掲げるもののほか，租税に関する法律，私的独占の禁止及び公正取引の確保に関する法律，金融商品取引法に規定する罪その他の財政経済関係犯罪として政令で定めるもの

㈢　次に掲げる法律に規定する罪

イ　爆発物取締罰則

ロ　大麻取締法

ハ　覚せい剤取締法

ニ　麻薬及び向精神薬取締法

ホ　武器等製造法

ヘ　あへん法

ト　銃砲刀剣類所持等取締法

チ　国際的な協力の下に規制薬物に係る不正行為を助長する行為等の防止を図るための麻薬及び向精神薬取締法等の特例等に関する法律

㈣　刑法第２編第７章（犯人蔵匿及び証拠隠滅の罪）に規定する罪又は組織的な犯罪の処罰及び犯罪収益の規制等に関する法律第７条（組織的な犯罪に係る犯人蔵匿等）に規定する罪（㈠から㈢までに掲げる罪を本犯の罪とするものに限る。）

3　1の合意には，被疑者若しくは被告人又は検察官において1㈠若しくは㈡に掲げる行為に付随し，又はその目的を達するため必要な行為を行う旨を含めることができるものとする。

4　1の合意は，検察官，被疑者又は被告人及び弁護人が連署した書面により，その内容を明らかにして行うものとする。

5　1の合意をするため必要な協議は，検察官と被疑者又は被告人及び弁護人との間で行うものとする。ただし，被疑者又は被告人及び弁護人に異議がないときは，協議の一部を被疑者若しくは被告人又は弁護人のいずれか一方のみとの間で行うことができるものとする。

6　5の協議において，検察官は，被疑者又は被告人に対し，他人の犯罪事

実を明らかにするための供述を求めることができるものとする。この場合
においては，刑事訴訟法第１９８条第２項の規定を準用するものとする。

7　検察官は，刑事訴訟法第２４２条（同法第２４５条において準用する場
合を含む。）の規定により司法警察員が送付した事件，同法第２４６条の規
定により司法警察員が送致した事件又は司法警察員が現に捜査していると
認める事件の被疑者との間で５の協議をしようとするときは，あらかじめ，
司法警察員と協議しなければならないものとする。

8　検察官は，１の合意をすることにより明らかにすべき他人の犯罪事実に
ついて司法警察員が現に捜査していることその他の事情を考慮して，当該
他人の犯罪事実についての捜査のため必要と認めるときは，６により供述
を求めることその他の５の協議における必要な行為を司法警察員にさせる
ことができるものとする。この場合において，司法警察員は，検察官の個
別の授権の範囲内において，１による合意の内容とする１㈡に掲げる行為
に係る検察官の提案を，被疑者又は被告人及び弁護人に提示することがで
きるものとする。

二　合意に係る公判手続の特則

1　被告人との間の合意に関する書面等の取調べ請求の義務

㈠　検察官は，被告事件について，公訴の提起前に被告人との間でした一
１の合意があるとき又は公訴の提起後に被告人との間で一１の合意が成
立したときは，遅滞なく，一４の書面の取調べを請求しなければならな
いものとする。

㈡　㈠により一４の書面の取調べを請求した後に，当事者が三１㈡により
その合意から離脱する旨の告知をしたときは，検察官は，遅滞なく，三
１㈡の書面の取調べを請求しなければならないものとする。

2　被告人以外の者との間の合意に関する書面等の取調べ請求の義務

㈠　検察官，被告人若しくは弁護人が取調べを請求し又は裁判所が職権で
取り調べた被告人以外の者の供述録取書等が，その者が一１の合意に基
づいて作成し又はその者との間の一１の合意に基づいてなされた供述を
録取し若しくは記録したものであるときは，検察官は，遅滞なく，一４
の書面の取調べを請求しなければならないものとする。この場合におい
て，その合意の当事者が三１㈡によりその合意から離脱する旨の告知を
しているときは，検察官は，併せて，三１㈡の書面の取調べを請求しな
ければならないものとする。

㈡　㈠前段の場合において，当該供述録取書等の取調べの請求後又は裁判
所の職権による当該供述録取書等の取調べの後に，一１の合意の当事者

が三1(二)によりその合意から離脱する旨の告知をしたときは，検察官は，遅滞なく，三1(二)の書面の取調べを請求しなければならないものとする。

(三)　検察官，被告人若しくは弁護人が証人として尋問を請求した者又は裁判所が職権で証人として尋問する者との間でその証人尋問についてした一1の合意があるときは，検察官は，遅滞なく，一4の書面の取調べを請求しなければならないものとする。

(四)　(三)により一4の書面の取調べを請求した後に，一1の合意の当事者が三1(二)によりその合意から離脱する旨の告知をしたときは，検察官は，遅滞なく，三1(二)の書面の取調べを請求しなければならないものとする。

三　合意違反の場合の取扱い

1　合意からの離脱

(一)　一1の合意の相手方当事者がその合意に違反したときその他一定の場合には，一1の合意の当事者は，その合意から離脱することができるものとする。

(二)　(一)の離脱は，その理由を記載した書面により，相手方に対し，その合意から離脱する旨を告知して行うものとする。

2　検察官が合意に違反した場合における公訴の棄却等

(一)　検察官が一1(二)イからへまでに係る合意（一1(二)ロについては特定の訴因及び罰条により公訴を提起する旨の合意に限る。）に違反して，公訴を提起し，異なる訴因及び罰条により公訴を提起し，公訴を取り消さず，訴因若しくは罰条の追加，撤回若しくは変更を請求することなく公訴を維持し，又は即決裁判手続の申立て若しくは略式命令の請求を同時にすることなく公訴を提起したときは，判決で当該公訴を棄却しなければならないものとする。

(二)　検察官が一1(二)ロに係る合意（特定の訴因及び罰条により公訴を維持する旨の合意に限る。）に違反して訴因又は罰条の追加又は変更を請求したときは，裁判所は，刑事訴訟法第312条第1項の規定にかかわらず，その請求を却下しなければならないものとする。

3　検察官が合意に違反した場合における証拠の使用制限

(一)　検察官が一1の合意に違反したときは，被告人が一5の協議においてした他人の犯罪事実を明らかにするための供述及びその合意に基づいて得られた証拠は，これらを証拠とすることができないものとする。

(二)　(一)は，当該証拠を当該被告人又は当該被告人以外の者の刑事事件の証拠とすることについて，その事件の被告人に異議がない場合には，適用しないものとする。

四　合意が成立しなかった場合における証拠の使用制限

　　一1の合意が成立しなかったときは，被疑者又は被告人が一5の協議において
　いてした他人の犯罪事実を明らかにするための供述は，これを証拠とするこ
　とができないものとする。ただし，被疑者又は被告人が一5の協議において
　した行為が刑法第103条，第104条若しくは第172条の罪又は組織的
　な犯罪の処罰及び犯罪収益の規制等に関する法律第7条第1項（第2号に係
　る部分に限る。）の罪に当たる場合において，それらの罪に係る事件において
　用いるときは，この限りでないものとする。

五　合意の当事者である被疑者又は被告人による虚偽供述等の処罰

　　1　一1㈠イ又はハに係る合意をした者が，その合意に係る他人の犯罪事実
　　に関し当該合意に係る行為をすべき場合において，検察官，検察事務官又
　　は司法警察職員に対し，虚偽の供述をし又は偽造若しくは変造の証拠を提
　　出したときは，5年以下の懲役に処するものとする。

　　2　1の罪を犯した者が，その行為をした他人の刑事事件の裁判が確定する
　　前であって，かつ，その合意に係る自己の刑事事件の裁判が確定する前に
　　自白したときは，その刑を減軽し，又は免除することができるものとする。

## (2) 刑事免責制度の導入

一　証人を尋問する場合における免責決定

　1　検察官は，証人尋問を請求するに当たり，その尋問すべき事項に証人が刑事訴追を受け，又は有罪判決を受けるおそれのある事項が含まれる場合であって，関係する犯罪の軽重及び情状，当該事項についての証言の重要性その他の事情を考慮して必要と認めるときは，裁判所に対し，当該証人尋問を次に掲げる条件により行うことを請求することができるものとする。

　　㈠　その証人尋問において尋問に応じてした供述及びこれに由来する証拠は，刑事訴訟法第１６１条の罪又は刑法第１６９条の罪に係る事件において用いる場合を除き，証人の刑事事件において，これらを証人に不利益な証拠とすることができないこと。

　　㈡　その証人尋問においては，刑事訴訟法第１４６条の規定にかかわらず，自己が刑事訴追を受け，又は有罪判決を受けるおそれのある証言を拒むことができないこと。

　2　1の請求を受けたときは，裁判所は，当該証人に尋問すべき事項に，証人が刑事訴追を受け，又は有罪判決を受けるおそれのある事項が含まれないと明らかに認められる場合を除き，当該証人尋問を1㈠及び㈡に掲げる条件により行う旨の決定（以下「免責決定」という。）をするものとする。

二　証人尋問の開始後における免責決定

　1　検察官は，証人尋問において，証人が刑事訴訟法第１４６条の規定により証言を拒絶した場合であって，関係する犯罪の軽重及び情状，証人が刑事訴追を受け，又は有罪判決を受けるおそれのある事項についての証言の重要性その他の事情を考慮して必要と認めるときは，裁判所に対し，免責決定の請求をすることができるものとする。

　2　1の請求を受けたときは，裁判所は，当該証人が刑事訴訟法第１４６条の規定により証言を拒絶していないと明らかに認められる場合を除き，当該証人尋問について免責決定をするものとする。

- 8 -

巻末資料2　409

## 3　通信傍受の合理化・効率化

一　対象犯罪の拡大

　犯罪捜査のための通信傍受に関する法律（以下「通信傍受法」という。）第3条第1項各号を次の1から3までのように改め，別表を別表第1とし，同表の次に別表第2を加えるものとする。

1　別表第1又は別表第2に掲げる罪が犯されたと疑うに足りる十分な理由がある場合において，当該犯罪が数人の共謀によるものであると疑うに足りる状況があるとき。ただし，別表第2に掲げる罪にあっては，当該犯罪があらかじめ定められた役割の分担に従って行動する人の結合体により行われたと疑うに足りる状況があるときに限る。

2　別表第1又は別表第2に掲げる罪が犯され，かつ，引き続き次に掲げる罪が犯されると疑うに足りる十分な理由がある場合において，これらの犯罪が数人の共謀によるものであると疑うに足りる状況があるとき。ただし，別表第2に掲げる罪にあっては，当該犯罪があらかじめ定められた役割の分担に従って行動する人の結合体により行われ，又は行われると疑うに足りる状況があるときに限る。

　　㈠　当該犯罪と同様の態様で犯されるこれと同一又は同種の別表第1又は別表第2に掲げる罪

　　㈡　当該犯罪の実行を含む一連の犯行の計画に基づいて犯される別表第1又は別表第2に掲げる罪

3　死刑又は無期若しくは長期2年以上の懲役若しくは禁錮に当たる罪が別表第1又は別表第2に掲げる罪と一体のものとしてその実行に必要な準備のために犯され，かつ，引き続き当該別表第1又は別表第2に掲げる罪が犯されると疑うに足りる十分な理由がある場合において，当該犯罪が数人の共謀によるものであると疑うに足りる状況があるとき。ただし，別表第2に掲げる罪にあっては，当該犯罪があらかじめ定められた役割の分担に従って行動する人の結合体により行われると疑うに足りる状況があるときに限る。

別表第2

　一1　刑法第108条（現住建造物等放火）の罪又はその未遂罪

　　2　刑法第199条（殺人）の罪又はその未遂罪

　　3　刑法第204条（傷害）又は第205条（傷害致死）の罪

　　4　刑法第220条（逮捕及び監禁）又は第221条（逮捕等致死傷）の罪

- 9 -

5　刑法第224条から第228条まで（未成年者略取及び誘拐，営利
　　　　目的等略取及び誘拐，身の代金目的略取等，所在国外移送目的略取及
　　　　び誘拐，人身売買，被略取者等所在国外移送，被略取者引渡し等，未
　　　　遂罪）の罪
　　　6　刑法第235条（窃盗），第236条第1項（強盗）若しくは第24
　　　　0条（強盗致死傷）の罪又はこれらの罪の未遂罪
　　　7　刑法第246条第1項（詐欺），第246条の2（電子計算機使用詐
　　　　欺）若しくは第249条第1項（恐喝）の罪又はこれらの罪の未遂罪
　　二　爆発物取締罰則第1条（爆発物の使用）又は第2条（使用の未遂）の
　　　罪
　　三　児童買春，児童ポルノに係る行為等の規制及び処罰並びに児童の保護
　　　等に関する法律第7条第6項（児童ポルノ等の不特定又は多数の者に対
　　　する提供等）又は第7項（不特定又は多数の者に対する提供等の目的に
　　　よる児童ポルノの製造等）の罪
　二　特別の機能を有する再生・記録装置（以下「特定装置」という。）を用いる
　　傍受
　　1㈠　新たな傍受の実施方法として，
　　　　イ　傍受の実施をしている間に行われる通信について，通信事業者等が，
　　　　　暗号化した上で，電気通信回線を通じて捜査機関の施設に設置された
　　　　　特定装置に伝送し，
　　　　ロ　検察官又は司法警察員が，特定装置を用いて，イにより伝送された
　　　　　通信を即時に復号化して，現行規定による傍受の場合と同一の範囲内
　　　　　で傍受をし，
　　　　ハ　ロの傍受の際，特定装置の機能により，傍受した通信及び傍受の経
　　　　　過を記録媒体に自動的に記録し，当該記録を即時に暗号化してその改
　　　　　変を防止する
　　　　という方法を導入し，この方法により傍受を実施するときは，通信事業
　　　　者等による立会い（通信傍受法第12条第1項）及び記録媒体の封印（通
　　　　信傍受法第20条第1項）を要しないものとする。
　　　㈡　特定装置を用いるときは，㈠ロに代えて，
　　　　イ　検察官及び司法警察員が傍受の実施場所に不在の間に㈠イにより伝
　　　　　送された通信について，特定装置の機能により記録媒体（㈠ハの記録
　　　　　媒体とは別のもの）に一旦記録し，
　　　　ロ　その後，検察官又は司法警察員が，傍受の実施場所に所在する際に，
　　　　　特定装置を用いてイの記録媒体の記録内容を復号化して再生しつつ，

- 10 -

現行規定による傍受の場合と同一の範囲内で傍受をし，

　　ハ　イの記録媒体の記録内容は，その再生終了時に，特定装置の機能により，全て即時かつ自動的に消去する

　　こともできるものとする。

2　1の方法による傍受は，裁判官が，検察官又は司法警察員の申立てにより，相当と認めて，傍受令状に当該方法による傍受をすることができる旨の記載をしたときにすることができるものとする。

3㈠　1の暗号化及び復号化並びに1㈠ハにより暗号化された記録の復号化に必要な鍵（電磁的記録）は，傍受令状を発付した裁判官が所属する裁判所の職員が作成するものとする。

　㈡　㈠により作成された鍵のうち，1㈠イの暗号化に必要な鍵は通信事業者等が，1㈠ロ及び1㈢ロの復号化並びに1㈠ハの暗号化に必要な鍵（1㈠ハにより暗号化された記録を検察官又は司法警察員が復号化することができない措置が講じられたもの）は検察官又は司法警察員が，1㈠ハにより暗号化された記録の復号化に必要な鍵は裁判所が，それぞれ保持するものとする。

4　1㈠ハにより特定装置を用いて記録がされた記録媒体は，傍受の実施の終了後，遅滞なく，傍受令状を発付した裁判官が所属する裁判所の裁判官に提出すれば足りるものとする。

三　通信事業者等の施設における通信内容の一時記録を伴う傍受

1　新たな傍受の実施方法として，

　㈠　傍受の実施場所である通信事業者等の施設に検察官及び司法警察員が不在の間に行われる通信について，通信事業者等が暗号化した上で一時記録用の記録媒体に一旦記録し，

　㈡　その後，検察官又は司法警察員が㈠の場所に所在する際に，通信事業者等が㈠の記録媒体の記録内容を復号化して再生し，検察官又は司法警察員が現行規定による傍受の場合と同一の範囲内で傍受をし，

　㈢　通信事業者等は，㈡による再生が終了したときは，直ちに，㈠の記録媒体の記録内容を全て消去する

　　という方法を導入し，㈠については，通信事業者等による立会い（通信傍受法第12条第1項）を要しないものとする。

2　1の方法による傍受は，裁判官が，検察官又は司法警察員の申立てにより，相当と認めて，傍受令状に当該方法による傍受をすることができる旨の記載をしたときにすることができるものとする。

3　1㈠の暗号化及び1㈢の復号化に必要な鍵は，傍受令状を発付した裁判

412 巻末資料2

官が所属する裁判所の職員が作成し，これを通信事業者等に提供するもの
とする。

巻末資料2　413

## 4　身柄拘束に関する判断の在り方についての規定の新設

裁量保釈の判断に当たっての考慮事情を明記する。

414 巻末資料2

## 5 弁護人による援助の充実化

### (1) 被疑者国選弁護制度の拡充

被疑者国選弁護制度の対象となるべき場合を「死刑又は無期若しくは長期3年を超える懲役若しくは禁錮に当たる事件について被疑者に対して勾留状が発せられている場合」（刑事訴訟法第37条の2第1項）から「被疑者に対して勾留状が発せられている場合」に拡大するものとする。

### (2) 弁護人の選任に係る事項の教示の拡充

司法警察員，検察官，裁判官又は裁判所は，刑事訴訟法（第272条第1項を除く。）の規定により弁護人を選任することができる旨を告げるに当たっては，同法第78条第1項の規定による弁護人の選任の申出ができる旨を教示しなければならないものとする。

巻末資料2　415

## 6　証拠開示制度の拡充

### (1)　証拠の一覧表の交付制度の導入

一1　検察官は，刑事訴訟法第316条の14の規定による証拠の開示をした
　　後，被告人又は弁護人から請求があったときは，速やかに，被告人又は弁
　　護人に対し，検察官が保管する証拠の一覧表を交付しなければならないも
　　のとする。
　2　検察官は，1により一覧表を交付した後，証拠を新たに保管するに至っ
　　たときは，速やかに，被告人又は弁護人に対し，当該新たに保管するに至
　　った証拠の一覧表を交付しなければならないものとする。
二1　一1及び2の一覧表には，次の㈠から㈢までに掲げる証拠の区分に応じ，
　　証拠ごとに，当該㈠から㈢までに定める事項を記載しなければならないも
　　のとする。
　　㈠　証拠物　品名及び数量
　　㈡　供述録取書　当該供述録取書の標目，作成の年月日及び供述者の氏名
　　㈢　証拠書類（㈡に掲げるものを除く。）　当該証拠書類の標目，作成の年
　　月日及び作成者の氏名
　2　検察官は，1にかかわらず，1の事項を記載した一覧表を交付すること
　　により，次に掲げるおそれがあると認めるときは，そのおそれを生じさせ
　　る事項の記載をしないことができるものとする。
　　㈠　人の身体若しくは財産に害を加え又は人を畏怖させ若しくは困惑させ
　　る行為がなされるおそれ
　　㈡　人の名誉又は社会生活の平穏が著しく害されるおそれ
　　㈢　犯罪の証明又は犯罪の捜査に支障が生ずるおそれ

- 15 -

416　巻末資料2

## (2) 公判前整理手続の請求権の付与

---

　　刑事訴訟法第３１６条の２及び第３１６条の２８の整理手続の規定をそれぞ
れ次のように改めるものとする。
1　　裁判所は，充実した公判の審理を継続的，計画的かつ迅速に行うため必要
　があると認めるときは，検察官，被告人若しくは弁護人の請求により又は職
　権で，第１回公判期日前に，決定をもって，事件の争点及び証拠を整理する
　ための公判準備として，事件を公判前整理手続に付することができる。
2　　裁判所は，審理の経過に鑑み必要と認めるときは，検察官，被告人若しく
　は弁護人の請求により又は職権で，第１回公判期日後に，決定をもって，事
　件の争点及び証拠を整理するための公判準備として，事件を期日間整理手続
　に付することができる。
3　　１若しくは２の決定又は１若しくは２の請求を却下する決定をするには，
　裁判所の規則の定めるところにより，あらかじめ，検察官及び被告人又は弁
　護人の意見を聴かなければならない。

---

## (3) 類型証拠開示の対象の拡大

一　共犯者の取調べ状況等報告書
　　刑事訴訟法第３１６条の１５第１項第８号を次のように改めるものとする。
　　取調べ状況の記録に関する準則に基づき，検察官，検察事務官又は司法警察職員が職務上作成することを義務付けられている書面であって，身体の拘束を受けている者の取調べに関し，その年月日，時間，場所その他の取調べの状況を記録したもの（被告人又はその共犯として身体を拘束され若しくは公訴を提起された者であって第５号イ若しくはロに掲げるものに係るものに限る。）

二　検察官が取調べを請求した証拠物に係る差押調書又は領置調書
　　刑事訴訟法第３１６条の１５第１項による開示の対象となる証拠の類型として次のものを加えるものとする。
　　押収手続の記録に関する準則に基づき，検察官，検察事務官又は司法警察職員が職務上作成することを義務付けられている書面であって，検察官請求証拠である証拠物の押収に関し，その押収者，押収の年月日，押収場所その他押収の状況を記録したもの

三　類型証拠として開示すべき証拠物に係る差押調書又は領置調書
　　刑事訴訟法第３１６条の１５に次の項を加えるものとする。
　　検察官は，押収手続の記録に関する準則に基づき，検察官，検察事務官又は司法警察職員が職務上作成することを義務付けられている書面であって，第１項の規定により開示すべき証拠物の押収に関し，その押収者，押収の年月日，押収場所その他押収の状況を記録したものについて，被告人又は弁護人から開示の請求があった場合において，当該証拠物により特定の検察官請求証拠の証明力を判断するために当該開示をすることの必要性の程度並びに当該開示によって生じるおそれのある弊害の内容及び程度を考慮し，相当と認めるときは，速やかに，前条第１号に定める方法による開示をしなければならない。この場合において，検察官は，必要と認めるときは，開示の時期若しくは方法を指定し，又は条件を付することができる。

418 巻末資料2

## 7 犯罪被害者等及び証人を保護するための方策の拡充
### (1) ビデオリンク方式による証人尋問の拡充

　裁判所は，次に掲げる者を証人として尋問する場合において，相当と認める
ときは，検察官及び被告人又は弁護人の意見を聴き，同一構内（裁判官及び訴
訟関係人が証人を尋問するために在席する場所と同一の構内をいう。以下同じ。）
以外の裁判所の規則で定める場所にその証人を在席させ，映像と音声の送受信
により相手の状態を相互に認識しながら通話をすることができる方法によって，
尋問することができるものとする。
1　犯罪の性質，証人の年齢，心身の状態，被告人との関係その他の事情によ
　り，同一構内に出頭するときは精神の平穏を著しく害されるおそれがあると
　認められる者
2　同一構内に出頭するとしたならば，自己若しくはその親族の身体若しくは
　財産に害を被り又はこれらの者が畏怖し若しくは困惑する行為がなされるお
　それがあると認められる者
3　遠隔地に居住し，その年齢，職業，健康状態その他の事情により，同一構
　内に出頭することが著しく困難であると認められる者

- 18 -

## (2) 証人の氏名・住居の開示に係る措置の導入

一　検察官の措置

1(一)　検察官は，刑事訴訟法第２９９条第１項の規定により証人等（証人，鑑定人，通訳人又は翻訳人をいう。以下同じ。）の氏名及び住居を知る機会を与えるべき場合において，その証人等若しくはその親族の身体若しくは財産に害を加え又はこれらの者を畏怖させ若しくは困惑させる行為がなされるおそれがあるときは，弁護人に対し，その証人等の氏名又は住居を知る機会を与えた上，これを被告人に知らせてはならない旨の条件を付することができるものとする。ただし，被告人の防御に実質的な不利益を生ずるおそれがあるときは，この限りでないものとする。

(二)　検察官は，(一)本文の場合において，(一)本文に規定する行為を防止するために必要があるときは，被告人の防御に実質的な不利益を生ずるおそれがある場合を除き，その証人等の氏名又は住居を知る機会を与えないことができるものとする。この場合において，氏名にあってはこれに代わる呼称を，住居にあってはこれに代わる連絡先を知る機会を与えなければならないものとする。

2(一)　検察官は，刑事訴訟法第２９９条第１項の規定により証拠書類又は証拠物を閲覧する機会を与えるべき場合において，証拠書類若しくは証拠物に氏名若しくは住居が記載されている者であって検察官が証人等として尋問を請求するもの若しくは供述録取書等の供述者（以下これらの者を2において「検察官請求予定証人等」という。）若しくは検察官請求予定証人等の親族の身体若しくは財産に害を加え又はこれらの者を畏怖させ若しくは困惑させる行為がなされるおそれがあるときは，弁護人に対し，その検察官請求予定証人等の氏名又は住居を閲覧する機会を与えた上，これを被告人に知らせてはならない旨の条件を付することができるものとする。ただし，被告人の防御に実質的な不利益を生ずるおそれがあるときは，この限りでないものとする。

(二)　検察官は，(一)本文の場合において，(一)本文に規定する行為を防止するために必要があるときは，被告人の防御に実質的な不利益を生ずるおそれがある場合を除き，その検察官請求予定証人等の氏名又は住居を閲覧する機会を与えないことができるものとする。この場合において，氏名にあってはこれに代わる呼称を，住居にあってはこれに代わる連絡先を知る機会を与えなければならないものとする。

3　検察官は，１又は２の措置をとったときは，速やかに，裁判所にその旨

420 巻末資料2

を通知しなければならないものとする。
二 　裁判所の裁定
　1㈠ 　裁判所は，検察官が一 1㈠又は 2㈠の措置をとった場合において，当該措置に係る者若しくはその親族の身体若しくは財産に害を加え若しくはこれらの者を畏怖させ若しくは困惑させる行為がなされるおそれがないと認めるとき，又は被告人の防御に実質的な不利益を生ずるおそれがあると認めるときは，被告人又は弁護人の請求により，決定で，当該措置に係る条件を取り消さなければならないものとする。
　㈡ 　裁判所は，検察官が一 1㈡又は 2㈡の措置をとった場合において，当該措置に係る者若しくはその親族の身体若しくは財産に害を加え若しくはこれらの者を畏怖させ若しくは困惑させる行為がなされるおそれがないと認めるとき，これらの行為を防止するために当該措置をとる必要がないと認めるとき，又は被告人の防御に実質的な不利益を生ずるおそれがあると認めるときは，被告人又は弁護人の請求により，決定で，当該措置に係る者の氏名又は住居を知る機会を与えることを命じなければならないものとする。この場合において，裁判所は，当該措置に係る者若しくはその親族の身体若しくは財産に害を加え若しくはこれらの者を畏怖させ若しくは困惑させる行為がなされるおそれがあると認めるときは，被告人の防御に実質的な不利益を生ずるおそれがあると認める場合を除き，弁護人に対し，当該措置に係る者の氏名又は住居を被告人に知らせてはならない旨の条件を付することができるものとする。
　2 　裁判所は，1の請求について決定をするときは，検察官の意見を聴かなければならないものとする。
　3 　1の請求についてした決定に対しては，即時抗告をすることができるものとする。
三 　公判前整理手続等における開示への準用
　一及び二は，検察官が刑事訴訟法第316条の14若しくは第316条の15第1項（第316条の21第4項においてこれらの規定を準用する場合を含む。）又は同法第316条の20第1項（第316条の22第5項において準用する場合を含む。）の規定により，証人等の氏名及び住居を知る機会を与え又は証拠書類若しくは証拠物を閲覧する機会（弁護人に対しては，閲覧し，かつ，謄写する機会）を与えるべき場合について，これを準用するものとする。
四 　裁判所における訴訟に関する書類及び証拠物の閲覧制限
　1㈠ 　刑事訴訟法第40条第1項の規定にかかわらず，裁判所は，検察官が

- 20 -

とった一1㈠若しくは2㈠（三においてこれらを準用する場合を含む。）
の措置に係る者若しくはその親族の身体若しくは財産に害を加え又はこ
れらの者を畏怖させ若しくは困惑させる行為がなされるおそれがある場
合において，検察官及び被告人又は弁護人の意見を聴き，相当と認める
ときは，弁護人に対し，訴訟に関する書類又は証拠物に記載されている
当該措置に係る者の氏名又は住居の閲覧又は謄写をさせた上，これらを
被告人に知らせてはならない旨の条件を付することができるものとする。
ただし，被告人の防御に実質的な不利益を生ずるおそれがあるときは，
この限りでないものとする。

㈡　刑事訴訟法第４０条第１項の規定にかかわらず，裁判所は，検察官が
とった一1㈡若しくは2㈡（三においてこれらを準用する場合を含む。）
の措置に係る者若しくはその親族の身体若しくは財産に害を加え又はこ
れらの者を畏怖させ若しくは困惑させる行為がなされるおそれがある場
合において，検察官及び被告人又は弁護人の意見を聴き，相当と認める
ときは，訴訟に関する書類若しくは証拠物に記載されている当該措置に
係る者の氏名若しくは住居の閲覧若しくは謄写をさせず，又はこれらの
閲覧若しくは謄写をさせた上，これらを被告人に知らせてはならない旨
の条件を付することができるものとする。ただし，被告人の防御に実質
的な不利益を生ずるおそれがあるときは，この限りでないものとする。

2　刑事訴訟法第４９条の規定にかかわらず，裁判所は，検察官がとった一
1又は2（三においてこれらを準用する場合を含む。）の措置に係る者若し
くはその親族の身体若しくは財産に害を加え又はこれらの者を畏怖させ若
しくは困惑させる行為がなされるおそれがある場合において，検察官及び
被告人の意見を聴き，相当と認めるときは，公判調書に記載されている当
該措置に係る者の氏名又は住居の閲覧をさせないことができるものとする。
ただし，被告人の防御に実質的な不利益を生ずるおそれがあるときは，こ
の限りでないものとする。

五　条件違反に対する処置請求
1　検察官は，一1㈠又は2㈠（三においてこれらを準用する場合を含む。）
により付した条件に弁護人が違反したときは，弁護士である弁護人につい
ては当該弁護士の所属する弁護士会又は日本弁護士連合会に通知し，適当
な処置をとるべきことを請求することができるものとする。
2　裁判所は，二1㈡（三において準用する場合を含む。）又は四1により付
した条件に弁護人が違反したときは，弁護士である弁護人については当該
弁護士の所属する弁護士会又は日本弁護士連合会に通知し，適当な処置を

422 巻末資料2

　とるべきことを請求することができるものとする。

3　1又は2の請求を受けた者は，そのとった処置をその請求をした者に通
　知しなければならないものとする。

巻末資料2　423

### (3) 公開の法廷における証人の氏名等の秘匿措置の導入

一　証人等特定事項の秘匿決定等

　　1　裁判所は，次に掲げる場合において，証人等（証人，鑑定人，通訳人若しくは翻訳人又は供述録取書等の供述者をいう。以下同じ。）から申出があるときは，検察官及び被告人又は弁護人の意見を聴き，相当と認めるときは，証人等特定事項（氏名及び住所その他の当該証人等を特定させることとなる事項をいう。以下同じ。）を公開の法廷で明らかにしない旨の決定をすることができるものとする。

　　　㈠　証人等特定事項が公開の法廷で明らかにされることにより証人等若しくはその親族の身体若しくは財産に害を加え又はこれらの者を畏怖させ若しくは困惑させる行為がなされるおそれがあると認められる場合

　　　㈡　証人等特定事項が公開の法廷で明らかにされることにより証人等の名誉又は社会生活の平穏が著しく害されるおそれがあると認められる場合

　　2　裁判所は，1の決定をした事件について，証人等特定事項を公開の法廷で明らかにしないことが相当でないと認めるに至ったときは，決定で，1の決定を取り消さなければならないものとする。

二　起訴状の朗読方法の特例

　　一1の決定があった事件の公訴事実に証人等特定事項が含まれるときは，刑事訴訟法第291条第1項の起訴状の朗読は，証人等特定事項を明らかにしない方法でこれを行うものとする。この場合においては，検察官は，被告人に起訴状を示さなければならないものとする。

三　尋問等の制限

　　裁判長は，一1の決定があった場合において，訴訟関係人のする尋問又は陳述が証人等特定事項にわたるときは，これを制限することにより，犯罪の証明に重大な支障を生ずるおそれがある場合又は被告人の防御に実質的な不利益を生ずるおそれがある場合を除き，当該尋問又は陳述を制限することができるものとする。訴訟関係人の被告人に対する供述を求める行為についても，同様とするものとする。

四　証拠書類の朗読方法の特例

　　一1の決定があったときは，刑事訴訟法第305条第1項又は第2項の規定による証拠書類の朗読は，証人等特定事項を明らかにしない方法でこれを行うものとする。

424　巻末資料2

## 8　公判廷に顕出される証拠が真正なものであることを担保するための方策等

---

一　証人不出頭等の罪の法定刑

　　召喚を受けた証人の不出頭及び証人の宣誓・証言の拒絶の各罪の法定刑を，1年以下の懲役又は30万円以下の罰金とする。

二　証人の勾引要件

　1　証人が，正当な理由がなく，召喚に応じないとき，又は応じないおそれがあるときは，これを勾引することができるものとする。

　2　裁判所は，裁判所の規則で定める相当の猶予期間を置いて，証人を裁判所に召喚することができるものとする。

三　犯人蔵匿等，証拠隠滅等，証人等威迫の罪の法定刑

　1　犯人蔵匿等及び証拠隠滅等の各罪の法定刑を，3年以下の懲役又は30万円以下の罰金とする。

　2　証人等威迫の罪の法定刑を，2年以下の懲役又は30万円以下の罰金とする。

四　組織的な犯罪に係る犯人蔵匿等の罪の法定刑

　　組織的な犯罪に係る犯人蔵匿等の罪の法定刑を，5年以下の懲役又は50万円以下の罰金とする。

---

- 24 -

巻末資料２  425

## 9　自白事件の簡易迅速な処理のための方策

一　公訴取消し後の再起訴制限の緩和

即決裁判手続の申立てを却下する決定（刑事訴訟法第３５０条の８第３号又は第４号に掲げる場合に該当することによるものを除く。）があった事件について，当該決定後，同法第２９２条本文の規定による証拠調べが行われることなく公訴が取り消された場合において，公訴の取消しによる公訴棄却の決定が確定したときは，同法第３４０条の規定にかかわらず，同一事件について更に公訴を提起することができるものとする。同法第３５０条の１１第１項第１号，第２号又は第４号のいずれかに該当すること（同号については，被告人が起訴状に記載された訴因について有罪である旨の陳述と相反するか又は実質的に異なった供述をしたことにより同号に該当する場合に限る。）となったことにより同法第３５０条の８の決定が取り消された事件について，当該取消しの決定後，同法第２９２条本文の規定による証拠調べが行われることなく公訴が取り消された場合において，公訴の取消しによる公訴棄却の決定が確定したときも，同様とするものとする。

巻末資料3 427

**巻末資料3** 国会附帯決議

【衆議院法務委員会における附帯決議】
　　刑事訴訟法等の一部を改正する法律案に対する附帯決議
　政府及び最高裁判所は、本法が度重なるえん罪事件への反省を踏まえて重ねられた議論に基づくものであることに鑑み、その施行に当たり、次の事項について格段の配慮をすべきである。

一　検察官及び検察事務官並びに司法警察職員は、取調べ等の録音・録画に係る記録媒体が供述が任意になされたものかどうか判断するための最も重要な証拠となり得ること及び取調べ等の録音・録画が取調べの適正な実施に資することに鑑み、刑事訴訟法第301条の2第4項の規定により被疑者の供述及びその状況を記録しておかなければならない場合以外の場合（被疑者以外の者の取調べに係る場合を含む。）であっても、取調べ等の録音・録画を、人的・物的負担、関係者のプライバシー等にも留意しつつ、できる限り行うように努めること。

二　保釈に係る判断に当たっては、被告人が公訴事実を認める旨の供述等をしないこと又は黙秘していることのほか、検察官請求証拠について刑事訴訟法第326条の同意をしないことについて、これらを過度に評価して、不当に不利益な扱いをすることとならないよう留意するなど、本法の趣旨に沿った運用がなされるよう周知に努めること。

三　再審が無辜の救済のための制度であることを踏まえ、証拠開示の運用、刑事訴訟法第445条の事実の取調べの在り方をめぐる今国会の審議の状況の周知に努めること。

四　通信事業者等の立会いがないため同時進行的な外形的チェック機能が働かないことを踏まえ、特定電子計算機を用いる傍受の実施において、該当性判断のための傍受又は再生を行うに当たっては、通信の秘密及びプライバシーの保護に十分に留意して、厳正に実施すること。

五　適正に通信傍受が実施されていることについての説明責任を果たすため、客観的に通信傍受の実施状況を検証するための方法について検討すること。

六　捜査に必要な機器等の費用は捜査機関が負担することが基本であることに鑑み、通信傍受に必要な機器等の整備に係る通信事業者の負担軽減に十分な配慮を行うこと。

七　証拠収集等への協力及び訴追に関する合意制度の実施に関し、検察官は、合意をするため必要な協議に際しては、自由な意見交換などの協議の機能を阻害しな

428　巻末資料3

いとの観点をも踏まえつつ、日時、場所、協議の相手方及び協議の概要に係る記録を作成するとともに、当該合意に係る他人の刑事事件及び当該合意の当事者である被告人の事件の公判が終わるまでの間は、作成した記録を保管すること。

【参議院法務委員会における附帯決議】
　　　刑事訴訟法等の一部を改正する法律案に対する附帯決議
　　政府及び最高裁判所は、本法が度重なるえん罪事件への反省を踏まえて重ねられた議論に基づくものであることに鑑み、その施行に当たり、次の事項について格段の配慮をすべきである。
一　検察官及び検察事務官並びに司法警察職員は、取調べ等の録音・録画に係る記録媒体が供述が任意になされたものかどうか判断するための最も重要な証拠となり得ること及び取調べ等の録音・録画が取調べの適正な実施に資することに鑑み、刑事訴訟法第301条の2第4項の規定により被疑者の供述及びその状況を記録しておかなければならない場合以外の場合（別件逮捕による起訴後における取調べ等逮捕又は勾留されている被疑者以外の者の取調べに係る場合を含む。）であっても、取調べ等の録音・録画を、人的・物的負担、関係者のプライバシー等にも留意しつつ、できる限り行うように努めること。
二　保釈に係る判断に当たっては、被告人が公訴事実を認める旨の供述等をしないこと又は黙秘していることのほか、検察官請求証拠について刑事訴訟法第326条の同意をしないことについて、これらを過度に評価して、不当に不利益な扱いをすることとならないよう留意するなど、本法の趣旨に沿った運用がなされるよう周知に努めること。
三　再審が無辜の救済のための制度であることを踏まえ、証拠開示の運用、刑事訴訟法第445条の事実の取調べの在り方をめぐる国会の審議の状況の周知に努めること。
四　特定電子計算機を用いる傍受の実施においては通信事業者等の立会いがなくなることから、同時進行的な外形的チェック機能を働かせるため、通信傍受の対象となっている犯罪の捜査に従事していない検察官又は司法警察員を立ち会わせること。また、該当性判断のための傍受又は再生を行うに当たっては、特に通信の秘密及びプライバシーの保護に十分に留意して、厳正に実施すること。
五　適正に通信傍受が実施されていることについての説明責任を果たすため、客観的に通信傍受の実施状況を検証するための方法について検討すること。
六　捜査に必要な機器等の費用は捜査機関が負担することが基本であることに鑑み、通信傍受に必要な機器等の整備に係る通信事業者の負担軽減に十分な配慮を

行うこと。

七　証拠収集等への協力及び訴追に関する合意制度の実施に関し、検察官は、合意をするため必要な協議に際しては、自由な意見交換などの協議の機能を阻害しないとの観点をも踏まえつつ、日時、場所、協議の相手方及び協議の概要に係る記録を作成するとともに、当該合意に係る他人の刑事事件及び当該合意の当事者である被告人の事件の公判が終わるまでの間は、作成した記録を保管すること。

# ●事項索引

## ◆ あ行

相手方の電話番号等
　——の開示……………………… 236, 251
　——の情報の保存の求め……… 235, 244
　——の情報の保存の要請……… 236, 244
新たな刑事司法制度の構築についての調査
　審議の結果………………………………… 6
暗号化………………………………………… 208
暗号化信号…………………………………… 208
　——の消去……………… 237, 238, 252
意思の合致による合意の終了…………… 134
意思の合致による合意の内容の変更…… 134
一時的保存………………………………… 209
　——を命じて行う通信傍受の実施の手続
　……………………………………… 197, 199
遠隔地に居住……………………………… 334
押収手続記録書面………………………… 286

## ◆ か行

会社等の法人………………………… 67, 71
加害行為等のおそれ……… 53, 274, 294, 304,
　309, 311, 312, 321, 332
関係する犯罪の関連性の程度…………… 68
関係する犯罪の軽重及び情状……… 68, 176
関連する事件が送致され又は送付されてい
　るものであつて、……司法警察員が送致
　し又は送付することが見込まれるもの
　……………………………………………… 41
期間の指定………………………………… 224
機器の故障等………………………………… 47
技術的措置………………………………… 220
起訴議決…………………………… 135, 136
起訴後勾留中の被告人の取調べ………… 29
起訴状の朗読……………………………… 325
起訴相当議決……………………… 135, 136
基本構想→時代に即した新たな刑事司法制
　度の基本構想
求刑合意………………………… 76, 127, 142

## 協議
　——における供述の求め………… 93, 94
　——における必要な行為……… 103, 104
　——の一部………………………………… 92
　——の主体………………………………… 91
　——の手続………………………………… 92
協議開始の申入れ………………………… 92
供述の任意性等の的確な立証…………… 14
供述録取書等……………… 114, 293, 318
共通鍵方式………………………………… 220
共犯関係……………………………………… 70
共犯者に係る取調状況記録書面………… 284
協力行為……………… 56, 71, 72, 73, 74
記録媒体の裁判官への提出……………… 253
記録媒体の封印…………………… 239, 240
刑事上の責任を問われるおそれのある事項
　…………………………………………… 164
刑事免責
　——の決定に対する異議……………… 182
　——の決定に対する抗告……………… 182
　——の効果……………… 186, 187, 188
　——の請求の主体……………………… 172
　——の対象となる証拠………………… 185
　——の内容……………………………… 183
刑事免責制度の対象犯罪………………… 168
検察官が提案する処分の軽減等の内容の提
　示………………………………………… 105
検察官がとった証人等の氏名及び住居の開
　示に係る措置
　——についての裁定請求……………… 306
　——の取消し……… 300, 302, 303, 304
　——の取消しの要件…………………… 301
検察官が保管する証拠…………………… 269
検察官請求証拠の開示後………………… 268
検察官請求証人等………………… 288, 292
検察官独自捜査事件……… 14, 21, 22, 39
検察官に固有の離脱事由………………… 130
検察官の合意違反………………… 143, 144
検察官の合意違反の場合における証拠能力

432 事項索引

の制限……………………………145
――が生じる事件の範囲………146
――の内容…………………………146
――の例外事由……………………148
検察官の個別の授権………………105
検察の在り方検討会議……………3
原信号………………………………208
検討条項……………………………11, 12
合意がある…………………………107, 120
合意からの離脱……114, 125, 131, 132, 133
――の告知…………………………133
合意からの離脱事由…………126, 127, 129
合意制度の対象犯罪………………81
――に当たるか否かの判断………84
合意内容書面………………………90
――の差出し義務…………………154, 155
――の提出義務……………………157, 158
――の取調べ請求義務……106, 107, 110,
　113, 114, 117, 119, 120, 122
――の取調べ請求の時期…109, 116, 121
――への連署………………………90
合意の主体…………………………67
合意の不成立の場合における証拠能力の制
　限……………………………………96
――が生じる事件の範囲…………98
――の内容…………………………97
――の例外事由……………………99
合意離脱書面………………………111, 133
――の差出し義務…………………156
――の提出義務……………………159
――の取調べ請求義務
　………………………111, 112, 118, 123
合意をした被疑者・被告人の虚偽供述等の
　罪………………………150, 151, 152
公開裁判を受ける権利（憲法第37条第1
　項）……………………………317, 327
公開の法廷で明らかにしないことができる
　事項…………………………………318
構外ビデオリンク方式による証人尋問
　………………………………………327
――に対する異議…………………329
――に対する抗告…………………329

――の請求権………………………329
――の要件…………………………328
公訴棄却……………………………143
控訴審………………………………323
公判審理の充実化…………………1
「公判」の章………………………16
公判前整理手続に付する旨の決定等に対す
　る抗告……………………………281
公判前整理手続の請求権…………280
国会修正……………………………8
国会への報告等をすべき事項の改正……256

◆　さ行

再起訴………………………………344, 346
再生……………………209, 228, 250
――をした通信の記録媒体に対する記録
　………………………………………239
財政経済犯罪………………56, 81, 86
再生の実施…………………………231, 251
――の開始…………………………231
――の終了…………………………232
――の中断…………………………231
再度の召喚…………………………342
裁判員制度対象事件…………14, 20, 22, 39
裁判員法第65条第1項による記録……337
裁判確定前の自白による刑の任意的減免
　………………………………………153
裁判官の許可………………211, 214, 216
――の請求…………………………212
裁判所が弁護人による訴訟書類等の閲覧・
　謄写の機会にとった措置に対する不服申
　立て………………………………308
裁判所書記官その他の裁判所の職員……217
裁判の公開（憲法第82条第1項）……327
裁量保釈の判断に当たっての考慮事情
　………………………………………258
事件の同一性………………………21
施行時期……………………………10
自己に不利益な供述………………162
自己負罪型…………………………65
自己負罪拒否特権…………………160, 163
自己負罪事項………………………160, 166

時代に即した新たな刑事司法制度の基本構
　想‥‥‥‥‥‥‥‥‥‥‥‥‥‥‥ 4
実質証拠‥‥‥‥‥‥‥‥‥‥‥‥‥ 17
実体的真実主義‥‥‥‥‥‥‥‥‥‥ 60
質問調査‥‥‥‥‥‥‥‥‥‥‥‥‥ 79
指定期間‥‥‥‥‥‥‥‥‥‥‥‥‥ 223
指定期間内における通話の開始及び終了の
　年月日時に関する情報‥‥‥‥‥ 227
指定暴力団の構成員による犯罪‥‥‥‥ 51
司法警察員との事前協議‥‥‥‥ 100, 101, 102
　——の義務付けの対象事件‥‥‥‥ 101
氏名に代わる呼称‥‥‥‥‥‥‥‥‥ 298
住居に代わる連絡先‥‥‥‥‥‥‥‥ 298
十分な供述ができない‥‥‥‥‥‥ 49, 53
従来方式‥‥‥‥‥‥‥‥‥‥‥‥‥ 198
召喚に応じないおそれ‥‥‥‥‥ 342, 343
証言義務‥‥‥‥‥‥‥‥‥‥‥‥‥ 162
証言拒絶権‥‥‥‥‥‥‥‥‥‥‥‥ 160
証言の重要性‥‥‥‥‥‥‥‥‥‥‥ 176
条件付与等の措置‥‥‥‥‥‥‥‥‥ 288
　——によっては加害行為等を防止できな
　　いおそれ‥‥‥‥‥‥‥‥‥‥ 297
　——の内容‥‥‥‥‥‥‥‥‥‥‥ 296
　——の要件‥‥‥‥‥‥‥‥‥‥‥ 294
証拠隠滅等‥‥‥‥‥‥‥‥‥‥‥‥ 340
上告審‥‥‥‥‥‥‥‥‥‥‥‥‥‥ 323
証拠書類等‥‥‥‥‥‥‥‥‥‥‥‥ 287
証拠書類の朗読‥‥‥‥‥‥‥‥‥‥ 325
証拠の一覧表
　——に記載されていない事項についての
　　求釈明‥‥‥‥‥‥‥‥‥‥‥ 272
　——の記載事項‥‥‥‥‥‥‥‥‥ 271
　——の交付手続‥‥‥‥‥‥‥‥‥ 267
　——の交付手続についての不服申立て
　　‥‥‥‥‥‥‥‥‥‥‥‥‥‥ 279
　——の不記載事由‥‥‥‥‥‥‥‥ 273
証拠の収集方法の適正化・多様化‥‥‥‥ 1
証拠の重要性‥‥‥‥‥‥‥‥‥‥‥ 68
証拠の提出その他の必要な協力‥‥‥‥ 74
証拠物‥‥‥‥‥‥‥‥‥‥‥‥‥‥ 115
証拠を新たに保管するに至つたとき‥‥ 278
証人

——に異議がない‥‥‥‥‥‥‥‥ 186
——に不利益な証拠とすること‥‥‥ 186
——の刑事事件‥‥‥‥‥‥‥‥‥ 186
——の尋問及び供述並びにその状況の記
　録媒体への記録‥‥‥‥‥‥‥‥ 336
——の宣誓・証言拒絶‥‥‥‥‥‥‥ 339
証人審問権（憲法第 37 条第 2 項前段）
　‥‥‥‥‥‥‥‥‥‥‥‥‥‥‥ 327
証人尋問の開始後における刑事免責
——の決定の要件‥‥‥‥‥‥‥‥ 181
——の請求‥‥‥‥‥‥‥‥‥‥‥ 178
——の請求の要件‥‥‥‥‥‥‥‥ 179
証人尋問の開始前における刑事免責
——の決定の要件‥‥‥‥‥‥‥‥ 177
——の請求‥‥‥‥‥‥‥‥‥‥‥ 173
——の請求の要件‥‥‥‥‥‥‥‥ 174
証人尋問の条件‥‥‥‥‥‥‥‥‥‥ 183
証人等‥‥‥‥‥‥‥‥‥‥‥‥‥‥ 318
——からの申出‥‥‥‥‥‥‥‥‥ 320
——の氏名等を公開の法廷で明らかにし
　ない旨の決定‥‥‥‥‥‥‥‥‥ 316
証人等威迫‥‥‥‥‥‥‥‥‥‥‥‥ 340
証人等特定事項‥‥‥‥‥‥‥‥‥‥ 318
——の秘匿決定‥‥‥‥‥‥‥ 320, 321
——の秘匿決定等に対する不服申立て
　‥‥‥‥‥‥‥‥‥‥‥‥‥‥ 322
——の秘匿決定の取消し‥‥‥‥‥ 324
——の秘匿措置の対象者‥‥‥‥‥ 318
証人不出頭‥‥‥‥‥‥‥‥‥‥‥‥ 339
処置請求‥‥‥‥‥‥‥‥‥‥‥‥‥ 313
職権による刑事免責の決定‥ 172, 177, 181
処分の軽減等‥‥‥‥‥‥‥‥‥ 75, 76
新時代の刑事司法制度特別部会‥‥‥‥‥ 4
真実でない‥‥‥‥‥‥‥‥‥‥‥‥ 129
真実の供述‥‥‥‥‥‥‥‥‥‥ 72, 73
身体拘束の継続による被告人の不利益の程
　度‥‥‥‥‥‥‥‥‥‥‥‥‥‥ 259
全ての通信の傍受‥‥‥‥‥‥‥‥‥ 205
精神の平穏を著しく害されるおそれ‥‥ 331
全過程の録音・録画‥‥‥‥‥ 32, 33, 55
組織的な犯罪に係る犯人蔵匿等、証拠隠滅
　等及び証人等威迫‥‥‥‥‥‥‥ 340

訴訟関係人による尋問・陳述等‥‥‥‥ 325
訴訟当事者に異議がない‥‥‥‥‥‥‥‥ 99
訴訟当事者の意見‥‥‥‥‥‥‥‥‥‥‥ 329
訴追裁量権‥‥‥‥‥‥‥‥‥‥‥‥58, 172
訴追免責‥‥‥‥‥‥‥‥‥‥‥‥‥‥‥ 164
即決裁判申立て合意‥‥‥‥‥77, 127, 142

◆ た行

第 1 回公判期日前の証人尋問‥‥‥‥‥ 171
対応変換符号‥‥‥‥‥‥‥‥‥‥‥‥‥ 208
対象となる取調べ‥‥‥‥‥‥‥‥‥‥‥ 27
代替的呼称等の開示措置‥‥‥‥‥‥‥ 289
　──の内容‥‥‥‥‥‥‥‥‥‥‥‥ 298
　──の要件‥‥‥‥‥‥‥‥‥‥‥‥ 297
追加された通信傍受の対象犯罪‥‥‥‥ 193
　──についての加重要件‥‥‥ 194, 195
通信管理者等
　──に対する命令‥‥‥‥‥‥ 221, 242
　──による立会い‥‥‥‥‥‥ 225, 240
　──の協力義務‥‥‥ 225, 233, 244, 251
通信の当事者に対する通知事項の改正
　‥‥‥‥‥‥‥‥‥‥‥‥‥‥‥‥‥ 256
通信の秘密（憲法第 21 条第 2 項後段）
　‥‥‥‥‥‥‥‥‥‥‥‥‥‥‥ 203, 206
通信傍受の対象犯罪の拡大‥‥‥‥‥‥ 189
通信傍受法第 20 条第 1 項の許可をする旨
　の記載‥‥‥‥‥‥‥‥‥‥‥‥‥‥ 218
通信傍受法第 23 条第 1 項の許可をする旨
　の記載‥‥‥‥‥‥‥‥‥‥‥‥‥‥ 219
適当な処置‥‥‥‥‥‥‥‥‥‥‥ 313, 314
同一構内以外の場所‥‥‥‥‥‥‥‥‥ 326
同一構内への出頭‥‥‥‥‥‥‥‥331, 334
　──に伴う移動‥‥‥‥‥‥‥‥‥‥ 332
同一構内への出頭後の移動‥‥‥‥‥‥ 332
当該被告人の刑事事件‥‥‥‥‥‥‥‥ 138
特定電子計算機‥‥‥‥‥‥‥‥‥‥‥ 245
　──の機能‥‥‥‥‥‥‥‥‥‥‥‥ 247
　──を用いる通信傍受の実施の手続
　‥‥‥‥‥‥‥‥‥‥‥‥‥‥‥197, 201
特定犯罪‥‥‥‥‥‥‥‥‥‥‥‥‥‥‥ 84
特別部会→新時代の刑事司法制度特別部会
取調べ・供述調書への過度の依存‥‥‥ 1, 3

取調べ等‥‥‥‥‥‥‥‥‥‥‥‥‥‥‥ 14
　──の適正な実施‥‥‥‥‥‥‥‥‥ 14
　──の録音・録画義務の対象事件‥‥ 39
　──の録音・録画義務の対象となる取調
　べ‥‥‥‥‥‥‥‥‥‥‥‥‥‥‥‥ 44
　──の録音・録画義務の例外事由‥‥ 45

◆ な行

内乱事件‥‥‥‥‥‥‥‥‥‥‥‥‥‥‥ 20
念のための捜査‥‥‥‥‥‥‥‥‥‥‥ 344

◆ は行

派生証拠‥‥‥‥‥‥‥‥97, 137, 146, 185
派生使用免責‥‥‥‥‥‥‥160, 164, 166
犯罪後の情況‥‥‥‥‥‥‥‥‥‥‥‥‥ 59
犯罪の証明・犯罪の捜査に支障を生ずるお
　それ‥‥‥‥‥‥‥‥‥‥‥‥‥‥‥ 277
犯則調査機関‥‥‥‥‥‥‥‥‥‥‥‥‥ 79
犯人蔵匿等‥‥‥‥‥‥‥‥‥‥‥‥‥ 340
被害者特定事項の秘匿決定‥‥‥‥‥‥ 320
被疑者国選弁護制度の対象事件‥‥ 261, 263
被疑者に対する国選弁護人の選任手続
　‥‥‥‥‥‥‥‥‥‥‥‥‥‥‥‥‥ 264
被疑者の供述の任意性等の的確な立証‥‥ 22
被告人
　──に異議がない‥‥‥‥‥‥‥‥‥ 141
　──に固有の離脱事由‥‥‥‥‥‥‥ 128
　──に知らせる時期の指定‥‥‥‥‥ 296
　──に知らせる方法の指定‥‥‥‥‥ 296
　──に不利益な事実の承認‥‥‥‥‥ 25
　──による公判調書の閲覧等‥‥‥‥ 312
　──の供述調書等‥‥‥‥‥‥‥‥‥ 25
　──の防御権‥‥‥‥‥‥‥‥‥‥‥ 290
必要な処分等‥‥‥‥‥‥ 225, 233, 244, 251
不起訴合意‥‥‥‥‥‥‥‥‥‥‥‥‥ 100
　──の失効‥‥‥‥‥‥‥‥‥‥135, 136
不起訴合意の失効の場合における証拠能力
　の制限‥‥‥‥‥‥‥‥‥‥‥‥‥‥ 136
　──の内容‥‥‥‥‥‥‥‥‥‥‥‥ 137
　──の例外事由‥‥‥‥‥‥‥‥‥‥ 139
不起訴不当議決‥‥‥‥‥‥‥‥‥135, 136
復号‥‥‥‥‥‥‥‥‥‥‥208, 228, 250

付随する事項その他の合意の目的を達する
　ため必要な事項‥‥‥‥‥‥‥‥‥ 70, 79
変換符号‥‥‥‥‥‥‥‥‥‥‥‥‥‥ 208
変換符号・対応変換符号の作成等‥‥‥ 217
弁護人選任の申出の方法‥‥‥‥‥‥‥ 265
弁護人による訴訟書類等の閲覧・謄写
　‥‥‥‥‥‥‥‥‥‥ 307, 309, 311
弁護人の同意‥‥‥‥‥‥‥‥56, 67, 89
防御に実質的な不利益を生ずるおそれ
　‥‥‥‥‥ 294, 304, 309, 311, 312
傍受の実施‥‥‥‥‥‥‥‥‥‥‥‥‥ 225
傍受又は再生をした通信の記録媒体に対す
　る記録‥‥‥‥‥‥‥‥‥‥‥‥‥ 253
法定刑の引上げ‥‥‥‥‥‥‥ 338, 339, 340
保釈された場合における逃亡・罪証隠滅の
　おそれの程度‥‥‥‥‥‥‥‥‥‥ 259

#### ◆　ま行

巻込みの危険‥‥‥‥‥‥‥‥‥‥61, 167
巻込みの防止‥‥‥‥‥‥‥‥‥‥89, 91
民事上又は行政上の責任を問われるおそれ
　‥‥‥‥‥‥‥‥‥‥‥‥‥‥‥‥ 164

名誉・社会生活の平穏が著しく害されるお
　それ‥‥‥‥‥‥‥‥‥‥‥ 276, 321
免責の内容‥‥‥‥‥‥‥‥‥‥‥‥‥ 164

#### ◆　や行

約束による自白‥‥‥‥‥‥‥‥‥‥‥63
薬物銃器犯罪‥‥‥‥‥‥‥‥56, 81, 88
有利な取扱い‥‥‥‥‥‥‥‥‥‥‥‥56
余罪‥‥‥‥‥‥‥‥‥‥‥‥‥‥‥‥43

#### ◆　ら行

利害関係の有無‥‥‥‥ 294, 304, 309, 311, 312
略式命令請求合意‥‥‥‥‥‥77, 127, 142
類型証拠開示の対象‥‥‥‥‥ 283, 284, 286
令状主義（憲法第 35 条第 1 項）‥‥‥ 207
録音・録画記録‥‥‥‥‥‥‥‥‥‥‥16
録音・録画記録の証拠調べ請求義務
　──の違反‥‥‥‥‥‥‥‥‥‥‥‥36
　──の対象事件‥‥‥‥‥‥‥‥ 20, 22
　──の例外事由‥‥‥‥‥‥‥‥‥‥31
録音・録画の拒否等‥‥‥‥‥‥‥‥‥49
ロッキード事件‥‥‥‥‥‥‥‥‥‥ 169

一問一答　平成 28 年刑事訴訟法等改正

2018年 6 月15日　初版第 1 刷発行

著　　者　　吉　田　雅　之

発　行　者　　塚　原　秀　夫

発　行　所　　<sup>株式</sup><sup>会社</sup>商 事 法 務
〒103-0025 東京都中央区日本橋茅場町3-9-10
TEL 03-5614-5643・FAX 03-3664-8844〔営業部〕
TEL 03-5614-5649〔書籍出版部〕
http://www.shojihomu.co.jp/

落丁・乱丁本はお取り替えいたします。　　　　印刷／三報社印刷㈱
© 2018 Masayuki Yoshida　　　　　　　　　Printed in Japan
*Shojihomu Co., Ltd.*
ISBN978-4-7857-2639-3
＊定価はカバーに表示してあります。

JCOPY ＜出版者著作権管理機構　委託出版物＞
本書の無断複製は著作権法上での例外を除き禁じられています。
複製される場合は、そのつど事前に、出版者著作権管理機構
（電話 03-3513-6969、FAX 03-3513-6979、e-mail：info@jcopy.or.jp）
の許諾を得てください。